Speth
(Hrsg.)

Einzelhandelsprozesse verstehen, steuern und kontrollieren

Verkäufer/-innen und Kaufleute im Einzelhandel im 2. Ausbildungsjahr

Speth
(Hrsg.)

Einzelhandelsprozesse verstehen, steuern und kontrollieren

Verkäufer/-innen und Kaufleute im Einzelhandel im 2. Ausbildungsjahr

Merkur
Verlag Rinteln

Wirtschaftswissenschaftliche Bücherei für Schule und Praxis
Begründet von Handelsschul-Direktor Dipl.-Hdl. Friedrich Hutkap †

Herausgeber:

Dr. Hermann Speth

Verfasser:

Dr. Hermann Speth, Dipl.-Hdl., Wangen im Allgäu

Gernot B. Hartmann, Dipl.-Hdl., Emmendingen

Friedrich Härter, Dipl.-Volkswirt, Sexau

Aloys Waltermann, Dipl.-Kfm. Dipl.-Hdl., Fröndenberg

* * * *

1. Auflage 2006

Gesamtherstellung:
MERKUR VERLAG RINTELN Hutkap GmbH & Co. KG, 31735 Rinteln

E-Mail: info@merkur-verlag.de
Internet: www.merkur-verlag.de

ISBN-13: 978-3-8120-**0539-5**
ISBN-10: 3-8120-**0539-5**

Vorwort

Die Reihe „Einzelhandelsprozesse verstehen, steuern und kontrollieren" setzt den in 2004 in Kraft gesetzten Lehrplan in drei Lehrbüchern um. Das vorliegende Lehrbuch enthält die Lerninhalte der Lernfelder 6 bis 10 des Rahmenlehrplans für das zweite Ausbildungsjahr.

Für Ihre Arbeit mit dem vorgelegten Lehrbuch möchten wir auf Folgendes hinweisen:

- Die Lerninhalte werden zu klar abgegrenzten Einheiten zusammengefasst, die sich in die Bereiche Stoffinformationen, Zusammenfassungen und Übungsmaßnahmen aufgliedern. Viele Merksätze, Beispiele und Schaubilder veranschaulichen die praxisbezogenen Lerninhalte. Durch zahlreiche Verweise werden die Stoffinhalte des Schwerpunktes Steuerung und Kontrolle mit den übrigen Schwerpunkten verbunden.
- Sehr viel Wert wurde auf die Auswahl der Übungsaufgaben gelegt. Sie reichen von einfachen Wiederholungsaufgaben bis hin zu komplexen Aufgaben.
- Fachwörter, Fachbegriffe und Fremdwörter werden grundsätzlich im Text oder in Fußnoten erklärt.
- Die Einführungskapitel im Buchführungsteil sind bewusst in kleinere Lernschritte aufgeteilt worden. Wir wollen damit erreichen, dass der Schüler/die Schülerin behutsam in die Denkweise der Buchführung eingeführt wird und die Grundzusammenhänge genau erkennt. Aus unserer Praxis des Buchführungsunterrichts wissen wir, dass der Schüler, der die Grundlagen nicht beherrscht, bei dem streng logischen Stoffaufbau der Buchführung stets Schwierigkeiten haben wird.
- Als unterstützende Anschauungshilfe werden im Buchführungsteil bei allen Beispielen folgende Farben beim Buchen verwendet: Aktivkonten: grün, Passivkonten: rot, Aufwendungen: violett, Erträge: blau.
- Für das 1. und 3. Ausbildungsjahr steht ein Grundband bzw. ein Aufbauband zur Verfügung (Bestellnummern: Ausbildungsjahr 1, ISBN 3-8120-0538-7; Ausbildungsjahr 3, ISBN 3-8120-0535-2).

Wir glauben, mit dieser Reihe die Voraussetzungen für eine erfolgreiche Unterrichtsgestaltung geschaffen zu haben und hoffen auf eine gute Zusammenarbeit mit allen Benutzern.

Wir wünschen Ihnen einen guten Lehr- und Lernerfolg!

Die Verfasser

Inhaltsverzeichnis

Lernfeld 6: Waren beschaffen

Lernfeld 7: Waren annehmen, lagern und pflegen

Lernfeld 8: Geschäftsprozesse erfassen und kontrollieren

Lernfeld 9: Preispolitische Maßnahmen vorbereiten und durchführen

Lernfeld 10: Besondere Verkaufssituationen bewältigen

Lernfeld 6: Waren beschaffen

1 Beschaffungsprozesse

Wir merken uns:

Die **Beschaffung** hat die Aufgabe, die Waren einzukaufen, die die Kunden wünschen.

Es gilt daher, zunächst Informationen über die Kundenwünsche bezüglich Warenart, Qualität und Preis einzuholen. Diese Informationen liefert die Marktforschung,[1] die die Aufgabe hat, den Absatzmarkt zu untersuchen. Auf der Grundlage der Marktforschungsergebnisse stellt der Einzelhändler sein **Sortiment** zusammen (vgl. Kapitel 2).

Ist das Sortiment festgelegt, sucht der Einzelhändler nach geeigneten Lieferanten (Bezugsquellen), die die gewünschten Waren liefern können. Er **plant** die **Beschaffung**. Aufgabe des **Bestellverfahrens** ist es dann, die Waren so rechtzeitig zu bestellen, dass einerseits von einem Artikel immer eine genügend hohe Anzahl für den Verkauf bereitsteht und dass andererseits aber keine unnötigen Lagerzeiten (und damit Lagerkosten) anfallen.

Stehen Lieferer und Bestellzeitpunkt fest, kommt es zum eigentlichen **Beschaffungsvorgang** (vgl. Kapitel 4). Der Einzelhändler holt Angebote ein, vergleicht diese miteinander und bestellt die Ware bei dem Lieferanten, der im vorgegebenen Fall das günstigste Angebot abgegeben hat.[2]

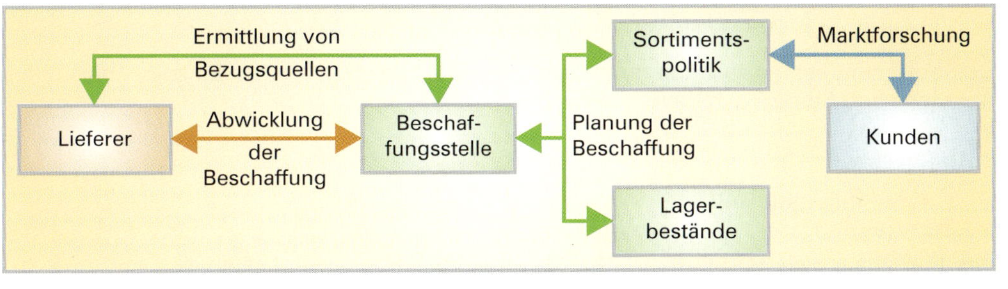

1 Die Marktforschung wird im Band 3, Lernfeld 12: Mit Marketingkonzepten Kunden gewinnen und binden, Kapitel 2, behandelt.

2 Der Ablauf eines störungsfreien Beschaffungsprozesses ist auf S. 91 abgebildet.

2 Sortimentspolitik

2.1 Begriff Sortimentspolitik[1]

Der Sortimentsaufbau muss sich an den Wünschen der Kunden ausrichten. Er muss ständig überprüft werden. Artikelgruppen, die sich gut verkaufen, müssen im Sortiment ausgebaut werden. Artikel, die sich schlecht verkaufen, müssen zurückgeführt bzw. aus dem Sortiment genommen werden. Die Pflege des Sortiments bezeichnet man als Sortimentspolitik.

Wir merken uns:

Sortimentspolitik umfasst alle Überlegungen und Maßnahmen zur planmäßigen Gestaltung des Sortiments.

Im Einzelnen hat die Sortimentspolitik folgende Aufgaben:

- **Gestaltung der Sortimentsstruktur** [vgl. Kapitel 2.2]

  Z. B. Festlegung der Sortimentsbreite und -tiefe, des Kern- und Randsortiments, des Standard- und Aktionssortiments sowie die Markenauswahl.

- **Kontrolle der Sortimentsstruktur** [vgl. Kapitel 2.3]

  Z. B. Fehlverkaufs- und Nichtverkaufskontrolle, Führen von Renner-Penner-Listen.

- **Treffen von Sortimentsentscheidungen** [vgl. Kapitel 2.4]

  Z. B. Aufnahme neuer Artikel in das Sortiment (Sortimentserweiterung), Herausnahme von Artikeln aus dem Sortiment (Sortimentsbereinigung), Austausch von Artikeln (Sortimentsvariation); Berücksichtigung der Umweltverträglichkeit der angebotenen Waren.

2.2 Gestaltung der Sortimentsstruktur

(1) Grundlagen der Sortimentsgestaltung

Das Sortiment stellt zweifellos den zentralen Leistungsbereich eines Einzelhandelsunternehmens dar. Seine Gestaltung ist entscheidend für

- den Umsatz,
- den Ertrag,
- die Marktstellung und
- das Image

des Einzelhandelsunternehmens. Die Sortimentsgestaltung darf deshalb nicht dem Zufallsprinzip überlassen bleiben, sondern muss geplant werden.

---

1 Wichtige Sortimentsbegriffe wurden bereits im Band 1, Lernfeld 1: Das Einzelhandelsunternehmen repräsentieren, Kapitel 2.4, S. 40 ff., vorgestellt.

Die Planung hat sich dabei vor allem an drei Faktoren zu orientieren:

- Zum einen muss der Einzelhändler darum bemüht sein, den **Kundenbedarf** zu befriedigen.
- Zum anderen hat der Einzelhändler darauf zu achten, dass sich sein Sortiment positiv von dem seiner **Mitbewerber (Konkurrenten)** abhebt.
- Als dritten Faktor hat der Einzelhändler die **Geschäftspolitik der Hersteller (Lieferanten)** zu berücksichtigen. Betreibt z. B. ein Hersteller eine aktive Konsumentenpolitik, indem er Markenartikel aufbaut, so muss der Einzelhändler diese Artikel in sein Sortiment aufnehmen, wenn sie von den Kunden nachgefragt werden.

(2) Gliederung des Sortiments

Berücksichtigt man die drei Faktoren Kunden, Mitbewerber und Hersteller bei den sortimentspolitischen Überlegungen, so kann das Sortiment eines Einzelhandelsunternehmens wie folgt gegliedert werden:

Kernsortiment, Zusatzsortiment und Randsortiment

Der Einzelhändler hat die Zusammensetzung seines Sortiments so zu gestalten, dass die wichtigsten Bedarfsbereiche seiner Kunden sowohl in der Breite als auch in der Tiefe verhältnismäßig vollständig abgedeckt werden. Diesen Sortimentsbereich bezeichnet man als Kernsortiment.

Wir merken uns:

- Das **Kernsortiment** umfasst alle Waren, die für die betreffende Branche typisch sind und auf die sich das Einzelhandelsgeschäft schwerpunktmäßig spezialisiert hat (z. B. Möbel in einem Möbelhaus).
- Die Artikel des Kernsortiments werden das ganze Jahr über den Kunden angeboten. Mit dem Kernsortiment erzielt das Einzelhandelsunternehmen den **Hauptumsatz.**

Beispiel:

„Alles für das Bad" – angeboten werden die Produktgruppen Fliesen, Sanitär, Beleuchtung, Textilien usw.

Neben dem Bedarf nach einzelnen Produktgruppen oder Produkten gilt es aber auch, den Gesamtbedarf der Kunden in einem bestimmten Erlebnisbereich (Verwendungsanlass) zu befriedigen. Diese Form der Sortimentsgestaltung zielt auf das so genannte **One-Stop-Shopping** ab, bei dem der Verbraucher möglichst in nur einem einzigen Geschäft alle Waren für eine spezielle Problemlösung kaufen kann. Diesen Sortimentsbereich bezeichnet man als **Zusatzsortiment.**

Wir merken uns:

Das **Zusatzsortiment** ergänzt das bestehende Kernsortiment durch wechselnde Artikel und Sorten (z. B. Lampen, Teppiche in einem Möbelhaus). Das Zusatzsortiment beinhaltet auch branchenfremde Artikel (z. B. Bilder, Kunstartikel im Möbelhaus).

Kernsortiment und Zusatzsortiment werden durch das Randsortiment ergänzt.

Wir merken uns:

Das **Randsortiment** setzt sich aus selten verlangten Artikeln des Kern- und Zusatzsortiments zusammen (z. B. Sondergrößen bei Kleidern und Schuhen, Maßanfertigungen in einer Boutique).

Standardsortiment und Aktionssortiment

Der Begriff des Standardsortiments betrifft vor allem die Handelsunternehmen, die an verschiedenen Standorten Filialen unterhalten und diese unter zentraler Leitung betreiben. Für die Filialen wird von der Zentrale häufig ein einheitliches **Standardsortiment (Normalsortiment)** entwickelt, das je nach Filiale noch durch ein Randsortiment oder durch Aktionsware erweitert wird. Den Bereich des Sortiments, der die Aktionsware beinhaltet, bezeichnet man als **Aktionssortiment.**

Beispiel:

Aldi und Lidl beschränken ihr Sortiment auf problemfreie und selbstbedienungsgerechte Massenartikel, die lediglich um Saisonartikel und Aktionsware ergänzt werden.

Wir merken uns:

- Das **Standardsortiment** (Normalsortiment) stellt das Grundsortiment eines Einzelhandelsbetriebs dar. Es entspricht weitestgehend dem Kernsortiment und enthält die wichtigsten Umsatzträger. Es wird über das ganze Jahr hinweg angeboten.
- Das **Aktionssortiment** umfasst Aktionsware (Saisonartikel, Modeartikel, Neuheiten), die kurzzeitig und preisaggressiv angeboten wird, um damit den Absatz des Standardprogramms zu unterstützen bzw. ein Abwandern von Kunden zu verhindern.

Herstellermarken und Handelsmarken

Bei der Zusammensetzung des Sortiments kann es auch zu einem Konkurrenzproblem von Herstellermarken und Handelsmarken kommen.

Wir merken uns:

Als **Herstellermarken** bezeichnet man solche Produkte, die durch den Hersteller „markiert" sind. Der Hersteller übernimmt die Qualitätsgarantie und die Aufgabe der Werbung für das Produkt. Diese Produkte bezeichnet man als Markenartikel.

Durch ihre Marketingaktivitäten möchten die Hersteller direkt Einfluss nehmen auf das Einkaufsverhalten der Verbraucher. Sie möchten erreichen, dass die Verbraucher die Markenartikel von sich aus im Handel nachfragen und die Einzelhändler damit gezwungen werden, die Herstellermarken in ihr Sortiment aufzunehmen. Die Hersteller nehmen insoweit indirekt Einfluss auf die Sortimentspolitik des Handels.

Um die Abhängigkeit von den Herstellermarken zu verringern, sind die Großbetriebe des Einzelhandels dazu übergegangen, eigene Handelsmarken zu schaffen.

Wir merken uns:

Als **Handelsmarke** bezeichnet man solche Produkte, die durch ein Handelsunternehmen bzw. eine Handelsorganisation „markiert" werden. Der Hersteller des Produkts bleibt für den Kunden anonym. Das Handelsunternehmen bzw. die Handelsorganisation übernimmt die Qualitätsgarantie und die Aufgabe der Werbung für das Produkt.

Handelsmarken haben in der Regel nur regionale Bedeutung und erreichen selten den Bekanntheitsgrad einer Herstellermarke. Handelsmarken werden meistens nur in den eigenen oder in angeschlossenen Einzelhandelsbetrieben abgesetzt.

2.3 Kontrolle der Sortimentsstruktur

2.3.1 Notwendigkeit der Sortimentskontrolle

Um das Sortiment an die wechselnden Bedingungen des Markts anpassen zu können, muss der Einzelhändler die Absatzentwicklung der einzelnen Artikel ständig kontrollieren. Das **Idealsortiment (optimale Sortiment)** – bei ihm stimmen Sortimentszusammensetzung und Kundenwünsche überein – erreicht der Einzelhändler nur, wenn er

- vorhandene Sortimentslücken schließt,
- Artikel, die nur schleppend verkauft werden (Penner), minimiert bzw. aus dem Sortiment entfernt und
- Artikel, die überdurchschnittlich gut verkauft werden (Renner), verstärkt in sein Sortiment aufnimmt.

Wichtige Instrumente der Sortimentsanalyse sind (1) ständige Fehlverkaufs- und Nichtverkaufskontrollen, (2) das Führen von Renner-Penner-Listen und (3) die Analyse von Kennzahlen. Das hierfür notwendige Datenmaterial liefern die computergestützten Warenwirtschaftssysteme. Erst durch ihren Einsatz sind genaue und aussagekräftige Artikelanalysen möglich geworden.

2 Speth – ISBN-13: 978-3-8120-0539-5

2.3.2 Instrumente der Sortimentskontrolle

(1) Fehlverkaufs- und Nichtverkaufskontrollen

Werden vom Kunden **Waren nachgefragt,** die im **Sortiment nicht geführt** werden, so besteht eine **Sortimentslücke (Untersortiment).** Dies führt zu einem **Nichtverkauf.** Wird der **Artikel im Sortiment** zwar **geführt,** ist aber im Moment **nicht vorrätig,** so liegt ein **Fehlverkauf** vor. Nicht- und Fehlverkäufe bedeuten Umsatzrückgang und damit Gewinneinbußen.

Fehl- und Nichtverkäufe müssen täglich vom Verkaufspersonal erfasst und in einer Liste festgehalten werden. Während das Verkaufspersonal beim Bedienungskauf die Fehl- und Nichtverkäufe problemlos erfassen kann, ist es beim Selbstbedienungskauf auf die Mitarbeit der Kunden angewiesen.

Beispiel für den Aufbau einer Fehlverkaufs- und Nichtverkaufsliste:

Schuhmarkt Leo Schmeußer KG						
Datum	Nachgefragte Ware nicht im Sortiment		Nachgefragte Ware ist nicht vorrätig			
	Artikel	Beschreibung	Artikel	Artikelnummer	Größe/Anzahl	letzter Verkaufstag

Durch das Erfassen und Auswerten der Fehlverkäufe kann der Einzelhändler Lieferungsverzögerungen bzw. Dispositionsfehler feststellen und Gegenmaßnahmen einleiten. Die Aufzeichnung der Nichtverkäufe kann dazu genutzt werden, das Sortiment an die Kundennachfrage anzupassen.

(2) Renner-Penner-Liste

Durch die Auswertung der Absatzzahlen bzw. Umsatzzahlen mit Hilfe des Warenwirtschaftssystems lassen sich starke und schwache Umsatzträger feststellen.

- Die **Renner-Liste** zeigt die Artikel auf, die starke Umsatzträger („Verkaufshits") sind. Bei diesen Artikeln wird sich der Einzelhändler überlegen, ob es nicht sinnvoll ist, deren Sortimentsanteil zu erweitern.
- Die **Penner-Liste** lässt die „Ladenhüter" im Sortiment erkennen.[1] Sofern diese Artikel nicht aus wichtigen Gründen (z.B. wegen einer Bedarfsabrundung) im Sortiment belassen werden müssen, wird der Einzelhändler die Penner – im Rahmen einer Sortimentsbereinigung – aus dem Sortiment nehmen, um Regalflächen und Kapital für Renner-Artikel freizusetzen.

Renner-Penner-Listen sind für die Einkaufsplanung und die Sortimentsgestaltung von Bedeutung. Außerdem sind sie für die Warenplatzierung im Verkaufsraum bzw. im Regal von Bedeutung. Renner werden in der Regel in den verkaufsstarken Zonen platziert, Penner werden häufig im Zusammenhang mit Suchprodukten, Sonderangeboten und Schnäppchen in verkaufsschwachen Zonen angeboten.[2]

1 Enthält ein Sortiment schwer verkäufliche Waren („Ladenhüter"), so spricht man von einem **Übersortiment.**

2 Siehe Band 1, Lernfeld 4: Waren präsentieren, S. 363ff.

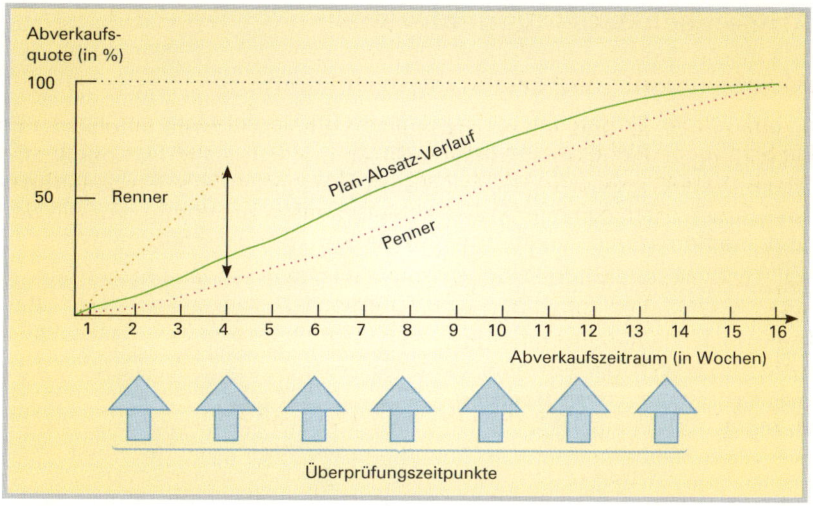

Renner und Penner lassen sich anhand der verkauften Menge und der damit erzielten Umsätze ermitteln. So können z. B. zum Renner einer Artikelgruppe die fünf umsatzstärksten Artikel erklärt werden; oder zum Penner einer Artikelgruppe werden alle die Artikel gezählt, die einen Umsatz von weniger als 150,00 EUR im Monat erzielen.

Renner-Liste:

220.004.00003 **24** 003111 KANGAROOS **WE** 14.03.2006

VKS 29,95
VKA 24,00 - 29,95
Abv. 93,8%
VK seit 14.03.2005
FAB 30337-503
MOD Tina
LAG 00-000000
R 12

	Sum	Jan	Feb	Mrz	Apr	Mai	Jun	Jul	Aug	Sep	Okt	Nov	Dez
E	177			180	-2	-1							
U	166			71	66	17	10	2					

BST in: 003,010,015,017,019,038,040

GG2	Sum	36	37	38	39	40	41	42
G-Dispo	180	12	24	36	36	36	24	12
R-Dispo								
Einsatz	177	10	23	36	36	36	24	12
Umsatz	166	10	21	36	36	32	20	11
Bestand	11		2			4	4	1

220.504.00000 **24** 007716 SKECHERS **WE** 17.02.2006

VKS 49,95
VKA 49,95
Abv. 92,6%
VK seit
FAB 21548
MOD
LAG 00-000000
R 23

	Sum	Jan	Feb	Mrz	Apr	Mai	Jun	Jul	Aug	Sep	Okt	Nov	Dez
E	298		300			-1	-1						
U	276		13	83	114	44	18	4					

BST in: 004,014,018,024-026,030-031,042,044

GG2	Sum	36	37	38	39	40	41
G-Dispo	300	25	50	75	75	50	25
R-Dispo							
Einsatz	298	25	50	74	74	50	25
Umsatz	276	25	50	74	70	43	14
Bestand	22				4	7	11

Penner-Liste:

220.509.00005 **24** 002047 IRREGULAR CHOI **WE** 14.03.2006

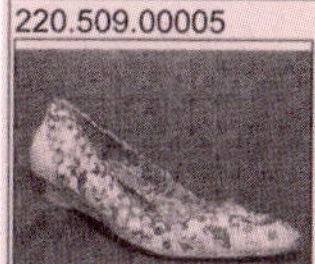

VKS 109,95
VKA 55,00
Abv. 3,1%
VK seit 02.06.2006
FAB 2916-1A
MOD
LAG 00-000000
R 1

	Sum	Jan	Feb	Mrz	Apr	Mai	Jun	Jul	Aug	Sep	Okt	Nov	Dez
E	32	12		20									
U	1							1					

BST in: 020,037,045

GG2	Sum	36	37	38	39	40	41
G-Dispo	32	2	5	8	8	6	3
R-Dispo							
Einsatz	32	2	5	8	8	6	3
Umsatz	1					1	
Bestand	31	2	5	8	8	5	3

220.601.00001 **24** 002052 PACO GIL **WE** 14.02.2006

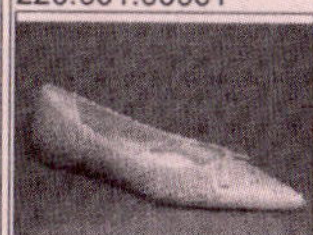

VKS 169,95
VKA 85,00
Abv. 11,5%
VK seit 17.06.2005
FAB P9721
MOD Mia
LAG 00-000000
R 3

	Sum	Jan	Feb	Mrz	Apr	Mai	Jun	Jul	Aug	Sep	Okt	Nov	Dez
E	26		26										
U	3						1	2					

BST in: 003,039

GG3	Sum	36	36½	37	37½	38	38½	39	39½	40	40½	41	41½	42
G-Dispo	26	2	2	2	2	3	2	3	2	2	2	2		2
R-Dispo														
Einsatz	26	2	2	2	2	3	2	3	2	2	2	2		2
Umsatz	3				1	2								
Bestand	23	2	2	2	1	1	2	3	2	2	2	2		2

(Quelle: Schuhhaus Werdich GmbH & Co. KG, Dornstadt.)

2.4 Sortimentsentscheidungen[1]

(1) Sortimentsbereinigung und Sortimentserweiterung

Saisonale, jahreszeitliche und witterungsbedingte Einflüsse sowie modische und technische Entscheidungen verändern ständig das Nachfrageverhalten der Kunden. Der Einzelhändler ist daher ständig gezwungen, seine Sortimentsgestaltung den Nachfrageveränderungen anzupassen. Hierzu stehen ihm drei Maßnahmen zur Verfügung: die Sortimentsbereinigung, die Sortimentserweiterung und die Sortimentsvariation.[2]

- Die **Sortimentsbereinigung** hat das Ziel, bisher geführte Warenarten bzw. Warengruppen aus dem Sortiment zu entfernen. Dabei hat der Einzelhändler darauf zu achten, dass **Verbundbeziehungen** innerhalb des Sortiments erhalten bleiben.

Beispiel:

Ein Sportgeschäft möchte in der Warenabteilung für Wintersportartikel die Warengruppe Skischuhe wegen rückläufiger Absatzzahlen aufgeben. Die Verkäufer geben jedoch zu bedenken, dass damit der Absatz der Warengruppe Ski gefährdet sein könnte.

- Die **Sortimentserweiterung** hat das Ziel, die Sortimentsbreite bzw. Sortimentstiefe zu erhöhen, um das Warenangebot vielfältiger und damit attraktiver zu gestalten. Die Maßnahmen der Sortimentserweiterung können sich dabei auf jede Ebene der Sortiments-Pyramide erstrecken.
  - Bei der **Sortimentsdiversifikation**[3] werden bisher nicht geführte Warenbereiche bzw. Warengruppen neu in das Sortiment aufgenommen.

Beispiele:

Aufnahme eines Reisebüros, einer Bank, einer Delikatessenabteilung in ein Warenhaus. Aufnahme von Nonfood-Artikelbereichen in einen Lebensmittelmarkt.

  - Bei der **Sortimentsdifferenzierung**[4] werden bereits geführte Warenarten bzw. Warengruppen ergänzt.

Beispiel:

Die Warenabteilung in einem Lebensmittelgeschäft, das bisher nur württembergische Weine angeboten hat, wird um Weine aus allen deutschen und europäischen Weinregionen ergänzt.

  - Die Sortimentsausweitung umfasst auch Maßnahmen zur **Sortimentsinnovation,**[5] d.h., der Einzelhändler muss aus der Vielzahl der neuen Produkte die Innovationen, Marktneuheiten und Mee-too-Produkte[6] auswählen, die für die Sortimentsgestaltung geeignet erscheinen. Man spricht in diesem Fall auch von **Sortimentsverjüngung.**

1 Werden die Sortimentsentscheidungen allein aus dem Blickpunkt der Kostendeckung betrachtet, dann ist die **Deckungsbeitragsrechnung** dazu geeignet, die Zusammensetzung des Sortiments und damit die Verkaufspolitik des Einzelhändlers sinnvoll zu planen. Es gilt: Je höher der Deckungsbeitrag einer Ware ist, desto mehr trägt die Ware zur Deckung der Fixkosten und damit letztlich zur Entstehung eines Gewinns bei (Sortimentsoptimierung). Vgl. Band 3, Lernfeld 11: Geschäftsprozesse erfolgsorientiert steuern, Kapitel 6.4.4.

2 Variation: Abänderung, Veränderung.

3 Divers: verschieden, mehrere.

4 Differenzieren: verschieden sein; voneinander abweichen.

5 Innovation: Neuerung.

6 Mee-too-Produkte sind Produkte, die andere erfolgreiche Produkte nachahmen sollen. In der Regel erreichen solche Produkte weder das Qualitätsniveau noch den Bekanntheitsgrad von Markenartikeln.

Probleme bei der Sortimentserweiterung ergeben sich aus der begrenzten Verkaufsfläche. Andererseits ist die Ausweitung des Warenangebots mit einer Erhöhung der Kapitalbindungskosten verbunden, sodass die Sortimentserweiterung ohne eine gleichzeitige Sortimentsbereinigung kaum möglich ist.

(2) Sortimentsvariation

Bei der Sortimentsvariation bleibt der Sortimentsumfang erhalten und es werden lediglich bestimmte Waren- bzw. Artikelgruppen ausgetauscht. Ziele der Sortimentsvariation sind:

- die vorhandene **Verkaufs- und Regalkapazität optimal auszunutzen.**

> **Beispiele:**
>
> Ertragsstarke Warengruppen werden in der Sortimentsbreite bzw. -tiefe erweitert, während das Sortiment in ertragsschwachen Bereichen eine Einschränkung erfährt.
>
> Modeartikel werden auf Kosten der „zeitlosen Ware" ausgedehnt.

- das Sortiment **qualitativ anzuheben (trading up).**

> **Beispiel:**
>
> Der Bestand an Markenartikeln, Handelsmarken bzw. Mee-to-Artikeln wird im Sortimentsaufbau erhöht.

- das Sortiment **qualitativ abzusenken (trading down).**

> **Beispiel:**
>
> Verstärkte Aufnahme von No-Name-Artikeln zu „Dauer-Niedrig-Preisen".

(3) Berücksichtigung der Umweltverträglichkeit bei der Sortimentsgestaltung

In der Gesellschaft hat sich das Umweltbewusstsein in den letzten Jahrzehnten stark verändert. Die Kunden sind zunehmend umweltbewusster geworden und verlangen nach Waren und Verpackungen, die die Umwelt nicht oder nur in geringerem Umfang belasten. Insbesondere achten die Kunden darauf, dass die gekauften Gebrauchsartikel nach ihrer Nutzung recycelfähig[1] sind, d. h. in den industriellen Produktionsprozess zurückgeführt werden können. Aus Konsumgüterabfällen werden dann keine Abfälle (im engeren Sinne),[2] sondern neue Werkstoffe und Energien gewonnen.

Es entsteht eine **Kreislaufwirtschaft.**

---

1 To recycle (engl.): wieder in den Kreislauf zurückführen.

2 Unter ökologischen Gesichtspunkten sind **Abfälle** im engeren Sinne ausschließlich die nicht mehr verwendbaren und nicht mehr verwertbaren (recyclingunfähigen) Reststoffe, die deshalb umweltverträglich zu entsorgen sind. Im weiteren Sinne gehören jedoch auch die unvermeidbaren absatzfähigen Nebenprodukte der Produktion sowie die recyclingfähigen Wiedereinsatzstoffe der Produktion und die materiellen Konsumgüter **(Wertstoffe)** zu den Abfällen.

Recyclingarten (Recyclingmöglichkeiten)			
Wiederverwendung	**Weiterverwendung**	**Wiederverwertung**	**Weiterverwertung**
Produkte werden für den gleichen Verwendungszweck mehrfach genutzt.	Produkte werden für andere Verwendungszwecke mehrfach genutzt.	Produkte werden aufgelöst oder verändert und erneut in den bereits früher durchlaufenen Rohstoffkreislauf zurückgeführt.	Rohstoffe werden in bisher noch nicht durchlaufenen Produktionsprozessen in neue Produkte umgewandelt.
Beispiel: Pfandflaschen aus Glas.	**Beispiel:** Senfgläser werden als Trinkgläser weiterverwendet.	**Beispiel:** Glasscherben werden zur Glasherstellung wiederverwertet.	**Beispiel:** Aus Hobelspänen werden Spanplatten hergestellt.

Einzelhandelsbetriebe müssen diese Entwicklung durch einen entsprechenden Sortimentsaufbau berücksichtigen, wenn sie am Markt langfristig erfolgreich sein wollen.

Beispiele für einen umweltverträglichen Sortimentsaufbau:

- Fleisch und Gemüse aus ökologisch orientierter Tierhaltung bzw. ökologisch orientiertem Anbau führen.
- Regionale Produkte anbieten, um lange (umweltschädliche) Transportwege zu vermeiden.
- Artikel führen, zu denen es Nachfüllpackungen gibt.
- Überflüssiges Verpackungsmaterial vermeiden sowie nur umweltfreundliche Materialien verwenden.
- Gebrauchsgegenstände führen, die recycelfähig bzw. leicht zu entsorgen sind.
- Nur Waren aus Entwicklungsländern führen (z. B. Kaffee, Bananen, Tee, Teppiche, Textilien), bei denen sichergestellt ist, dass ein fairer Handel mit diesen Ländern gefördert wird.
- Gebrauchsgüter führen, die wasser- bzw. energiesparend sind.

Hersteller und Handel haben Umweltzeichen entwickelt, die dem Verbraucher die Umweltfreundlichkeit eines Produktes anzeigen.

Zusammenfassung

- Die Beschaffung hat die Aufgabe, die Waren einzukaufen, die die Kunden wünschen.

- **Sortimentspolitik** umfasst alle Überlegungen und Maßnahmen zur planmäßigen Gestaltung des Sortiments.

- Die Sortimentspolitik umfasst folgende Aufgaben:
  - Gestaltung der Sortimentsstruktur
  - Analyse der Sortimentsstruktur
  - Treffen von Sortimentsentscheidungen

- Der **Aufbau des Sortiments** kann wie folgt gegliedert werden:
  - nach der **Wichtigkeit der Sortimentsbereiche**

    Kernsortiment: Es ist das typische Branchensortiment des Einzelhändlers. Mit diesem Sortimentsbereich macht der Einzelhändler den größten Umsatz.

    Zusatzsortiment: Es ergänzt das Kernsortiment durch wechselnde Artikel und Sorten. Es beinhaltet auch branchenfremde Artikel.

    Randsortiment: Es umfasst selten verlangte Artikel des Kern- und Zusatzsortiments.
  - nach der **Verfügbarkeit des Sortiments**

    Standardsortiment: Es stellt das Grundsortiment eines Handelsbetriebs dar und enthält die wichtigsten Umsatzträger. Es wird ständig angeboten.

    Aktionssortiment: Es umfasst die Aktionsware, die kurzzeitig und preisaggressiv angeboten wird.

- Bei der Gestaltung des Sortiments kann es zu einem Konkurrenzproblem von Hersteller- und Handelsmarken kommen.
  - Als **Herstellermarken** bezeichnet man solche Produkte, die durch den Hersteller „markiert" sind (Markenartikel).
  - **Handelsmarken** werden durch ein Handelsunternehmen bzw. eine Handelsorganisation „markiert".

- Ziel der **Sortimentskontrolle** ist es, die Absatzentwicklung der einzelnen Artikel ständig zu überprüfen.

- Wichtige **Instrumente der Sortimentsanalyse** sind:
  - Fehlverkaufs- und Nichtverkaufskontrollen
  - Führen von Renner-Penner-Listen
  - Auswertung von Kennzahlen

  - Ein **Fehlverkauf** liegt vor, wenn der nachgefragte Artikel im Sortiment geführt wird, im Augenblick jedoch nicht vorrätig ist.
  - Ein **Nichtverkauf** besagt, dass der nachgefragte Artikel nicht im Sortiment geführt wird.
  - Die **Renner-Penner-Liste** gibt Auskunft über gut verkaufbare Ware (Renner) und schlecht verkaufbare Ware (Penner).
  - Wichtige Kennzahlen zur Sortimentsanalyse sind die **Lager- und Verkaufskennzahlen.**

→ Durch Sortimentsentscheidungen wird die Sortimentszusammensetzung den sich ständig ändernden Marktbedingungen angepasst.

- Die **Sortimentsbereinigung** hat das Ziel, bisher geführte Warenarten und Warengruppen aus dem Sortiment zu entfernen.
- Die **Sortimentserweiterung** möchte den Umfang des Sortiments durch die Aufnahme neuer Produkte **(Sortimentsdiversifikation)**, durch die Ergänzung bereits geführter Waren **(Sortimentsdifferenzierung)** und/oder durch die Hereinnahme technischer oder modischer Neuheiten **(Sortimentsinnovation)** vergrößern.

→ Bei der **Sortimentsvariation** bleibt der Sortimentsumfang erhalten und es werden lediglich bestimmte Waren- bzw. Artikelgruppen ausgetauscht.

→ Durch eine entsprechende Sortimentsgestaltung können die Einzelhandelsbetriebe einen wesentlichen **Beitrag zum Umweltschutz** leisten.

Übungsaufgaben

1 Nach Beendigung Ihrer Ausbildungszeit und einigen Jahren Berufserfahrung möchten Sie sich selbstständig machen und ein Einzelhandelsgeschäft eröffnen.

Aufgaben

1. Nennen und erläutern Sie vier Faktoren, welche die Wahl Ihres Sortiments beeinflussen!
2. 2.1 Entscheiden Sie sich für eine Branche! Nennen Sie vier Warengattungen, die Sie zum Kernsortiment rechnen, und je zwei Warengattungen, die zu Ihrem Zusatz- und Randsortiment gehören!
   2.2 Unterscheiden Sie die Begriffe Kernsortiment und Randsortiment!
   2.3 Erklären Sie mit je einem Beispiel: breites, schmales, flaches und tiefes Sortiment!
3. Nach etwa einem halben Jahr stellen Sie fest, dass immer häufiger Kundenwünsche nach qualitativ anspruchsvolleren und höherpreisigen Waren geäußert werden.
   3.1 Welche Entscheidung treffen Sie im Rahmen Ihrer Sortimentspolitik?
   3.2 Nennen Sie den Fachausdruck für diese Sortimentsumgestaltung!
4. Nach der Festlegung des Sortiments müssen Sie sich um die Kalkulation der Verkaufspreise kümmern.
   Nennen Sie sechs Faktoren, die sich auf die Höhe der Preise auswirken!

2 In einer mittelgroßen Stadt macht sich zunehmend der Trend bemerkbar, dass die Leute zum Einkaufen in die nächste Großstadt fahren. Mehrere Geschäfte wurden deshalb schon geschlossen.

Auch das traditionsreiche Sportfachgeschäft Fritz Bauer e. Kfm. spürt die Umsatzrückgänge und will große Anstrengungen unternehmen, den Umsatz wieder zu steigern.

Die beauftragte Unternehmensberaterfirma Werner & Co. stellt fest, dass das Sportfachgeschäft

- zu viele Artikel führt,
- einige Waren eine durchschnittliche Lagerdauer von 180 bis 360 Tage haben,
- das Warenangebot nicht den aktuellen Trends entspricht,
- die Warenpräsentation unübersichtlich und unattraktiv ist.

Aufgaben

1. Wie könnte das Sportfachgeschäft Fritz Bauer e. Kfm. Altware mit einer hohen Lagerdauer möglichst schnell verkaufen? Beschreiben Sie zwei Möglichkeiten!

2. Ganz generell schlägt die Beraterfirma vor, das Sortiment zu bereinigen. Erklären Sie den Begriff Sortimentsbereinigung!

3. 3.1 Die Beraterfirma schlägt auch vor, das Sortiment zu verjüngen. Erläutern Sie diese Maßnahme zunächst allgemein und verdeutlichen Sie dies für das Sportfachgeschäft mit einem Beispiel!

   3.2 Schlagen Sie eine weitere Möglichkeit der Sortimentspolitik für das Sportfachgeschäft vor und begründen Sie Ihren Vorschlag!

4. Für das Sortiment Wintersport schlägt die Beraterfirma ein „Trading up" vor, für die Tennisabteilung ein „Trading down".
   Beschreiben Sie, wie sich diese Maßnahmen auswirken!

5. Die Beraterfirma schlägt zudem vor, neben Handelsmarken auch verstärkt Herstellermarken (Markenartikel) in das Sortiment aufzunehmen.
   Erklären Sie die beiden Begriffe!

6. Die Geschäftsleitung trifft folgende Entscheidungen:
   6.1 Ein Golf-Shop wird neu eingerichtet.
   6.2 In der Tennisabteilung werden keine Tennisschuhe mehr geführt.
   6.3 In der Wintersportabteilung werden „Noname-Artikel" zugunsten hochwertiger Markenware ausgetauscht.
   6.4 In der Abteilung „Lauf-Treff" wird das bestehende Laufschuh-Sortiment ergänzt. Außerdem wird festgelegt, alle Marktneuheiten in das Sortiment aufzunehmen.

   Nennen Sie jeweils den Fachausdruck für die Sortimentsentscheidungen!

3

Wie marktgerecht ist mein Sortiment?

Das Einkaufsverhalten Ihrer Kunden ist permanenten Veränderungen unterworfen. Die Zeitspannen, innerhalb derer Sie Ihre bisherige Sortimentspolitik einer kritischen Prüfung unterziehen und Korrekturen vornehmen müssen, werden immer kürzer. Insbesondere dann, wenn grundlegende Maßnahmen, z.B. eine Ladenmodernisierung, geplant sind, ist eine gründliche Bestandsaufnahme unumgänglich. Der folgende Beratungsfall zeigt exemplarisch, worauf es ankommt:

Ein Textilfachgeschäft steht im Zusammenhang mit einem geplanten Ladenumbau vor der Frage, ob das Sortiment in der bisherigen Struktur weitergeführt werden sollte. Zur Lösung dieses Problems führt ein Fachberater eine Sortimentsanalyse durch und erarbeitet Vorschläge für eine neue Sortimentspolitik.

Das Unternehmen (über 20 beschäftigte Personen) muss sich unter dem sehr starken Wettbewerbsdruck in City-Lage einer Großstadt behaupten und kann es sich nicht leisten, unrentable Sortimente mitzuschleppen.

Aufgaben

1. Der vorstehende Auszug aus einem Fachartikel beschreibt die Bedeutung des Sortiments und der Sortimentspolitik für den künftigen Erfolg eines Einzelhandelsbetriebes – nicht nur im Textilbereich.
   1.1 Erläutern Sie drei Gesichtspunkte, die bei der Zusammenstellung eines marktgerechten Sortiments eine Rolle spielen können!
   1.2 Nennen Sie zwei Zahlenwerte/Kennzahlen, die Sie im Rahmen einer Sortimentsanalyse zur Beurteilung einzelner Warengruppen oder Artikel heranziehen können!
   1.3 Wählen Sie aus 1.2 eine Größe aus und beschreiben Sie, wie diese Größe zur Grundlage einer sortimentspolitischen Entscheidung werden kann!

2. Angenommen, das Fachgeschäft stellt durch eine Sortimentsanalyse fest, dass es bei einer Warengruppe zu einem Übersortiment gekommen ist.

   Nennen Sie zwei Maßnahmen, durch die ein solches Übersortiment beseitigt werden kann!

3. Im Artikel der Fachzeitschrift ist von einem starken „Wettbewerbsdruck" die Rede. Welche Auswirkung kann dieser Wettbewerbsdruck für den Verkauf zu kalkulierten Preisen haben?

4. Weitere Möglichkeiten der Umsatzförderung – auch in Selbstbedienungs- und Vorwahlsystemen – sind die Verkaufsraumgestaltung und die Warenpräsentation.

   4.1 Wie kann der Umsatz durch die Wegeführung im Verkaufsraum gefördert werden?

   Beschreiben Sie eine Möglichkeit!

   4.2 Der Umsatz eines Artikels soll gesteigert werden.

   Wie können Sie dies durch die entsprechende Platzierung der Ware erreichen? (Zwei Vorschläge!)

5. Die Sortimentsgestaltung soll durch eine Sortimentsanalyse an das Käuferverhalten angepasst werden. Hierzu schlägt die Geschäftsleitung folgende Maßnahmen vor:

   5.1 Durchführung von Fehlverkaufs- und Nichtverkaufskontrollen.

   5.2 Führen von Renner- und Pennerlisten.

   Erklären Sie die beiden Maßnahmen!

6. Erkunden Sie – nach Rücksprache mit Ihrem Ausbilder – die Sortimentskonzeption Ihres Ausbildungsbetriebs, mit denen wirksam zum Umweltschutz beigetragen wird und präsentieren Sie die Ergebnisse Ihren Klassenkameraden!

7. Stellen Sie in Ihrem Ausbildungsbetrieb fest, welche Umweltzeichen die Produkte aufweisen und stellen Sie die Umweltzeichen in der Klasse vor!

3 Planung der Beschaffung

3.1 Lagerbestand[1]

(1) Umfang des Lagerbestandes

Der Lagerbestand muss so hoch sein, dass ein reibungsloser Warenverkauf gesichert ist.

- Ein zu **großer Lagerbestand** hat z. B. den Nachteil, dass das in den nicht benötigten Lagervorräten investierte Kapital Zinsverluste (einen Zinsentgang) mit sich bringt. Außerdem entstehen unnötige Lagerkosten. Darüber hinaus wird die finanzielle Situation des Unternehmens negativ beeinflusst, weil die in zu hohen Lagervorräten gebundenen Gelder für andere notwendige Investitionen (z. B. Erneuerung der Ladeneinrichtung, Umbau der Schaufenster, Anschaffung eines neuen Firmenfahrzeugs usw.) nicht zur Verfügung stehen und deshalb Kredite (die zu tilgen und zu verzinsen sind) aufgenommen werden müssen.

1 Die Lagerkennzahlen werden auf den Seiten 129ff. behandelt.

- Ein zu **kleines Lager** verursacht zwar geringere Kosten, führt aber zu Störungen im Warenverkauf, weil nicht alle Warenwünsche der Kunden pünktlich erfüllt werden können. Dadurch werden Kunden verärgert, manche Kunden „springen ab“, der Ruf des Einzelhandelsgeschäftes verschlechtert sich. Verluste können die Folge sein.

(2) Lagerbestandsarten

Für den Lagerbestand sind folgende drei Bestandsgrößen von Bedeutung: der Mindestbestand (eiserne Bestand), der Meldebestand und der Höchstbestand.

Mindestbestand[1] (eiserner Bestand)

Nicht immer kann man sich darauf verlassen, dass die Lieferer die von ihnen genannten Lieferfristen einhalten. So können bei diesen beispielsweise Lieferschwierigkeiten aufgrund von Streiks, technischen Störungen (Maschinenbruch, Explosion, Feuer) oder Problemen bei der Rohstoffbeschaffung auftreten. Aus diesem Grunde ist es zweckmäßig, einen eisernen Bestand (Sicherheitsbestand) an Waren zu halten, auf den im Falle einer Lieferverzögerung zurückgegriffen werden kann.

Meldebestand

Um den Warenverkauf reibungslos abwickeln zu können, ist es wichtig, dass der Einkauf der einzelnen Artikel zum richtigen Zeitpunkt erfolgt. Der Lagerverwalter muss daher ab einem bestimmten Lagerbestand das Auffüllen des Lagers durch eine Meldung veranlassen. Die Höhe des Meldebestands für einen Artikel hängt von der täglichen Absatzmenge und der Lieferzeit ab. Der neue Artikel muss dann eintreffen, wenn der eiserne Bestand erreicht ist.

Beispiel:

Verkaufsmenge pro Tag: 15 Stück; Lieferzeit: 6 Tage; eiserner Bestand: 30 Stück.

Aufgabe:
Wie viel Stück beträgt der Meldebestand?

Lösung:

Meldebestand = (15 Stück · 6 Tage) + 30 Stück = 120 Stück

Meldebestand = (Tagesabsatz · Lieferzeit) + eiserner Bestand

Höchstbestand

Jedes Lager hat eine beschränkte Lagerfläche, die nicht beliebig verändert werden kann. Daher kann in einem Lager auch nur eine bestimmte Anzahl von Waren aufbewahrt werden. Man spricht hier vom **technischen Höchstbestand.**

1 Man bezeichnet den Mindestbestand auch als Sicherheitsbestand.

Neben dem technischen Höchstbestand muss für jede Artikelgruppe bzw. jeden Artikel noch ein **wirtschaftlicher Höchstbestand** bestimmt werden. Er legt die maximale Menge an Waren fest, die je Artikelgruppe (Artikel) vorrätig sein soll. Er wird in der Regel nach Eintreffen der neuen Lieferung erreicht und hängt ab:

- vom Mindestbestand und der Absatzmenge pro Tag,
- vom Kapital, das für die Lagerung einer bestimmten Artikelgruppe (Artikel) zur Verfügung steht,
- von der Größe der Lagerfläche,
- vom Lagerrisiko (Verderb, Schwund, Modewechsel usw.) und
- von der Mindestabnahmemenge, die der Lieferer vorschreibt.

3.2 Bestellverfahren

3.2.1 Problemstellung

Aufgabe der Bestellplanung ist es, die Bestellzeitpunkte für die Waren, unter Berücksichtigung der Wiederbeschaffungszeit, so zu bestimmen, dass einerseits von einem Artikel immer eine genügend hohe Anzahl für den Verkauf bereitsteht **(Sicherung der Verkaufsbereitschaft)** und dass andererseits aber keine unnötigen Lagerzeiten (und damit Lagerkosten) anfallen **(Minimierung der Lagerkosten).**

Die Bestellungen können nach unterschiedlichen Verfahren abgewickelt werden. Wird jeweils eine **Bestellmenge** zu **unterschiedlichen Zeitpunkten** bestellt, spricht man vom **Bestellpunktverfahren.** Wird jeweils in **gleichen Zeitabständen** bestellt, wobei die **Bestellmenge** unterschiedlich hoch sein kann, dann wird die Bestellung nach dem **Bestellrhythmusverfahren** abgewickelt.

Ein weiteres Bestellverfahren beruht darauf, dass das **Warenwirtschaftssystem** aufgrund der zuvor hinterlegten Datenrichtlinien einen **eigenständigen Bestellvorschlag** unterbreitet.

3.2.2 Bestellpunkt- und Bestellrhythmusverfahren

(1) Grundlegendes

Wir merken uns:

- Beim **Bestellpunktverfahren** wird mit jeder Entnahme geprüft, ob damit der Meldebestand unterschritten wurde. Ist dies der Fall, wird eine Bestellung ausgelöst.
- Beim **Bestellrhythmusverfahren** erfolgt die Bestellung in bestimmten Zeitabständen.

Für beide Verfahren gilt, dass entweder mit einer festen Bestellmenge oder mit einer variablen Menge bis zu einem bestimmten Höchstbestand aufgefüllt wird. Durch die Kombination der beiden Bestellverfahren mit den beiden Möglichkeiten in der Wahl der Bestellmenge ergeben sich insgesamt vier Strategien, die sich in folgender Tabelle darstellen lassen.

Wahl der Bestellmenge	Bestellpunktverfahren	Bestellrhythmusverfahren
Auffüllen mit einer festen Bestellmenge	Bei Erreichen des Meldebestandes wird mit der festgelegten Bestellmenge aufgefüllt.	In einem festen Zeitintervall wird immer mit der festgelegten Bestellmenge aufgefüllt.
Auffüllen bis zum Höchstbestand	Bei Erreichen des Meldebestandes wird die Fehlmenge bis zum Höchstbestand aufgefüllt.	In einem festen Zeitintervall wird bis zum Höchstbestand aufgefüllt.

Exemplarisch sollen zwei der vier Möglichkeiten grafisch dargestellt werden.

(2) Strategie 1: Bestellpunktverfahren, bei welchem immer bis zu einem bestimmten Höchstbestand aufgefüllt wird

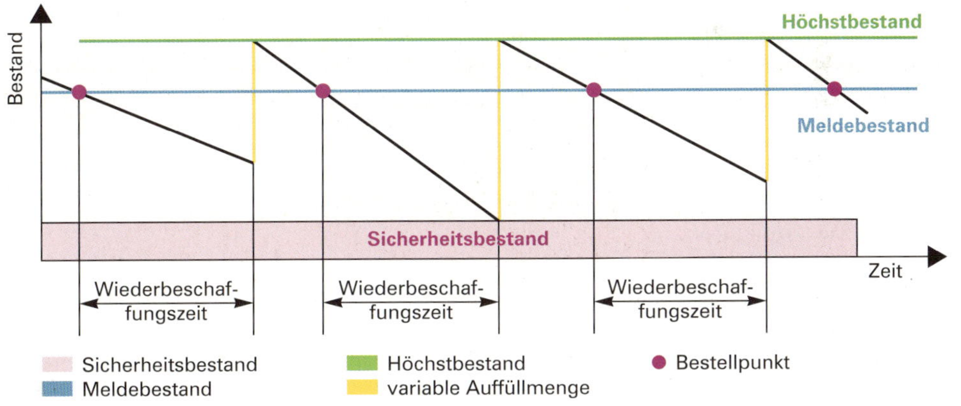

Erläuterungen:

Sicherheitsbestand: Er dient zur Abdeckung von Bestands-, Bedarfs- und Bestellunsicherheiten. Er steht nur für unvorhergesehene Ereignisse zur Verfügung und darf daher zur laufenden Disposition nicht verwendet werden.

Meldebestand:	Erreicht der Lagerbestand diese Bestandshöhe, dann ist eine neue Bestellung auszulösen.
Höchstbestand:	Er gibt an, welcher Warenbestand maximal eingelagert wird. Der Höchstbestand wird immer nach Eintreffen der bestellten Ware erreicht.
Variable Auffüllmenge:	Es handelt sich um die Warenmenge, die bestellt werden muss, um das Lager bis zum Höchstbestand aufzufüllen.
Bestellpunkt:	Zeitpunkt, zu welchem bestellt werden muss, um die Versorgung während der Wiederbeschaffungszeit sicherzustellen.
Wiederbeschaffungszeit:	Zeitbedarf für eigene Überlegungszeit (z.B. Liefererauswahl), Durchführung der Bestellung, Laufzeit der Post, Lieferzeit, Zeit für Wareneingangskontrolle und Einlagerung.

Sind die beiden Größen „Bestellmenge“ und „Meldebestand“ festgelegt, bedarf es für den Bestellvorgang nur noch einer Routineentscheidung. Bei einem automatisierten Warenwirtschaftssystem kann dann die Bestellung ohne Eingriff des Einzelhändlers auf der Basis einer artikelgenauen Abgangserfassung vom Warenwirtschaftssystem selbst vollzogen werden.

(3) Strategie 2: Bestellrhythmus, bei welchem immer mit der festgelegten Bestellmenge aufgefüllt wird.

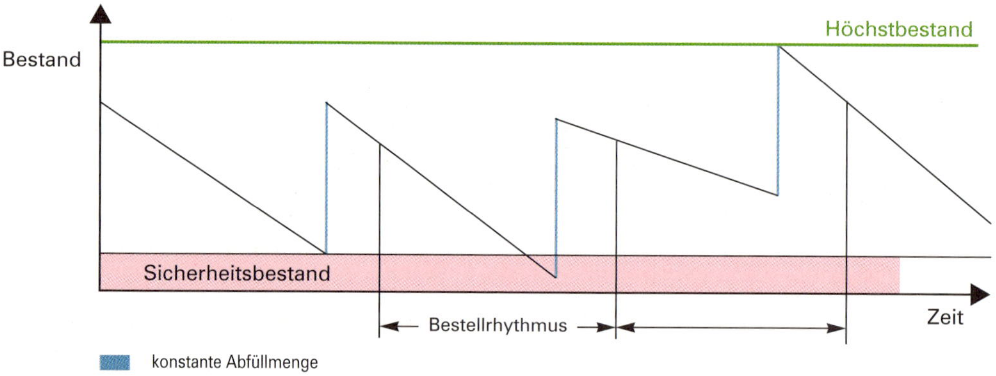

Stellt man die beiden Verfahren einander gegenüber, dann lassen sie sich durch folgende Merkmale kennzeichnen:

Bestellpunktverfahren
Es handelt sich um eine sehr sichere Strategie. Dadurch, dass mit jeder Entnahme geprüft wird, ob der Meldebestand erreicht ist, ist auch die Gefahr der Unterdeckung sehr gering.
Es ist geeignet für Waren, bei denen ein hoher Servicegrad verlangt wird.
Wird bis auf die Lagerobergrenze aufgefüllt, dann führt dies tendenziell zu hohen Beständen.
Der Kontrollaufwand ist relativ hoch.
Durch ständige Bestandskontrolle ist das Verfahren auch geeignet für Güter mit unregelmäßigem Bedarf.

Bestellrhythmusverfahren

- Es wird nur in festen Zeitintervallen (Bestellrhythmus) nachbestellt.
- Muss mit unregelmäßigem Bedarf gerechnet werden, dann besteht hier die große Gefahr der Unterdeckung.
- Das Verfahren ist daher nur sinnvoll, wenn die Lagerabgangsraten relativ konstant sind.
- Der Verwaltungsaufwand ist gering.

3.2.3 Bestellvorschläge

Warenwirtschaftssysteme (ERP-Systeme) bieten dem Einzelhändler eine umfassende informationstechnische Unterstützung bei der Abwicklung von typischen Geschäftsprozessen wie z.B. der Beschaffung, Lagerhaltung, Sortimentsgestaltung und Verkauf. So werden beispielsweise nach jedem Einkauf bzw. Verkauf von Waren automatisch deren Lagerbestände neu berechnet und ausgewiesen.

Ein Warenwirtschaftssystem ist aber mehr als nur eine „schnelle Rechenmaschine" zur Bewältigung von Routinevorgängen wie sie im Rahmen der Beschaffung und des Verkaufs anfallen.

Aufbauend auf den verarbeitenden Massendaten können durch ein Warenwirtschaftssystem auch gut strukturierte, immer wiederkehrende Abläufe gesteuert werden, wie z.B. die automatisierte Nachbestellung jener Artikel, bei denen das Warenwirtschaftssystem festgestellt hat, dass durch die letzte Entnahme der Meldebestand unterschritten wurde. Je nach Grad der Automatisierung wäre z.B. eine Lösung denkbar, in welcher das System dem Einzelhändler einen Bestellvorschlag unterbreitet, der bereits unterschiedliche Einflussfaktoren berücksichtigt, wie z.B. Preise der Lieferer, Rabattstaffelungen, Liefer- und Zahlungsbedingungen, voraussichtlicher Bedarf für den Vorhersagezeitraum. Der Bestellvorschlag kann vom Einzelhändler angenommen, abgelehnt oder verändert werden. Auf der nächsthöheren Ebene eines Warenwirtschaftssystems sind auch Management-Informationssysteme denkbar, welche die vorhandenen Daten auswerten, verdichten und zielgruppengerecht aufbereiten (z.B. Umsätze nach Produktgruppen, Kundengruppen, Wochentag usw.) und zu vorgegebenen Planzahlen in Beziehung setzen.

Damit zwischen dem Einzelhandelsunternehmen und seinen Geschäftspartnern ein Datenaustausch erfolgen kann, müssen die technischen Voraussetzungen geschaffen werden. Das technische Instrument für den Datenaustausch zwischen den Unternehmen heißt **Electronic Data Interchange (EDI).**

EDI bezeichnet ein international vereinbartes Datenformat als Standard für den wirtschaftlichen Datenaustausch zwischen den EDV-Systemen von Unternehmen. Dieser Standard ist notwendig, damit der geplante Datenfluss tatsächlich reibungslos funktioniert, und zwar unabhängig von der jeweils eingesetzten Hard- und Software in den beteiligten Unternehmen. Die Verbindungen zwischen den beteiligten Kommunikationspartnern kommen dabei über öffentliche Telefonnetze oder private Standleitungen zwischen Unternehmen und Lieferanten zustande.

Was heißt das nun konkret zum Beispiel bei einer Bestellung? Hier werden die Daten aus dem Warenwirtschaftssystem des Einzelhändlers in einen so genannten Konverter übergeben. Dieser Konverter übersetzt die Informationen z.B. in das standardisierte Datenübertragungsformat EDI. Anschließend wird die Bestellung an den Lieferanten versendet.

Auf Empfängerseite dann wieder das gleiche Spiel: Ein Konverter übersetzt die Daten in die Sprache des Lieferanten. Dort werden sie in sein Warenwirtschaftssystem eingespielt, damit er die Bestellung bearbeiten und ausführen kann.[1]

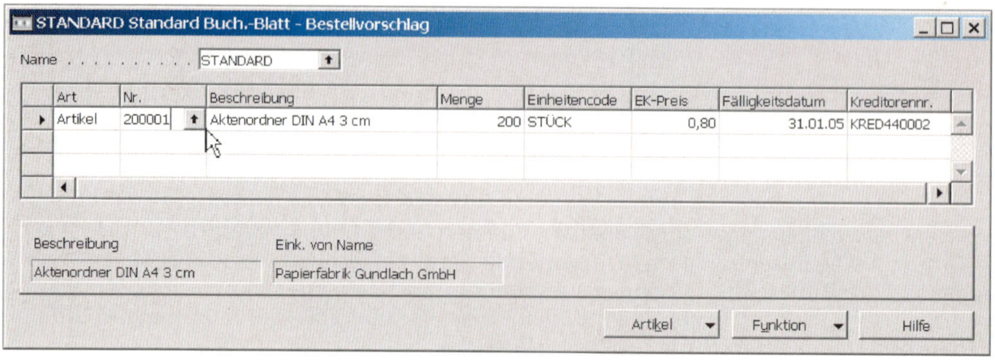

Zusammenfassung

- Ein zu **großer Lagerbestand** führt zu **unnötigen Lagerkosten** sowie **erhöhten Lagerrisiken.** Ein zu **kleiner Lagerbestand** führt zu **Störungen im Warenverkauf.**
- Für die Waren werden **Mindest-, Höchst-** und **Meldebestände** festgelegt.
- Die **Hauptaufgabe der Bestellplanung** ist es, den **Bestellzeitpunkt** optimal festzulegen, damit der Warenverkauf reibungslos durchgeführt werden kann.
- Wichtige Bestellverfahren sind das Bestellpunkt- und Bestellrhythmusverfahren:
  - Beim **Bestellpunktverfahren** wird bei Unterschreiten des Meldebestands eine Bestellung ausgelöst.
  - Beim **Bestellrhythmusverfahren** erfolgt die Bestellung in bestimmten Zeitabständen.
- Warenwirtschaftssysteme unterbreiten bei Unterschreiten des Meldebestands, sofern entsprechende Daten hinterlegt sind, dem Einzelhändler einen **Bestellvorschlag,** der vom Einzelhändler angenommen, abgelehnt oder verändert werden kann.
- Das technische Instrument, damit ein Datenaustausch zwischen verschiedenen Unternehmen stattfinden kann, heißt **Electronic Data Interchange (EDI).**

Übungsaufgaben

4 Das Teppichhaus Uwe Simmet e. K. hat in letzter Zeit dank immer neuer und besonders ansprechender Qualität und Muster den Absatz an Parkettböden wesentlich steigern können. Immer wieder gab es aber empfindliche Engpässe, besonders bei der Versorgung mit Eichenparkett. Der Verkauf konnte deshalb oft nicht sofort liefern. Aus diesem Grund sollen Lagerhaltung und Beschaffung neu überdacht werden. Die Bestandskarte für Eichenparkett weist folgende Daten auf: Mindestlagerbestand 100 m^2, Meldebestand 400 m^2.

1 Als Bestellverfahren kann sowohl das Bestellpunktverfahren als auch das Bestellrhythmusverfahren eingestellt werden.

Aufgaben

1. Zunächst soll geprüft werden, ob der bisher festgelegte Mindestbestand an Eichenparkett ausreicht.

   1.1 Erklären Sie die Begriffe Mindestbestand, Meldebestand und Höchstbestand!

   1.2 Nennen Sie drei Gründe, weshalb es notwendig ist, einen Mindestlagerbestand zu halten!

   1.3 Unter welchen Voraussetzungen darf der Mindestlagerbestand angegriffen werden?

   1.4 Übertragen Sie die nachfolgende Grafik in Ihr Hausheft und tragen Sie in die Textfelder die Begriffe Mindestbestand, Bestellzeitpunkt, Höchstbestand und Meldebestand ein!

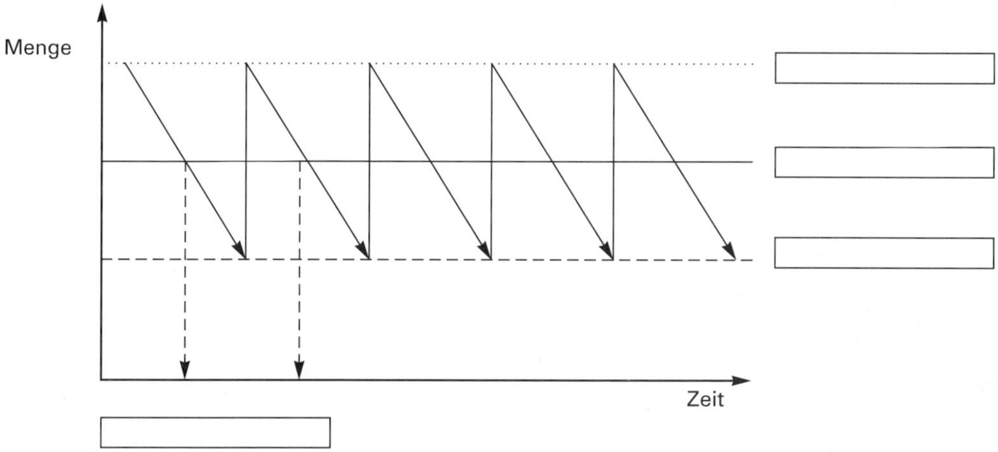

2. Der Lagerverwalter soll künftig Neubestellungen rechtzeitig bei der Einkaufsabteilung veranlassen.

   2.1 Bei welchem Lagerbestand muss er die Einkaufsabteilung informieren?

   2.2 Berechnen Sie die Lieferzeit bei einem durchschnittlichen Tagesbedarf von 10 m^2!

   2.3 Nennen Sie zwei Gründe, die dazu führen können, dass der Meldebestand erhöht werden muss!

5 1. Wolfgang Maier ist seit zwei Jahren als Auszubildender in einem Eisenwarengeschäft tätig. Da das Fachgeschäft zahlreiche Handwerker beliefert, werden einige Standardartikel regelmäßig verkauft.

Aufgaben

1.1 Das Geschäft verkauft täglich durchschnittlich 7 Schlösser. Die durchschnittliche Lieferzeit beträgt 10 Tage. Aufgrund von Erfahrungen setzt das Eisenwarengeschäft einen „eisernen Bestand" von 14 Stück an.

Berechnen Sie den Meldebestand!

1.2 Bei einem anderen Artikel verzögert sich die Lieferung. Der „eiserne Bestand" ist erreicht. Wie viele Tage kann das Geschäft diesen Artikel noch verkaufen, wenn der „eiserne Bestand" 20 Stück beträgt und pro Tag durchschnittlich 8 Stück verkauft werden?

3 Speth – ISBN -13: 978-3-8120-0539-5

2. Herr Fuchs arbeitet als Abteilungsleiter für die Lagerabteilung in einem Baumarkt. Bei einem Gang durchs Lager stellt er fest, dass das Lager überfüllt ist und auf den Gängen neu angelieferte Bodensystemfliesen lagern. Herr Fuchs schaut sich daher die Lagerbestandskarte für diesen Artikel genauer an.

Lagerbestandskarte

Artikel

Bodensystemfliesen — Lagerplatz: L-11

BS-z-683-46

Mindestlagerbestand: 60 Stück
Normal-Bestellmenge: 120 Stück
Durchschnittlicher Absatz: 12 Stück pro Woche
Durchschnittliche Lieferzeit: 6 Wochen

Tag	Zugang in Stück	Entnahme in Stück	Bestand in Stück	Entnommen von ...
01.01.			210	
09.01.		105	105	Dietz
01.02.	120		225	
27.02.		40	185	Wenk
04.03.		44	141	Wenk
30.03.	120		261	
02.05.		55	206	Wenk
08.05.		10	196	Dietz
15.05.		15	181	Wenk
01.06.	120		301	
08.06.		80	221	Wenk
29.06.		105	116	Dietz
26.07.	120		236	
20.08.		45	191	Wenk
01.09.		30	161	Wenk
24.09.	120		281	
03.11.		75	206	Dietz
05.11.		60	146	Dietz
20.11.		40	106	Dietz
28.11.	120		226	
10.12.		85	141	Dietz
31.12.		50	91	Wenk

Aufgaben

2.1 Erläutern Sie aufgrund der Angaben, nach welchem Verfahren bisher bestellt wurde!

2.2 Herr Fuchs schlägt vor, in Zukunft erst bei Erreichen des Meldebestandes zu bestellen.

2.2.1 Berechnen Sie den Meldebestand mit Hilfe der Lagerbestandskarte!

2.2.2 Nennen Sie zwei Vorteile, die sich aus dem Vorschlag von Herrn Fuchs für den Baumarkt ergeben würden!

2.3 Die Mitarbeiterin Elly Kühn schlägt vor, künftig bei Erreichen des Meldebestandes immer 200 Bodensystemfliesen zu bestellen.

Erläutern Sie an zwei Beispielen, welche Vorteile durch die höhere Bestellmenge entstehen!

2.4 Herr Fuchs vertritt die Ansicht, dass eine Bestellmenge von 200 Stück zu einem zu hohen Lagerbestand führe.

Beschreiben Sie zwei Nachteile eines zu großen Lagerbestandes!

2.5 Herr Fuchs überlegt, den Mindestbestand auf 40 Stück herabzusetzen.

Erläutern Sie, welche negativen Folgen sich hieraus ergeben könnten!

3. Für die Halogen-Deckenleuchte „Oval" mit Strahlern liegen folgende Lagerdaten vor:

Mindestbestand:	60 Stück
Normal-Bestellmenge:	180 Stück
Durchschnittlicher Tagesabsatz:	6 Stück
Durchschnittliche Lieferzeit:	20 Tage

Aufgaben

3.1 Bestimmen Sie rechnerisch den Meldebestand!

3.2 Was signalisiert der Meldebestand?

3.3 Wie viel Stück beträgt der mögliche Höchstbestand?

6

1. Für den Bürosessel „Siska 2005" wird Folgendes festgestellt:
   - Die Bestellung erfolgte bisher immer bei einem Lagerbestand von 120 Stück.
   - Die Lieferzeit beträgt 20 Tage.
   - Pro Tag werden durchschnittlich 6 Stück verkauft.

Aufgaben

1.1 Begründen Sie, weshalb bisher bei einem Bestand von 120 Bürosesseln bestellt wurde!

1.2 Erläutern Sie zwei Gründe, die dazu führen können, dass die Bürosessel trotzdem ausgehen!

1.3 Machen Sie einen Vorschlag, unter Verwendung eines selbst gewählten Zahlenbeispiels, wie in Zukunft die Verkaufsbereitschaft gewährleistet werden kann!

2. Beschreiben Sie je zwei Nachteile eines zu kleinen Lagerbestandes!

3.3 Bezugsquellenermittlung und die Warenbeschaffung über Einkaufskooperationen

3.3.1 Wege der Warenbeschaffung für den Einzelhandel

Der Einzelhandel kann die Waren auf unterschiedlichen Wegen beschaffen: direkt vom Hersteller, über den Großhandel oder durch Einkaufsverbundgruppen.

- Die **Warenbeschaffung direkt vom Hersteller** wird bevorzugt von Großbetrieben im Einzelhandel (Warenhäuser, Kaufhäuser, Versandhandel) vorgenommen, da sie über die entsprechenden Bestellmengen verfügen, um Preiszugeständnisse der Hersteller zu erreichen. Außerdem ist der Direkteinkauf beim Hersteller in bestimmten Geschäftszweigen des Einzelhandels üblich (z. B. Möbel, Sportgeräte, Lederwaren).

- Die **Warenbeschaffung beim Großhändler** bevorzugen die kleineren Einzelhandelsunternehmen, denn der Großhändler hält, im Gegensatz zum einzelnen Hersteller, eine Vielzahl von Waren verschiedener Produzenten bereit. Außerdem hat der Einzelhandel die Möglichkeit, die benötigten Waren in kleinen Mengen und mit kurzen Lieferfristen vom Großhändler zu beziehen. Allerdings nimmt der Anteil der nicht gebundenen Einzelhändler, die ihr Sortiment eigenständig zusammenstellen, ständig ab.

- Ständig im Steigen begriffen ist die Anzahl der Einzelhandelsbetriebe, die ihre **Warenbeschaffung in Verbundgruppen (Kooperationen)** organisieren. Die Kooperation der Einzelhändler kann in der Weise erfolgen, dass sich Einzelhandelsbetriebe zusammenschließen, um durch einen gemeinsamen Wareneinkauf Preis- und Konditionenvorteile zu erzielen oder um ein einheitliches Sortimentbild (Eigenmarken, einheitliches Ladenlayout) zu schaffen **(horizontale Kooperation)**. Es handelt sich hier um eine **Zusammenarbeit** auf **einer Wirtschaftsstufe**. Beispiele sind: die freiwillige Kette, das Franchising,[1] das Rack-Jobber-System und der Vertragshändler.

  Eine andere Form der Kooperation besteht darin, dass Einzelhandel und Großhandel bzw. Einzelhandel und Hersteller zusammenarbeiten **(vertikale Kooperation)**. Es handelt sich hier um eine **Zusammenarbeit** auf **verschiedenen Wirtschaftsstufen**. Wichtigstes Beispiel ist hier die Einkaufsgenossenschaft.

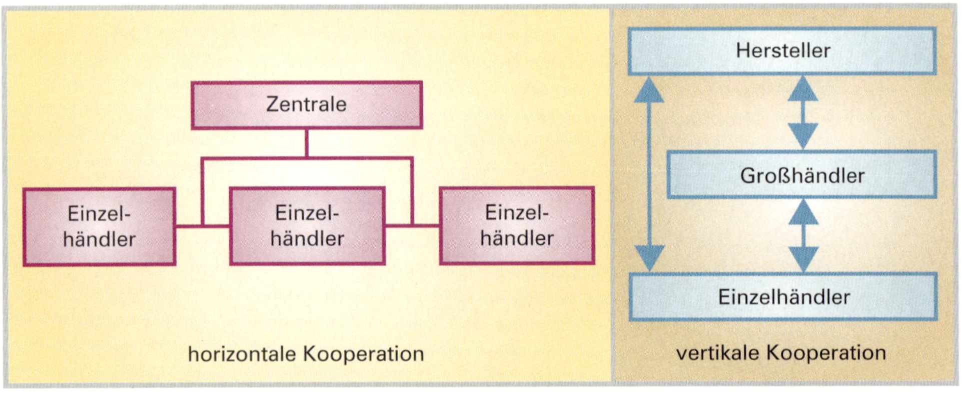

1 Das Franchising-System wird im Band 3, Lernfeld 14: Ein Unternehmen gründen und entwickeln, Kapitel 3, behandelt.

3.3.2 Bezugsquellenermittlung von Herstellern und Großhändlern

3.3.2.1 Interne Bezugsquellen

Wurden die zu beschaffenden Waren bereits früher schon einmal eingekauft, sind die Bezugsquellen bekannt. Die erforderlichen Informationen können im Betrieb selbst (intern) beschafft werden, sofern die organisatorischen Voraussetzungen vorliegen, z.B. die entsprechenden Tabellen in einer Datenbank angelegt wurden.

Dateien (Tabellen), die bei der internen Informationsbeschaffung benutzt werden.

	Dateien mit internen Bezugsquelleninformationen
Warendatei	Sie enthält für jede Artikelposition (z.B. Bürotische, PC, Büroschränke, Bürolampen) – das identifizierende Element (Primärschlüssel), z.B. Artikelnummer, – die klassifizierenden Elemente (Artikelgruppen, Materialart, Risikoart), – die beschreibenden Elemente (z.B. Bezeichnung, Preis, Bestand usw.).
Liefererdatei	Sie enthält alle Attribute (identifizierend, klassifizierend, beschreibend) über den Lieferanten, z.B. Lieferernummer, Name, Straße, PLZ, Ort, Bonität.
Konditionendatei	In ihr werden die Lieferungs- und Zahlungsbedingungen (Konditionen) der Lieferer erfasst.
Bezugsquellen-datei	Sie ist die elektronische Version des „Wer liefert was?", stellt also die Verbindung her zwischen der Warendatei und der Liefererdatei.

Beispiel 1: Liefererdatei

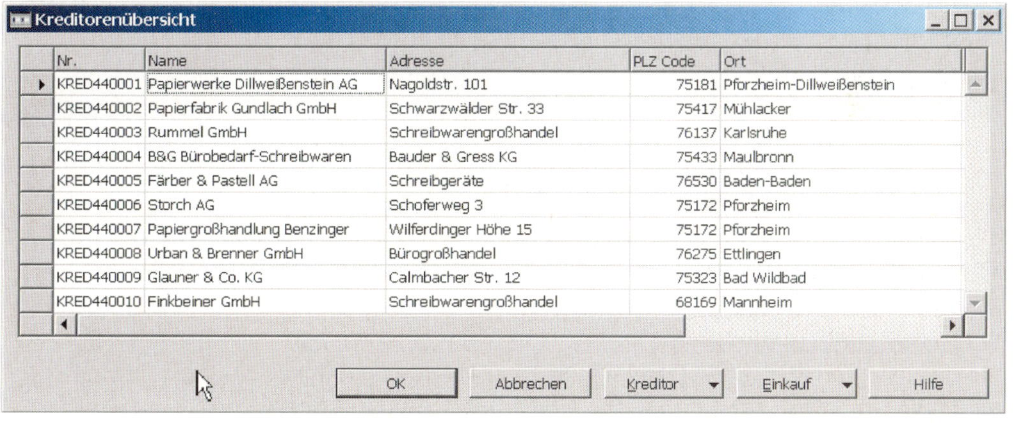
Kreditorenübersicht

Nr.	Name	Adresse	PLZ Code	Ort
KRED440001	Papierwerke Dillweißenstein AG	Nagoldstr. 101	75181	Pforzheim-Dillweißenstein
KRED440002	Papierfabrik Gundlach GmbH	Schwarzwälder Str. 33	75417	Mühlacker
KRED440003	Rummel GmbH	Schreibwarengroßhandel	76137	Karlsruhe
KRED440004	B&G Bürobedarf-Schreibwaren	Bauder & Gress KG	75433	Maulbronn
KRED440005	Färber & Pastell AG	Schreibgeräte	76530	Baden-Baden
KRED440006	Storch AG	Schoferweg 3	75172	Pforzheim
KRED440007	Papiergroßhandlung Benzinger	Wilferdinger Höhe 15	75172	Pforzheim
KRED440008	Urban & Brenner GmbH	Bürogroßhandel	76275	Ettlingen
KRED440009	Glauner & Co. KG	Calmbacher Str. 12	75323	Bad Wildbad
KRED440010	Finkbeiner GmbH	Schreibwarengroßhandel	68169	Mannheim

Beispiel 2: Warendatei

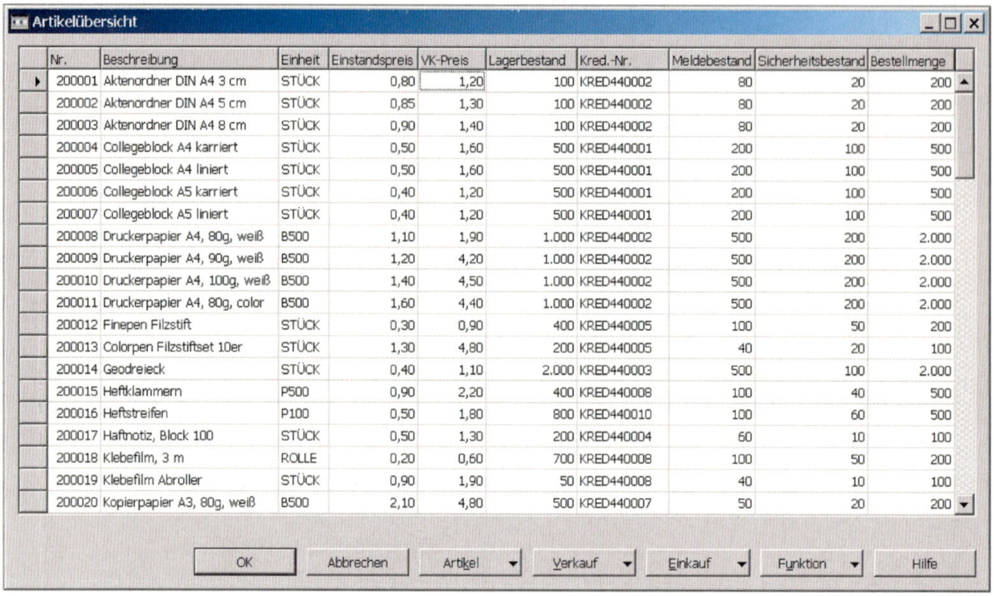

Nr.	Beschreibung	Einheit	Einstandspreis	VK-Preis	Lagerbestand	Kred.-Nr.	Meldebestand	Sicherheitsbestand	Bestellmenge
200001	Aktenordner DIN A4 3 cm	STÜCK	0,80	1,20	100	KRED440002	80	20	200
200002	Aktenordner DIN A4 5 cm	STÜCK	0,85	1,30	100	KRED440002	80	20	200
200003	Aktenordner DIN A4 8 cm	STÜCK	0,90	1,40	100	KRED440002	80	20	200
200004	Collegeblock A4 karriert	STÜCK	0,50	1,60	500	KRED440001	200	100	500
200005	Collegeblock A4 liniert	STÜCK	0,50	1,60	500	KRED440001	200	100	500
200006	Collegeblock A5 karriert	STÜCK	0,40	1,20	500	KRED440001	200	100	500
200007	Collegeblock A5 liniert	STÜCK	0,40	1,20	500	KRED440001	200	100	500
200008	Druckerpapier A4, 80g, weiß	B500	1,10	1,90	1.000	KRED440002	500	200	2.000
200009	Druckerpapier A4, 90g, weiß	B500	1,20	4,20	1.000	KRED440002	500	200	2.000
200010	Druckerpapier A4, 100g, weiß	B500	1,40	4,50	1.000	KRED440002	500	200	2.000
200011	Druckerpapier A4, 80g, color	B500	1,60	4,40	1.000	KRED440002	500	200	2.000
200012	Finepen Filzstift	STÜCK	0,30	0,90	400	KRED440005	100	50	200
200013	Colorpen Filzstiftset 10er	STÜCK	1,30	4,80	200	KRED440005	40	20	100
200014	Geodreieck	STÜCK	0,40	1,10	2.000	KRED440003	500	100	2.000
200015	Heftklammern	P500	0,90	2,20	400	KRED440008	100	40	500
200016	Heftstreifen	P100	0,50	1,80	800	KRED440010	100	60	500
200017	Haftnotiz, Block 100	STÜCK	0,50	1,30	200	KRED440004	60	10	100
200018	Klebefilm, 3 m	ROLLE	0,20	0,60	700	KRED440008	100	50	200
200019	Klebefilm Abroller	STÜCK	0,90	1,90	50	KRED440008	40	10	100
200020	Kopierpapier A3, 80g, weiß	B500	2,10	4,80	500	KRED440007	50	20	200

3.3.2.2 Externe Bezugsquellen

Ist man mit den bisherigen Lieferern nicht mehr zufrieden oder müssen bisher noch nicht bezogene Waren beschafft werden, weil das Sortiment geändert wurde, müssen die Bezugsquellen außerhalb des Einzelhandelsunternehmens (extern) ermittelt werden.

Bei den externen Bezugsquellen kann man zwischen primären und sekundären Bezugsquellen unterscheiden.

(1) Primäre (direkte, unmittelbare) Bezugsquellen

Die zur Beschaffung erforderlichen Informationen werden hierbei direkt (unmittelbar) auf den Beschaffungsmärkten eingeholt. Primäre Bezugsquellen sind z.B.:

- schriftliche Informationen, telefonische Anfragen und/oder persönliche Gespräche bei Lieferern und Kunden,
- Besuche von Messen, Ausstellungen und Warenbörsen (Produktenbörsen),
- Berichte der Einkaufs- und Verkaufsreisenden sowie der selbstständigen Absatzvermittler,[1]

1 Selbstständige Absatzvermittler sind z.B. die Handelsvertreter (siehe §§ 84ff. HGB), die Kommissionäre (siehe §§ 383ff. HGB) und die Handelsmakler (siehe §§ 93ff. HGB).

- Betriebsbesichtigungen bei Lieferern und Kunden,
- Testanzeigen (für Kauf und Verkauf),
- Vertreterbesuche.

(2) Sekundäre (indirekte, mittelbare) Bezugsquellen

Hier werden keine speziellen Erhebungen durchgeführt, sondern zu anderen Zwecken erfolgte Aufzeichnungen – so genannte Printmedien[1] – zur Beschaffung ausgewertet.

Sekundäre Bezugsquellen sind z.B.:

- Statistiken (z.B. Umsatz- und Preisstatistiken der Verbände, des Statistischen Bundesamts, der Deutschen Bundesbank und Europäischen Zentralbank, der Ministerien, Statistiken über die Kostenstruktur/Materialanteile),
- Adressbücher, Branchenhandbücher, Einkaufsführer (z.B. „Wer liefert was?", „Einkaufs-1x1 der deutschen Industrie", „ABC der deutschen Wirtschaft" usw.),
- „Gelbe Seiten" der Deutschen Telekom Medien GmbH,
- Verkaufskataloge, -prospekte,
- Fachbücher und Fachzeitschriften,
- Markt- und Börsenberichte,
- Geschäftsberichte, Hauszeitschriften,
- Messekataloge,
- Tages- und Wirtschaftszeitungen,
- Einschaltung ausländischer Handelskammern und deutscher Handelsmissionen im Ausland,
- Internetseiten (z.B. http://www.gelbeseiten.de; http://www.werliefertwas.de).

Dateien von externen Bezugsquelleninformationen können vom Betrieb selbst angelegt werden. Sie können aber auch in vielen Ausführungen und Größen gekauft werden. Werden diese Informationen in eine Datenbank integriert, dann stehen deren unterstützende Funktionalitäten zur Datenerfassung, Datenauswertung und -gruppierung zur Verfügung.

(3) Ermittlung von Bezugsquellen mit Hilfe des Internets (Online-Order)

Zunehmend erfolgt die Bezugsquellenermittlung (und später die Warenbeschaffung) über das Internet. Im Internet treffen sich Anbieter und Nachfrager auf **elektronischen Marktplätzen.** Diese Marktplätze haben sich inzwischen zu einem wichtigen beschaffungspolitischen Instrument im B2B-Bereich[2] entwickelt.

---

1 To print (engl.): drucken. Printmedien: gedruckte Medien, z.B. Zeitung, Fachzeitschriften. Medium (Mittler, Vermittler).

2 B2B: Business to Business. Beide Partner sind Unternehmen. Hierbei beschafft sich der Einzelhändler Waren über das Internet. Der Bezug erfolgt dabei über den traditionellen Weg via Post bzw. die Paketdienste oder ebenfalls über das Internet, z.B. bei Software.

Diese Situation lässt sich grafisch wie folgt darstellen:

Der Beschaffungsprozess beim Einzelhändler kann z. B. in folgenden Schritten ablaufen:

① Der Einzelhändler hinterlegt eine Anfrage um ein Angebot am „schwarzen Brett" des Marktplatzes.

② Alle Lieferanten können die Anfrage und die zugehörigen Dokumente öffnen und herunterladen.

③ Der Lieferant sichtet die Anfrage und die Dokumente, kalkuliert das Angebot und stellt dieses wieder in den Marktplatz ein.

④ Konkurrierende Lieferanten können die anonymisierten Angebote der Mitbewerber einsehen und gegebenenfalls ihr Angebot weiter verbessern.

⑤ Der Einzelhändler vergleicht die Angebote und wählt einen Lieferanten aus.

Aus dieser äußerst offenen Marktplatzsituation ergeben sich sowohl für den Einzelhändler als auch für den Lieferanten deutliche Vorteile.

<table>
<tr><th>Vorteile für den Lieferanten</th><th>Vorteile für den Einzelhändler</th></tr>
<tr><td>– Er sieht seine Verhandlungsposition, da er die anonymisierten Angebote der Mitbewerber lesen kann.</td><td>– Rasche Preisfindung</td></tr>
<tr><td colspan="2">– Verringerung der Papierflut,
– weniger manuelle Eingaben und damit weniger Übertragungsfehler,
– keine Systembrüche (unterschiedliche Software beim Anbieter und Nachfrager),
– Wegfall der Postlaufzeiten.</td></tr>
</table>

3.3.3 Warenbeschaffung über Einkaufskooperationen

3.3.3.1 Begriff und Ziele von Einkaufskooperationen

(1) Begriff Einkaufskooperationen

Aufgrund des scharfen Wettbewerbs finden es viele Klein- und Mittelbetriebe sinnvoll, im Beschaffungsbereich zu kooperieren (zusammenzuarbeiten).

Wir merken uns:

Unter **Kooperation**[1] versteht man jede freiwillige, vertraglich geregelte Zusammenarbeit von Unternehmen zur Verbesserung ihrer Leistungsfähigkeit.

(2) Ziele von Einkaufskooperationen

Ursprüngliches Ziel von Einkaufskooperationen war, durch gemeinsamen Großeinkauf günstigere Beschaffungskonditionen zu erreichen (z.B. niedrigere Einkaufspreise, höhere Rabatte und Skonti, günstige Lieferungs- und Zahlungsbedingungen). Diese ursprüngliche Einkaufskonzeption wurde zwischenzeitlich um zahlreiche Dienstleistungen ergänzt, sodass man heute von **Full-Service-Kooperationen**[2] spricht. Zu diesem Full-Service-Konzept zählen z.B.:

- Aufbau von **Eigenmarken,** um die kooperierenden Einzelhandelsbetriebe gegenüber den Mitbewerbern zu profilieren;
- Unterstützung der angeschlossenen Einzelhandelsbetriebe bei der **Sortimentsplanung** und **Sortimentsgestaltung;**
- Beratung bei der **Ladengestaltung;**
- Aufbau eines einheitlichen **Marketingkonzepts;**
- Bereitstellung von **Unternehmensberatern** (z.B. zum Aufbau eines Warenwirtschaftssystems, zur Schulung des Personals, zur Veränderung der Betriebsorganisation, zur Bildung von Erfa-Gruppen,[3] zur Durchführung von Betriebsvergleichen);
- Aufbau eines **Logistikkonzepts** zur reibungslosen Warenbelieferung der kooperierenden Einzelhandelsbetriebe.

3.3.3.2 Arten von Einkaufskooperationen

(1) Freiwillige Ketten

Begriff

In freiwilligen Ketten arbeitet ein Großhändler mit vielen rechtlich selbstständigen Einzelhandelsbetrieben zusammen. Die Initiative für den Zusammenschluss geht dabei vom Großhändler aus. Er wählt aus seinem Einzugsgebiet leistungsfähige Einzelhändler so aus, dass sie sich gegenseitig keine Konkurrenz machen können.

Die Einzelhändler beziehen den größten Teil ihrer Ware vom Großhändler. Die Bestellung erfolgt anhand von Ordersätzen, Preislisten oder Reisenden. Der Preis der Ware richtet sich in der Regel an der wertmäßigen Höhe des Auftrags aus („Cost-plus-System"). Die Belieferung der Einzelhändler erfolgt häufig nach einem bestimmten Fahrplan (z.B. alle fünf Tage). Die Bezahlung der Rechnungsbeträge wird meist mit Hilfe des Dauerabbuchungsverfahrens vorgenommen.

---

1 Das Wort kooperieren stammt aus dem Lateinischen und heißt zusammenarbeiten. Die Kooperation ist die Zusammenarbeit. Kooperationsformen sind Möglichkeiten (Arten) der Zusammenarbeit).

2 Full-Service: wörtl. volle Dienstleistungen, also umfassender Service.

3 Eine Erfa-Gruppe (Erfahrungsaustausch-Gruppe) liegt vor, wenn sich Einzelhändler derselben Branche mit ähnlicher Betriebsgröße und ähnlichem Sortiment, aber ohne direkte Konkurrenz regelmäßig treffen, um betriebliche Kennziffern, betriebliche Probleme, Erfahrungen und Meinungen auszutauschen.

Die freiwilligen Ketten enstanden zu Beginn dieses Jahrhunderts in den Vereinigten Staaten von Amerika. In Europa wurde 1932 als erste Gruppe dieser Art die SPAR von einem niederländischen Großhändler gegründet. (Das Symbol der SPAR-Gruppe ist eine kleine grüne Tanne [niederländisch „spar"].) 1949 nahm die SPAR auch in der Bundesrepublik Deutschland ihre Tätigkeit auf. Bis 1960 entstanden zahlreiche weitere freiwillige Ketten, zunächst im Lebensmittelbereich, später auch in anderen Bereichen des Konsumgüterhandels.

Beispiele:

SPAR, A & O, VIVO (im Lebensmittelhandel); Leckerland (im Süßwarenhandel); BACKRING (im Bäckereibedarfshandel); RINGFOTO (im Fotohandel); Interfunk (Radio- und Fernsehbedarf).

Wir merken uns:

Eine **freiwillige Kette** ist der Zusammenschluss eines Großhändlers mit vielen Einzelhändlern zu einer Arbeitsgemeinschaft (der Kette), wobei die Einzelhändler rechtlich selbstständig bleiben.

Zweck der freiwilligen Ketten

Wichtigstes Ziel der freiwilligen Ketten ist, Ausschaltungstendenzen entgegenzuwirken (z.B. Ausschaltung des Großhandels durch die Einkaufsgenossenschaften der Einzelhändler oder durch den Direktabsatz der Hersteller).

Ziele der freiwilligen Kettenzusammenarbeit sind im Einzelnen:

- **Kostensenkung** (z.B. durch Verbilligung der Warentransporte, Ausnutzung von Staffelrabatten durch Auftragskonzentration beim Kettengroßhändler);
- **Modernisierung und Vergrößerung** der Einzelhandelsgeschäfte (z.B. durch Ladenbaufinanzierungsprogramme oder Zusammenarbeit mit Teilzahlungsbanken);
- **Funktionsausgliederung** von den Einzelhandelsgeschäften auf die Großhandlungen bzw. auf die Zentralen (z.B. Entwicklung einheitlicher **Handelsmarken** [„Kettenzeichen"], die neben den oder statt der Herstellermarken geführt werden, einheitliche Ladenausstattung, einheitliche Verpackung und Geschäftsfassaden, Übernahme der Buchführung und der Statistik durch die Zentralen auf gemeinsamen Datenverarbeitungsanlagen, Einrichtung zentraler Steuerberatungseinrichtungen und Durchführung von gemeinsamen Werbemaßnahmen).

  Durch den Beitritt zu einer freiwilligen Kette gibt das Einzelhandelsunternehmen zwar eine Reihe von Handelsfunktionen auf, behält jedoch seine rechtliche und finanzielle Unabhängigkeit.

Organisatorischer[1] Aufbau der freiwilligen Ketten

Alle bedeutenden freiwilligen Ketten sind vierstufig organisiert. Sie besitzen eine internationale Zentrale, eine nationale Zentrale und regionale Großhandlungen, die mit ihren Einzelhändlerkunden kooperieren.

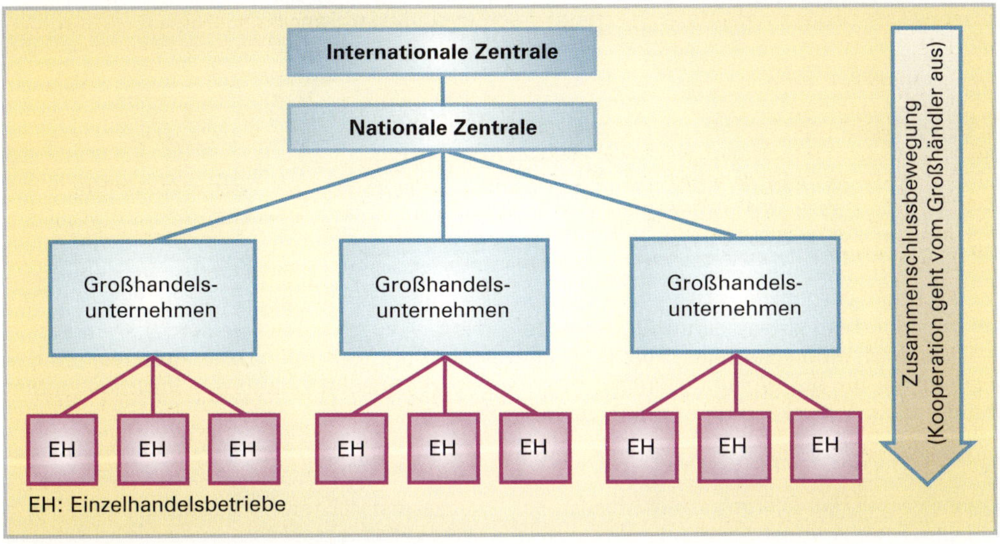

Die Leistungsfähigkeit der Kette ergibt sich daraus, dass der Gebietsgroßhändler (Kettengroßhändler, Leitgroßhändler) nur eine beschränkte Anzahl von Einzelhändlern („Anschlusskunden") beliefert. Die ausgewählten („selektierten") Einzelhändler genießen **Gebietsschutz**. Dies geschieht in der Weise, dass der jeweilige Kettengroßhändler sein gesamtes Absatzgebiet in Bereiche aufteilt und innerhalb jedes Teilgebiets nur einen einzigen Händler beliefert. Innerhalb dieses Gebiets besitzt der Einzelhändler praktisch das Alleinvertriebsrecht.

(2) Rack-Jobber-System

Wir merken uns:

Beim **Rack-Jobber-System** stellt der Einzelhändler einem Verkäufer (z.B. Hersteller, Großhändler) gegen Entgelt Verkaufsraum oder Regalfläche zur Verfügung. Die dort aufgestellte Ware wird auf Rechnung des Rack-Jobbers angeboten.

Der Rack-Jobber füllt die Ware selbstständig auf, zeichnet sie aus, nimmt unverkaufte Ware zurück und rechnet in bestimmten Zeitabschnitten mit dem Einzelhändler ab.

Mit dem Rack-Jobber-System kann der Einzelhändler sein Sortiment risikolos um attraktive Artikel erweitern und gleichzeitig Aufgaben der Beschaffung und Warenpflege auf den Rack-Jobber abwälzen. Der Einzelhändler erhält zusätzliche Einnahmen, ohne ein Warenrisiko eingehen zu müssen.

1 Organisation (frz.): planmäßige, sinnvolle Gestaltung.

Nachteilig für den Einzelhändler ist, dass er keinen Einfluss auf die Sortimentsgestaltung und die Präsentation der Ware hat und für die Vertragsdauer an den Rack-Jobber gebunden ist.

Beispiel:

Der Non-Food-Bereich des Lebensmitteleinzelhandels (z.B. Schreibwaren, Batterien, Spielwaren, Kurzwaren) wird häufig über das Rack-Jobber-System abgewickelt.

(3) Vertragshändler

Wir merken uns:

Der **Vertragshändler** ist ein rechtlich selbstständiger Händler, der sich vertraglich dazu verpflichtet, die Ware für einen Hersteller im eigenen Namen und auf eigene Rechnung zu verkaufen.

In der Regel wird dem Vertragshändler vom Hersteller das Recht eingeräumt, dass er die Waren innerhalb eines bestimmten Gebiets allein verkaufen kann. Der Vertragshändler erhält dadurch einen Gebietsschutz (Exklusivvertrieb) und kann den bekannten Namen des Herstellers für die Werbung nutzen. Im Gegenzug verzichtet dann der Vertragshändler häufig darauf, Konkurrenzprodukte zu verkaufen.

Beispiel:

Eine Bäckerei wird Vertragshändler für Jakobs-Kaffee und verzichtet gleichzeitig darauf, Kaffee von anderen Herstellern zu verkaufen. Der Kaffeehersteller stellt die Kaffeemaschinen und das Kaffeegeschirr.

Als rechtlich selbstständiger Händler erzielt der Vertragshändler durch den Warenverkauf eine Gewinnspanne. Er erhält keine Provision vom Hersteller.

Die Kooperationsform des Vertragshändlers ist im Einzelhandel sehr häufig im Kosmetikbereich, im Kaffeevertrieb und in der Automobilbranche anzutreffen.

(4) Einkaufsgenossenschaften

Wir merken uns:

Einkaufsgenossenschaften des Einzelhandels sind Zusammenschlüsse der Einzelhändler in der Rechtsform der Genossenschaft[1] mit dem Ziel gemeinsam einzukaufen.

Beispiele:

Edeka, REWE (im Lebensmittelbereich); Hadeka, Reintextil (im Textilbereich); Esüdro (Bereich Drogerien); Ariston, Gavant (Bereich Schuhe).

1 **Genossenschaften** sind Personenvereinigungen (Gesellschaften) mit nicht festgelegter Mitgliederzahl, die durch gemeinschaftlichen Geschäftsbetrieb und durch gemeinsames Verfolgen bestimmter wirtschaftlicher Ziele die wirtschaftliche Existenz ihrer Mitglieder fördern wollen [§ 1 GenG].

Im Laufe der Zeit entwickelten sich z.B. die Einkaufsgenossenschaften der Lebensmittelbranche zu lagerhaltenden „Full-Service-Großhandlungen".[1] Die Betreuung der Mitgliedergenossenschaften umfasst somit nicht nur die Bereithaltung eines umfangreichen Sortiments, sondern auch Dienstleistungen wie etwa die Betriebsberatung, Gemeinschaftswerbung, Geschäftskennzeichnung, Schaffung von Ausbildungs- und Fortbildungseinrichtungen, Einrichtungsberatung und Gewährung von Finanzierungshilfen. Damit entwickeln sich die Einkaufsgenossenschaften mit ihren Zentralen von den reinen Einkaufsvereinigungen zu Marketingzentralen.[2] Sie bemühen sich um Richtlinien für eine optimale Sortiments-, Preis- und Konditionengestaltung, tragen zur Image-Pflege der Gruppe bei (z.B. durch Werbung, Publicrelations und Entwicklung eigener Handelsmarken)[3] und erarbeiten Grundsätze und Hilfen bei der Absatzmethodenwahl.

Der grundsätzliche Aufbau **kooperativer Ketten,** wie die von den Einzelhändlern gegründeten Einkaufsgenossenschaften auch genannt werden, lässt sich wie folgt darstellen:

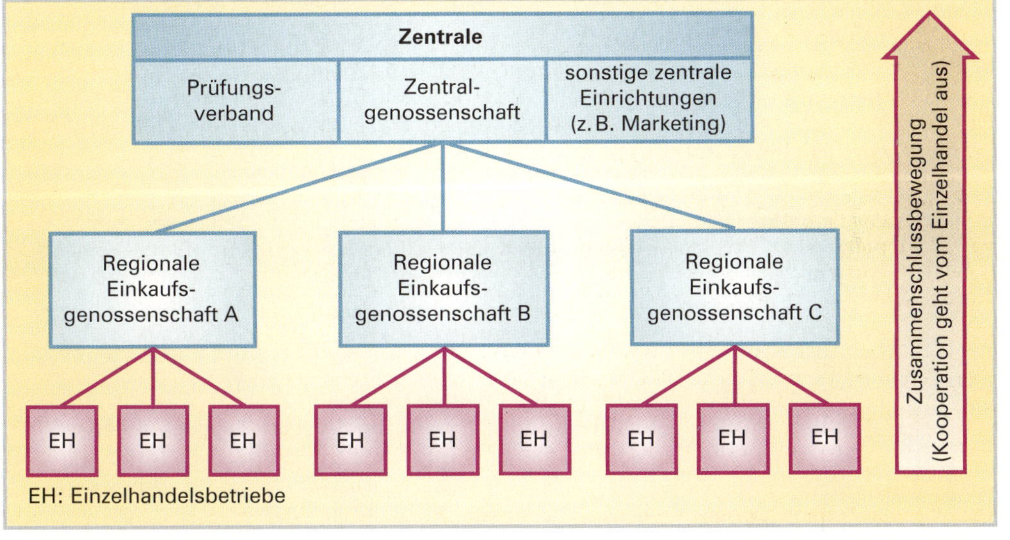

Zusammenfassung

- **Hauptaufgabe** der Beschaffung ist es, die benötigten Waren einzukaufen, sachgerecht zu lagern und zeitgerecht in das Ladengeschäft zu befördern.
- Zu den zu beschaffenden **Gegenständen** gehören **Sachgüter** und **Dienstleistungen.**
- Sollen Waren beschafft werden, muss man sich auf jeden Fall über die möglichen Bezugsquellen informieren. Man unterscheidet **interne** und **externe Bezugsquellen.**

1 Vgl. S. 41.

2 Beim **Marketing** werden alle betrieblichen Maßnahmen auf die Anforderungen des Marktes (z.B. die Bedürfnisse des Kunden) ausgerichtet. Zu Einzelheiten siehe Band 3, Lernfeld 12: Mit Marketingkonzepten Kunden gewinnen und binden, Kapitel 1.

3 **Handelsmarken** werden von Handelsunternehmen eingeführt und sollen weniger bekannte Herstellermarken ersetzen (z.B. Privileg, Universum). Rechtlich gesehen handelt es sich um eine **Marke** (z.B. Coca-Cola, Levis-Jeans usw.). Eine Marke ist dazu bestimmt, Waren und Dienstleistungen eines Unternehmens von denjenigen anderer Unternehmen zu unterscheiden [§ 3 MarkenG].

- Eine wichtige Bezugsquelle ist auch das Internet. Auf elektronischen Marktplätzen trifft der Einzelhändler mehrere Lieferanten und kann aus ihren Angeboten auswählen.
- Unter betrieblichen **Kooperationsformen** versteht man die Möglichkeiten der Zusammenarbeit.
- Beispiele für die betriebliche Kooperation im Einzelhandel sind die freiwilligen Ketten, das Rack-Jobber-System und die Einkaufsgenossenschaften.
  - **Freiwillige Ketten** sind kooperative Zusammenschlüsse von Großhandels- und Einzelhandelsunternehmen zu einer Arbeitsgemeinschaft (Kette), wobei die Einzelhändler rechtlich selbstständig bleiben.
  - Beim **Rack-Jobber-System** stellt der Einzelhändler einem Verkäufer (z.B. Großhändler, Hersteller) Verkaufsraum oder Regalfläche gegen Entgelt zur Verfügung. Der Rack-Jobber bietet die Ware in der Regel auf eigene Rechnung an.
  - Selbstständige Gewerbetreibende, die sich vertraglich verpflichtet haben, Waren nach der Konzeption eines Herstellers im eigenen Namen und auf eigene Rechnung zu verkaufen, bezeichnet man als **Vertragshändler**.
  - **Einkaufsgenossenschaften** des Einzelhandels sind Zusammenschlüsse der Einzelhändler in der Rechtsform der Genossenschaft mit dem Ziel gemeinsam einzukaufen.

Übungsaufgaben

7

1. Wolfgang Maier ist seit zwei Jahren Auszubildender in einem Eisenwarengeschäft. Dass Fachgeschäft beliefert zahlreiche Handwerker, sodass einige Standardartikel regelmäßig verkauft werden.

   Eines Tages muss Wolfgang einem Kunden erklären, dass die von ihm gewünschte Ware in seinem Geschäft nicht geführt wird. Wolfgang verspricht dem Kunden, die Ware zu beschaffen.

   1.1 Wo kann Wolfgang eventuelle Bezugsquellen erfahren?

   1.2 Welche Aufgaben des Lieferers braucht Wolfgang zur Beurteilung des Angebots?

2. Die Inhaberin der Fahrradhandlung Erika Winner e.Kfr. ist mit dem Geschäftsgang nicht ganz zufrieden. Ihre Kunden signalisierten ihr schon seit längerer Zeit, dass die Konkurrenz zunehmend günstigere Preise und/oder Konditionen gewährt.

   Da Frau Winner sehr knapp kalkuliert, kann sie ihre Konditionen kaum noch verbessern. Sie denkt deswegen daran, sich mit anderen Fahrradhandlungen der Region zusammenzuschließen, um durch größere Einkaufsmengen zu günstigeren Beschaffungskonditionen zu kommen. Über die Art der Einkaufskooperationen ist sich Frau Winner noch nicht im Klaren. Sie will hierüber mit ihren Mitbewerbern sprechen.

   Aufgaben

   2.1 Mit welchen Aufgaben könnte die Einkaufskooperation betraut werden?

   2.2 Beschreiben Sie die beiden Einkaufskooperationen „Freiwillige Kette“ und „Einkaufsgenossenschaft“!

   2.3 Worin unterscheiden sich die beiden Einkaufskooperationen? (Zwei Unterscheidungsmerkmale!)

3. Frau Erika Winner möchte in ihrer Fahrradhandlung das Angebot um Fahrradzubehör erweitern. Als Möglichkeit, diese Verkaufsidee durchzuführen, wird ihr von einem Berater das Rack-Jobber-System vorgeschlagen.

   Aufgaben

   3.1 Erklären Sie das Rack-Jobber-System!

   3.2 Nennen Sie jeweils zwei Vorteile und Nachteile des Rack-Jobber-Systems!

8 1. Ein Einzelhändler ist mit dem bisherigen Lieferer nicht zufrieden und sucht nach einer Geschäftsbeziehung mit einem neuen Lieferer. Er möchte hierzu interne und externe Bezugsquelleninformationen nutzen.

Aufgabe

Erklären Sie die Begriffe interne und externe Bezugsquelleninformationen und nennen Sie hierzu jeweils Beispiele!

2. Zahlreiche Einzelhandelsunternehmen sind nur im Verbund mit anderen wettbewerbsfähig. Eine Möglichkeit der Zusammenarbeit ist die Kooperation.

Aufgaben

2.1 Erläutern Sie den Begriff Kooperation!

2.2 Zeigen Sie an drei Beispielen, welche Vorteile sich auf solchen Kooperationen für den Einzelhandelsbetrieb ergeben können!

2.3 Wie könnten sich solche Kooperationen auf den Verbraucher auswirken? Erläutern Sie zwei Gesichtspunkte!

4 Abwicklung der Beschaffung

4.1 Anfrage

Der Baumarkt Hans Brändle KG, Zöllerstraße 102, 64291 Darmstadt nimmt den Verkauf von Mehrwegpaletten neu in sein Sortiment auf. Die Einkaufsabteilung sendet daraufhin an mehrere Anbieter von Mehrwegpaletten Anfragen, darunter auch den Brief auf S. 48.

Nach einer Woche werden die Mehrwegpaletten im Auftrag der Gebhardt & Söhne OHG über die Spedition Behringer GmbH beim Baumarkt Hans Brändle KG angeliefert. Die Hans Brändle KG weigert sich die Mehrwegpaletten anzunehmen, da sie in der Zwischenzeit die Mehrwegpaletten bei einem anderen Hersteller zu einem billigeren Preis bestellt hat.

Ist der Baumarkt Hans Brändle KG im Recht? Begründen Sie Ihre Entscheidung!

(Die Lösung dieses Rechtsfalls finden Sie auf S. 49).

(1) Wesen der Anfrage

Durch die **Anfrage** soll der Verkäufer in aller Regel zur Abgabe eines verbindlichen Angebots aufgefordert werden. Die Anfrage ist **rechtlich unverbindlich** (keine Willenserklärung), d. h., die angefragten Güter müssen nicht gekauft werden.

(2) Rechtliche Bindung

Der Käufer ist durch seine Anfrage **rechtlich nicht gebunden.** Er kann deshalb auch gleichzeitig bei mehreren möglichen Verkäufern anfragen.

Baumarkt
Hans Brändle KG
Zöllerstraße 102 · 64291 Darmstadt

Hans Brändle KG, Postfach 100101, 64291 Darmstadt

Gebhardt & Söhne OHG
Palettenfabrik
Sportplatzstraße 1
91320 Ebermannstadt

Telefax
06151 6666-44

Ihr Zeichen, Ihre Nachricht vom	Unser Zeichen, unsere Nachricht vom	Name 06151 6666-	Datum
	hä-zi	28 Frau Härer	20..-06-07

Anfrage Nr. 81/03609

Sehr geehrte Damen und Herren,

wir nehmen den Verkauf von Mehrwegpaletten neu in unser Sortiment auf. Aus diesem Grund benötigen wir

500 Mehrwegpaletten, 100 x 120 cm, Holz, gehobelt, gebeizt, verschraubt mit abgerundeten Kanten.

Alle Paletten benötigen wir spätestens am 22. Juni 20.. Sollten Sie früher liefern können, nennen Sie uns bitte einen verbindlichen Termin. Wir werden dies bei unserer Entscheidung berücksichtigen.

Bitte senden Sie uns Ihr Angebot bis zum 12. Juni 20.. zu. Vielen Dank.

Mit freundlichen Grüßen

Hans Brändle KG

ppa. *Doris Härer*

Doris Härer

Geschäftsräume Zöllerstr. 102 64291 Darmstadt	Geschäftszeit 07:00 Uhr – 12:30 Uhr 14:00 Uhr – 16:00 Uhr	Deutsche Bank AG Darmstadt Kto.-Nr. 1007855 BLZ 508 700 05	Postbank Frankfurt Kto.-Nr. 38116-602 BLZ 500 100 60
Sitz der Gesellschaft Darmstadt	Registergericht Darmstadt HRA 879	STEUER-Nr. 12740510 FA Darmstadt	

Arten der Anfragen	Inhalt der Anfragen
Bestimmte Anfragen	Sie beziehen sich auf eine *bestimmte* Ware bzw. auf eine *bestimmte* Dienstleistung. Zur Vermeidung von Rückfragen und unvollständigen Angeboten müssen die Anfragen fehlerfrei und mit **allen** für den Anfragenden **wichtigen Angaben** erfolgen.
Allgemeine Anfragen (unbestimmt gehaltene Anfragen)	Hier wird der Anbieter unter allgemeiner Schilderung des Problems gebeten, z.B. die aus seiner Sicht geeignetsten Waren und Qualitäten anzubieten. Allgemeine Anfragen sind besonders dann sinnvoll, wenn neue Waren und Dienstleistungen beschafft werden sollen, mit denen der Anfragende noch keine Erfahrung hat.

(3) Inhalt der Anfrage

Ist die **Anfrage bestimmt,** sollte sie folgende Angaben enthalten:

- genaue (ausreichende) **Beschreibung der erfragten Waren und/oder Dienstleistung**,
- **Mengenangabe** in der üblichen Maß- und/oder Gewichtseinheit,
- **Erfüllungsort** (Bedarfsstelle), z.B. Lager, Laden, Filiale, Zentrallager,
- geforderte **Liefertermine** bzw. Termine der Leistungserstellung,
- erforderlichenfalls **Fristsetzung für die Angebotsabgabe,**
- zwingend vorgeschriebene **Versand- und/oder Verpackungsbedingungen** (Transportmittel, Transportwege, Verpackungsart, Verpackungshilfsmittel),
- **Anfrage-(Anforderungs-)nummer,** Anfragedatum, Kurzzeichen des zuständigen Sachbearbeiters, Durchwahlrufnummer, E-Mail-Adresse.

(4) Form der Anfrage[1]

Für die Anfrage ist gesetzlich *keine bestimmte Form* vorgeschrieben (Grundsatz der **Formfreiheit**). Ob diese mündlich, fernmündlich, schriftlich oder telegrafisch (per Fax, E-Mail) erfolgt, hängt vor allem vom Umfang der Anfrage und der Art der angefragten Güter ab. Umfangreiche Anfragen (z.B. Bestellung der Frühjahrskollektion) und solche über technisch komplizierte Güter (z.B. Maschinen) sollten, vor allem zur Vermeidung von Hör- und Übertragungsfehlern, möglichst *schriftlich* erfolgen. Außerdem erleichtert die schriftliche Anfrage dem Verkäufer (Lieferer) als Arbeitsunterlage die Abgabe des Angebots.

✔ Lösung des einführenden Rechtsfalls

Der Baumarkt Hans Brändle KG kann die Abnahme der Lieferung verweigern. Grund: Der Anfrager ist durch seine Anfrage rechtlich nicht gebunden.

1 In der Geschäftspraxis werden von den Unternehmen für die Anfragen, Angebote, Bestellungen und Auftragsbestätigungen (Bestellungsannahmen) meistens Vordrucke mit mehreren Durchschlägen verwendet.

4 Speth – ISBN -13: 978-3-8120-0539-5

4.2 Angebot

Im Anzeigenteil einer Tageszeitung lesen Sie das nebenstehende Inserat.

Prüfen Sie, ob die Quatfasel GmbH mit ihrer Anzeige ein Angebot im rechtlichen Sinne abgegeben hat!

(Die Lösung dieses Rechtsfalls finden Sie auf S. 62.)

4.2.1 Wesen des Angebots und rechtliche Bindung an das Angebot

4.2.1.1 Begriff und Wesen des Angebots

Wir merken uns:

Das **Angebot** ist eine bestimmte, **verbindliche Willenserklärung** des Verkäufers, die an eine **bestimmte** Person oder Personengruppe – **nicht an die Allgemeinheit** – gerichtet ist. Das Angebot ist rechtlich eine empfangsbedürftige Willenserklärung.

Inserate in Zeitungen, Zeitschriften, Schaufensterauslagen, Verkaufsprospekte, Wurfsendungen, Plakate sowie das Aufstellen von Waren in Selbstbedienungsläden sind an die Allgemeinheit gerichtet, somit nicht bestimmt und deshalb keine „Verkaufsangebote“, sondern *Aufforderungen* („Werbungen“) an den möglichen Käufer, seinerseits einen *Antrag* zu machen, eine Bestellung aufzugeben. Der *Käufer* soll einen Antrag auf Abschluss eines Kaufvertrags machen.

Ausnahme: Wenn nach Sachlage nur ein Angebot an die Allgemeinheit möglich ist und der Antragende (Anbieter) mit *jedem*, der auf das Angebot eingeht, abschließen will, liegt ein Angebot (eine Willenserklärung) vor.

Beispiele für Angebote an die Allgemeinheit:

Aufstellen eines Automaten, Angebote öffentlicher Verkehrsmittel. Mit dem Geldeinwurf in den Automaten, mit dem Lösen der Fahrkarte, Einsteigen in das Verkehrsmittel wird das Angebot angenommen.

Eine bestimmte **Form ist gesetzlich nicht vorgeschrieben.** Zur Vermeidung von Irrtümern (aus Gründen der Rechtssicherheit/Beweissicherheit) ist jedoch die **Schriftform** angebracht und auch praxisüblich.

4.2.1.2 Rechtliche Bindung an das Angebot

(1) Grundsatz

Der **Anbieter ist rechtlich an sein Angebot (seinen Antrag) gebunden,** wenn er nicht von vornherein die Bindung durch **Freiklauseln** (z. B. unverbindlich, Zwischenverkauf vorbehalten) ausdrücklich ganz ausschließt oder einschränkt [§ 145 BGB].[1] Der Anbieter (Verkäufer) muss mithin nach Abschluss des Kaufvertrags zu den angebotenen Verkaufsbedingungen die Kaufsache dem Käufer frei von Sach- und Rechtsmängeln übergeben und dem Käufer das Eigentum an der Kaufsache verschaffen [§ 433 I BGB].

(2) Einschränkungen

- **Durch gesetzliche Annahmefristen des BGB**

- **Angebote unter Anwesenden (auch fernmündliche)**

  Sie müssen sofort, d. h. solange das Gespräch dauert, angenommen werden [§ 147 I BGB].

Beispiel:

Verlässt ein Kunde einen Laden, weil er sich noch nicht zum Kauf der angebotenen Waren entschließen kann und deshalb weitere Geschäfte aufsucht, muss er mit dem Verkauf der ihm angebotenen Ware an einen anderen Kunden rechnen.

- **Angebote unter Abwesenden[2]**

  Die Bindungsfrist für den Anbieter besteht, solange er unter regelmäßigen Umständen mit dem Eingang der Antwort (z. B. Bestellung) rechnen kann [§ 147 II BGB]. Dabei muss das Angebot mindestens mit dem gleich schnellen Nachrichtenmittel angenommen werden wie es abgegeben wurde.

Beispiele:

Ein Angebot per E-Mail erfordert mindestens eine Annahme (Bestellung) per E-Mail. Ein Briefangebot im Expressdienst erfordert mindestens eine Annahme (Bestellung) durch den Expressdienst.

- **Angebote mit vom Anbieter (Antragenden) bestimmter Annahmefrist**

  Die Annahme dieser befristeten Angebote kann nur *innerhalb der gesetzten Frist* erfolgen [§ 148 BGB]. Die Bestellung muss dem Anbieter bis zur gesetzten Frist zugegangen sein.

Beispiele:

Das Angebot ist gültig bis zum 15. Juli 20..; das Angebot ist gültig bis Ende Mai d. J.

Rechtswirkung: Bei zu später Annahme ist der Anbieter nicht mehr an sein Angebot gebunden, sein Antrag erlischt [§ 146 BGB]. Eine verspätete Annahme des Angebots gilt als **neuer Antrag** [§ 150 I BGB].

1 Erklärungen, bei denen sich eine Freiklausel auf das ganze Angebot bezieht (z. B. unverbindlich, freibleibend), sind **keine Anträge,** sondern Aufforderungen zur Abgabe eines Antrags (z. B. Bestellung).

2 Die Annahmefrist setzt sich zusammen aus der Zeit für die **Übermittlung** des Angebots, einer angemessenen **Überlegungs- und Bearbeitungszeit** beim Empfänger und der Zeit für die **Übermittlung** der **Antwort** an den Anbieter.

- **Die Bindung an ein Angebot entfällt außerdem:**
- wenn der Empfänger das erhaltene Angebot **ausdrücklich** oder **stillschweigend ablehnt** [§ 146 BGB].
- wenn der Anbieter sein Angebot **rechtzeitig widerruft.** Das ist möglich, da das Angebot erst mit Zugang beim Empfänger wirksam wird. Der Widerruf muss jedoch vor, spätestens *zusammen mit dem Angebot beim Empfänger* eingehen [§ 130 I, S. 2 BGB].
- bei vom Angebot **abweichender Bestellung** [§ 150 II BGB]. Ein Kunde bestellt z.B. rechtzeitig, aber nicht, wie angeboten 100 kg, sondern nur 10 kg, oder nicht wie angeboten „ab Lager", sondern „Lieferung frei Werk".

Rechtswirkung: Eine Annahme unter **Erweiterungen, Einschränkungen** oder **sonstigen Änderungen** gilt als **Ablehnung** und zugleich als **neuer Antrag** [§ 150 II BGB].

4.2.2 Inhalt des Angebots

Es gibt keinen gesetzlich vorgeschriebenen Inhalt. Es ist aber vorteilhaft, wenn der Verkäufer alle Einzelheiten im Angebot so festlegt, dass der Käufer nur noch zuzustimmen braucht. Wird eine Einzelheit im Angebot nicht geregelt (z.B. wer hat die Verpackungskosten zu tragen), so gilt für diesen Fall die **gesetzliche Regelung** des BGB und HGB.

4.2.2.1 Art, Güte, Beschaffenheit und Menge der Ware

(1) Art der Ware

Genaue Bezeichnung der Ware wie z.B. Geschirr-Reiniger-Taps, PC 2010, Bürotisch Typ B 1.

(2) Güte (Qualität) der Ware

Bei einem Angebotsvergleich ist es äußerst wichtig, die Waren auf ihre Qualität und die Umweltverträglichkeit hin zu überprüfen.

- **Qualitätsvergleiche**

Sie sind z.B. anzustellen in Bezug auf die *Haltbarkeit* (z.B. bei Lebensmitteln), auf den *Geschmack* (z.B. Wein, Schokolade), auf die *äußere Form* (z.B. Möbel, Büromaschinen, Autos), auf die *Leistungsfähigkeit* (z.B. Maschinen), auf die *Nutzungsdauer* (z.B. Maschinen, Autos), auf die *Belastungsfähigkeit* (z.B. Zerbrechlichkeit von Glas oder Kunststoff) usw.

Zu beachten ist, dass nicht die schlechthin bestmögliche Qualität zu beschaffen ist, sondern die Qualität, die dem gewünschten Zweck entspricht. So ist es beispielsweise nicht nötig (und überdies zu teuer), in eine Maschine, die für eine Nutzungsdauer von 10 Jahren gebaut ist, Teile mit einer Lebensdauer von 15, 20 oder noch mehr Jahren einzubauen.

■ Umweltverträglichkeit

Immer wichtiger bei der Entscheidungsfindung ist die Frage der Umweltverträglichkeit der einzukaufenden Waren. Entscheidend hierfür sind nicht allein ethische, sondern vielmehr auch wirtschaftliche Gründe, denn durch die Verschärfung der Gesetze, die dem Schutz der Umwelt dienen (z.B. Bundes-Immissionsschutzgesetz, Wasserhaushaltsgesetz, Kreislaufwirtschafts- und Abfallgesetz, Bundesnaturschutzgesetz, Umwelthaftungsgesetz), wurde die Haftung der Unternehmen für ihre verkaufte Waren ständig erhöht.

So leitet z.B. das Umwelthaftungsgesetz allein aus dem Betrieb einer Anlage eine Schadensersatzpflicht für Umweltschäden ab. Wir sprechen hier von einer **verschuldensunabhängigen Gefährdungshaftung**.

(3) Beschaffenheit der Ware

Bei **Gattungswaren (Gattungsschulden)**[1] brauchen im Kaufvertrag keine ausdrückliche Regelung hinsichtlich der Güte und Beschaffenheit getroffen zu werden, weil BGB und HGB hier bestimmen, dass bei fehlender Vereinbarung Sachen (Waren) mittlerer Art und Güte zu liefern sind [§ 243 I BGB und § 360 HGB]. Gattungswaren (Gattungssachen) sind bewegliche Sachen, die nur der Art nach bestimmt sind (z.B. Mehl einer bestimmten Type, serienmäßig hergestellte Autos eines bestimmten Typs, Eier einer bestimmten Handelsklasse). Dem Käufer ist es also gleichgültig, welche Teilmenge aus der Gattung geliefert wird.

Anders ist es bei **Speziessachen (Stückschulden)**.[1] Hier wird eine ganz genau bestimmte Sache geschuldet (z.B. *dieses* Ölgemälde, *das* Springpferd „Rex“, *dieser* Modellmantel).

(3) Menge der Ware

Zum Beispiel t Kohle, l Heizöl, Stück Vieh, m^3 Boden, kg Getreide usw.

4.2.2.2 Preis der Ware

Der Preis der Ware muss *unbedingt* im Angebot angegeben und zum Vertragsabschluss *unverändert* in der Annahme akzeptiert werden. Mögliche Preisstellungen sind z.B.:

(1) Nettopreise[2]

Hier sind keinerlei Preisabzüge mehr möglich. Der Anbieter hat knapp kalkuliert, d.h. mögliche Abzüge bereits vorgenommen. Die Klausel (Formulierung) lautet z.B. „Zahlbar netto Kasse“ oder „Zahlbar ohne jeden Abzug“.

---

1 Siehe auch die Ausführungen zum Stückkauf und Gattungskauf auf S. 67f.

2 In der **Handelskalkulation** versteht man unter Nettopreisen die Preise ohne die Umsatzsteuer und unter Bruttopreisen die Preise einschließlich Umsatzsteuer.

(2) Bruttopreise

In diesem Fall lässt der Anbieter noch Preisabzüge zu, die allerdings an bestimmte Bedingungen geknüpft sind. Mögliche Abzüge sind:

- **Rabatte (Abschläge).** Der Rabatt ist ein Preisnachlass, der *unabhängig* von der Zahlungsfrist gewährt wird.

Mengenrabatt	Preisnachlass, der bei Abnahme größerer Mengen gewährt wird. Steigt der Rabattsatz mit zunehmenden Abnahmemengen an, spricht man von „Staffelrabatt".
Sonderrabatt	Preisnachlass, der aus besonderen Anlässen (z.B. Geschäftsjubiläen) oder aufgrund einer einmaligen Vereinbarung mit dem Kunden eingeräumt wird.
Treuerabatt	Preisnachlass, der langjährigen Kunden gewährt wird.
Wiederverkäuferrabatt	Preisnachlass, den der Lieferer (Verkäufer) solchen Kunden einräumt, die die Ware weiterverkaufen oder -verarbeiten.
Naturalrabatt	Indirekter (mittelbarer) Preisnachlass, indem der Kunde (unberechnete) Dreingaben oder Draufgaben erhält.

- **Boni (Einzahl: Bonus)**

Hier handelt es sich um Preisnachlässe, die *nachträglich* gewährt werden. Ein Bonus liegt z.B. vor, wenn der Verkäufer seinem Kunden bei Erreichen einer bestimmten Umsatzsumme im vergangenen Geschäftsjahr eine Rückvergütung leistet.

4.2.2.3 Zahlungs- und Lieferungsbedingungen

(1) Zahlungsbedingungen

- **Skonti**

Unter **Skonti** (Einzahl: Skonto) versteht man einen Preisnachlass, der dann gewährt wird, wenn der Schuldner innerhalb einer bestimmten Frist bezahlt.

	98 %	Barverkaufspreis	88,20 EUR
	2 %	– Kundenskonto	1,80 EUR
90 %	100 %	Zielverkaufspreis	90,00 EUR
10 %		– Kundenrabatt	10,00 EUR
100 %	100 %	Nettoverkaufspreis	100,00 EUR
	19 %	– Umsatzsteuer	19,00 EUR
	119 %	Bruttoverkaufspreis	119,00 EUR

Beispiele:

„3 % Skonto bei Zahlung innerhalb von 10 Tagen, 30 Tage netto ab Rechnungsdatum". (Zweck: Anreiz für den Kunden, früher zu zahlen, d.h. in diesem Fall am 10. anstatt am 30. Tag.)

Werden laut Angebot sowohl Rabatt als auch Skonto gewährt, wird zur Berechnung des Zahlungsbetrags zuerst der Rabatt und dann der Skonto abgesetzt, denn der Skonto als Abzug für die vorzeitige (schnelle) Zahlung kann nur von dem tatsächlich geschuldeten Betrag vorgenommen werden.[1]

1 Siehe auch die Ausführungen zur Bezugskalkulation, S. 75f.

Zahlungsfristen

> Ist im Angebot der Zahlungszeitpunkt nicht bestimmt und dieser auch nicht aus den Umständen des Rechtsgeschäfts zu entnehmen und wird das Angebot unverändert angenommen, muss der **Käufer sofort nach Übergabe der Ware bezahlen** [§ 271 I BGB].

Die sofortige bare Zahlung ist nur möglich, wenn der Käufer die Ware im Geschäftslokal des Verkäufers abholt. Wird die Ware verschickt, muss der Käufer die Zahlung auf andere Weise vornehmen. Möglich ist beispielsweise die Einschaltung einer Bank, die den Betrag vom Konto des Zahlers auf das Konto des Zahlungsempfängers überweist. Die Aufwendungen, die mit dem „Geldtransport" zusammenhängen, muss der Geldschuldner tragen (z. B. die Überweisungsgebühren der Bank) (siehe § 270 BGB).

> Ist nichts anderes vereinbart, muss der Geldschuldner alle Aufwendungen tragen, die mit der Zahlung verbunden sind, denn **Geldschulden sind gesetzlich im Zweifel**[1] **Schickschulden** [§ 270 BGB].

Der Anbietende kann bestimmte Zahlungsbedingungen vorschlagen, die von der gesetzlichen Regelung abweichen:

- **Teilweise oder vollständige Zahlung vor der Lieferung.** Die Zahlungsbedingungen können z. B. lauten: „Nur gegen Vorauskasse", „Nur gegen Vorauszahlung", „Anzahlung $^1/_3$ des Kaufpreises bei Bestellung, $^1/_3$ bei Lieferung, $^1/_3$ drei Monate nach Erhalt der Ware".
- **Zahlung nach der Lieferung.** In diesem Fall erhält der Käufer ein *Zahlungsziel.* Die Klauseln im Angebot können z. B. lauten: „Zahlbar innerhalb 4 Wochen nach Rechnungserhalt", „Zahlbar innerhalb 8 Tagen mit 2 % Skonto", „14 Tage Ziel".

(2) Lieferungsbedingungen

Verpackungsaufwendungen

Eine unmittelbare Vorschrift darüber, wer die Verpackungsaufwendungen zu tragen hat, sieht das BGB nicht vor. § 448 I BGB sagt aber, dass der Käufer die Kosten der Abnahme und der Versendung der Sache nach einem anderen Ort als dem Leistungsort[2] zu tragen habe. Daraus folgt:

> Ist im Angebot nichts anderes gesagt und wird das Angebot unverändert angenommen, trägt der **Käufer** die **Aufwendungen für die Versandverpackung**.

Im Geschäftsleben sind nähere Vereinbarungen über die Frage, wer die Aufwendungen für die Verpackung tragen soll, zweckmäßig. In einem Angebot könnten sich z. B. folgende Angaben finden:

- „32,00 EUR je Verkaufspackung", d. h., die Verpackung wird nicht getrennt berechnet.
- „Leihpackung! Bei Rücksendung erhalten Sie $^2/_3$ des berechneten Werts gutgeschrieben." In diesem Fall trägt der Käufer einen Teil des Verpackungsaufwands.

---

1 Im Zweifel bedeutet, dass es sich um eine **Auslegungsregel** handelt, die dann nicht gilt, wenn z. B. durch vertragliche Vereinbarungen etwas anderes bestimmt ist.

2 Siehe S. 56f.

- Eine andere handelsübliche Klausel ist „brutto für netto“, abgekürzt „bfn“ (z.B. auf Farbdosen), d.h., der Kunde zahlt das Verpackungsgewicht (Tara) wie das Inhaltsgewicht (Nettogewicht).

Beförderungsaufwendungen

> Ist im Angebot nichts anderes gesagt und wird das Angebot unverändert angenommen, so hat der **Käufer** grundsätzlich die **Beförderungsaufwendungen** (z. B. Frachten, Porti) **zu bezahlen.**

Dies folgt aus der Tatsache, dass **Warenschulden** gesetzlich im Zweifel **Holschulden** sind [§ 269 BGB].

Der Verkäufer kann im Angebot andere Regelungen vorschlagen:

- Der Verkäufer übernimmt sämtliche Beförderungsaufwendungen. Die Bedingungen können z.B. lauten: „Wir liefern frei Haus“ (z.B. bei Weinlieferungen an Privatleute üblich) oder „frei Keller dort“ (z.B. bei Weinlieferungen an Gaststätten).
- Käufer und Verkäufer teilen sich die Beförderungsaufwendungen. Der Anbieter kann z.B. die Beförderungsaufwendungen bis zur Empfangsstation des *Käufers* tragen. Der Angebotspreis wird dann wie folgt präzisiert (genau beschrieben): „frei dort“, „frei Bahnhof dort“, „frachtfrei“. Die Beförderungsaufwendungen ab Empfangsstation trägt also der Käufer (z.B. Entgelt für die Anfuhr).

Lieferfrist

Der Vergleich der Lieferfristen verschiedener Anbieter kann im Einzelfall von großer Bedeutung sein. Auf schnelle Lieferung ist ein Betrieb z.B. dann angewiesen, wenn er selbst (unerwartete) zusätzliche Aufträge erhält, oder wenn Sonderaufträge gefertigt werden müssen, für die Materialien benötigt werden, die normalerweise nicht am Lager vorrätig gehalten werden.

> Ist im Angebot die Leistungszeit nicht bestimmt und diese auch nicht aus den Umständen des Rechtsgeschäfts zu entnehmen und wird das Angebot unverändert angenommen, muss der **Verkäufer** auf Verlangen des **Käufers sofort liefern** [§ 271 I BGB].

Bei manchen Geschäften steht und fällt der Zweck des Kaufvertrags mit der Einhaltung eines bestimmten Termins. Hier muss entweder der genaue Liefertermin oder die Lieferfrist vereinbart werden **(Fixkauf).**

4.2.2.4 Leistungsort und Gerichtsstand

In einem Angebot muss festgelegt werden, **wo** der Anbieter seine Leistung zu erbringen hat. Der Ort, an dem der Anbieter (Schuldner) seine Leistung zu erbringen hat, ist der **Leistungsort (Erfüllungsort).**

Gleichzeitig wird in der Regel im Angebot festgelegt, welcher **Gerichtsort** bei eventuellen Streitigkeiten zuständig sein soll.

(1) Begriff Leistungsort

Wir merken uns:

Der Ort, an dem ein Schuldner seine Leistung zu erbringen hat, ist der **Leistungsort.**[1]

(2) Arten von Leistungsorten

Gesetzlicher Leistungsort

Der gesetzliche Leistungsort für den **Verkäufer** und den **Käufer** ist ihr **Wohnsitz** [§ 291 I BGB] oder – bei gewerblichen Schulden – der **Ort ihrer gewerblichen Niederlassung** [§ 291 II BGB] zum Zeitpunkt der Entstehung des Schuldverhältnisses (z. B. zum Zeitpunkt des Abschlusses des Kaufvertrags). Da es mit dem Abschluss des Kaufvertrags **zwei Schuldner** gibt (Verkäufer ist Warenschuldner; Käufer ist Geldschuldner), gibt es auch **zwei gesetzliche Leistungsorte**.

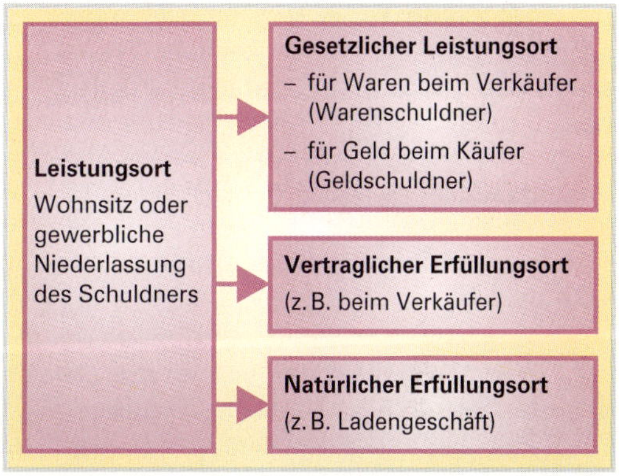

Beispiel:

Hat der Verkäufer seine gewerbliche Niederlassung in Nürnberg und der Käufer seine Niederlassung in München, so ist der gesetzliche Leistungsort für den Warenschuldner Nürnberg, der gesetzliche Leistungsort für den Geldschuldner München.

Vertraglicher Leistungsort

Die Käufer und Verkäufer haben die Möglichkeit, den Leistungsort vertraglich zu regeln **(vertraglicher Leistungsort).**

Beispiel:

Die Möbelfabrik Kaiser KG in Rosenheim und das Möbelhaus Raimann GmbH in Dresden vereinbaren Dresden als Leistungsort (Erfüllungsort) für beide Vertragsparteien.

Natürlicher Leistungsort

Er wird durch die Umstände, insbesondere durch die Natur des Schuldverhältnisses bestimmt [§ 269 I BGB].

Beispiele:

Werkverträge über Reparaturarbeiten im Haus des Auftraggebers; so genannte Handkäufe in Ladengeschäften.

1 Das BGB bezeichnet den Leistungsort auch als Erfüllungsort (siehe §§ 447 I, 644 II BGB). Aus Vereinfachungsgründen wird nicht zwischen Erfüllungsort und Leistungsort unterschieden.

(3) Bedeutung des Leistungsorts für den Warenschuldner[1]

Bedeutung des Leistungsorts für den Gefahrübergang

Der Leistungsort bezeichnet den Ort, an dem sich der Schuldner von seiner Leistungspflicht befreit. Aus diesem Grund sind **Warenschulden** gesetzlich im Zweifel[2] **Holschulden** [§ 269 HGB]. Wenn nichts anderes vereinbart ist, „reisen die Waren auf Gefahr des Käufers". Der Käufer trägt somit beim gesetzlichen Leistungsort mit der Übergabe das **Transportrisiko** (Gefahr des zufälligen Untergangs oder der zufälligen Verschlechterung der Ware auf dem Weg vom Verkäufer zum Käufer)[§ 466 S. 1 BGB].

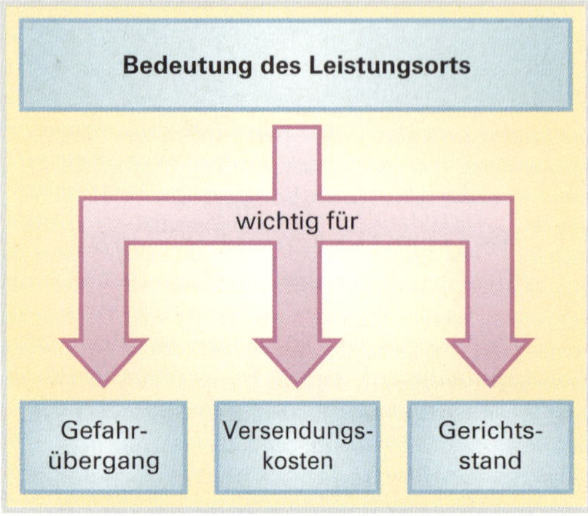

Allerdings sind **zwei Sonderfälle** zu beachten:

1. Beim **Transport von Waren mit unternehmenseigenen Fahrzeugen** befinden sich die Waren noch in der Verfügungsgewalt des Verkäufers. Deswegen hat in diesem Fall der Verkäufer erst erfüllt, wenn die Waren dem Käufer übergeben worden sind.
2. Das Gleiche gilt für den so genannten **„Fernkauf"**. Hier haben Käufer und Verkäufer als Leistungsort (Erfüllungsort) den Wohn- bzw. Niederlassungsort des **Käufers** vereinbart (vertraglicher Leistungsort). Folglich hat der Verkäufer erst dann erfüllt, wenn die Ware beim Käufer eingetroffen ist.

Bedeutung des Leistungsorts für die Übernahme der Versendungskosten

Aus der Tatsache, dass Warenschulden gesetzlich im Zweifel Holschulden sind, folgt, dass bei fehlender Vereinbarung **der Käufer** die **Transportkosten** (Versendungskosten) tragen muss.[3]

Bedeutung des Leistungsorts für den Gerichtsstand

Für Streitigkeiten aus einem Vertragsverhältnis ist **das Gericht des Ortes** zuständig, an dem die streitige Verpflichtung zu erfüllen ist, also der **Leistungsort (Erfüllungsort).** Der gesetzliche Leistungsort zieht den **gesetzlichen Gerichtsstand** nach sich.

---

1 In der Geschäftspraxis wird der Leistungsort meistens durch die vereinbarten **„Allgemeinen Geschäftsbedingungen"** geregelt. Allgemeine Geschäftsbedingungen (AGB) sind alle für eine Vielzahl von Verträgen vorformulierte Vertragsbedingungen, die eine Vertragspartei (z.B. der Hersteller) der anderen Vertragspartei (z.B. dem Einzelhändler) bei Abschluss eines Vertrages stellt. Siehe auch Band 1, Lernfeld 3: Kunden im Servicebereich Kasse betreuen, Kapitel 1.5.2, S. 263f.

2 Im **Zweifel** bedeutet, dass es sich um eine Auslegungsregel handelt, die dann nicht gilt, wenn durch vertragliche Vereinbarungen etwas anderes bestimmt ist.

3 Im **Handelsverkehr** sind **Warenschulden** oft **Schickschulden**. Der Verkäufer versendet die Kaufsache auf Verlangen des Käufers nach einem anderen Ort als dem Erfüllungsort. Mit der Übergabe der Kaufsache durch den Verkäufer an den Spediteur, Frachtführer oder an eine andere mit der Versendung beauftragte Person geht die Gefahr auf den Käufer über [§ 447 I BGB].

Dies bedeutet, dass der **Käufer** (wenn er klagen will) den Verkäufer bei dem **Gericht** verklagen muss, das für den **Leistungsort des Verkäufers** zuständig ist. Will hingegen der **Verkäufer** den Käufer verklagen (z. B. auf Zahlung des Kaufpreises), so muss er die Klage bei dem **Gericht** einreichen, das für den **Leistungsort des Käufers** zuständig ist.

Beachten Sie: Zum Käuferschutz sind Vereinbarungen über den Gerichtsstand mit Nichtkaufleuten grundsätzlich unzulässig. Vertragliche Vereinbarungen über den Gerichtsstand sind daher nur unter Kaufleuten möglich.

Bedeutung des Leistungsorts für den Geldschuldner

Der gesetzliche Leistungsort für den Zahlungsschuldner (beim Kaufvertrag für den Käufer) ist in der Regel dessen Wohn- bzw. Niederlassungsort. Der Zahlungsschuldner (Geldschuldner) hat jedoch das geschuldete Geld im Zweifel auf **seine Gefahr und seine Kosten** dem Gläubiger an dessen Wohn- bzw. Geschäftssitz zu übermitteln. **Geldschulden sind** demnach gesetzlich im Zweifel **Schickschulden.** Der Geldschuldner hat den Kaufvertrag erfüllt, wenn er den **Überweisungsauftrag** seiner Bank **rechtzeitig übergeben** hat. Die Verspätungsgefahr trägt der Geldgläubiger. Bei Zahlungen im Lastschriftverfahren und Electronic-cash-Zahlungen liegen jedoch **Holschulden** vor.

Beispiel:

Wurde als Zahlungstermin „spätestens 30. April 20. ." vereinbart, hat der Käufer fristgemäß bezahlt, wenn er z. B. das Geld mit einer Banküberweisung noch am 30. April überweist. Seine Vertragspflicht hat der Käufer jedoch erst voll erfüllt, wenn der Gläubiger den angewiesenen Betrag erhalten hat [§ 362 I BGB].

4.2.2.5 Beispiel für ein Angebot

Die Gebhardt & Söhne OHG hat die Anfrage des Baumarktes Hans Brändle KG (siehe S. 48) erhalten und macht am 11. Juni 20.. das auf der S. 60 abgebildete schriftliche Angebot.

4.3 Bestellung (Kundenauftrag)

(1) Begriff und Wesen der Bestellung

Wir merken uns:

Die **Bestellung (Kundenauftrag)**[1] ist eine **empfangsbedürftige Willenserklärung des Käufers,** bestimmte Waren zu den in der Bestellung angegebenen Bedingungen zu kaufen. Zu diesen Bedingungen gehören, wie beim Angebot, Angaben über die Art, Güte, Beschaffenheit der Ware, Bestellmenge, Preise mit Preiszu- und/oder -abschlägen, Zahlungsbedingungen usw.

---

1 Aus Sicht des Verkäufers handelt es sich bei der Bestellung um einen **Kundenauftrag.** Bestellung und Kundenauftrag sind somit zwei verschiedene Begriffe zu ein und demselben Vorgang – je nach Standpunkt des Betrachters.

Beispiel für ein Angebot

Gebhardt & Söhne OHG

Palettenfabrik
Ebermannstadt

Gebhardt & Söhne OHG, Sportplatzstr. 1, 91320 Ebermannstadt

Baumarkt
Hans Brändle KG
Postfach 100101
64291 Darmstadt

Telefax
09194 4980-33

Ihr Zeichen, Ihre Nachricht vom	Unser Zeichen, Unsere Nachricht vom	Telefon, Name 09194 4980-0	Datum
hä-zi 20..-06-07	g-wi	Gebhardt	20..-06-11

Angebot 97/188/..1

Sehr geehrte Frau Härer,

vielen Dank für Ihre Anfrage. Wir bieten Ihnen freibleibend an:

500 Mehrwegpaletten aus Holz,
100 x 120 cm, gehobelt und gebeizt, mit abgerundeten Kanten.

Preis je Stück 45,00 EUR
zuzgl. 19 % Umsatzsteuer

Die Lieferung erfolgt ab Werk Ebermannstadt; den Zwischenverkauf behalten wir uns vor. Unsere Verkaufsbedingungen finden Sie auf der Rückseite.

Was Sie besonders interessieren wird: Wir können kurzfristig liefern. Nach Bestellungseingang liefern wir innerhalb von 5 Tagen. Über Ihren Auftrag würden wir uns freuen.

Mit freundlichen Grüßen

Gebhardt & Söhne OHG

ppa. *Gebhardt*

Gebhardt

Geschäftsräume
Sportplatzstraße 1
91320 Ebermannstadt

Geschäftszeit
07:00 Uhr – 16:00 Uhr

Volksbank Forchheim e. G.
Kto.-Nr. 98765
BLZ 763 910 00

Kreissparkasse Forchheim
Kto.-Nr. 45768
BLZ 763 510 40

Sitz der Gesellschaft
Ebermannstadt

Registergericht
Bamberg HRA 554

STEUER-Nr. 25172008
FA Forchheim

Gesetzlich ist für die Bestellung **keine bestimmte Form vorgeschrieben.** Um ein „Beweismittel" in der Hand zu haben und möglichen Irrtümern vorzubeugen, sollten vor allem mündliche und fernmündliche Bestellungen jedoch schriftlich wiederholt werden.

- Bezieht sich die Bestellung auf ein **vorausgegangenes verbindliches Angebot,** so gilt dies als
  - **Annahme,** wenn das Angebot *rechtzeitig und unverändert* angenommen wird. Damit kommt ein Kaufvertrag zustande.
  - **Antrag,** wenn das *Angebot abgeändert oder verspätet* angenommen wurde [§ 150 BGB].
- Geht der Bestellung **kein verbindliches Angebot** voraus, so liegt ein **Antrag** des Käufers vor.

(2) Rechtliche Bindung an die Bestellung

Grundsatz

Der Besteller ist rechtlich an seine Bestellung gebunden. Diese Bindung tritt mit Zugang der Bestellung beim Empfänger (z. B. Verkäufer) ein [§ 130 I, S. 1 BGB].

Mit der Bestellung aufgrund eines vorausgegangenen Angebots verpflichtet sich der Käufer, alle im Angebot enthaltenen Vertragsbedingungen einzuhalten. Der Käufer muss insbesondere die ordnungsgemäß (rechtzeitig, am rechten Ort, mängelfrei) gelieferte Ware *abnehmen* und den vereinbarten Kaufpreis zahlen [§ 433 II BGB].

Einschränkungen

Bezüglich der **Einschränkung der rechtlichen Bindung** an die Bestellung gelten die im Kapitel zur rechtlichen Bindung an das Angebot gemachten Ausführungen. Auch die Bestellung ist somit kein Vertragsantrag, wenn die rechtliche Bindung ganz oder teilweise ausgeschlossen ist.

Widerruf

Der Widerruf einer Bestellung muss vor, spätestens gleichzeitig mit der Bestellung beim Empfänger (z. B. Verkäufer) eingehen [§ 130 I, S. 2 BGB].

(3) Eingang unbestellter Ware

Erhält der Einzelhändler unbestellte Ware, so stellt die Lieferung *rechtlich* ein *verbindliches Angebot* (einen Antrag) des zusendenden Verkäufers an den Warenempfänger (Einzelhändler) dar.

- Ein **Kaufvertrag** kommt **zustande** durch
  - **schlüssiges Handeln,** wenn der Käufer den Kaufpreis zahlt oder die unbestellte Ware verbraucht, bearbeitet oder in Gebrauch nimmt;
  - **ausdrückliche** mündliche oder schriftliche **Bestätigung** des Auftrags (Bestellung) durch den Warenempfänger (Käufer).
- Möchte der Einzelhändler **keinen Kaufvertrag abschließen,** so gilt Folgendes:
  - Stehen der Einzelhändler und der zusendende Lieferer **nicht in ständiger Geschäftsbeziehung** und unternimmt der Einzelhändler nichts (schweigt er), so

kommt kein Kaufvertrag zustande. Der Einzelhändler hat jedoch die Pflicht, die Ware mit der bei ihm üblichen Sorgfalt auf Kosten des Absenders aufzubewahren.

- Stehen der Einzelhändler und der zusendende Verkäufer **in ständiger Geschäftsbeziehung,** so muss der Käufer die unbestellte Warenzusendung gegenüber dem Lieferer ablehnen und die Ware auf Kosten des Absenders aufbewahren. Schweigen würde in diesem Fall Zustimmung bedeuten.

✔ Lösung des einführenden Rechtsfalls

Die Quatfasel GmbH hat kein rechtsverbindliches Angebot (keinen Vertragsantrag) abgegeben. Mit dem „Verkaufsinserat“ hat sie vielmehr mögliche Käufer, die ihre Anzeige lesen, aufgefordert, ihrerseits Kaufanträge zu machen, d.h. durch Bestellungen die inserierten Herdabdeckplatten zu kaufen. Das Inserat kann auch ganz allgemein der Werbung dienen, d.h., die Quatfasel GmbH möchte auf ihr Unternehmen aufmerksam machen.

Zusammenfassung

- Durch **Anfragen** werden Angebote eingeholt.
- **Anfragen sind erforderlich,** wenn die zur Bestellung erforderlichen Beschaffungskonditionen (z.B. Preise, Lieferqualitäten, Lieferfristen) nicht bekannt oder überholt sind (z.B. alte Preislisten), zum günstigen Einkauf Konkurrenzangebote eingeholt, der Liefererkreis zur Absicherung der Bedarfsdeckung erweitert und/oder völlig neue Güter eingekauft werden sollen.
- Zur **Vermeidung von Rückfragen** und unvollständigen Angeboten müssen die Anfragen alle für den Käufer wesentlichen Punkte enthalten (z.B. Art, Qualität, Menge, geforderte Lieferzeit der benötigten Waren).
- Der Anfragende ist durch seine **Anfrage rechtlich nicht gebunden,** er muss die angefragten Produkte oder Fremdleistungen nicht bestellen (kaufen).
- Für die Anfrage besteht **kein gesetzlicher Formzwang.** Bei komplizierten Gütern und einem umfangreichen Bedarf sollen die Anfragen zur Vermeidung von Fehlern möglichst **schriftlich** erfolgen.
- Das **Angebot** ist eine bestimmte, verbindliche Willenserklärung des Verkäufers an eine bestimmte Person. Es handelt sich um eine empfangsbedürftige Willenserklärung.
- Der Anbieter ist **rechtlich** an sein Angebot **gebunden.** Die rechtliche Bindung an das Angebot **kann eingeschränkt werden.**

Angebote ohne einschränkende Klauseln (feste, verbindliche Angebote).

Angebote mit ganz ausgeschlossener oder eingeschränkter Bindung.

Angebote mit ausgeschlossener rechtlicher Bindung.
Klauseln z.B.: Ohne Obligo, unverbindlich, freibleibend.

Angebote mit eingeschränkter rechtlicher Bindung.
Klauseln z.B.: Lieferung solange Vorrat reicht, Preis freibleibend.

- Der **Inhalt eines Angebots** sollte alle Einzelheiten festlegen, sodass der Käufer nur noch zuzustimmen braucht. Wichtige Inhalte des Angebots sind:

  - Art, Güte, Beschaffenheit und Menge der Produkte.
  - Preis der Produkte.
  - Lieferungs- und Zahlungsbedingungen.
  - Leistungsort und Gerichtsstand.

- Die auf ein Angebot oder ohne vorausgegangenes Angebot erfolgte verbindliche **Bestellung** ist eine empfangsbedürftige Willenserklärung des Käufers, bestimmte Produkte zu den in der Bestellung und/oder im Angebot enthaltenen Bedingungen (z. B. Preisen, Qualitäten, Mengen, Zahlungsbedingungen) zu kaufen. Aus Sicht des Verkäufers handelt es sich bei der Bestellung um einen **Kundenauftrag.**

- Der **Leistungsort** ist der Ort, an dem die geschuldete **Leistung zu erbringen** ist.

- Der **gesetzliche Leistungsort** gilt nur, wenn kein Leistungsort vereinbart ist und ein Leistungsort auch nicht durch die Natur bzw. die Umstände des Schuldverhältnisses bestimmt wird. Er liegt grundsätzlich beim Wohnsitz bzw. Niederlassungsort des **Schuldners.**

- Der Leistungsort hat folgende **Bedeutung:**

  - Am Leistungsort befreit sich der Schuldner von seiner Leistungspflicht
  - Der Leistungsort bestimmt den Gefahrübergang (Ausnahme: Geldschulden)
  - Ab Leistungsort trägt der Gläubiger die Versendungskosten (Ausnahme: Geldschulden)
  - Der Leistungsort bestimmt den Gerichtsstand (Ausnahme: Geschäfte mit Nichtkaufleuten)

- Für die Bestellung besteht **keine gesetzliche Form** und **kein gesetzlich vorgeschriebener Inhalt.** Um Irrtümer und Streitigkeiten zu vermeiden (aus Gründen der Rechtssicherheit/Beweissicherheit), sollten jedoch umfangreiche und wichtige Bestellungen grundsätzlich **schriftlich** erfolgen.

- Der Besteller (z. B. Käufer) ist an seine Bestellung **grundsätzlich rechtlich gebunden.** Bei einem vorausgegangenen verbindlichen Angebot muss er somit die bestellten Produkte abnehmen und bezahlen.

- Die **Bindung des Bestellers an seine Bestellung entfällt bei einer verspäteten Annahme der Bestellung,** bei einer von der Bestellung **abweichenden Bestellungsannahme** (Auftragsbestätigung) des Verkäufers, wenn der **Empfänger (Verkäufer) die erhaltene Bestellung ablehnt** oder **der Besteller seine Bestellung rechtzeitig widerruft.**

Übungsaufgaben

9

1. Erklären Sie die wirtschaftliche Notwendigkeit der Anfrage!
2. Nennen Sie die wichtigsten Punkte einer Anfrage!
3. Begründen Sie, warum die Anfrage keine Willenserklärung ist!
4. Erläutern Sie, unter welchen Bedingungen Sie eine Anfrage schriftlich abfassen würden!

5. Erklären Sie, welche rechtlichen Voraussetzungen erfüllt sein müssen, damit ein Angebot eine Willenserklärung (ein Vertragsantrag) ist!

6. Was bedeutet die rechtliche Bindung an ein Angebot?

7. Begründen Sie die Notwendigkeit der gesetzlichen Annahmefristen des BGB und erklären Sie, bis zu welchem Zeitpunkt der Anbieter an sein Angebot unter Anwesenden bzw. Abwesenden und bei einer bestimmten Annahmefrist rechtlich gebunden ist!

8. Der Inhaber eines Bekleidungsfachgeschäfts informiert sich auf der Modemesse über Neuheiten und Modetrends für die Sommersaison. Er führt mit mehreren Herstellern Einkaufsgespräche über Kleiderlieferungen, wobei ihm ein günstiges Angebot unterbreitet wird.

   Aufgaben

   8.1 Wie lange ist der Hersteller an das mündliche Angebot gebunden?

   8.2 Welche wesentlichen Bestandteile beinhaltet ein vollständiges schriftliches Angebot? Nennen Sie vier!

   8.3 Nennen Sie zwei weitere Gründe, die für die Kaufentscheidung des Geschäftsinhabers von Bedeutung sind!

   8.4 Bei welchen Gütern wird der Einkaufspreis der wichtigste Entscheidungsgrund bei der Beschaffung sein? Begründen Sie Ihre Antwort!

9. Erklären Sie die wirtschaftlichen und rechtlichen Merkmale der Bestellung!

10. Begründen Sie, warum der Besteller an seine Bestellung rechtlich gebunden ist!

11. Erläutern Sie, unter welchen Bedingungen die rechtliche Bindung des Bestellers an seinen Antrag entfällt!

12. Erläutern Sie die Rechtswirkungen, wenn eine Bestellung vom Angebot abweicht, der Empfänger das erhaltene Angebot ablehnt oder der Anbieter sein Angebot nach dessen Zugang beim Empfänger widerruft! Geben Sie bei Ihrer Antwort die entsprechenden §§ des BGB an!

13. Erläutern Sie die Bedeutung des gesetzlichen Leistungsorts für den Warenschuldner!

14. Welche Abweichungen bestehen beim gesetzlichen Leistungsort zwischen Waren- und Geldschulden?

15. Betrachten Sie die nachfolgende Skizze:

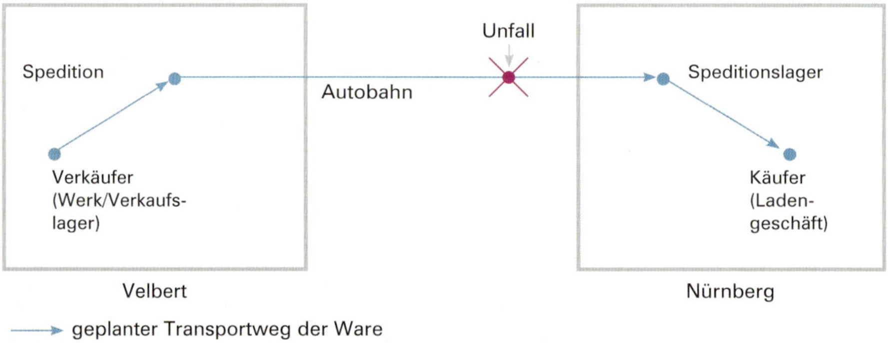

   Aufgaben

   In welchen Fällen muss der Käufer den Kaufpreis für die auf dem Transport durch den Unfall vernichtete oder beschädigte Ware zahlen oder nochmals liefern, wenn

   15.1 über den Leistungsort keine Vereinbarungen getroffen wurden,

   15.2 der vereinbarte Leistungsort Nürnberg ist?

16. Wie wäre die Rechtslage (siehe Aufgabe 15), wenn der Käufer die Ware abholt und der Unfall auf der Wegstrecke zwischen dem Werk des Verkäufers und der Bahnstation des Verkäufers passieren würde?

17. Unterscheiden Sie die Begriffe Terminkauf und Fixkauf und bilden Sie jeweils ein eigenes Beispiel!

10 Josef Meyer e.K., Elektrogroßhandlung in Ingolstadt, unterbreitet dem Elektrofachgeschäft Franz Bührer e.K. in Pfaffenhofen am 2. Mai ein schriftliches Angebot über

Wechselschalter	Typ Fl 4/1,5/b zum Preis von 4,45 EUR/St. und
Serienschalter	Typ Fl 6/1,5/c zum Preis von 6,12 EUR/St.

bei Abnahme von jeweils mindestens 80 Stück.

Aufgaben

1. Wie lange ist Josef Meyer e.K. an dieses Angebot gebunden? (Datum und Begründung!)
2. Durch welche Zusätze könnte die Bindung an ein solches Angebot
   2.1 eingeschränkt (zwei Beispiele),
   2.2 ganz ausgeschlossen werden (zwei Beispiele)?
3. Franz Bührer e.K. bestellt am 10. Mai 60 Stück Wechselschalter zu 3,45 EUR und 80 Stück Serienschalter zu 5,12 EUR/St. Muss Josef Meyer e.K. liefern? (Begründung!)
4. Im Kaufvertrag wurde vereinbart: „Lieferung frachtfrei"
   4.1 Erläutern Sie diesen Begriff!
   4.2 Wer müsste die Beförderungskosten übernehmen, wenn vertraglich nichts vereinbart worden wäre?
5. Im Kaufvertrag wurde außerdem vereinbart: „Zahlungsziel 30 Tage, bei Zahlung innerhalb von 8 Tagen 2 % Skonto ... Bei Abnahme von 80 Stück gewähren wir 5 % Rabatt."
   5.1 Erklären Sie den Unterschied zwischen Rabatt und Skonto!
   5.2 Erklären Sie den Unterschied zwischen Rabatt und Bonus!
   5.3 Begründen Sie, warum ein Verkäufer Skonti gewährt!
6. Begründen Sie, warum bei Gattungswaren[1] die Güte und Beschaffenheit der Waren nicht ausdrücklich vereinbart werden müssen!

1 Wiederholen Sie hierzu die Ausführungen auf S. 53.

5 Speth – ISBN-13: 978-3-8120-0539-5

4.4 Kaufvertrag und die Arten des Kaufvertrags

4.4.1 Kaufvertrag

Hinweis: Begriff und Zustandekommen des Kaufvertrags wurden bereits im Band 1, Lernfeld 3: Kunden im Servicebereich Kasse betreuen, Kapitel 1.4, S. 246ff., behandelt. Die nachfolgenden Ausführungen stellen nur eine kurze Zusammenfassung dar.

Stimmen die beiden Willenserklärungen Angebot (Antrag) und Bestellung (Annahme) inhaltlich überein, so kommt ein Kaufvertrag zustande.

Wir merken uns:

Ein **Kaufvertrag** kommt durch **inhaltlich übereinstimmende,** rechtsgültige **Willenserklärungen** von mindestens **zwei Personen** und **rechtzeitigem Zugang** der zweiten Willenserklärung beim Erklärungsempfänger zustande [§§ 145ff., 433 BGB).

Durch den Abschluss des Kaufvertrags ist zunächst ein gegenseitiges Schuldverhältnis entstanden, das zu gegenseitigen Leistungen verpflichtet: das so genannte **Verpflichtungsgeschäft.** Dem Verpflichtungsgeschäft muss anschließend das **Erfüllungsgeschäft** folgen.

4.4.2 Arten des Kaufvertrags

Ein Modehaus ist sich nicht sicher, welche Farbe im kommenden Sommer aktuell sein wird. Das Modehaus bestellt daher bei einem Kleiderfabrikanten 500 Kleider mit der Bedingung, dass es erst kurz vor der Lieferung die aktuelle Modefarbe bestimmen kann.

Ist in diesem Fall ein Kaufvertrag zustande gekommen?

(Die Lösung dieses Rechtsfalls finden Sie auf S. 69.)

(1) Unterscheidung der Kaufverträge nach der Rechtsstellung der Vertragspartner

- **Bürgerlicher Kauf**

Wir merken uns:

Ein **bürgerlicher Kauf** liegt vor, wenn der Kauf für beide Vertragsparteien kein Handelsgeschäft ist.

Beispiele:

Bürgerliche Käufe sind Käufe unter Nichtkaufleuten (ein Auszubildender kauft das gebrauchte Moped seines Freundes), Käufe eines Kaufmanns für private Zwecke bei einem Nichtkaufmann (ein Elektroeinzelhändler kauft von seinem Angestellten Sammlerbriefmarken) und Käufe zwischen Kaufleuten für private Zwecke (ein Lebensmittelhändler kauft von einem Spediteur eine gebrauchte Taucherausrüstung).

Handelskauf

Wir merken uns:

Ein **Handelskauf** liegt vor, wenn mindestens ein Vertragspartner Kaufmann ist und der Kauf dessen Handelsgewerbe betrifft.[1]

Für den Handelskauf gelten in erster Linie die Bestimmungen des Handelsgesetzbuchs [§§ 343 – 381 HGB], ergänzend das BGB.

Beim Handelskauf ist zu unterscheiden:

- **Einseitiger Handelskauf.** Es ist ein Kauf, den nur *ein* Vertragspartner als *Kaufmann* für *geschäftliche* Zwecke abschließt, weil entweder der andere Vertragspartner *kein* Kaufmann ist oder zwar Kaufmann ist, das Geschäft aber für seine privaten Zwecke tätigt.

Beispiele:

Der Inhaber eines Lebensmittelgeschäfts verkauft Lebensmittel an Hausfrauen; ein Motorradhändler verkauft seinem Auszubildenden ein Moped; der Inhaber eines Modehauses kauft zur Einrichtung seiner Wohnung „Bauernmöbel" in einem Einrichtungshaus.

- **Zweiseitiger Handelskauf.** Es ist ein Kauf, den *beide* Vertragspartner als *Kaufleute* für ihre *geschäftlichen* Zwecke abschließen: Der Kauf ist für beide Teile ein *Handelsgeschäft.*

Beispiele:

Ein Lebensmittelgroßhändler verkauft Lebensmittel an ein Einzelhandelsgeschäft; ein Lebensmitteleinzelhändler kauft für seine Warenlieferungen an Kunden bei einem Autohändler einen Lieferwagen.

(2) Unterscheidung der Kaufverträge nach der Bestimmung des Kaufgegenstandes

Stückkauf

Hier ist eine *individuell bestimmte* Sache vom Verkäufer zu liefern.

Beispiele:

Kauf eines Originalgemäldes, Kauf eines bestimmten Grundstücks.

Die rechtliche Bedeutung des Stückkaufs liegt z.B. darin, dass der Verkäufer nicht mehr zu liefern braucht, wenn der Kaufgegenstand *ohne* sein Verschulden *vor* der Erfüllung des Kaufvertrags zerstört wird [§ 275 BGB]. (Beispiel: Das gekaufte, aber noch nicht gelieferte Rennpferd Rex geht ein.) Die Leistung ist für den Verkäufer *unmöglich* geworden. Er hat jedoch auch keinen Anspruch auf die Kaufpreiszahlung [§ 326 I, S. 1 BGB].

Das BGB geht im Allgemeinen von der Stückschuld aus und enthält für den im Folgenden beschriebenen Gattungskauf bestimmte Sondervorschriften (siehe z.B. §§ 243, 300 II, 524 II BGB).

1 **Kaufmann** ist, wer ein Handelsgewerbe betreibt [§ 1 I HGB]. Ein Handelsgewerbe ist jeder Gewerbebetrieb, der einen nach Art oder Umfang in kaufmännischer Weise eingerichteten Geschäftsbetrieb erfordert [§ 1 II HGB].

Gattungskauf

Er liegt vor, wenn die vom Verkäufer geschuldete bewegliche Sache nur der „Gattung" nach, d.h. im Rechtsverkehr nur allgemein nach Zahl, Maß oder Gewicht bestimmt wird. Es handelt sich meistens um den Kauf *vertretbarer (gleichartiger)* Sachen [§ 91 BGB]. Wenn eine nur der Gattung nach bestimmte Ware geschuldet wird, dann ist eine Sache bzw. Ware (Handelsgut) mittlerer Art und Güte zu leisten [§§ 243 I, 360 HGB].

Beispiele:

Serienkühlschrank, ein bestimmter Autotyp, Mehl Type 405.

Kauf auf Abruf

Bei diesem Kauf hat der Käufer das Recht und die Pflicht, binnen einer vereinbarten Frist den *Zeitpunkt* der Lieferung als Ganzes oder in Teilmengen zu bestimmen.

Beispiele:

Bestellung von 500 Kleidern durch ein Modehaus, Abruf in Teilmengen von je 100 Kleidern bei jeweiligem Bedarf.

Bestimmungskauf (Spezifikationskauf)[1]

Hier wird über eine genau festgelegte Gesamtmenge einer Ware (Gattungsware) ein Kaufvertrag abgeschlossen, wobei bestimmte Merkmale der Kaufsache wie z.B. Maße, Qualität, Farbe vom Käufer erst (innerhalb einer festgesetzten Frist) bei Abruf spezifiziert (bestimmt, festgelegt) werden.

Beispiel:

Kauf von 20 Eisenträgern durch eine Eisenhandlung mit dem Vorbehalt, die genauen Längen und Profile später (bei Bedarf) zu bestimmen.

(3) Unterscheidung der Kaufverträge nach der Lieferzeit

Terminkauf (Zeitkauf)

Ein Terminkauf (Zeitkauf) liegt vor, wenn zu einem bestimmten Termin oder innerhalb einer vereinbarten Lieferfrist geliefert werden muss. Zwischen dem Abschluss des Kaufvertrages und seiner Erfüllung liegt demnach eine Zeitspanne.

Beispiele:

Terminkäufe werden u.a. durch folgende Klauseln vereinbart: „Lieferung am 2. Dezember 20..", „Lieferung 5 Wochen nach Auftragseingang", „Lieferung 3 Wochen nach Erhalt der Auftragsbestätigung", „Lieferung Ende dieses Monats", „Lieferung bis Ende Mai d.J.", „Lieferung innerhalb der nächsten 14 Tage", „Lieferung am 15. des folgenden Monats" usw.

Fixkauf

Der Fixkauf ist ein Sonderfall des Terminkaufs, weil hier ebenfalls ein *fester Liefertermin* vereinbart wird. Im Unterschied zum gewöhnlichen Terminkauf liegt jedoch ein Fixkauf *nur* dann vor, wenn mit der genauen Einhaltung bzw. Nichteinhaltung des vereinbarten

1 Die meisten Spezifikationskäufe sind Handelskäufe [§ 375 I HGB].

Liefertermins das Geschäft steht oder fällt: Die Einhaltung der vereinbarten Leistungszeit muss ein so wesentlicher Bestandteil des Kaufvertrages sein, dass eine nachträgliche Leistung nicht mehr als Erfüllung des Vertrages angesehen werden kann. Aus diesem Grunde sind bei der Beurteilung, ob ein vorliegender Kaufvertrag ein Fixgeschäft ist oder nicht, sehr strenge Maßstäbe anzulegen.

Beispiele:

Nachstehende Klauseln in einem Kaufvertrag weisen auf ein bestehendes Fixgeschäft hin: „Die Ware ist genau am 10. März 20.. zu liefern"; „Lieferung bis 10. März 20.. präzise"; „60 Weihnachtsbäume, lieferbar fix per 20. Dezember 20.."; „Prompte Lieferung am 19. Februar 20 .."; „Ablieferung der Glückwunschkarten spätestens zum 16. September 20..".

Es gibt einen bürgerlich-rechtlichen Fixkauf [§ 323 II Nr. 2 BGB] und den Fixhandelskauf [§ 376 HGB].

✔ Lösung des einführenden Rechtsfalls

Ein Kaufvertrag ist zustande gekommen. Es handelt sich um einen Bestimmungskauf (Spezifikationskauf) [§ 375 HGB].

Zusammenfassung

→ Wichtige **Kaufvertragsarten** sind:

- nach der Rechtsstellung der Vertragspartner:
  - → Bürgerlicher Kauf
  - → Handelskauf
- nach der Lieferzeit:
  - → Terminkauf
  - → Fixkauf
- nach der Bestimmung des Kaufgegenstands:
  - → Stückkauf
  - → Gattungskauf
  - → Kauf auf Abruf
  - → Bestimmungskauf

Übungsaufgabe

11

1. Erklären Sie, unter welchen Bedingungen ein bürgerlicher Kauf, ein einseitiger und ein zweiseitiger Handelskauf vorliegt. Bilden Sie jeweils ein eigenes Beispiel!

2. Welche Arten von Kaufverträgen liegen in folgenden Fällen vor? Beachten Sie bei Ihrer Antwort, dass *mehrere Kriterien (Einteilungsgesichtspunkte)* in Frage kommen können!

   2.1 Die Auszubildende Brigitte kauft am 12. März ein gebrauchtes Moped von ihrer Freundin Anne. Es wird vereinbart, dass der Kaufpreis von 300,00 EUR in drei gleichen Raten am 1. April, 1. Mai und am 1. Juni bezahlt wird. Über den Übergabetermin des Mopeds wird nichts gesagt.

   2.2 Der Elektroeinzelhändler Kunze e.K. kauft von seinem Angestellten Stamp eine Briefmarkensammlung, die er weiter ausbauen möchte, zum Preis von 2400,00 EUR. Noch am gleichen Tag wird die Sammlung an Kunze übergeben, der den Kaufpreis bar entrichtet.

2.3 Der Geschäftsführer der Ehrler GmbH kauft am 31. Januar eine gebrauchte Verpackungsmaschine von der sich in Liquidation (Auflösung) befindlichen Industriebau-AG. Die Bezahlung soll bis Ende Februar erfolgen.

2.4 Die Inhaberin der Nähseidenfabrik Mohrbach GmbH, leidenschaftliche Reiterin, kauft am 15. März vom Inhaber des Modefachgeschäfts „Flott e.Kfm." das Rennpferd „Napoleon". Die Käuferin zahlt bei Übergabe des Pferds am 20. März 2000,00 EUR an. Der Restbetrag soll vertragsgemäß am 30. April beglichen werden.

2.5 Die Lebensmittelkette Back GmbH kauft am 16. April bei der Mühle Biechler & Co. KG 10 dt Weißmehl, Type 505. Über den Lieferungs- und Zahlungstermin wird nichts vereinbart.

2.6 Am 1. Februar kauft die Lebensmittelkette Back GmbH beim gleichen Lieferer 200 dt des gleichen Mehls mit der Vereinbarung, sich bei Bedarf entsprechende Teilmengen anliefern zu lassen. Die Teilmengen sollen vereinbarungsgemäß sofort nach Anlieferung bezahlt werden.

2.7 Am 15. Juni vereinbart die Lebensmittelkette Back GmbH mit Biechler & Co. KG Folgendes: Kauf von 50 dt Mehl, Abnahme nach Bedarf bis Ende des Jahres, wobei die Mehltypen bei Abruf näher bestimmt werden. Die Teillieferungen sind jeweils zum Monatsletzten zu bezahlen.

2.8 Zur Eröffnung des Hotels Europa am 1. Juni soll die Gärtnerei Blum & Co. KG Blumen liefern. Vereinbart wurde prompte Lieferung am 31. Mai vormittags. Über die Zahlung wurde nichts vereinbart.

3. Ist in den folgenden Fällen ein Kaufvertrag zustande gekommen? Begründen Sie jeweils Ihre Entscheidung!

3.1 Der Kunde sieht eine Ware im Schaufenster zum Preis von 8,50 EUR. Er betritt das Geschäft und erklärt: „Ich nehme die Ware zu dem Preis, zu dem die Ware im Schaufenster ausgezeichnet ist". Der tatsächliche Auszeichnungspreis im Geschäft ist 85,00 EUR.

3.2 Wir erhalten ein verbindliches Angebot zum Preis von 70,00 EUR. Wir bestellen am gleichen Tag zum Preis von 65,00 EUR. Der Lieferant schickt einen Tag später die Ware.

3.3 Wir erhalten am 15. Februar 20.. ein verbindliches schriftliches Angebot zum Preis von 180,00 EUR. Wir bestellen am 28. März 20.. schriftlich zum Preis von 180,00 EUR.

4. Wer ist nach Abschluss des Kaufvertrages Eigentümer, wer Besitzer? Begründen Sie jeweils Ihre Meinung!

4.1 Hans kauft heute von Ulrich dessen gebrauchtes Moped. Hans zahlt den vereinbarten Kaufpreis sofort. Ulrich verspricht, das Moped nächste Woche bei Hans persönlich abzuliefern.

4.2 Egon verleiht seinen Taschenrechner an Gustav. Gustav verkauft den Rechner an Karl. Er erzählt Karl, dass er den Rechner zum Geburtstag geschenkt bekommen habe.

Karl nimmt den Rechner sofort mit und verspricht Gustav, dass er den Kaufpreis nächste Woche zahlen werde.

5. Sie sind im Elektrogeschäft der zuständige Verkäufer. Was unternehmen Sie im folgenden Fall? (Begründen Sie Ihre Vorgehensweise, indem Sie die Rechtslage erläutern!)

Der 17-jährige Philipp will von seinem ersten Lohn als Auszubildender einen Fernseher zum Preis von 598,00 EUR kaufen. Am Tag der Lohnzahlung hebt er das Geld von seinem Girokonto ab. Er will im Elektrogeschäft den Fernseher sofort bar bezahlen.

6. Im Wochenprospekt eines Möbelhauses wurde ein Bücherregal ab Montag zum Preis von 28,50 EUR angeboten. Bereits am Mittwochabend war der ganze Posten ausverkauft.

6.1 Welche Vorschläge könnte der Baumarkt den nicht zum Zuge gekommenen Kunden machen? Nennen Sie zwei Vorschläge!

6.2 Kann ein Kunde darauf bestehen, am Donnerstag das angebotene Bücherregal im Möbelhaus zu kaufen?

6.3 Muss das Möbelhaus aufgrund des Wochenprospekts liefern?

5 Berücksichtigung von qualitativen und quantitativen Aspekten bei der Beschaffungsentscheidung

5.1 Überblick

Die Suche nach neuen Bezugsquellen und die Ermittlung möglicher Lieferer haben für die Einzelunternehmen einen hohen Stellenwert. Mit dieser Aufgabe beschäftigt sich die **Beschaffungsplanung.**

Hat die Warenbeschaffung mögliche Lieferer ermittelt, schließt sich ein Vergleich der verschiedenen Angebote an. Für den Angebotsvergleich können **quantitative,** d.h. messbare **Kriterien** (z.B. Preis, Zahlungsbedingungen, Lieferbedingungen) oder **qualitative,** d.h. nicht messbare **Kriterien** (z.B. Qualität, Lieferertreue, Image, Umweltverträglichkeit) herangezogen werden. Zum qualitativen Angebotsvergleich siehe Kapitel 5.2.1.

Der rechnerische Vergleich der verschiedenen Angebote erfolgt mit Hilfe der Einkaufs- und Bezugskalkulation (vgl. Kapitel 5.2.2).

5.2 Angebotsvergleich

5.2.1 Qualitativer Angebotsvergleich

(1) Merkmale eines qualitativen Angebotsvergleichs

Wir merken uns:

Ein **qualitativer Angebotsvergleich** liegt vor, wenn für den Vergleich der Angebote **nicht messbare Kriterien** (z.B. Qualität, Lieferertreue, Image, Umweltverträglichkeit, Berücksichtigung sozialer Standards) herangezogen werden.

- **Qualitätsvergleich**

Qualitätsvergleiche sind z.B. anzustellen in Bezug auf die *Haltbarkeit* (z.B. bei Lebensmitteln), auf den *Geschmack* (z.B. Wein, Schokolade), auf die *äußere Form* (z.B. Möbel, Büromaschinen, Autos), auf die *Leistungsfähigkeit* (z.B. Kassenterminals), auf die *Nutzungsdauer* (z.B. Autos), auf die *Belastungsfähigkeit* (z.B. Zerbrechlichkeit von Glas oder Kunststoff), auf die *Umweltverträglichkeit* (z.B. Energiestoffe) usw.

- **Zuverlässigkeit des Lieferers**

Bei jeder Bestellung ist zu überprüfen, ob der bisherige Lieferer in der Vergangenheit die zugesagten Liefertermine zuverlässig eingehalten und immer eine gleich bleibende (nachhaltig gute) Warenqualität geliefert hat. Zuverlässigen Lieferern sollte selbst bei geringfügig höheren Preisen der Vorzug vor anderen Lieferern gegeben werden.

Checkliste	
1. **Alter und Image des Unternehmens**	■ Seit wann besteht das Unternehmen? ■ Welchen Ruf genießt das Unternehmen (z. B. Auskünfte der Auskunfteien, Eindrücke unserer Einkäufer)? ■ Seit wann bestehen Geschäftsbeziehungen mit dem Unternehmen?
2. **Konkurrenzverhältnisse**	■ Wie viel Lieferer haben wir derzeit? ■ Wie viel zusätzliche Lieferer kommen derzeit in Betracht?
3. **Leistungsfähigkeit und -bereitschaft, Aktualität, Qualität und Kreativität**	■ Entsprechen die Produktqualitäten – auch hinsichtlich ihrer Umweltfreundlichkeit – unseren Anforderungen? ■ Sind ausreichende Lieferkapazitäten vorhanden? ■ Kann der Lieferer auf Abruf liefern? ■ Entspricht das Personal unseren Anforderungen (Beratung, Lösungsvorschläge bei bestimmten technischen Problemen)? ■ In welchem Umfang werden Kundendienstleistungen angeboten? ■ Werden vorhandene Produkte weiterentwickelt? ■ Werden neue Produkte entwickelt?
4. **Pünktlichkeit und Zuverlässigkeit**	■ Werden vereinbarte Lieferfristen eingehalten? ■ Werden die zugesagten Qualitäten eingehalten? ■ Welche Qualitätsgarantien werden übernommen?
5. **Preise und Zahlungsziele**	■ Wie hoch sind die Bezugspreise im Vergleich zu den Bezugspreisen anderer Lieferer? ■ Wie lange sind die Zahlungsziele? ■ Können günstigere Konditionen durch Verhandlungen erreicht werden (z. B. Sonderrabatte, Mengenrabatte)? ■ Werden Sonderangebote unterbreitet?
6. **Einhalten von Sozialstandards**	■ Dient das Warenangebot der Verbesserung der Situation von Beschäftigten und dem Schutz der Umwelt? ■ Sind die Waren, die aus einem Entwicklungsland bezogen werden, mit einem sozialen Gütesiegel ausgestattet?
7. **Sonstige Beurteilungskriterien**	■ Wo befinden sich Gerichtsstand und Erfüllungsort? ■ Gibt es Haftungsausschlüsse?

Beispiel für eine Checkliste zur Liefererauswahl

■ Terminvergleich

Die in Angeboten angegebenen Lieferzeiten müssen mit den Anforderungen von Lager und Verkauf übereinstimmen, damit die Verkaufsbereitschaft gewährleistet bleibt. Insbesondere, wenn eine schnelle Belieferung gewünscht wird, ist die Lieferzeit ein wesentliches Kriterium für die Auswahl des Lieferers. Besonders wichtig wird das Kriterium Lieferzeit, wenn Waren für bestimmte Saisongeschäfte (z.B. Weihnachten, Ostern, Karneval, Feuerwerkskörper zu Neujahr) eingekauft werden.

■ Einhalten von Sozialstandards

Sozialstandards sind Vereinbarungen, die zum einen auf die **Verbesserung der Situation von Beschäftigten** abzielen und zum anderen dem **Schutz der Umwelt** dienen. Die Einhaltung von Sozialstandards ist bei der Warenbeschaffung in der Weise zu fördern, dass der Einzelhandel nur Waren anbietet, die unter sozial akzeptablen Bedingungen hergestellt werden.

Beispiele:

Sozial nicht hinnehmbare Bedingungen sind etwa: Kinderarbeit, Zwangsarbeit, gesundheitsschädlicher Arbeitsplatz, Löhne unter dem Existenzminimum, menschenrechtswidrige Arbeitszeiten, Gefängnisarbeit, die die Menschenwürde verletzt.

Die Einhaltung von Sozialstandards wird auch dadurch gefördert, dass Waren aus Entwicklungsländern mit einem **sozialen Gütesiegel** ausgestattet werden.

Soziale Gütesiegel sind Kennzeichnungen für Produkte, die unter sozial akzeptablen Bedingungen hergestellt werden (z.B. TRANSFAIR für Tee und Kaffee oder das Rugmark Siegel für Teppiche).

Dritte-Welt-Laden „El Sol", betrieben von Schülern und Lehrern der Kaufmännischen Schule Wangen im Allgäu

(2) Durchführung eines qualitativen Angebotsvergleichs

Werden für einen Angebotsvergleich neben quantitativen auch qualitative Kriterien herangezogen, so sind die **Kriterien** zu **gewichten,** um wichtige Kriterien stärker zur Geltung zu bringen als unwichtige. Eine Möglichkeit, alle Kriterien in einem Angebotsvergleich zu berücksichtigen, bietet die **Entscheidungsbewertungstabelle** (siehe Beispiel S. 74). Dabei werden die Auswahlkriterien (Spalte 1) nach ihrer Bedeutung für das Einzelhandelsunternehmen mit Punkten gewichtet. Diese gelten für alle Angebote gleichermaßen (Spalte 2). Anschließend werden die Angebote einzeln danach überprüft, inwieweit sie die Auswahlkriterien erfüllen. Hierfür werden Punkte vergeben, z.B. 5 = hohe Zielerfüllung, 0 = keine Zielerfüllung (z.B. Spalte 3). Durch Multiplikation der Gewichtungen mit den einzelnen Punkten erhält man je Auswahlkriterium die gewichteten Punkte (z.B. Spalte 4). Ausgewählt wird jener Lieferant, dessen Summe der gewichteten Punkte maximal ist.

Beispiel:

Zur Auswahl stehen die drei Lieferanten Abel, Bebel und Krüger. Als Entscheidungsfaktoren spielen die Qualität, der Preis, die Liefertreue, der technische Kundendienst und die Unterstützung bei Problemlösungen eine Rolle. Die Gewichtungen für die Entscheidungsfaktoren sind der Spalte 2 zu entnehmen. Eine Beurteilung der Lieferanten ergab jeweils die in den Spalten 3, 5 und 7 dargestellten Punkte.

Auswahlkriterien	Gewichtung	Abel		Bebel		Krüger	
		Punkte Abel	Gewichtete Punkte Abel	Punkte Bebel	Gewichtete Punkte Bebel	Punkte Krüger	Gewichtete Punkte Krüger
(1)	(2)	(3)	(4) = (2) · (3)	(5)	(6) = (2) · (5)	(7)	(8) = (2) · (7)
Qualität	0,30	5	1,5	4	1,2	3	0,9
Preis	0,30	4	1,2	5	1,5	5	1,5
Liefertreue	0,10	3	0,3	4	0,4	5	0,5
Technischer Kundendienst	0,20	5	1,0	3	0,6	4	0,8
Unterstützung bei Problemlösungen	0,10	2	0,2	2	0,2	3	0,3
Summe der Punkte	**1,00**		**4,2**		**3,9**		**4,0**

Erläuterungen (am Beispiel Abel):

Die zeilenweise Multiplikation der Gewichtungen mit den Punkten Abels für die einzelnen Kriterien ergibt jeweils die gewichteten Punkte. Deren Summe beträgt bei Abel 4,2. Bebel und Krüger erhielten je 3,9 bzw. 4,0 Punkte. Somit fällt die Entscheidung zugunsten des Angebots von Abel.

5.2.2 Quantitativer Angebotsvergleich (Einkaufs- und Bezugskalkulation)

5.2.2.1 Begriff und Voraussetzungen des quantitativen Angebotsvergleichs

Wir merken uns:

Ein **quantitativer Angebotsvergleich** liegt vor, wenn für den Vergleich der Angebote nur messbare Kriterien (Preis, Zahlungsbedingungen, Liefererbedingungen) herangezogen werden.

Die Entscheidung darüber, welches Angebot angenommen werden soll, kann rein rechnerisch (quantitativ) nur dann gefällt werden, wenn es sich um vollkommen gleiche Güter (Waren oder Dienstleistungen) handelt. Außerdem müssen die in Frage kommenden Lieferer gleichermaßen zuverlässig sein.

5.2.2.2 Einkaufs- und Bezugskalkulation[1]

(1) Hinführung

Ziel der Einkaufs- und Bezugskalkulation ist es, den Einstandspreis der eingekauften Ware zu ermitteln. Er enthält sämtliche Kosten, die dem Einzelhändler entstanden sind, bis die Ware im Lager eintrifft. Im Einzelnen unterscheiden wir:

■ **Warenkosten**

Hierunter verstehen wir die reinen Warenkosten (Listeneinkaufspreis).

■ **Preisabzüge**

Vom Listeneinkaufspreis gewährt der Anbieter oft noch Preisabzüge.

- **Rabatt.** Der Rabatt ist ein Preisnachlass, der unabhängig von der Zahlungsfrist gewährt wird. Zweck: z.B. Anreiz für den Kunden, *mehr (größere Mengen)* zu kaufen. Es handelt sich dabei um *Mengenrabatt.*

> Listeneinkaufspreis – Liefererrabatt = Zieleinkaufspreis

- **Skonto.** Hierunter versteht man einen Preisnachlass, der dann gewährt wird, wenn der Schuldner innerhalb einer bestimmten Frist bezahlt. Die Klausel lautet z.B.: „3 % Skonto innerhalb von 10 Tagen, 30 Tage netto ab Rechnungsdatum". Zweck: Anreiz für den Kunden, früher zu zahlen, d.h. in diesem Fall innerhalb der Skontofrist von 10 Tagen.

> Zieleinkaufspreis – Liefererskonto = Bareinkaufspreis

Wurden im Kaufvertrag sowohl Rabatt als auch Skonto vereinbart, wird zuerst der Rabatt und dann der Skonto abgesetzt, denn der Skonto als Abzug für vorzeitige Zahlung kann nur von dem tatsächlich geschuldeten Betrag vorgenommen werden.

■ **Bezugskosten**

Sie umfassen alle Nebenkosten, die mit der Beschaffung der eingekauften Ware zusammenhängen, wie z.B. Fracht, Versicherung, Zölle, Einkaufsverpackung, Anfuhr- und Abfuhrkosten usw.

> Bareinkaufspreis + Bezugskosten = Einstandspreis (Bezugspreis)[2]

Zum Einstandspreis (Bezugspreis) der Ware gelangt man also, wenn man vom Listeneinkaufspreis ausgehend die Preisnachlässe (Rabatt und Skonto) abzieht und die Bezugskosten auf die Zwischensumme aufschlägt.

---

1 Die Einkaufs- und Bezugskalkulation ist der erste Schritt der **Vorwärtskalkulation.** Bei diesem Verfahren werden alle vom Lieferanten gewährten Abzüge, alle Kosten und ein angemessener Gewinn berücksichtigt. Zur Verkaufskalkulation siehe S. 250ff.

2 Die Begriffe Einstandspreis und Bezugspreis werden im Folgenden synonym (gleichartig) verwendet.

(2) Bezugskalkulation ohne Berücksichtigung des Verpackungsgewichts

Beispiel:

Ein Einzelhändler erhält Ware zu folgenden Bedingungen: Listeneinkaufspreis 507,00 EUR zuzüglich 19 % Umsatzsteuer, $33^1/_3$ % Wiederverkäuferrabatt, 2 % Skonto, Kosten für Fracht, Anfuhrkosten und Transportversicherung pauschal 52,00 EUR zuzüglich 19 % Umsatzsteuer.

Aufgabe:

Wie viel EUR beträgt der Einstandspreis?

Lösung:

	100 %		Listeneinkaufspreis netto ①	507,00 EUR
	$33^1/_3$ %	–	Liefererrabatt ②	169,00 EUR
100 %	←		Zieleinkaufspreis	338,00 EUR
2 %		–	Liefererskonto ③	6,76 EUR
			Bareinkaufspreis	331,24 EUR
		+	Bezugskosten ④	52,00 EUR
			Einstandspreis (Bezugspreis)	383,24 EUR

Allgemeiner Lösungsweg

① Die **Umsatzsteuer** ist **nicht einzukalkulieren,** da der Einzelhändler diese als Vorsteuer wieder erstattet erhält. Die Umsatzsteuer hat damit keinen Kostencharakter.

② Vom gegebenen Listeneinkaufspreis ist zunächst der **Rabatt** zu berechnen.

③ Der **Skonto** wird von dem Betrag gerechnet, der *tatsächlich zu zahlen ist,* also von dem um den Rabatt verminderten Betrag. Der Zieleinkaufspreis ist daher der Ausgangspunkt (Grundwert) und somit 100 % für die Skontoberechnung. Der Skonto stellt einen Anreiz dar, vor Ablauf der Zielgewährung zu zahlen.

④ Alle Nebenkosten, die mit der Beschaffung der Waren zusammenhängen, fassen wir unter dem Begriff **Bezugskosten** zusammen. Als Kosten sind sie zum Bareinkaufspreis hinzuzurechnen. Dabei bleibt auch hier die Umsatzsteuer unberücksichtigt.

Übungsaufgabe

12 1. Eine Waschmaschine wird uns mit 960,00 EUR abzüglich 22 % Wiederverkäuferrabatt angeboten. Bei Zahlung innerhalb von 14 Tagen dürfen 3 % Skonto abgezogen werden.

Wie viel EUR beträgt der Bareinkaufspreis?

2. Bei der Kalkulation einer Ware fallen folgende Werte an: Liefererrabatt 15 %, Liefererskonto $2^1/_2$ %, Fracht 12,20 EUR, Frachtversicherung 4,30 EUR, Hausfracht 3,50 EUR.

Wie viel EUR beträgt der Einstandspreis, wenn der Listeneinkaufspreis 245,80 EUR beträgt?

3. Der Geschäftsinhaber eines Systemhauses für Bürotechnik bestellt 8 Laserkopierer mit Toner und Druckerkabel. Der Bestellung liegen folgende Preis-, Lieferungs- und Zahlungsbedingungen zugrunde:

Auszug aus der Preisliste:

Bezeichnung	PREIS pro Stück
Canon Laserkopierer MF5630	379,99/Pack
Toner für 2.500 Seiten, schwarz	59,99
Druckerkabel 1,8 m (USB)	7,59

Auszug aus den allgemeinen Geschäftsbedingungen:

Unsere Preise gelten innerhalb der Bundesrepublik Deutschland unfrei ab Werk.

Die Preise verstehen sich zuzüglich der Mehrwertsteuer in der jeweils gesetzlich festgelegten Höhe.

Die Wahl der Versandart bleibt uns überlassen. Bei Sendungen mit einem Warenwert von bis zu 4 500,00 EUR ohne MWSt erheben wir einen Bearbeitungs- und Frachtkostenzuschlag in Höhe von 189,00 EUR.

Der Händlerrabatt beträgt 35 %.

Bei Zahlung innerhalb von 10 Tagen 2 % Skonto. Das Zahlungsziel ohne Abzug beträgt 30 Tage.

Berechnen Sie den Einstandspreis für die gesamte Bestellung unter der Annahme, dass die Zahlung innerhalb von 10 Tagen nach Rechnungseingang erfolgt!

4. Ein Lieferer bietet uns eine Ware zu 78,40 EUR je Stück an. Er gewährt uns 15 % Rabatt und 2 % Skonto bei Zahlung innerhalb von 10 Tagen. An Transportkosten fallen für jeweils angefangene 20 Stück 52,80 EUR an, die der Lieferer und wir je zur Hälfte tragen.

Wie viel EUR beträgt der Bezugspreis der Warensendung, wenn 75 Stück bestellt werden?

5. Ein Haushaltswarengeschäft benötigt 12 Kaffeemaschinen. Dem Einkäufer liegen drei Angebote vor:

1. Angebot: Preis je Kaffeemaschine 128,00 EUR, Wiederverkäuferrabatt: 25 %, Zahlung innerhalb von 8 Tagen 3 % Skonto, Fracht: 27,30 EUR je Maschine.

2. Angebot: Preis je Kaffeemaschine 118,00 EUR, Treuerabatt: 10 %, Zahlung innerhalb 30 Tagen netto, Lieferung frei Haus.

3. Angebot: Preis je Kaffeemaschine 121,50 EUR, Wiederverkäuferrabatt: Bei Abnahme von 6 Maschinen 12 %, bei Abnahme von 12 Kaffeemaschinen 20 %. Bezugskosten und Verpackung je Kaffeemaschine 3,50 EUR. Bei Zahlung innerhalb 8 Tagen 1,5 % Skonto.

Welches Angebot ist am billigsten?

6. Der Listeneinkaufspreis einer Ware beträgt 99,88 EUR je Stück.

Wie viel EUR beträgt der Einstandspreis je Stück, wenn beim Bezug eines Pakets mit 35 Stück 63,00 EUR an Frachtkosten anfallen und der Lieferer uns 15 % Rabatt und 2 % Skonto gewährt?

7. Von einem Lieferer erhalten wir lt. Angebot $33^1/_3$ % Mengenrabatt und 2 % Skonto bei Zahlung innerhalb von 10 Tagen.

Wie viel EUR beträgt der Bareinkaufspreis je Stück, wenn uns der Lieferer für 75 Stück einen Listeneinkaufspreis von 5 175,00 EUR berechnet?

8. Einem Einzelhändler liegen 2 Angebote vor:

1. Angebot: Stückpreis 217,30 EUR, 20 % Liefererrabatt, frachtfrei, 3 % Skonto bei Zahlung innerhalb 14 Tagen.

2. Angebot: Stückpreis 198,40 EUR, 15 % Rabatt, Verpackungs- und Frachtkosten 8,70 EUR je Stück, Zahlung innerhalb 30 Tagen ohne Abzug. Bei Rücksendung der Verpackung werden 4,10 EUR je Verpackung erstattet.

Wie viel EUR spart der Einzelhändler, wenn er das günstigere Angebot annimmt und 30 Stück bestellt?

(3) Bezugskalkulation unter Berücksichtigung des Verpackungsgewichts

Bei Waren, deren Preise nach Gewicht berechnet werden, taucht das Problem der Preisberechnung für die Versandverpackung auf. Wir unterscheiden folgende handelsübliche Vereinbarungen:

- Die Verpackung wird wie die Ware berechnet **(brutto für netto,** abgekürzt **bfn).**

Beispiel:

Listeneinkaufspreis netto 6,00 EUR je kg (bfn).

Lieferung:	Nettogewicht	95,00 kg
	+ Verpackungsgewicht (Tara)	5,00 kg
	Bruttogewicht	100,00 kg

Listeneinkaufspreis insgesamt: 100,00 kg · 6,00 EUR = 600,00 EUR

- Der Preis bezieht sich auf das Nettogewicht, wobei die Verpackung gesondert berechnet wird **(Nettopreis ausschließlich Verpackung).**

Beispiel:

Listeneinkaufspreis 6,00 EUR netto ausschließlich Verpackung.
Verpackungskosten pauschal 20,00 EUR.

Lieferung: Ware 95,00 kg Nettogewicht

Listeneinkaufspreis insgesamt:	95,00 kg · 6,00 EUR =	570,00 EUR
	+ Verpackung	20,00 EUR
	Einstandspreis[1]	590,00 EUR

- Der Preis bezieht sich auf das Nettogewicht. Für Verpackung wird nichts berechnet.

Beispiel:

Bruttogewicht 100 kg; Tara 5 %; Listeneinkaufspreis 6,00 EUR.

Lieferung:	Bruttogewicht	100,00 kg
	– 5 % Tara	5,00 kg
	Nettogewicht	95,00 kg

Listeneinkaufspreis insgesamt: 95,00 kg · 6,00 EUR = 570,00 EUR

1 In diesem Fall ist davon auszugehen, dass der Lieferer weder Rabatt noch Skonto gewährt hat.

Beispiel:

Ein Einzelhändler bezieht Waren mit einem Bruttogewicht von 588 kg zum Preis von 8,60 EUR je kg ausschließlich Verpackung. Die Tara beträgt $1\frac{1}{2}$ %. Der Lieferer gewährt 15 % Mengenrabatt und 3 % Skonto. An Bezugskosten fallen an: Verpackungskosten 160,86 EUR, 6 % Zoll vom Bareinkaufspreis, Transportversicherung 104,00 EUR, Frachtkosten 231,00 EUR, Ausladen und Ans-Lager-Bringen 45,00 EUR.

Aufgabe:

Wie viel EUR beträgt der Einstandspreis für ein kg dieser Ware?

Lösung:

Bruttogewicht	588,00 kg
– $1\frac{1}{2}$ % Tara ①	8,82 kg
= Nettogewicht	579,18 kg

	100 %		Listeneinkaufspreis (579,18 kg · 8,60 EUR)		4 980,95 EUR
	15 %	–	Mengenrabatt		747,14 EUR
100 %	←		Zieleinkaufspreis		4 233,81 EUR
3 %		–	Liefererskonto		127,01 EUR
			Bareinkaufspreis		4 106,80 EUR
		+	Bezugskosten:		
			Verpackungskosten	160,86 EUR	
			Zoll 6 % von 4 106,80 EUR =	246,41 EUR	
			Transportversicherung	104,00 EUR	
			Frachtkosten	231,00 EUR	
			Ausladen/Ans-Lager-Bringen	45,00 EUR	787,27 EUR
			Einstandspreis (Bezugspreis)		4 894,07 EUR

Preis je kg: 4 894,07 EUR : 579,18 kg = <u>8,45 EUR</u> ②

Ergebnis: Der Einstandspreis für ein kg der Ware beträgt 8,45 EUR.

Erläuterungen zur Aufgabe:

① Die Tara wird vom Bruttogewicht berechnet. Das ermittelte Nettogewicht ist die Grundlage für die Berechnung des Einkaufspreises.

② Der gesamte Einstandspreis wird durch das Nettogewicht dividiert und damit der Kilogrammpreis berechnet.

Übungsaufgabe

13 1. Berechnen Sie den Einstandspreis verschiedener Wareneingänge im Lager!

Warenart	Bruttomenge	Tara	Preis je Einheit/netto
A	2 150 kg	2 %	14,30 EUR je 100 kg
B	60 Kisten zu je 25 kg	500 g je Kiste	6,40 EUR je kg
C	300 Dosen zu je 350 g		bfn 7,20 EUR je kg

2. Ein Einzelhändler kauft 5 Pakete einer Ware mit einem Bruttogewicht von 480 kg. Der Preis für 30 kg beträgt 270,00 EUR. Die Tara beträgt 4,5 %. Bei Barzahlung gewährt uns der Lieferer 3 % Skonto.

   Wie viel EUR beträgt der Bareinkaufspreis für die Sendung, wenn der Preis einschließlich Verpackung zu verstehen ist?

3. Ein Einzelhändler bezieht Waren mit einem Nettogewicht von 68 kg, je 5 kg zu 42,00 EUR bfn. Die Tara beträgt 3,06 kg. Vom Lieferer erhalten wir 3 % Skonto.

   Wie viel EUR beträgt der Bareinkaufspreis für die Lieferung?

4. Ein Einzelhändler bezieht Waren mit einem Nettogewicht von 205 kg zum Listeneinkaufspreis netto ausschließlich Verpackung von 13,40 EUR je kg. An Verpackungskosten fallen 71,75 EUR an. Es werden 54,80 EUR Bahnfracht, 38,70 EUR Zoll und 10,50 EUR Anfuhrkosten berechnet. Der Lieferer gewährt 25 % Rabatt und $2^1/_2$ % Skonto.

   Wie viel EUR beträgt der Bezugspreis?

5. Ein Lebensmittelgeschäft kauft Speisekartoffeln ein mit einem Nettogewicht von 450 kg zum Listeneinkaufspreis von 0,35 EUR je kg bfn. Die Tara beträgt 11,25 kg. Der Lieferer gewährt 3 % Skonto. An Bezugskosten fallen an: Fracht je 100 kg 14,20 EUR, Anfuhrkosten je 50 kg 8,60 EUR.

   Wie viel EUR beträgt der Einstandspreis für einen Beutel von 5 kg Speisekartoffeln?

5.2.2.3 Beispiel für einen quantitativen Angebotsvergleich

Beispiel:

Das Möbelhaus Kaspar Welte e.K. erhält auf seine Anfragen nach einem bestimmten Warenkorb Angebote von drei Lieferanten. Bei einer Bestellung von 20 Stück kann folgender Angebotsvergleich erstellt werden:

Inhalt des Angebots	Möbelfabrik Hans Winkler OHG	Möbelwerke Pforzheim GmbH	Möbelgroßhandlung Lotte Schädle e.Kfr.
Angebotspreis je Stück	94,40 EUR	104,80 EUR	88,00 EUR
Rabatt	20 %	25 %	15 %
Beförderungskosten für die Gesamtlieferungskosten	Anfuhr 9,60 EUR Fracht 20,80 EUR Zustellung 8,00 EUR	frei Haus	frachtfrei Zustellung: 12,00 EUR
Verpackungskosten für die Gesamtlieferung	keine	13,60 EUR	24,50 EUR
Zahlungsbedingungen	Bei Zahlung innerhalb von 12 Tagen 3 % Skonto	Bei Zahlung innerhalb von 10 Tagen 2 % Skonto	Zahlbar innerhalb 20 Tagen ohne Abzug

Aufgabe: Welches Angebot ist das billigste?

Lösung:

	Möbelfabrik Hans Winkler OHG	Möbelwerke Pforzheim GmbH	Möbelgroßhandlung Lotte Schädle e. Kfr.
Angebotspreis für 20 Stück – Rabatt	1 888,00 EUR 377,60 EUR	2 096,00 EUR 524,00 EUR	1 760,00 EUR 264,00 EUR
Zieleinkaufspreis – Skonto	1 510,40 EUR 45,31 EUR	1 572,00 EUR 31,44 EUR	1 496,00 EUR –
Bareinkaufspreis + Beförderungskosten + Verpackungskosten	1 465,09 EUR 38,40 EUR –	1 540,56 EUR – 13,60 EUR	1 496,00 EUR 12,00 EUR 24,50 EUR
Einstandspreis (Bezugspreis)	1 503,49 EUR	1 554,16 EUR	1 532,50 EUR

Ergebnis: Die Bestellung der 20 Warenkörbe sollte an die Möbelfabrik Hans Winkler OHG vergeben werden.

Zusammenfassung

- Um für eine Ware das **günstigste Angebot** zu ermitteln, **vergleicht** der Einzelhändler die **Angebote mehrerer Lieferer.**
- Beim **quantitativen Angebotsvergleich** vergleicht der Einzelhändler nur **messbare Kriterien** (Preis, Zahlungsbedingungen, Lieferbedingungen).
- Beim **qualitativen Angebotsvergleich** vergleicht der Einzelhändler **nicht messbare Kriterien** (Qualität, Lieferertreue, Umweltverträglichkeit, Einhaltung von Sozialstandards).
- Um einen Angebotsvergleich mit qualitativen Kriterien begründet und nachvollziehbar durchzuführen, eignet sich insbesondere die **Entscheidungsbewertungstabelle.**

Übungsaufgaben

14 Vor der Kaufentscheidung ist es sinnvoll, einen Angebotsvergleich durchzuführen.

Aufgaben

1. Welche Aufgabe erfüllt der Angebotsvergleich?
2. Welche wichtigen Punkte der einzelnen Angebote hat ein Einkäufer zu vergleichen?
3. Ein Einzelhandelsunternehmen erhält vier Angebote. Die angebotenen Waren sind qualitätsmäßig vollkommen gleich. Die Lieferzeit beträgt in allen Fällen 14 Tage. Die Angebote lauten:

   1. Angebot: 632,00 EUR ab Werk, Ziel 60 Tage, bei Zahlung innerhalb von 8 Tagen 2 % Skonto.

   2. Angebot: 622,00 EUR ab Werk, zahlbar netto Kasse.

   3. Angebot: 700,00 EUR frei Haus, 6 % Sonderrabatt, Ziel 2 Monate, 3 % Skonto innerhalb von 14 Tagen.

   4. Angebot: 654,00 EUR frei Haus, zahlbar netto Kasse.

   Die Frachtkosten betragen 30,00 EUR, die An- und Abfuhr je 6,00 EUR.

   Ermitteln Sie das günstigste Angebot unter der Voraussetzung, dass der Skonto ausgenutzt wird!

6 Speth – ISBN-13: 978-3-8120-0539-5

15 Das Textilhaus Rolf Graf OHG benötigt für die Sommersaison Anfang April 50 Damen-Sommermäntel, Größe 44, mittlere Preisklasse. Aufgrund spezieller Anfragen erhält das Textilhaus Rolf Graf OHG die folgenden zwei Angebote:

Angebot 1

TEXTILFABRIK FRANZ MOHN GMBH

08371 GLAUCHAU

Franz Mohn GmbH · Beethovenstraße 14, 08371 Glauchau

Textilhaus
Rolf Graf OHG
Grabenweg 14 - 18
80333 München

Ihr Zeichen, Ihre Nachricht vom	Unser Zeichen, unsere Nachricht vom	Telefon, Name 03763 123889	Datum
hu 05.02.20..	ki-ott	Herr Ott	15.02.20..

Angebot

Sehr geehrte Damen und Herren,

wir danken Ihnen für Ihre Anfrage und können Ihnen die gewünschten Damen-Sommermäntel zu einem äußerst günstigen Preis anbieten.

50 Damen-Sommermäntel, Größe 44, Art. Nr. 4112
zum Einzelpreis von 185,00 EUR zzgl. 19% USt. einschließlich Verpackung.

Der Preis gilt frei Haus. Die Lieferung erfolgt unverzüglich nach Erhalt der Bestellung. Ihre Zahlung erbitten wir innerhalb von 14 Tagen abzüglich 2% Skonto oder innerhalb von 60 Tagen ohne Abzug. Die Ware bleibt bis zur vollständigen Bezahlung unser Eigentum. Leistungsort und Gerichtsstand ist für beide Teile Köln.

Über Ihren Auftrag freuen wir uns.

Mit freundlichen Grüßen

Textilfabrik Franz Mohn GmbH

i.V. Ott

Ott

Angebot 2

MODEDESIGN AG

12526 BERLIN

Modedesign AG, Neptunstraße 105, 12526 Berlin

Textilhaus
Rolf Graf OHG
Grabenweg 14 – 18
80333 München

Ihr Zeichen, Ihre Nachricht vom	Unser Zeichen, unsere Nachricht vom	Telefon, Name 030 454680	Datum
hu 05.02.20..	he	Herr Henkel	12.02.20..

Angebot

Sehr geehrte Damen und Herren,

vielen Dank für Ihre Anfrage. Wie bieten Ihnen verbindlich an:

50 Damen-Sommermäntel, Größe 44, Art. Nr. 2517
zum Einzelpreis von 199,00 EUR zzgl. 19 % USt.

Auf den Bruttopreis gewähren wir einen Einführungsrabatt von 15 % und 3 % Skonto bei Zahlung innerhalb von 10 Tagen oder 30 Tage netto. Als Fracht- und Verpackungspauschale berechnen wir insgesamt 225,00 EUR zzgl. 19 % USt. Die Lieferung erfolgt zwei Wochen nach Eingang der Bestellung.

Wir möchten Sie noch auf unseren kostenlosen Lieferservice aufmerksam machen:

1. Ein Werbeetikett mit Ihrem Firmennamen wird kostenlos in das Innenfutter eingenäht.
2. Codierung als Diebstahlsicherung nach Ihren Angaben.

Eine Nachlieferung der Mäntel in vier Farben wird bis einschließlich März ohne Preisaufschlag garantiert.

Wir freuen uns auf Ihren Auftrag und sichern Ihnen gewissenhafte und sorgfältige Ausführung zu.

Mit freundlichen Grüßen

Modedesign AG
i.A. *Henkel*
Henkel

Zwischen dem Textilhaus Rolf Graf OHG und der Textilfabrik Franz Mohn GmbH besteht eine langjährige gute Geschäftsverbindung. Die Aufträge wurden stets pünktlich und zufriedenstellend ausgeführt. Mit der Modedesign AG bestand bisher noch keine Geschäftsbeziehung.

Aufgaben

1. Führen Sie einen rechnerischen Angebotsvergleich durch! Gehen Sie davon aus, dass das Textilhaus Rolf Graf OHG Skonto abzieht.
2. Welche anderen Gesichtspunkte, die sich aus den beiden Angeboten ergeben, können Ihre Entscheidung beeinflussen? Übernehmen Sie die nachfolgend dargestellte Tabelle in Ihr Hausheft und tragen Sie drei dieser Gesichtspunkte stichwortartig in diese Tabelle ein!

z. B.	Franz Mohn GmbH	Modedesign AG
1. Geschäftsbeziehung		
2.		

3. Treffen Sie eine Entscheidung hinsichtlich des günstigsten Angebots und begründen Sie Ihre Entscheidung stichwortartig!

16 1. Unter qualitativ gleichwertigen Waren und gleich zuverlässigen Lieferern soll ein rechnerischer Angebotsvergleich vorgenommen werden. Folgende Angebote liegen vor:

Lieferer Nr. 3102: 3500,00 EUR frei Haus, Ziel 2 Monate, 3 % Skonto innerhalb 3 Wochen;

Lieferer Nr. 3103: 3430,00 EUR frachtfrei, zahlbar netto Kasse;

Lieferer Nr. 3108: 3700,00 EUR ab Bahnhof des Käufers, $12\frac{1}{2}$ % Rabatt und 2 % Skonto innerhalb 14 Tagen, Ziel vier Wochen.

Die Fracht beträgt 200,00 EUR, die Kosten für die An- und Zulieferung belaufen sich auf je 30,00 EUR. Es wird beim rechnerisch günstigsten Verkäufer bestellt. Es werden lediglich Vereinbarungen über die zu liefernden Mengen und Preise getroffen.

Aufgabe

Ermitteln Sie das günstigste Angebot!

2. Die Baumarktkette Friedrich Feuchtmaier GmbH, Nürnberg möchte Stirnlampen neu ins Programm aufnehmen. Zur Einführung möchte die Baumarktkette 4700 Stirnlampen bestellen.

Dem Einkauf liegen bis heute drei Angebote vor:

(1) Elektronik Werke Freiburg AG, vom 15. Januar 20..

„Wir bieten Ihnen, befristet bis zum 15. Februar 20.. Stirnlampe TC 472 für 2,87 EUR/Stück ab Werk an. Bei Abnahme ab 1000 Stück gewähren wir 5 % und ab 5000 Stück 10 % Mengenrabatt. Die Zahlung soll erfolgen innerhalb von 10 Tagen nach Rechnungserhalt unter Abzug von 2 % Skonto oder innerhalb 30 Tagen netto Kasse."

Hinweis: Die Frachtkosten von Freiburg bis Nürnberg betragen für 4700 Stück 200,00 EUR.

(2) *Elektroteile Nürnberg GmbH, vom 27. Januar 20..*

Lieferung für 3,10 EUR/Stück, frei Haus, innerhalb vier Wochen nach Bestelleingang; Mengenrabatt ab 500 Stück 10 %, ab 1000 Stück 15 %, ab 5000 Stück 20 %; zahlbar innerhalb 20 Tagen unter Abzug von 2 % Skonto oder innerhalb 60 Tagen rein netto.

(3) *Hans Haas e. Kfm., Köln, vom 25. Januar 20..*

Sonderangebot bis 10. Februar gültig. Bei Lieferung von 500 oder mehr Stirnlampen 3,00 EUR/Stück, frei Haus. Bei Abnahme von weniger als 500 Stück werden für Verpackung, Fracht und Bearbeitungsgebühr 50,00 EUR gesondert in Rechnung gestellt. Ab 1000 Stück werden 10 %, ab 5 000 Stück 15 % Mengenrabatt gewährt; Rechnungen sind zahlbar innerhalb von 30 Tagen ohne Abzug.

Um die optimale Bezugsquelle zu ermitteln, werden vom Lager und vom Einkauf **Berichte über die Geschäftsverbindung mit den Verkäufern** zusammengestellt. Den Qualitätsanforderungen (mindestens vier von acht Punkten) genügen alle Anbieter:

Elektronik Werke Freiburg AG

Die Qualität ist mit acht von zehn Punkten sehr hoch. Geliefert wurde meistens fehlerfrei, nur einmal enthielt eine Lieferung einen beachtlichen Teil falsche Artikel. Die verwaltungstechnische Abwicklung der Einkäufe verlief stets ohne Beanstandungen. Liefertermine wurden allerdings mehrmals nicht eingehalten; einmal mussten sogar drei Mahnungen gesandt werden. Verpackung und Auslieferung hingegen waren makellos. Die technische Beratung seitens der Elektronik Werke AG lässt zu wünschen übrig. Direkte, persönliche Auskünfte sind nicht zu erhalten; der zuständige Fachmann ist „nie zu erreichen". Auch werden Rückfragen nachlässig behandelt. Die Elektronik Werke AG liefern ab 250 km Entfernung frei Haus.

Elektroteile Nürnberg GmbH

Die Elektroteile Nürnberg GmbH, praktisch in Sichtweite gelegen, hat die Produktion erst vor etwa 15 Monaten aufgenommen. Die Qualitätsstufe beträgt 6 von 10 Punkten. Angenehm ist die räumliche Nähe bei Rückfragen und technische Beratung. Letztere allerdings ist nicht allzu qualifiziert. Auch der Fax- und Telefonverkehr sind billig. Aufgrund der geografischen Nähe legt die Elektroteile Nürnberg GmbH keinen Wert auf Verpackung bei Anlieferung. Lieferzusagen werden eingehalten. Bei schriftlichen Unterlagen (Auftragsbestätigung, Rechnung etc.) sind jedoch fast immer Beanstandungen aufgetreten, manchmal sogar sehr ärgerliche. Auf den schriftlichen Informationsverkehr ist wenig Verlass.

Hans Haas e. Kfm.

Köln ist ca. 290 km entfernt. Obwohl die Qualität mit 7 von 10 Punkten hoch ist, reicht die schriftlich angeforderte Beratung nicht aus. Dafür werden Verpackung und Anlieferung stets besonders gelobt. Auch Liefertermine wurden – ausgenommen eine unverschuldete Verzögerung – pünktlich eingehalten. Rückfragen jeder Art werden schnell bearbeitet und beantwortet. In zwei Fällen musste die Auftragsbestätigung angemahnt werden. Sonst waren keine besonderen Beanstandungen festgestellt worden.

Aufgaben

2.1 Führen Sie anhand der unten aufgeführten Entscheidungsbewertungstabelle einen Angebotsvergleich durch!

Hinweise:

(1) Neben dem Preis und der Qualität sind für den Vergleich anhand der Berichte weitere Kriterien festzulegen.

(2) Bei der Kriteriengewichtung sind im ersten Schritt aus einer Zehnerstaffel (10, 20, ...) entsprechend der „Wichtigkeit" Punkte zu verteilen. Die Punktsumme ist auf 100 anzupassen.

(3) Im Folgenden wird jede Information aus den Berichten kriterienbezogen bewertet und erhält zwischen einem und fünf Punkte, wobei die als beste angesehene nicht unbedingt volle fünf Punkte und die als schlechteste betrachtete nicht unbedingt einen Punkt bekommen muss.

(4) Die Informationspunkte werden durch Multiplikation mit den Punkten aus der Kriteriengewichtung relativiert.

(5) Nach Abschluss der Bewertung werden die Summen der gewichteten Punkte gebildet.

Entscheidungsbewertungstabelle: Angebotsvergleich

Kriterien	Gewichtung d. Kriterien	Elektronik Werke Freiburg AG		Elektroteile Nürnberg GmbH		Hans Haas e. Kfm.	
		Punkte	gew. Punkte	Punkte	gew. Punkte	Punkte	gew. Punkte
1. Listenpreis f. 4700 Stück – Rabatt Zieleinkaufspreis – Skonto Bareinkaufspreis + Fracht = Einstandspreis							
2. Qualität							
3.							
4.							
5.							
6.							
7.							
Summe der Punkte	100						

Hinweis zur Spalte Punkte: 5 = sehr gut, 4 = gut, 3 = befriedigend, 2 = ausreichend, 1 = schlecht.

2.2 Welcher Verkäufer wird aufgrund der Summe aller relativierten Punkte den Auftrag erhalten?

17 Aufgrund einer Anfrage erhalten wir zwei Angebote:

Lieferant	Isabell Anthes e. Kfr., Ravensburg	Gerd Graf KG, Biberach
Listeneinkaufspreis pro Stück	260,00 EUR netto	312,00 EUR netto
Lieferung	ab Werk	frei Haus
Verpackung insgesamt	inclusive	180,00 EUR netto
Rabatt	5 % ab 12 Stück	25 % ab 28 Stück
Zahlungsbedingung	30 Tage Ziel, innerhalb 8 Tagen 3 % Skonto	30 Tage Ziel, innerhalb 8 Tagen 2 % Skonto

Wir beabsichtigen 40 Stück zu bestellen. Die Transportkosten betragen laut Auskunft des Spediteurs 12,00 EUR netto pro Stück.

Aufgaben

1. Welcher Lieferant ist günstiger? (Rechnerischer Nachweis erforderlich.)
2. Welche Gesichtspunkte außer dem Preis spielen bei der Entscheidung, bei welchem Lieferanten wir bestellen, eine Rolle? Nennen Sie zwei Gesichtspunkte!
3. Welche Gründe könnten vorliegen, dass ein Unternehmen ein Angebot bei sonst gleichen Listeneinkaufspreisen mit 15 % Rabatt und 2 % Skonto einem Angebot mit 25 % Rabatt und 3 % Skonto vorzieht? (Nennen Sie drei Gründe!)

Lernfeld 7: Waren annehmen, lagern und pflegen

1 Aufgaben der Lagerhaltung bei der Warenabnahme

Wir gehen in diesem Kapitel davon aus, dass der Einzelhändler nach dem Angebotsvergleich die ausgewählte Ware bestellt und der Lieferer die Ware angeliefert hat. Von den Mitarbeitern im Lager werden die angelieferten Waren in Empfang genommen und nach Prüfung an das Lager genommen.

(1) Warenabnahme[1]

Vertragsgemäß gelieferte Waren muss der Käufer **abnehmen** [§ 433 II BGB]. Er wird damit **Besitzer** der Ware. Für die Warenabnahme ist meistens der verantwortliche Lagerverwalter zuständig. In größeren Unternehmen ist hierfür aus Gründen der Kostenersparnis (Rationalisierungsgründen) in der Regel eine besondere **Warenabnahmestelle** (sie wird häufig als Warenannahmestelle bezeichnet) eingerichtet. Von dieser werden dann alle angelieferten Waren in Empfang genommen und nach deren Prüfung an das Lager oder – bei dezentraler Lagerung – an die Lager weitergeleitet.

Bereits bei der Übergabe der Ware muss die Abnahmestelle im Beisein des Transporteurs prüfen, ob äußerliche Beschädigungen an der Verpackung festzustellen sind. Außerdem ist festzustellen, ob die gelieferten Stückzahlen, Gewichte und/oder Volumeneinheiten mit den Zahlen auf den Warenbegleitpapieren (z.B. Lieferscheine, Frachtbriefe) übereinstimmen.

Fehlt eine Ware oder besteht ein Verdacht auf Warenschäden durch den Transport, muss sich der Lagerverwalter dies schriftlich bestätigen lassen **(Tatbestandsaufnahme)** und eine **Schadensmeldung** an den Zulieferer (z.B. Spediteur) richten. Damit wird sichergestellt, dass die fehlende Ware nachgeliefert werden muss bzw. dass später festgestellte Warenmängel, die aufgrund der Verpackungsbeschädigung aufgetreten sind, erfolgreich gerügt werden können.

Ist von vornherein erkennbar, dass die Ware beschädigt oder unvollständig ist, so ist die Abnahme zu verweigern bzw. unter Vorbehalt zu stellen.[2]

Aufgaben der Warenabnahme:

1. Anschrift überprüfen.
2. Anzahl der gelieferten Versandstücke mit der Bestellung vergleichen.
3. Ordnungsmäßigkeit der Verpackung feststellen.
4. Ware abnehmen.

Bei Schäden:

Schaden vom Zulieferer bestätigen lassen;
Warenabnahme unter Vorbehalt stellen oder verweigern.

---

1 Die Abnahme und Annahme des Kaufgegenstandes ist rechtlich scharf zu trennen.
- Die **Abnahme** ist die tatsächliche Entgegennahme der Ware, wodurch der Käufer unmittelbar Besitz erlangt.
- Die **Annahme** des Kaufgegenstandes ist hingegen eine Willenserklärung und bedeutet die Erklärung der vertragsmäßigen Erfüllung des Kaufvertrags. Auf die Annahme der Leistung durch den Käufer hat der Verkäufer keinen Anspruch.

2 Unter Vorbehalt stellen bedeutet, dass der Käufer die Ware zwar abnimmt, gleichzeitig aber erklärt, dass er damit auf die Rechte aus der mängelhaften Lieferung nicht verzichtet.

(2) Warenkontrolle

Alle übergebenen Waren müssen vor ihrer endgültigen Einlagerung (z.B. Einsortieren in die Lagerregale) **unverzüglich** einer genauen Kontrolle unterzogen werden. Nur dadurch kann vermieden werden, dass mangelhafte Waren auf Lager genommen werden.

- Die **Warenkontrolle** erstreckt sich z.B. auf die Liefermenge, die Art, Güte, Beschaffenheit und Funktionsfähigkeit der Ware.

Abnahme und Überprüfung von gelieferten Waren

- **Unterlagen für die Warenkontrolle** sind Warenbegleitpapiere (z.B. Packzettel, Lieferscheine, Versandanzeigen, Frachtbriefe), Bestelldurchschriften und Auftragsbestätigungen, Rechnungen, Muster und Proben, besondere Prüfvorschriften, die vor allem bei den sog. „Stichproben" oft mit dem Verkäufer abgestimmt sind.

Aufgaben der Warenkontrolle:

1. Menge, Qualität und Beschaffenheit der Ware kontrollieren.
2. Warenbegleitpapiere mit Bestellung und Auftragsbestätigung abgleichen.
3. Rechnung auf sachliche und rechnerische Richtigkeit überprüfen.

Bei Mängeln:

Meldung der Mängel an die Einkaufsabteilung. Einkaufsabteilung nimmt Rücksprache mit dem Lieferer bzw. erhebt eine Mängelrüge.[1]

Da die Warenkontrolle meistens während der Übergabe der Ware zeitlich nicht abgeschlossen werden kann, ist es angebracht, eine Empfangsbestätigung stets mit einem Vermerk zu versehen, der darauf hinweist, dass mit dieser Bestätigung nicht die vertragsgemäße (ordnungsgemäße) Lieferung bescheinigt wird (übliche Klausel z.B. „Vorbehaltlich der noch nicht abgeschlossenen Warenprüfung ...").

1 Vgl. hierzu S. 92ff..

(3) Lagerbuchhaltung

Ist die Ware mangelfrei, wird sie in das Lager aufgenommen und dort eingeordnet. Der Warenzugang wird anschließend von der Lagerbuchhaltung und der Finanzbuchhaltung erfasst.[1]

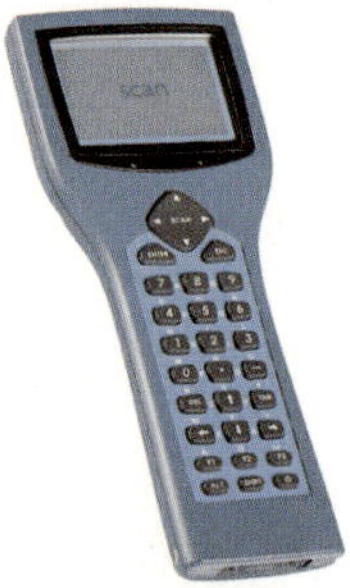

Mobiles Datenerfassungsgerät (MDE)

Die Lagerbuchhaltung legt für jede Warenart eine **Lagerkarte** (manuelle Lagerbuchhaltung) oder eine **Datei**[2] (computergestütztes Warenwirtschaftssystem) an, die außer den allgemeinen Angaben (Artikel-Nr., Lager-Nr., Melde- und Höchstbestand) auch den Zugang, Abgang und Bestand erfasst. Grundlage für die Eintragungen auf den Lagerkarten oder -dateien sind die bei der Annahme und bei der Ausgabe der Waren ausgestellten Belege (z.B. Lieferscheine, Abholscheine, Rückgabescheine). Die Lagerkarten oder -dateien der Lagerbuchhaltung stellen die Nebenbücher für die Warenkonten der Hauptbuchhaltung dar.

Werden über das Warenwirtschaftssystem artikelgenau alle Wareneingänge mengen- und wertmäßig erfasst, kann der Einzelhändler jederzeit folgende Wareneingangsdaten durch Abruf erhalten: Wareneingangsdatum, Einkaufspreis, Liefername, Rabatte, Lagerdaten wie Lagerbestände u.a.

(4) Zahlung des Kaufpreises

Ist die Ware abgenommen und rechtlich angenommen, ist der Käufer verpflichtet, dem Verkäufer den vereinbarten Kaufpreis zu zahlen. Geldschulden sind gesetzlich im Zweifel Schickschulden, d.h., der Käufer übernimmt im Zweifel die Gefahr und die Kosten der Geldübertragung.

Mit der Zahlung des Kaufpreises ist der Geschäftsprozess „Waren beschaffen" abgeschlossen. Der Ablauf des Beschaffungsprozesses ist auf der S. 91 dargestellt.

1 Die Buchung der Waren in der Finanzbuchhaltung wird im Band 3, Lernfeld 11: Geschäftsprozesse erfolgsorientiert steuern, Kapitel 1, dargestellt.

2 Dateien sind Tabellen, in denen Informationen zusammengestellt sind.

Zusammenfassung

→ Ein **störungsfreier Einkaufsprozess** lässt sich vereinfacht als folgende **Funktionskette** darstellen:

Bedarfsmeldung ↓	Ein Bedarf entsteht, wenn der Lagerbestand kleiner als der Meldebestand ist.
Lieferantenzuordnung ↓	Das DV-System (IUS) gibt darüber Auskunft, bei welchem Lieferanten und zu welchen Bedingungen die Ware beschafft werden kann.
Neues Angebot einholen ↓	Ist der gespeicherte Preis älter als ein Jahr, wird ein Angebot zur Aktualisierung der Unterlagen eingeholt.
Angebotsvergleich durchführen ↓	Mit Hilfe eines Angebotsvergleiches wird die Entscheidung zugunsten eines Lieferers gefällt.
Bestellung erstellen und versenden ↓	Die Bestellung wird im DV-System erfasst. Gegebenenfalls werden für den Lieferer weitere Unterlagen zusammengestellt, z. B. Konstruktionszeichnung.
Wareneingang und Wareneingangskontrolle ↓	Die Wareneingangskontrolle ist unverzüglich durchzuführen und eventuelle Mängel sind zu rügen.
Lagerbestandsführung ↓	Die gelieferten Teile werden im DV-System aufgrund des Lieferscheines gebucht.
Rechnungseingang ↓	Die Liefererrechnung wird auf Richtigkeit geprüft. Die Prüfung bezieht sich auf – den korrekten Artikel, – die Menge, – den Preis, – den tatsächlichen Wareneingang.
Zahlungsabwicklung	Der Rechnungsbetrag wird gemäß der Zahlungsvereinbarung beglichen.

Übungsaufgabe

18

1. Beschreiben Sie Ihre Vorgehensweise bei der Wareneingangskontrolle in zeitlicher Reihenfolge!
2. Nennen Sie drei mögliche Folgen, wenn die Wareneingangskontrolle gar nicht oder nur ungenau durchgeführt wird!
3. Bei der Lieferung von zwei Fernsehgeräten stellt der Lagerverwalter fest, dass die äußere Verpackung sehr stark beschädigt ist.

   Aufgabe

   Welche Maßnahmen sollte der Lagerverwalter ergreifen, wenn er die Ware abnimmt?

4. Die Warengruppe Elektroartikel soll in einem Baumarkt erweitert werden. Dazu schaut sich Abteilungsleiterin Miriam Arnegger die Lieferantendatei und Artikeldatei (Warendatei) in ihrem Warenwirtschaftssystem an.

Aufgaben

4.1 Erklären Sie den Unterschied der beiden Dateien!

4.2 Erklären Sie zwei Informationen, die diese Dateien für den Einkauf von Elektroartikeln liefern können!

4.3 Geben Sie vier externe Bezugsquellen für neue Lieferanten an!

4.4 Erläutern Sie zwei Gründe, warum es wichtig ist, Auswertungen bzw. Statistiken für den Wareneinkauf heranzuziehen!

2 Mangelhafte Lieferung

Am 21. April 20.. kauft sich der Auszubildende Jürgen Witt von seinem ersten selbst verdienten Geld bei der „Möbel Kaiser OHG" einen neuen Schreibtisch. Am 23. April 20.. wird der Schreibtisch ausgeliefert. Am Abend, als Jürgen von der Arbeit nach Hause kommt, stellt er verärgert fest, dass die Schreibtischplatte Kratzer aufweist und an einer Seite Leimdurchschläge vorhanden sind.

Überlegen Sie, welche Rechte Jürgen gegen die „Möbel Kaiser OHG" geltend machen kann! Gehen Sie davon aus, dass dem Möbelkauf die gesetzlichen Vorschriften des BGB zugrunde liegen.

(Die Lösung des Rechtsfalls finden Sie auf S. 103.)

2.1 Begriff Leistungsstörungen, Überblick über mögliche Leistungsstörungen und der Begriff mangelhafte Lieferung

(1) Begriff Leistungsstörungen

Die meisten Schuldverhältnisse verpflichten den jeweiligen Schuldner, eine Leistung zu erbringen [§ 241 I BGB]. Sie erlöschen im Normalfall durch die ordnungsmäßige Erfüllung der geschuldeten Leistung [§ 362 I, S. 1 BGB].

Nicht alle Schuldverhältnisse werden jedoch den getroffenen Vereinbarungen entsprechend erfüllt. Es kommt zu **Leistungsstörungen.**

Wir merken uns:

Zu einer **Leistungsstörung** kommt es, wenn der Schuldner z. B. die geschuldete Leistung gar nicht, nicht rechtzeitig, nicht in der geschuldeten Qualität erbringt oder im Rahmen der Leistungserbringung die Interessen des Gläubigers auf andere Weise verletzt [§ 241 II BGB].

Die nachfolgenden Ausführungen beschränken sich auf die **Leistungsstörungen** beim **Kaufvertrag.**

(2) Mögliche Leistungsstörungen beim Kaufvertrag

	Kaufvertrag			
Ansprüche aus Vertrag	**Pflichten des Verkäufers (Rechte des Käufers)**		**Pflichten des Käufers (Rechte des Verkäufers)**	
Pflichten	Die gelieferte Ware muss mangelfrei sein.	Die Lieferung muss fristgerecht erfolgen.	Die bestellte Ware muss abgenommen werden.	Die ordnungsgemäß gelieferte Ware muss bezahlt werden.
Mögliche Störungen	**Lieferung mangelhafter Ware** (Schlechtleistung)	**Lieferungsverzug**[1] (Nicht-Rechtzeitig-Lieferung)	**Abnahmeverzug**[2] (Nicht-Rechtzeitig-Abnahme)	**Zahlungsverzug**[3] (Nicht-Rechtzeitig-Zahlung)

(3) Begriff mangelhafte Lieferung

Wir merken uns:

Übergibt und übereignet der Verkäufer dem Käufer die im Kaufvertrag vereinbarte Sache (Leistung) mit **Sach- und/oder Rechtsmängeln** behaftet, so liegt eine **mangelhafte Lieferung** vor. Die Lieferung einer mangelhaften Sache stellt eine **Pflichtverletzung** im Sinne des § 280 BGB dar.

2.2 Arten von Mängeln

2.2.1 Sachmängel

Die Sachmängel sind in § 434 BGB geregelt. Man unterscheidet Mängel in der Beschaffenheit, fehlerhafte Montageanleitungen und Montagemängel sowie Falschlieferungen.

(1) Mangel in der Beschaffenheit

■ Vertraglich vereinbarte Beschaffenheit fehlt

Maßgeblich dafür, ob ein Mangel vorliegt, ist ausschließlich die ausdrücklich oder stillschweigend getroffene **vertragliche Vereinbarung.** Es gilt daher, Über- und Unterschreitungen des Qualitätsstandards durch eine vertragliche Vereinbarung zu beachten.

---

1 Der **Lieferungsverzug** (die Nicht-Rechtzeitig-Lieferung) wird auf S. 107 ff. dargestellt.

2 Auf den **Abnahmeverzug** (Nicht-Rechtzeitig-Abnahme) wird im Folgenden nicht eingegangen.

3 Der **Zahlungsverzug** wird im Band 3, Lernfeld 14: Ein Einzelhandelsunternehmen gründen und entwickeln, Kapitel 6, dargestellt.

Beispiel:

Im Kaufvertrag ist vereinbart, dass die maximale Leistung der Kühlanlage minus 35 °C betragen soll. Die tatsächliche Leistung der Kühlanlage beträgt jedoch nur minus 30 °C.

- **Die Sache eignet sich nicht für die nach dem Vertrag vorausgesetzte Verwendung**

Damit werden die Fälle angesprochen, bei denen die **Beschaffenheit** zwar **nicht konkret vereinbart** worden ist, diese jedoch z.B. im Vorfeld des Vertrags oder aufgrund langjähriger Geschäftsbeziehungen als selbstverständlich vorausgesetzt ist.

Beispiel:

Die Farben Müller KG bestellt bei der Farbenfabrik Bunt OHG einen Lack, wobei sie der Farbenfabrik Bunt OHG lediglich mitteilt, dass der Lack zum Anstrich einer Witterungseinflüssen ausgesetzten Stahlkonstruktion verwendet wird. Nach dem Anstrich zeigt sich jedoch bereits nach vier Wochen, dass der gelieferte Lack nicht witterungsbeständig ist. In diesem Fall ergibt sich der Sachmangel (Beschaffenheitsmangel) aus der fehlenden Eignung (Eigenschaft) für die nach dem Kaufvertrag vorausgesetzte Verwendung des Lacks.

- **Die Sache eignet sich nicht für eine gewöhnliche Verwendung**

Damit werden die Fälle angesprochen, bei denen die Qualität der gelieferten Sache den durchschnittlichen Qualitätsstandard nicht erreicht.

Beispiele:

Der Wäschetrockner hat eine defekte Steuerungselektronik. – Der PC-Schrank entspricht nicht der entsprechenden DIN-Norm. – Die fabrikneue CD hat einen Kratzer.

- **Die Beschaffenheit der Sache entspricht nicht den Eigenschaften, die der Käufer nach öffentlichen Äußerungen des Verkäufers oder Herstellers, insbesondere aufgrund der Werbung, erwarten kann**

Entspricht die Sache nicht der konkreten Eigenschaftsbeschreibung einer Werbung, einer Kennzeichnung (z.B. Marke) bzw. einer Produktbeschreibung, so ist die Sache mangelhaft.[1]

Beispiel:

Der Energieverbrauch eines Herdes wird als besonders niedrig beschrieben, obwohl er nur geringfügig unter dem durchschnittlichen Energieverbrauch von vergleichbaren Herden liegt.

(2) Fehlerhafte Montageanleitungen bzw. Montagemangel

Ein Sachmangel ist auch dann gegeben, wenn die vereinbarte **Montage** durch den Verkäufer **unsachgemäß** durchgeführt wurde.

Beispiel:

Der Käufer übernimmt den Zusammenbau eines Büroschranks. Aufgrund einer falschen Montageanleitung gelingt der Zusammenbau nicht. Außerdem werden einige Elemente beschädigt.

1 Hierdurch wird versucht, überzogene Werbeaussagen, die oft zu einer „Irreführung" der Verbraucher führen, zu verhindern.

Führt eine **fehlerhafte Montageanleitung** zu einem falschen Zusammenbau durch den Käufer oder einen Dritten, bedeutet dies ebenfalls einen Sachmangel. Ein Sachmangel entsteht jedoch dann nicht, wenn die Sache durch den Käufer gleichwohl fehlerfrei montiert wurde. Einer fehlerhaften Montageanleitung steht eine falsche Betriebsanleitung gleich.

(3) Falschlieferung (Aliud) oder Lieferung einer Mindermenge (Minderlieferung)

Ein Sachmangel liegt auch vor, wenn eine andere Sache oder eine zu geringe Menge geliefert wird.

Beispiele:

Anstelle der bestellten 100 Silberlöffel werden 100 Silbermesser geliefert (Falschlieferung). – Statt 20 Stück eines bestimmten Posters werden nur 15 Stück geliefert (Minderlieferung).

Für **alle Sachmängel** gilt: Es gibt gesetzlich keine Bagatellgrenze[1], d.h., auch geringfügige Mängel sind Sachmängel.

2.2.2 Rechtsmängel

Die Rechtsmängel sind in § 435 BGB geregelt. Ein Rechtsmangel liegt vor, wenn ein Dritter in Bezug auf die Sache Rechte gegen den Käufer geltend machen kann, die im Kaufvertrag nicht vereinbart wurden.

Beispiel:

Der Verkauf von Marken-Jeans ohne Lizenz stellt einen Rechtsmangel dar, da dem Käufer verschwiegen wird, dass die Rechte Dritter (hier Recht an einer Marke) verletzt werden.

2.2.3 Arten der Mängel im Hinblick auf ihre Entdeckbarkeit

(1) Offene Mängel

Hier handelt es sich um Mängel, die bei gewissenhafter Prüfung der Kaufsache **sofort** entdeckbar sind.

(2) Versteckte Mängel

Diese Mängel sind bei der Übergabe der Sachen (z.B. Waren) trotz gewissenhafter Prüfung zunächst **nicht** entdeckbar. Sie werden erst später, z.B. während ihres Gebrauchs oder ihrer Verarbeitung, erkennbar.

(3) Arglistig[2] verschwiegene Mängel

Es sind versteckte Mängel, die der Verkäufer dem Käufer **absichtlich** verschweigt.

1 Bagatelle: Kleinigkeit, Nebensächlichkeit.

2 **Arglistig** handelt, wer wahre Tatsachen unterdrückt (der Verkäufer kennt z.B. den erheblichen Mangel der Kaufsache bereits bei Übergabe der Kaufsache an den Käufer) oder falsche Tatsachen „vorspiegelt" (der Verkäufer erklärt z.B. wahrheitswidrig, dass das verkaufte Auto für 100 km Fahrstrecke auch bei Höchstgeschwindigkeit höchstens 8,0 Liter Treibstoff verbraucht).

2.3 Rechte des Käufers (Gewährleistungsrechte)[1]

2.3.1 Überblick

Hat der Verkäufer den Kaufvertragsgegenstand bereits übergeben und übereignet, dann stehen dem **Käufer** nach § 437 BGB **folgende Rechte zu:**

1. Stufe (vorrangige Rechte)

Rechte ohne Fristsetzung

- Nacherfüllung
  - Mängelbeseitigung oder
  - Ersatzlieferung
- Schadensersatz neben der Leistung

2. Stufe (nachrangige Rechte)

Rechte nach Ablauf einer angemessenen Frist zur Mängelbeseitigung oder Ersatzlieferung

- Rücktritt vom Kaufvertrag
- Minderung (eventuell Schadensersatz neben der Leistung)
- Schadensersatz statt der Leistung
- Ersatz vergeblicher Aufwendungen

2.3.2 Rechte ohne Fristsetzung

(1) Nacherfüllung [§ 439 BGB]

Ohne Fristsetzung kann der Käufer auf **Nacherfüllung** bestehen. Dabei kann der **Käufer** nach **seiner Wahl** die **Beseitigung des Mangels (Mängelbeseitigung)** oder die **Lieferung einer mangelfreien Sache (Ersatzlieferung)** verlangen. Er hat hierfür dem Verkäufer eine angemessene[2] Zeit einzuräumen. Die Aufwendungen, die zum Zweck der Nacherfüllung anfallen, hat der Verkäufer zu tragen. Der **Verkäufer** kann allerdings die Leistung **verweigern,** wenn die vom Käufer gewählte Art der Nacherfüllung für ihn nur mit **unverhältnismäßigen Kosten** verbunden ist.

Beispiel:

Einfache Quarzuhren lassen sich häufig nur mit unverhältnismäßigem Aufwand reparieren, soweit dies nicht ohnehin technisch ausgeschlossen ist. Entscheidet sich der Käufer dafür, die Beseitigung des Mangels zu verlangen, kann der Verkäufer dies ablehnen und stattdessen eine andere mangelfreie Uhr liefern.

1 Im Folgenden werden sowohl die **Rechte beim Verbrauchsgüterkauf** als auch die **Rechte beim zweiseitigen Handelskauf** behandelt.

2 **Angemessen** besagt, dass die Frist so lange sein muss, dass der Schuldner die Leistung tatsächlich noch erbringen kann. Allerdings muss sie dem Schuldner nicht ermöglichen, mit der Leistungserbringung erst zu beginnen. Der Schuldner soll nur die Gelegenheit bekommen, die bereits in Angriff genommene Leistung zu beenden.

Der Anspruch auf Nacherfüllung kann vom Käufer nicht „übersprungen" werden. Der Käufer kann somit nicht unmittelbar vom Kaufvertrag zurücktreten, Minderung oder (gegebenenfalls auch) Schadensersatz statt der Leistung verlangen. Erst wenn die Nacherfüllung verweigert oder erfolglos ist, kann der Käufer erneut wählen. Für die Nacherfüllung sollte der Käufer dem Verkäufer sofort eine Frist setzen.

(2) Schadensersatz neben der Leistung [§ 280 I BGB]

Neben dem Recht auf Nacherfüllung hat der Käufer **zusätzlich** noch einen **Anspruch auf Schadensersatz neben der Leistung. Voraussetzungen** für den einfachen Schadensersatz sind: **Pflichtverletzung** und **Verschulden des Verkäufers.** Die Art der Pflichtverletzung ist völlig unerheblich (z.B. schlecht, zu viel oder zu wenig, am falschen Ort geleistet, Verletzung einer Haupt- oder einer Nebenpflicht).

Steht die Pflichtverletzung fest, muss der Gläubiger (z.B. der Einzelhändler gegenüber dem Großhändler [Warenschuldner]) beweisen, dass er die Pflichtverletzung nicht zu vertreten hat.

Regelung der Beweislast beim Verbrauchsgüterkauf:[1]

Dem Verbraucher ist es oft nicht möglich, einem Unternehmer zu beweisen, dass die Kaufsache bereits beim Vertragsabschluss und/oder bei deren Übergabe mangelhaft war (einen Sachmangel aufweist). Beim **Verbrauchsgüterkauf** besteht deshalb eine (auf diesen Kauf beschränkte) so genannte (gewährleistungsrechtliche) **Beweislastumkehr.**

Nach § 476, 1. HS BGB wird beim Auftreten eines Sachmangels in den ersten sechs Monaten nach Gefahrübergang zugunsten des Verbrauchers gesetzlich vermutet, dass der Mangel bereits beim Gefahrübergang (Übergabe der Sache; § 446 S. 1 BGB) der Kaufsache vorhanden war. Der Gegenbeweis obliegt dann dem Verkäufer (z.B. Einzelhändler).

Beispiele:

Bei einem im Juli erworbenen Dachfenster tritt im Oktober bei Regen Wasser ein. Es zeigt sich, dass sich Dichtungen im Rahmen großflächig ablösen. Hier spricht die Vermutung für eine von Anfang an fehlerhafte Qualität der Dichtungen bzw. ihrer Verklebung.

Bestreitet der Unternehmer (z.B. Einzelhändler), dass der Mangel bereits beim Gefahrübergang bestand, dann muss er dies dem Verbraucher beweisen (den „Gegenbeweis" führen). Diese Beweislastumkehr gilt auch beim **Verbrauchsgüterkauf gebrauchter Sachen.**[2] Die zwingende Rechtsvorschrift der Beweislastumkehr kann weder einzelvertraglich noch durch „Allgemeine Geschäftsbedingungen"[3] ausgeschlossen werden.

---

1 Ein **Verbrauchsgüterkauf** liegt vor, wenn ein **Verbraucher** von einem **Unternehmer** eine **bewegliche Sache** kauft [§ 474 I S. 1 BGB].
- Nach § 13 BGB ist jede natürliche Person (jeder Mensch) ein **Verbraucher,** wenn sie ein Rechtsgeschäft zu einem Zweck abschließt, der weder ihrer gewerblichen noch ihrer selbstständigen beruflichen Tätigkeit zugerechnet werden kann.
- **Unternehmer** ist nach § 14 BGB eine natürliche oder juristische Person (z.B. GmbH) oder eine rechtsfähige Personengesellschaft, die beim Abschluss eines Rechtsgeschäfts (z.B. Kaufvertrag) in Ausübung ihrer gewerblichen oder selbstständigen beruflichen Tätigkeit handelt.

2 Um spätere Streitigkeiten möglichst zu vermeiden, sollten deshalb beim Verbrauchsgüterkauf gebrauchter Sachen typische Verschleißerscheinungen (z.B. abgefahrene Reifen, Rostflecken, Lackfehler beim Gebrauchtwagenkauf) im Kaufvertrag eindeutig aufgeführt werden.

3 **Zur Erinnerung: Allgemeine Geschäftsbedingungen** (AGB) sind alle für eine **Vielzahl von Verträgen** vorformulierten **Vertragsbedingungen,** die **eine** Vertragspartei (Verwender) der anderen Vertragspartei bei Abschluss eines Vertrags stellt [§ 305 I S. 1 BGB].

7 Speth – ISBN-13: 978-3-8120-0539-5

Die Vermutung eines bei der Übergabe der Sache bereits vorhandenen Sachmangels gilt nicht, wenn die Sache z.B. Schäden aufweist, die offensichtlich durch unsachgemäße Verwendung oder Gewalteinwirkung verursacht sind.

Beispiel:

Weisen die Dichtungen am Dachfenster Einschnitte und mechanische Verletzungen auf, wird man davon ausgehen dürfen, dass die Art des Mangels gegen die Vermutung eines Herstellerfehlers spricht.

Schadensersatz neben der Leistung wird der Käufer verlangen, wenn er den Kaufgegenstand behält und einen eventuell angefallenen Schaden ersetzt haben will.

Beispiel:

Die Franz Sauber KG kauft eine Autowaschanlage. Wie der Verkäufer bei Übergabe fahrlässig nicht bemerkt, ist die Wasserleitung der Anlage defekt. Die Franz Sauber KG kann die Anlage drei Tage lang nicht einsetzen und erleidet einen Gewinnausfall von 800,00 EUR. Die Franz Sauber KG kann (ohne Fristsetzung) Ersatz des Betriebsausfallschadens verlangen.

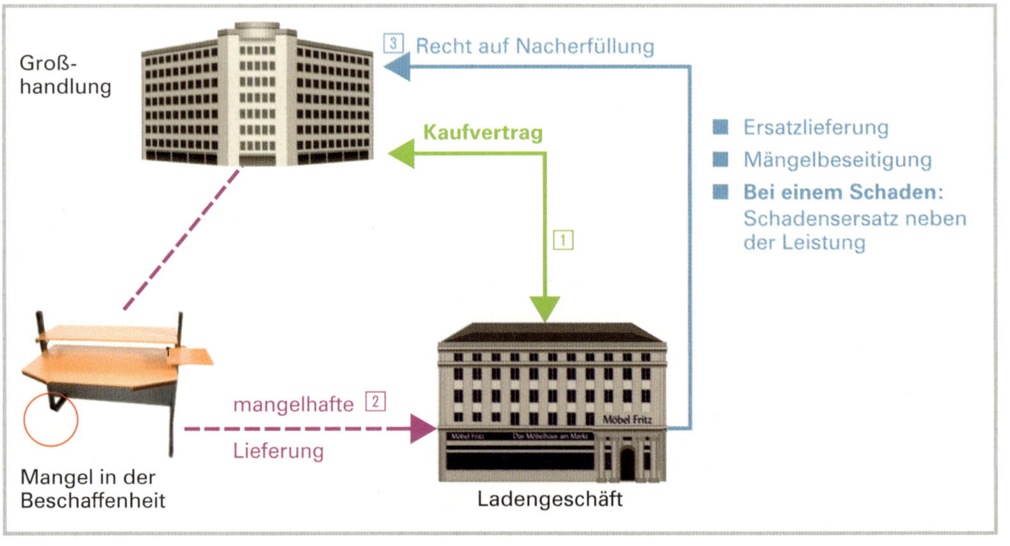

2.3.3 Rechte nach Ablauf einer angemessenen Fristsetzung (erfolglose Nacherfüllung)

(1) Rücktritt vom Kaufvertrag [§§ 323 – 326 BGB]

Der Gläubiger kann von einem **gegenseitigen Vertrag** zurücktreten, wenn eine **Pflichtverletzung** des **Schuldners** vorliegt und die Frist zur Nacherfüllung erfolglos abgelaufen ist. Eine vom Käufer verlangte Nacherfüllung durch Mängelbeseitigung gilt z.B. grundsätzlich dann als erfolglos, wenn der Verkäufer **zweimal** vergeblich eine Nachbesserung versucht hat [§ 440 S. 2 BGB]. Das Rücktrittsrecht des Käufers ist **nicht von einem Verschulden des Verkäufers abhängig.**

Beispiel:

Die Heinz Fromm KG hat für das Weihnachtsgeschäft eine bestimmte HiFi-Anlage gekauft und zum vereinbarten Termin auch erhalten. Die Anlage ist jedoch defekt. Weil diese Anlage nicht mehr hergestellt wird und der Lieferer auch keinen Ersatz auf Lager hat, verlangt die Heinz Fromm KG zunächst eine Reparatur der Anlage. Weil die Anlage auch nach einer zweimaligen Reparatur noch nicht einwandfrei funktioniert, tritt die Heinz Fromm KG vom Kaufvertrag zurück.

Wegen der einschneidenden Wirkung des Rücktritts sieht das Rücktrittsrecht allerdings eine **Einschränkung des Rücktrittsrechts** vor. Der Rücktritt des Gläubigers ist z.B. ausgeschlossen, wenn im Falle der Schlechtleistung die Pflichtverletzung des Schuldners **unerheblich** ist.

Beispiel:

Befindet sich an einem neuen Pkw ein kleiner Kratzer unter der Motorhaube, ist kein Rücktritt möglich, weil die Schlechtleistung unerheblich ist.

Bei vertraglichem wie bei gesetzlichem Rücktrittsrecht sind im Falle des Rücktritts die empfangenen Leistungen zurückzugewähren und der gezogene Nutzen herauszugeben.

Beispiel:

Ein Käufer, der einen mangelhaften Pkw erhalten und genutzt hat, muss zum einen den Pkw zurückgeben und zum anderen sich vom Verkäufer ein Nutzungsentgelt anrechnen lassen.

Trotz seines Rücktritts kann der Käufer zusätzlich Ersatz des ihm entstandenen Schadens verlangen. Er kann jedoch keine Erfüllung des Kaufvertrags mehr verlangen. Es handelt sich um einen Anspruch auf **Schadensersatz statt der Leistung.**

(2) Minderung [§ 441 BGB]

Der Käufer kann statt vom Kaufvertrag zurückzutreten auch den Kaufpreis durch eine Erklärung gegenüber dem Verkäufer herabsetzen, d.h. **Minderung** verlangen. Minderung bedeutet, dass der Kaufpreis der Sache um den Betrag gekürzt wird, um den der Mangel den Wert der Sache, gemessen am Kaufpreis, mindert. Erforderlichenfalls ist die Minderung durch Schätzung zu ermitteln. Das Recht auf Minderung gilt auch für **unerhebliche Mängel**.

Beispiel:

Eine Musikanlage, die von einem Medienhaus für 300,00 EUR gekauft wurde, leistet nicht wie vertraglich vorgesehen 500 Watt, sondern nur 400 Watt. Da es nicht innerhalb einer gesetzten Frist zur Nacherfüllung durch den Lieferer kommt, verlangt das Medienhaus Minderung. Eine Musikanlage mit einer Leistung von 400 Watt könnte es für 200,00 EUR erwerben. Dem Medienhaus steht ein Minderungsanspruch in Höhe von 100,00 EUR zu.

Minderung wird in der Regel verlangt, wenn die Sache nur kleinere Mängel aufweist, sodass der Käufer die Sache weiter verwenden (z.B. verarbeiten oder weiterveräußern) kann.

Ist ein zusätzlicher Schaden entstanden und liegt ein Verschulden des Verkäufers vor, kann der Käufer neben der Minderung auch noch **Schadensersatz neben der Leistung** [§ 280 I BGB] verlangen.

(3) Schadensersatz statt der Leistung [§§ 280 I, III; 281 BGB]

Ein Schadensersatz statt der Leistung bei mangelhafter Leistung kann nur verlangt werden, wenn neben einer Pflichtverletzung und dem Verschulden des Verkäufers **zusätzlich** noch eine **erfolglose angemessene** Fristsetzung zur Nacherfüllung vorliegt.

Einen Schadensersatz statt der Leistung wählt der Käufer, wenn er den gelieferten Kaufgegenstand zurückgibt und ihm ein Schaden entstanden ist. Abgedeckt wird sowohl der eigentliche Mangelschaden als auch ein sich anschließender eventueller Mangelfolgeschaden.

Beispiel:

Wegen eines Mangels ist in einer Bäckerei eine Kaffeemaschine nicht einsatzfähig. Nach Ablauf einer erfolglosen Fristsetzung zur Nacherfüllung erwirbt der Käufer bei einem anderen Verkäufer eine gleichartige Maschine (so genannter **Deckungskauf**). Dabei entstehen Mehrkosten in Höhe von 180,00 EUR. Außerdem kann zwei Tage lang kein Kaffee ausgeschenkt werden. Der entstandene Schaden (Mangelfolgeschaden) beträgt 250,00 EUR. Die gesamte Schadenssumme in Höhe von 430,00 EUR kann als Schadensersatz geltend gemacht werden.

(4) Ersatz vergeblicher Aufwendungen [§ 284 BGB]

Anstelle des Schadensersatzes statt der Leistung kann der Gläubiger **Ersatz der notwendigen Aufwendungen** verlangen, die er im Vertrauen auf den Erhalt der Leistungen gemacht hat.

Beispiel:

Ein Teppichhaus hat eine spezielle Waschmaschine für Teppiche bestellt und die entsprechenden Strom-, Wasser- und Fliesenarbeiten im Voraus ausgeführt. Die Waschmaschine kann aus technischen Gründen nicht geliefert werden.

Das Teppichhaus kann in diesem Fall alle seine entstandenen Kosten vom Verkäufer zurückverlangen.

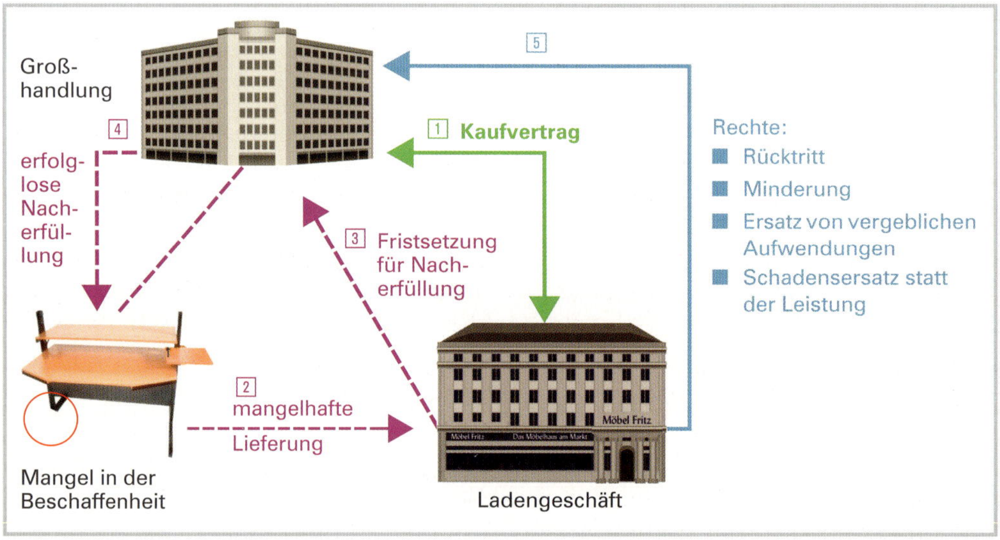

Sonderregelungen zu den Gewährleistungsrechten beim Verbrauchsgüterkauf

- **Gefahrübergang**

Beim Verbrauchsgüterkauf tritt der Gefahrübergang erst ein, wenn der Verbraucher die Kaufsache erhalten hat [§ 446 BGB]. Die Gefahrübergangsregelung beim Versendungskauf [§ 447 BGB][1] findet auf den Verbrauchsgüterkauf keine Anwendung [§ 474 II BGB].

- **Eigenständiger Rückgriffsanspruch des Unternehmers**[2]

Werden neu hergestellte Sachen an Verbraucher verkauft, machen diese grundsätzlich ihre Gewährleistungsansprüche gegenüber dem Verkäufer (z.B. Einzelhändler) geltend.

Der Händler hat in diesem Fall einen Rückgriffsanspruch gegen seinen Lieferanten, dieser gegen den Vorlieferanten bis hin zum Hersteller [§ 478 BGB].

Ein Rückgriff des Letztverkäufers (und auch seiner Vorlieferanten auf deren Vorlieferanten) ist jedoch grundsätzlich nur möglich,

- wenn z.B. der Verbraucher wegen eines Sachmangels der Kaufsache den Kaufpreis gemindert hat,
- wenn der Letztverbraucher die gekaufte Sache von seinem Kunden zurücknehmen musste (z.B. bei Nacherfüllung oder Rücktritt des Verbrauchers) und
- wenn es sich bei der verkauften Sache um eine **neu hergestellte Sache** handelt (Näheres siehe § 478 BGB).

- **Ausschluss der Gewährleistungsrechte**

Ein mit einem **Unternehmer** erfolgter einzelvertraglicher **Ausschluss** der Gewährleistungsrechte des Verbrauchers oder ein Ausschluss durch allgemeine Geschäftsbedingungen der Unternehmen ist **rechtswirksam nicht möglich.**[3]

2.4 Garantie

(1) Garantieerklärungen

Die Garantie ist in zweifacher Weise geregelt: Zum einen gibt es Regelungen zur Beschaffenheits- und Haltbarkeitsgarantie, die für alle Kaufverträge gelten [§ 443 BGB], und zum anderen gibt es darüber hinaus noch Regelungen, die spezifisch auf Verbrauchsgüterkaufverträge ausgerichtet sind [§ 477 BGB].

Bei einer Beschaffenheits- und/oder Haltbarkeitsgarantie [§ 443 BGB] übernimmt der Verkäufer oder ein Dritter[4] – unabhängig davon, ob beim Gefahrübergang ein Mangel besteht oder nicht besteht – die **Garantie** (Gewähr) für die **zugesicherte Beschaffenheit** der Sache

1 Beim **Handelskauf** erfolgt der Gefahrübergang am Leistungsort. Ist vertraglich nichts vereinbart, so ist der Leistungsort für den Verkäufer seine gewerbliche Niederlassung [§ 269 II BGB]. Nach der Übergabe der Ware am (gesetzlichen) Leistungsort trägt der Käufer das Transportrisiko (Gefahr des zufälligen Untergangs oder der zufälligen Verschlechterung der Ware auf dem Weg vom Verkäufer zum Käufer) [§ 466 S. 1 BGB]. Wiederholen Sie hierzu S. 58.

2 Durch den Rückgriffsanspruch soll vor allem verhindert werden, dass der Handel allein die Nachteile des verbesserten Verbraucherschutzes tragen muss. Der **Schadensverursacher** (letztlich der Hersteller der Kaufsache) soll haften.

3 Zwischen Verbrauchern (Privatpersonen) ist jedoch ein Ausschluss der Gewährleistungsrechte möglich.

4 Dritte sind meistens die Hersteller der Sachen (Industrie- und Handwerksbetriebe).

(Beschaffenheitsgarantie) oder dafür, dass die Sache für eine **bestimmte Dauer** eine **bestimmte Beschaffenheit behält (Haltbarkeitsgarantie).**

Beispiele:

- Die Kölner Lack und Farben GmbH bezeichnet ihre Produkte als garantiert hitze- und säurebeständig.
- Die Baustoffhandel Baumeister OHG garantiert die Frostsicherheit ihrer verkauften Spanplatten (**Beschaffenheitsgarantien** aufgrund einer **Garantieurkunde**).
- Die Münchener Kesselbau AG gibt eine Garantie dafür, dass ihre Dampfkessel innerhalb der nächsten fünf Jahre nicht durchrosten.
- Die Leipziger Werkzeugbau KG garantiert, dass ihre hergestellten Stahlfedern innerhalb der nächsten 8 Jahre (auch bei hoher, dauernder Belastung) nicht brechen werden **(Haltbarkeitsgarantien).**

Tritt der Garantiefall ein, dann kann der Käufer – **neben** seinen **gesetzlichen Ansprüchen aus der Sachmängelhaftung** – seine **Garantierechte** zu den in der Garantieerklärung und den in der betreffenden Werbung[1] angegebenen Bedingungen gegenüber dem Verkäufer oder Dritten geltend machen.

Zusätzliche Bestimmungen für Garantien beim Verbrauchsgüterkauf [§ 477 BGB]

Beim Verbrauchsgüterkauf werden durch die Vorschriften im § 477 BGB (i. V. m. § 433 BGB) besondere, dem Schutz der Verbraucher dienende Anforderungen an die Garantieerklärungen des Verkäufers (Unternehmers) gestellt. Im Einzelnen sind vom Verkäufer folgende **verbraucherschützende Vorschriften (Anforderungen)** zu beachten [§ 477 I, II BGB]:

- einfache und verständliche Abfassung der Garantieerklärung,
- Hinweis auf die gesetzlichen Rechte des Verbrauchers und deren uneingeschränkte Geltung,
- Mindestinhalt der Garantieerklärung (Angaben über die Geltendmachung der Garantie, insbesondere Dauer und räumlicher Geltungsbereich des Garantieschutzes, Name und Anschrift des Garantiegebers),
- das Recht des Verbrauchers auf Aushändigung der Garantieerklärung (zumindest) in Textform sowie
- die Wirksamkeit der Garantieverpflichtung auch im Falle der Nichteinhaltung der genannten Anforderungen.

(2) Abweichende Vereinbarungen

Abweichende Vereinbarungen, die vor Mitteilung eines Mangels getroffen werden und das Recht des Verbrauchers auf Nacherfüllung, das Rücktrittsrecht, die Beweislastumkehr sowie das Recht auf Minderung einschränken, sind rechtlich bedeutungslos [§ 475 I BGB]. Ein Haftungsausschluss in „Allgemeinen Geschäftsbedingungen" ist somit nicht möglich. Aus Gründen des Verbraucherschutzes ist insoweit die Vertragsfreiheit eingeschränkt.

1 Der Käufer kann seine Garantieansprüche somit auch mit den in der einschlägigen Werbung angegebenen Bedingungen begründen, nicht nur mit der Garantieurkunde selbst.

Dagegen ist der Ausschluss oder die Beschränkung des Schadensersatzanspruchs des Verbrauchers möglich.

✔ Lösung des einführenden Rechtsfalls

Nach den Informationen dieses Kapitels wissen Sie, dass Jürgen Witt eine mangelhafte Lieferung erhalten hat. Die Möbel Kaiser OHG haftet für die Sachmängel des Schreibtisches gemäß § 437 BGB. Jürgen Witt kann folgende Gewährleistungsansprüche geltend machen: Zunächst muss er der Möbel Kaiser OHG eine angemessene Frist setzen und Mängelbeseitigung oder Ersatzlieferung fordern. Bleibt die Nacherfüllung erfolglos, kann er vom Kaufvertrag zurücktreten oder Minderung verlangen. Falls ein Schaden entstanden ist, kann Jürgen Witt auch Schadensersatz verlangen.

Zusammenfassung

- Eine **mangelhafte Lieferung** liegt vor, wenn die im Kaufvertrag vereinbarte Leistung zum **Zeitpunkt** der **Übergabe (Gefahrübergang)** mit einem **Sach-** und/oder einem **Rechtsmangel** behaftet ist.
- Wir unterscheiden folgende **Sachmängel**:

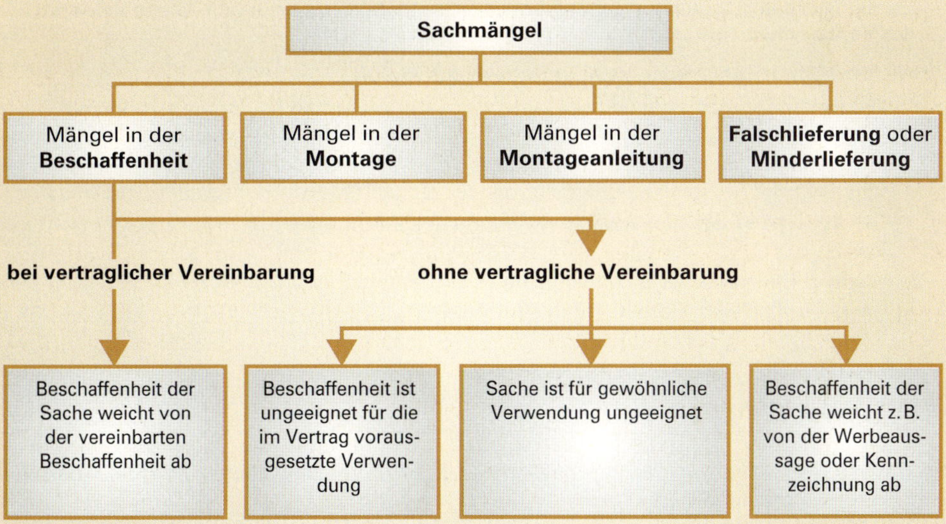

- Bei der Lieferung mangelhafter Sachen hat der Käufer folgende **Gewährleistungsrechte**:

I. Ohne Fristsetzung: Nacherfüllung und Schadensersatz neben der Leistung

Ersatzlieferung (Ausnahme: z. B. unverhältnismäßige Kosten) und **Schadensersatz neben der Leistung** (nur bei Verschulden)

Mängelbeseitigung (Ausnahme: z. B. unverhältnismäßige Kosten) und **Schadensersatz neben der Leistung** (nur bei Verschulden).

- **II. Nach Ablauf der gesetzten angemessenen Frist (erfolglose Nacherfüllung)**

Minderung und eventuell **Schadensersatz neben der Leistung**	**Rücktritt** (Ausnahmen: Pflichtverletzung unerheblich bzw. überwiegend vom Gläubiger zu vertreten)	**Schadensersatz statt der Leistung** (nur bei Verschulden und erheblicher Pflichtverletzung)	**Ersatz vergeblicher Aufwendungen** (nur anstelle von Schadens–ersatz statt der Leistung)

- Bei einer **Beschaffenheits- und/oder Haltbarkeitsgarantie** übernimmt der Verkäufer oder ein Dritter die Garantie für die zugesicherte Beschaffenheit der Sache oder dafür, dass die Sache für eine bestimmte Dauer eine bestimmte Beschaffenheit behält. Für die Garantieerklärung gelten besondere Vorschriften.
- Ansprüche aus der Garantie kann der Käufer **neben seinen Gewährleistungsrechten** geltend machen.
- Ein **Verbrauchsgüterkauf** liegt vor, wenn ein Verbraucher von einem Unternehmer eine bewegliche Sache kauft.
- Für den Verbrauchsgüterkauf gelten Sonderregelungen, die zu einer **rechtlichen Besserstellung des Verbrauchers** führen.
- Wichtige **Sonderregelungen beim Verbrauchsgüterkauf:**
  - Der **Gefahrübergang** tritt erst ein, wenn der Verbraucher die Kaufsache erhalten hat.
  - Es besteht eine **Beweislastumkehr,** d. h., beim Auftreten eines Sachmangels wird in den ersten sechs Monaten nach Gefahrübergang vermutet, dass der Mangel bereits beim Gefahrübergang der Kaufsache vorhanden war. Der Gegenbeweis obliegt dann dem Verkäufer.
  - Der **Ausschluss der Gewährleistungsrechte des Verbrauchers** ist rechtswirksam **nicht möglich.**
  - Wenn der Verbraucher eine mangelhafte Sache dem Einzelhändler zurückgibt, kann dieser die Ware an seinen **Vorlieferanten zurückgeben.**

Übungsaufgaben

19

1. Begründen Sie, warum der Verkäufer auch für Sachmängel haftet, die ohne sein Verschulden entstanden sind!
2. Welche Gewährleistungsrechte hat der Käufer bei einer mangelhaften Lieferung?
3. Überlegen Sie, warum der Käufer bei mangelhafter Lieferung nicht statt zunächst Nacherfüllung zu verlangen, vom Kaufvertrag zurücktreten oder Minderung des Kaufpreises verlangen kann!
4. Unter welchen wirtschaftlichen Voraussetzungen würden Sie Ersatzlieferung, Mängelbeseitigung verlangen oder vom Kaufvertrag zurücktreten?
5. Das Möbelhaus Helmut Mendler e.K. bestellt bei der Möbelfabrik Heinzler GmbH 50 Stühle in Kirschbaumholz.

   Bei der Überprüfung der Stühle wurde festgestellt:

   (1) Fünf Stühle wurden in Nussbaum geliefert.

   (2) Drei Stühle weisen leichte Lackfehler auf.

Aufgaben

5.1 Um welche Mängelarten handelt es sich bei den Fällen (1) und (2)?

5.2 Welche Rechte sollte Ihrer Meinung nach das Möbelhaus Helmut Mendler e.K. geltend machen? Begründen Sie Ihre Ansicht!

5.3 Was muss das Möbelhaus Helmut Mendler e.K. unternehmen, um diese Rechte nicht zu verlieren?

6. Das Lagerhaus Passau e.G. kauft am 15. Oktober beim Autohaus Nieter GmbH einen Transporter, der am 20. Oktober ausgeliefert wird. Nach einer Fahrleistung von wenigen hundert Kilometern entsteht ein Getriebeschaden, der zweifelsfrei auf einen Fabrikationsfehler zurückzuführen ist.

Aufgaben

6.1 Was muss das Lagerhaus Passau e. G unternehmen, um seine Rechte gegenüber dem Autohaus Nieter GmbH zu wahren?

6.2 Das Lagerhaus Passau e.G. besteht auf der Reparatur des Schadens. Das Autohaus Nieter GmbH tauscht das beanstandete Getriebe gegen ein neues aus. Nach zwei Wochen ist das neue Getriebe wieder defekt. Die Warenauslieferung des Lagerhauses Passau e.G. erfolgt deshalb mit einem Mietfahrzeug, das täglich 80,00 EUR höhere Kosten verursacht als der Transport mit dem eigenen Fahrzeug.

Welche Rechte kann das Lagerhaus Passau e.G. gegenüber dem Autohaus geltend machen?

7. Die Vorschrift des BGB, dass auch eine mangelhafte Montageanleitung einem Sachmangel gleichsteht, wird von den Juristen als „IKEA-Klausel" bezeichnet. Können Sie sich den Grund für diese Bezeichnung denken?

8. Bei der Überprüfung einer Getreidesendung stellt der Händler fest, dass 40 % des Getreides feucht sind. Das Getreide kann an die Mühlen nur weiterverkauft werden, wenn es unter erheblichem Aufwand getrocknet wird.

Aufgaben

8.1 Welcher Mangel liegt vor?

8.2 Nennen und begründen Sie zwei Gewährleistungsrechte, die aufgrund der Feuchtigkeit des Getreides geltend gemacht werden können.

20

1. Die Glashandlung Fritz Hutter e.K. bestellt bei dem Möbelhaus Mattes GmbH einen Schreibtisch für das Büro. Es wird vereinbart, dass der Schreibtisch durch einen Spediteur per Lkw zugestellt wird. Durch einen Unfall auf eisglatter Straße entsteht an dem Lkw des Spediteurs sowie an der Ladung Totalschaden. Den Fahrer des Lkw trifft kein Verschulden.

Aufgaben

1.1 Muss die Glashandlung Fritz Hutter e.K. den Kaufpreis für den durch den Unfall vernichteten Schreibtisch bezahlen?

1.2 Gleicher Sachverhalt. Besteller des Schreibtisches ist jedoch Wolfgang Krapf, der den Schreibtisch für das Kinderzimmer seines Sohnes Gebhard bestellt hat. Muss Wolfgang Krapf den Kaufpreis bezahlen?

2. Das Autohaus Peter Falke eK. verkauft an den Privatmann Norbert Speidel einen fünf Jahre alten Kleinwagen. Zwei Wochen nach dem Kauf tritt erheblicher Ölverlust an der Servolenkung auf. Herr Speidel möchte die Reparaturkosten vom Autohaus ersetzt haben. Das Autohaus lehnt die Kostenübernahme mit der Begründung ab, der Ölverlust sei erst nach Abschluss des Kaufvertrags aufgetreten.

Aufgaben

2.1 Wer hat die Beweislast für den aufgetretenen Mangel zu tragen? Begründen Sie Ihre Meinung mit Hilfe des Gesetzestextes!

2.2 Gleicher Sachverhalt. Der Autokauf wurde jedoch von der Helmut Heine GmbH getätigt. Wie ist die Rechtslage in diesem Fall?

3. Die Peter Schwabe OHG hat dem Privatmann Hans Fetzer beim Kauf eines neuen Computers eine Garantieerklärung mit folgendem Wortlaut ausgehändigt: „Die Peter Schwabe OHG übernimmt für den gekauften Rechner ein Jahr Garantie." Elf Monate nach Erwerb des Computers versagt die Festplatte ihren Dienst. Es kann nicht mehr festgestellt werden, ob dies auf einen bereits bei Gefahrübergang vorliegenden Materialfehler des Gerätes oder auf unsachgemäße Behandlung durch Herrn Hans Fetzer zurückzuführen ist.

Aufgabe

Hat Hans Fetzer Rechte gegenüber der Peter Schwabe OHG aus der Garantie?

21 Herr Richard Straub bestellt beim Möbelhaus Maurer GmbH ein Wohnzimmer. Der Vertrag wird auf einem vorgedruckten Bestellformular abgeschlossen, wobei der Verkäufer ausdrücklich auf die allgemeinen Geschäftsbedingungen auf der Rückseite des Formulars hinweist. Nachdem das Wohnzimmer etwa drei Wochen im Gebrauch ist, stellt Frau Straub fest, dass die ursprünglich gängigen Türen des Wohnzimmerschrankes klemmen. Ursache ist ein Materialfehler.

Aufgaben

1. Was verstehen Sie unter einer ordnungsgemäßen Lieferung?
2. Welche Mängel liegen im Hinblick auf die Sache und im Hinblick auf die Erkennbarkeit vor?
3. Herr Straub reklamiert beim Möbelhaus Maurer GmbH und bittet um Ersatzlieferung. Das Möbelhaus Maurer GmbH lehnt ab und verweist auf die Punkte 2 und 5 ihrer auf dem Vertragsformular abgedruckten Geschäftsbedingungen, die wie folgt lauten:

„Punkt 2: Mängelrügen aller Art finden nur dann Berücksichtigung, wenn diese innerhalb von acht Tagen nach Eingang der Ware schriftlich erfolgen.

Punkt 5: Für Materialfehler haftet der Verkäufer nicht, sondern ausschließlich der Hersteller der Möbel."

3.1 Begründen Sie, ob diese beiden Klauseln mit den gesetzlichen Regelungen des BGB zu den Allgemeinen Geschäftsbedingungen zu vereinbaren sind. [Hinweis zur Lösung: Lesen Sie § 309, 8. b) ee) und 8. b) aa) BGB].

3.2 Welches Recht wird Herr Straub durchsetzen können? (Begründung!)

22 1. Franz Kühnle hat am 8. April 20.. im Baumarkt „Baumat KG" einen neuen Rasenmäher gekauft. Am 22. Mai 20.. brach beim Rasenmähen der Gashebel ab. Nun verlangt er von der Baumat KG einen neuen Rasenmäher.

Aufgaben

1.1 Erklären Sie unter Angabe des entsprechenden Paragrafen, warum der Rasenmäher wegen des Abbrechens des Gashebels einen Sachmangel hat!

1.2 Wie kann und darf die Baumat KG auf die Forderung von Herrn Kühnle nach einem neuen Rasenmäher reagieren? Begründen Sie Ihre Antwort!

1.3 Angenommen, die Baumat KG lehnt alle Gewährleistungsrechte von Herrn Kühnle ab. Sie verweist auf ihre allgemeinen Geschäftsbedingungen, in der sich folgende Klausel befindet:

„Unsere Produkte unterliegen einer strengen Qualitätskontrolle. Rechte wegen Mängeln an unseren Produkten können nur gegenüber den Herstellern geltend gemacht werden."

Zeigen Sie mit Paragrafenangabe auf, ob die Baumat KG einen Anspruch von Herrn Kühnle auf Nachlieferung und/oder Schadensersatz ablehnen darf!

2. Frau Neugebauer kauft am 16. Mai einen teuren Pelzmantel beim Kleiderhaus Wiederhold GmbH. Am 31. Mai stellt sie fest, dass der Mantel an einigen Stellen Mottenfraß aufweist. Am 1. Juni ruft Frau Neugebauer ihre Freundin an und fragt diese um Rat. Diese meint, dass es sich zwar um einen Verbrauchsgüterkauf handle, dass aber die zwei Wochen betragende Widerrufsfrist vorüber sei, sodass Frau Neugebauer wohl nichts mehr machen könne.

Aufgaben

2.1 Beurteilen Sie, ob bzw. inwieweit die Freundin von Frau Neugebauer Recht hat!

2.2 Frau Neugebauer ist mit dem Rat ihrer Freundin nicht zufrieden. Sie will sich noch anderweitig erkundigen. Da keiner ihrer Bekannten so richtig Bescheid weiß, wendet sie sich erst nach ihrem Auslandsurlaub Anfang Juli an das Kleiderhaus Wiederhold GmbH und verlangt mutig die Lieferung eines mangelfreien Mantels. Der Verkäufer teilt ihr mit, dass Reklamationen nur binnen 14 Tagen entgegengenommen werden (über der Kasse hängt ein mit diesem Hinweis versehenes Schild). Außerdem – so meint er – hätte Frau Neugebauer sofort nach Entdeckung des Schadens rügen müssen.

Nehmen Sie zu den Äußerungen des Verkäufers Stellung!

3 Lieferungsverzug (Nicht-Rechtzeitig-Lieferung)

Die Baumarktkette Gerhard Scheuerle OHG bestellt bei der Maschinenfabrik Schlegel GmbH in Fürth achtzig Bohrmaschinen. Die Bestellung der Gerhard Scheuerle OHG wird von der Schlegel GmbH mit Auftragsbestätigung vom 1. Juli 20.. angenommen. Als Liefertermin ist der 20. Juli 20.. vereinbart. Der vereinbarte Kaufpreis beträgt 4200,00 EUR zuzüglich 19% USt.

Am 28. Juli 20.. schreibt die Gerhard Scheuerle OHG an die Schlegel GmbH unter anderem: „Obwohl der vereinbarte Liefertermin um acht Tage überschritten ist, haben Sie noch immer nicht geliefert. Einen Grund für die Lieferungsverzögerung haben Sie uns bis heute nicht mitgeteilt. Da wir die Bohrmaschinen dringend benötigen und ein anderer Verkäufer uns diese sofort liefern kann, treten wir vom Kaufvertrag zurück. Da uns der neue Verkäufer 4400,00 EUR zuzüglich 19% USt berechnet, verlangen wir außerdem 200,00 EUR Schadensersatz statt der Leistung."

Überlegen Sie, ob die Baumarktkette Gerhard Scheuerle OHG die geltend gemachten Rechte hat, vor allem, ob sie überhaupt vom Kaufvertrag zurücktreten und auch noch Schadensersatz statt der Leistung verlangen kann! Lesen Sie zur Lösung dieses Rechtsfalls die §§ 280, 286, 323, 281 BGB!

(Die Lösung des Rechtsfalls finden Sie auf S. 111.)

3.1 Begriff Lieferungsverzug

Wir merken uns:

Wenn der Schuldner seine geschuldete Leistung (z.B. der Verkäufer die rechtzeitige und mängelfreie Übergabe der Kaufsache [§ 433 I BGB]) nicht oder **nicht rechtzeitig** erfüllt und er diese Nichtleistung oder zu späte Leistung **zu vertreten (verschuldet)** hat, dann kommt er in Verzug. Ist der Schuldner ein **Verkäufer** (Lieferant), dann bezeichnet man diesen **Schuldnerverzug** auch als **Lieferungsverzug.**

Ein Lieferungsverzug liegt jedoch nur vor, wenn die geschuldete Leistung noch **möglich** ist (Nachholbarkeit der unterbliebenen rechtzeitigen Leistung). Ist dies nicht der Fall, dann liegt kein Lieferungsverzug, sondern eine **Unmöglichkeit der Leistung**[1] vor, für die andere gesetzliche Vorschriften des BGB gelten.

1 Auf die Unmöglichkeit der Leistung wird im Folgenden nicht eingegangen.

Beispiel für Unmöglichkeit der Leistung:

Durch die Unachtsamkeit eines Verkäufers zerbricht eine verkaufte wertvolle alte chinesische Vase vor deren Übergabe an den Käufer. Weil dem Verkäufer und auch anderen Personen die Leistung objektiv nicht mehr möglich ist, wird der Verkäufer nach § 275 I BGB von seiner Leistungspflicht befreit. Der Verkäufer verliert jedoch, weil den Gläubiger kein Verschulden an der Unmöglichkeit der Leistung trifft, seinen Anspruch auf die Gegenleistung. Der Käufer muss somit den Kaufpreis nicht zahlen [§ 326 I BGB].

3.2 Voraussetzungen des Lieferungsverzugs

(1) Fälligkeit der Leistung (Lieferung)

Unter **Fälligkeit einer Leistung** versteht man den **Zeitpunkt,** von dem ab der Gläubiger eine **Leistung** (z. B. der Käufer die Übergabe und Übereignung der Kaufsache) **verlangen kann.** Soweit im Kaufvertrag über die Leistungszeit **keine** Vereinbarung getroffen wurde und diese nicht gesetzlich oder durch die Umstände des Kaufvertrags bestimmt ist, hat der Käufer das Recht, die Lieferung **sofort** zu verlangen [§ 271 BGB].

(2) Mahnung des Verkäufers durch den Käufer

Ist der **Kalendertag,** an dem der Verkäufer die Übergabe und Übereignung der Kaufsache zu leisten hat, **kalendermäßig weder direkt noch indirekt genau bestimmt** (z. B. eine Bestellung zur „sofortigen Lieferung", „sobald wie möglich", „ab 20. Juli 20.."), so muss der Verkäufer durch eine **Mahnung** in Verzug gesetzt werden [§ 286 I, S. 1 BGB]. Durch die Mahnung wird der Verkäufer zur Leistung aufgefordert. Die Form der Mahnung bestimmt der Käufer. Die Mahnung muss grundsätzlich nach Fälligkeit erfolgen.

Ausnahmen: In folgenden Fällen ist z. B. nach § 286 II BGB keine Mahnung erforderlich:

- Für die **Leistungszeit** ist ein **bestimmter Kalendertag festgelegt** (z. B. „Warenlieferung am 24. April 20..", „Lieferung Ende Mai 20..") oder die **Leistungszeit** kann **kalendermäßig berechnet** werden.

  Beispiele:

  - Die Lieferung der Kaufsache erfolgt innerhalb von vierzehn Kalendertagen nach Erhalt der Bestellung.
  - Die Übergabe und Übereignung der Kaufsache erfolgt im Juli 20..
  - Die Lieferung erfolgt 14 Kalendertage nach Abruf der Lieferung.

- Die **geschuldete Leistung** wird durch den Verkäufer (Schuldner) **ernsthaft und endgültig verweigert.**

(3) Verschulden des Verkäufers

Der Verzug setzt voraus, dass der Verkäufer die Nichtleistung zu vertreten (verschuldet) hat. **Zu vertreten** hat der Verkäufer die unterbliebene Leistung, wenn die Lieferungsverzögerung durch **fahrlässiges**[1] oder **vorsätzliches** Handeln des Verkäufers oder seines Erfüllungsgehilfen (z.B. Verkäuferin) eingetreten ist [§§ 276–278 BGB]. Der Schuldner (z.B. Verkäufer) kommt somit **nicht in Verzug**, solange die Leistung infolge eines Umstandes unterbleibt, den er **nicht zu vertreten (verschuldet)**[2] hat [§ 286 IV BGB].

Beispiel:

Der Verkäufer kann deshalb nicht termingerecht liefern, weil er sich nicht rechtzeitig bei seinem Lieferer mit den Waren, die er verkauft, eingedeckt hat oder weil er es als Geschäftsinhaber versäumt hat, für den Fall seiner Abwesenheit eine Vertretung zu bestimmen. (Im letzten Fall liegt ein so genanntes Organisationsverschulden des Verkäufers vor.)

3.3 Erweiterte Haftung (Verantwortlichkeit) des Schuldners (Verkäufers) während des Verzugs

Nach dem Eintritt des Lieferungsverzugs haftet der Verkäufer nicht nur für Vorsatz und jede (auch leichte) Fahrlässigkeit. Er haftet während des Verzugs **auch für Zufall** (z.B. für die durch Zufall eingetretene Unmöglichkeit der Leistung), es sei denn, dass der Schaden auch bei rechtzeitiger Leistung eingetreten sein würde [§ 287 BGB]. Die Beweislast dafür, dass der Schaden auch bei rechtzeitiger Leistung eingetreten wäre, trägt der Verkäufer. Die Haftung ist **verschuldungsunabhängig** und bezieht sich nur auf die eigentlichen Leistungspflichten.

3.4 Rechte des Käufers beim Lieferungsverzug

3.4.1 Überblick

Gemeinsamer Anknüpfungspunkt für die Rechte des Käufers beim Lieferungsverzug ist – wie für alle Leistungsstörungen – die Pflichtverletzung. Die Rechte, die sich aus einer Pflichtverletzung ergeben [§ 280 I BGB], gelten daher grundsätzlich auch für den Lieferungsverzug. Neben den Rechten aus der Pflichtverletzung nach § 280 BGB, Anspruch auf Schadensersatz legt der Gesetzgeber im § 280 II BGB in Verbindung mit § 286 BGB noch einen besonderen Anspruch fest, der sich allein aus der Verspätung der geschuldeten Leistung ableitet: **den Ersatz von Verzögerungsschäden** [§ 280 II BGB].

Besondere Rechte wegen Verzögerung der Lieferung (Leistung) **(ohne Fristsetzung)**

- Bestehen auf Vertragserfüllung (Lieferung)
- Lieferung und/oder Schadensersatz wegen Verzögerung der Leistung verlangen [§§ 280 I, II; 286, 288, 252 BGB]

Rechte, die sich aus der Pflichtverletzung ergeben **(mit Fristsetzung)**

- Rücktritt vom Kaufvertrag [§ 323 BGB]
- Schadensersatz statt der Leistung [§§ 280 I, III; 281 ff. BGB]
- Ersatz notwendiger vergeblicher Aufwendungen [§ 284 BGB]

1 **Fahrlässig** handelt, wer die **verkehrsübliche Sorgfaltspflicht** außer Acht lässt. Bei einer besonders schweren Verletzung der im Geschäftsverkehr erforderlichen Sorgfaltspflicht liegt **grobe Fahrlässigkeit** vor.

2 **Nicht zu vertreten** hat der Verkäufer solche Lieferungsverzögerungen, die z.B. auf **höhere Gewalt** zurückzuführen sind (z.B. Unwetter, Hochwasser, Streik).

3.4.2 Rechte ohne Fristsetzung: Besondere Rechte wegen Verzögerung der Lieferung

(1) Bestehen auf Vertragserfüllung (Lieferung)

Da der Verkäufer seiner Leistungspflicht aus dem Kaufvertrag [§ 433 I BGB] noch nicht nachgekommen ist, hat der Käufer das Recht, weiterhin auf **Vertragserfüllung** zu bestehen.

Gründe des Käufers, keine weitergehenden Rechte geltend zu machen, sind z.B.

- langjährige gute Geschäftsbeziehungen mit dem Verkäufer,
- die Lieferungsverzögerung ist für den Käufer von untergeordneter Bedeutung,
- bei anderen Verkäufern bestehen längere Lieferfristen, höhere Preise und/oder ungünstigere Zahlungsbedingungen als beim säumigen Verkäufer.

(2) Bestehen auf Vertragserfüllung (Lieferung) und/oder nur Schadensersatz wegen Verzögerung der Leistung (Lieferung)

Besteht der Käufer auf Erfüllung der Leistung und möchte er gleichzeitig den durch die Verzögerung der Leistung verursachten Schaden ersetzt haben, so kann er zusätzlich noch **Schadensersatz wegen Verzögerung der Leistung** (Verzugsschaden, Verspätungsschaden) nach §§ 280 I, II; 286 BGB verlangen.

Beispiel:

Der Einzelhandelskaufmann Walter Sauter e.K. hätte den bei der Duisburger Elektrohandelsgesellschaft GmbH zum Preis von 500,00 EUR gekauften Kühlschrank an Frau Adelinde Reisch zu 800,00 EUR weiterverkaufen können. Abzüglich aller Kosten hätte Walter Sauter einen Gewinn von 240,00 EUR erzielen können. Wegen Verzugs der Duisburger Elektrohandelsgesellschaft GmbH scheitert der Weiterverkauf. Der Einzelhandelskaufmann Walter Sauter e.K. kann 240,00 EUR entgangenen Gewinn als Verzugsschaden geltend machen.

3.4.3 Rechte des Käufers nach erfolglosem Ablauf einer dem Verkäufer gesetzten angemessenen Frist zur Leistung oder Nacherfüllung

(1) Rücktritt vom Kaufvertrag

Der Käufer kann vom Kaufvertrag zurücktreten, wenn die dem Verkäufer vorher gesetzte **angemessene Frist** zur Leistung oder Nacherfüllung (siehe § 439 BGB) **erfolglos abgelaufen** ist. Diese **Fristsetzung** ist z.B. **entbehrlich,** wenn der Verkäufer die Leistung ernsthaft und endgültig verweigert, beim **Fixkauf**[1] oder wenn vorliegende Umstände unter Abwägung der beiderseitigen Interessen den **sofortigen Rücktritt rechtfertigen.** Der Käufer ist trotz Wahrnehmung des Rücktrittsrechts berechtigt, für die verzugsbedingten Schäden Ersatz zu verlangen [§ 325 BGB].

---

1 Ein **Fixkauf** liegt vor, wenn der Zweck des Kaufvertrags mit der Einhaltung eines bestimmten Termins steht oder fällt. Nachstehende Klauseln in einem Kaufvertrag weisen auf ein Fixgeschäft hin: 60 Weihnachtsbäume, lieferbar fix zum 20. Dezember 20..; die Ware ist genau am 15. April 20.. zu liefern; Ablieferung des Hochzeitsstraußes spätestens am 11. Februar 20.., 10:00 Uhr.

Beispiel:

Der Verkäufer liefert nicht. Der Käufer tritt vom Kaufvertrag zurück, weil er die bestellte Ware inzwischen anderweitig zu einem günstigeren Preis kaufen kann. Trotz des nicht mehr bestehenden Vertrags wird der Warenschuldner (Verkäufer) mit den bereits entstandenen Verzugskosten belastet.

(2) Schadensersatz statt der Leistung

Ist die Leistung oder Nacherfüllung nach Ablauf der gesetzten angemessenen Frist nicht erfolgt, so kann der Käufer nach §§ 280 I, III; 281ff. BGB **Schadensersatz statt der Leistung** verlangen. Ersatzfähig sind in diesem Fall insbesondere die Mehrkosten eines **Deckungsgeschäfts.** Daneben kann der Käufer auch Ersatz für solche Schäden verlangen, die dadurch entstanden sind, dass er Aufträge nicht ausführen kann und es daraufhin zu Gewinneinbußen kommt (entgangener Gewinn). Verlangt der Käufer Schadensersatz statt der Leistung, hat er keinen Anspruch mehr auf die Leistung [§ 281 IV BGB].

Bei der **Schadensberechnung** sind drei Vorgehensweisen zu unterscheiden: die konkrete Schadensberechnung, die abstrakte Schadensberechnung und die Konventionalstrafe.

Konkrete Schadensberechnung	Musste sich der Käufer die Waren anderweitig zu einem höheren Preis beschaffen, kann er von dem säumigen Verkäufer anhand der quittierten Rechnung den Preisunterschied zwischen dem Vertragspreis und dem Preis des **Deckungskaufs** verlangen.
Abstrakte Schadensberechnung	Falls der Käufer keinen Deckungskauf getätigt hat, kann er Schadensersatz für den ihm durch den Lieferungsverzug wahrscheinlich „entgangenen" Gewinn geltend machen.
Konventionalstrafe	Um den Verkäufer zum pünktlichen Einhalt der Lieferfrist anzuhalten und um Schäden nicht nachweisen zu müssen, wird manchmal eine Vertragsstrafe vereinbart. Der Geldbetrag wird dann im Allgemeinen vom Verkäufer bei einer Bank hinterlegt. Er verfällt, sobald der Verkäufer in Verzug gerät.

(3) Ersatz notwendiger vergeblicher Aufwendungen

Der Käufer kann anstelle des Schadensersatzes statt der Leistung auch Ersatz vergeblicher Aufwendungen verlangen. Diese müssen aber angemessen sein und nachgewiesen werden.

✔ Lösung des einführenden Rechtsfalls

Die Maschinenfabrik Schlegel GmbH befindet sich seit dem 20. Juli 20.. in Lieferungsverzug, da die Leistung zu diesem Zeitpunkt fällig ist, eine Mahnung wegen der kalendermäßigen Bestimmtheit der Leistungszeit nicht erforderlich ist und ein Verschulden des Lieferers angenommen werden kann. Die Baumarktkette Gerhard Scheuerle OHG kann weiterhin die Lieferung der Bohrmaschinen und zusätzlich noch Schadensersatz wegen Verzögerung der Leistung fordern [§§ 280 I, II; 286, 288, 252 BGB].

Die Baumarktkette Gerhard Scheuerle OHG muss, will sie vom Kaufvertrag zurücktreten oder Schadensersatz statt der Leistung verlangen, der Maschinenfabrik Schlegel GmbH zunächst eine angemessene Frist setzen. Erst wenn die dem Verkäufer gesetzte angemessene Frist zur Leistung oder Nacherfüllung (siehe § 439 BGB) erfolglos abgelaufen ist, ist ein Rücktritt und ein Schadensersatz statt der Leistung möglich [§§ 323, 280 I, III; 281ff. BGB].

Zusammenfassung

- Ein **Lieferungsverzug** liegt vor, wenn ein Verkäufer seine geschuldete Leistung nicht oder nicht rechtzeitig erfüllt und er diese Nichtleistung oder zu späte Leistung verschuldet hat.

- **Voraussetzungen des Lieferungsverzugs**
  - Fälligkeit der Leistung
  - Verschulden des Verkäufers
  - Mahnung

- Eine **Mahnung** ist z. B. in folgenden Fällen **nicht erforderlich**:
  - Die Leistungszeit ist kalendermäßig bestimmt oder bestimmbar.
  - Die geschuldete Leistung wird durch den Verkäufer (Schuldner) ernsthaft und endgültig verweigert.

- **Rechtsfolge des Lieferungsverzugs:**

  Erweiterte Haftung (Verantwortlichkeit) des säumigen Verkäufers während des Verzugs, auch für Zufall (z. B. höhere Gewalt).

- **Rechte des Käufers**
  - ohne angemessene Fristsetzung
    - nachträgliche Leistung
    - und/oder
    - Verzugsschaden (Verspätungsschaden)
  - nach erfolglosem Ablauf einer angemessenen Frist
    - Schadensersatz
      - Schadensersatz statt der Leistung
      - anstelle des Schadensersatzes statt der Leistung: Ersatz notwendiger vergeblicher Aufwendungen
    - Vertragsrücktritt (beim gegenseitigen Vertrag) und gegebenenfalls Schadensersatz statt der Leistung

Übungsaufgaben

23 1. Die Holzhandlung Hubert Spieß e. Kfm. bestellte am 15. März aufgrund eines verbindlichen Angebots vom 13. März bei der Holzgroßhandlung Spallek GmbH 60 m^3 Eichenschnittholz. Lieferung: sofort. Nach 14 Tagen ist die Lieferung noch nicht erfolgt. Es liegt ein Versehen der Versandabteilung vor.

Aufgaben

1.1 Prüfen Sie, ob die Holzgroßhandlung Spallek GmbH in Verzug ist! Begründen Sie Ihre Entscheidung!

1.2 Ändert sich die Rechtslage, wenn die Holzgroßhandlung Spallek GmbH die Lieferung bis 25. März fest zugesagt hat?

1.3 Wir gehen davon aus, dass die Lieferung bis zum 25. März hätte erfolgen müssen (Fall 1.2), die Lieferung aber noch nicht bei der Holzhandlung Hubert Spieß e.Kfm. eingetroffen ist. Welche Rechte stehen der Holzhandlung Hubert Spieß e.Kfm. mit und ohne Fristsetzung zu, falls die Holzgroßhandlung Spallek GmbH in Verzug ist?

1.4 Von welchem Recht wird die Holzhandlung Hubert Spieß e.Kfm. Gebrauch machen, wenn – ausgehend von Fall 1.3 – der Preis für Eichenschnittholz inzwischen gefallen ist?

2. Kann der Käufer beim Lieferungsverzug vom Kaufvertrag zurücktreten und zusätzlich noch Schadensersatz verlangen?

3. Unter welchen wirtschaftlichen Bedingungen wird der Käufer beim Lieferungsverzug:
   3.1 nur auf Erfüllung der vertraglichen Verpflichtungen bestehen,
   3.2 Erfüllung und Verzugsschaden fordern,
   3.3 vom Kaufvertrag zurücktreten und
   3.4 Schadensersatz statt der Leistung verlangen?

4. Entscheiden Sie bei folgenden Angaben der Leistungszeit, ob der Verkäufer vom Käufer durch eine Mahnung in Verzug gesetzt werden muss:
   4.1 Heute in drei Monaten,
   4.2 im Juli 20..,
   4.3 im Laufe des März 20..,
   4.4 am 28. Juli 20..,
   4.5 14 Tage nach Weihnachten 20..,
   4.6 8 Tage nach Abruf,
   4.7 sofort,
   4.8 20 Tage nach Erhalt der Bestellung.

5. Der Holzgroßhändler Gnädinger e.Kfm. hat am 29. Juni 20.. 60 m^3 Eichenschnittholz zu liefern. Weil er den Termin vergessen hat, liefert er nicht vereinbarungsgemäß. Am 4. Juli 20.. verbrennt sein Holzlager durch Brandstiftung.

   Aufgabe

   Ist Gnädinger hierdurch von seiner Leistungspflicht befreit?

6. Die Thorsten Stiefenhofer KG (Verkäufer) und Maria Kieble e.Kfr. (Käuferin) vereinbaren im Kaufvertrag den 20. April 20.. als Liefertermin.

   Maria Kieble e. Kfr. schreibt der Thorsten Stiefenhofer KG am 10. April 20.., sie würde sich in Lieferungsverzug befinden, da die Lieferung bis jetzt noch nicht bei ihr eingegangen sei.

   Aufgaben

   6.1 Was würden Sie der Thorsten Stiefenhofer KG raten, Maria Kieble e.Kfr. zu schreiben?
   6.2 Die Thorsten Stiefenhofer KG hat bis 20. April 20.. (vereinbarter Liefertermin) nicht geliefert. Befindet sich die Thorsten Stiefenhofer KG in Lieferungsverzug, wenn sie die Kaufsache wegen eines mehrwöchigen Streiks nicht produzieren kann?

7. Das Spielwarenhaus Götz Strübel OHG bestellt Spielwaren bei der Leonberger Spiele GmbH. Vereinbarter Liefertermin: fix 14. Oktober d.J. Am 14. Oktober teilt die Leonberger Spiele GmbH mit, dass sich die Lieferung wegen einer Überschwemmung nach einem Unwetter um einige Wochen verzögern wird.

   Aufgaben

   7.1 Prüfen Sie, ob sich die Leonberger Spiele GmbH in Lieferungsverzug befindet! Begründen Sie Ihre Ansicht!
   7.2 Ändert sich die Rechtslage, wenn es sich um Spielwaren handelt, die nur die Leonberger Spiele GmbH herstellt und vertreibt?

8 Speth – ISBN -13: 978-3-8120-0539-5

8. Die Gemüsekonserven der Lebensmittelwerke Reiter KG werden vom Lebensmittelgeschäft Schlachter & Rauch OHG geprüft und auf Lager genommen. Bei einer späteren Kontrolle ist deutlich zu erkennen, dass 10 Dosen verdorben (Bombage) und deshalb unverkäuflich sind.

Aufgaben

8.1 Innerhalb welcher Frist müssen bei zweiseitigen Handelsgeschäften versteckte Mängel angezeigt werden?

8.2 Welche Ansprüche kann das Lebensmittelgeschäft Schlachter & Rauch OHG bei rechtzeitig erteilter Mängelrüge gegen die Lebensmittelwerke Reiter KG geltend machen?

8.3 Was wird das Lebensmittelgeschäft Schlachter & Rauch OHG in diesem Fall zweckmäßigerweise verlangen?

24 1. Das Kinderland Hannelore Schlegel e. Kfr., Blaustein, erhielt folgendes schriftliches Angebot der Textilwerke Maucher GmbH, Bruchsal (Datum des Angebots: 10. Mai 20..):

> Kindermatratze Schlafwohl, 100 x 48 x 10 cm
> Preis pro Stück 35,00 EUR
>
> Lieferbedingungen: Die Lieferung erfolgt 10 Tage nach Auftragserteilung durch die Deutsche Bahn AG „frachtfrei". Mindestbestellmenge: 50 Stück. Es gilt der gesetzliche Leistungsort.

Am 15. Mai 20.. bestellt das Kinderland Hannelore Schlegel e. Kfr. lt. Angebot 80 Matratzen.

Aufgaben

1.1 Begründen Sie, ob durch die Bestellung ein Kaufvertrag zustande kam!

1.2 Welche Pflichten entstehen beim Abschluss eines Kaufvertrags für den Käufer und den Verkäufer?

1.3 Wie werden die Transportkosten in diesem Fall aufgeteilt?

1.4 Wo befindet sich jeweils der gesetzliche Leistungsort?

1.5 Am 10. Juni 20.. sind die Kindermatratzen noch nicht eingetroffen.

1.5.1 Prüfen Sie, ob sich die Maucher GmbH im Lieferungsverzug befindet!

1.5.2 Würde sich an der Rechtslage etwas ändern, wenn als Liefertermin der 28. Mai 20.. vereinbart worden wäre?

1.5.3 Welche Rechte kann der Käufer grundsätzlich beim Lieferungsverzug geltend machen?

1.5.4 Für welches Recht würden Sie sich entscheiden, wenn die Matratzen dringend benötigt werden und kurzfristig von keinem anderen Lieferanten bezogen werden können?

2. Die Lebensmitteleinzelhandlung Heinz Schaffer KG, Pforzheim, bestellte am 20. Februar 20.. telefonisch bei der ERNTEFRISCH-Conserven GmbH, Groß-Gerau, 200 1/1 Dosen Mischpilze zum Preis von 0,65 EUR netto wie gehabt zur Lieferung bis 28. Februar fest. Der Auftrag wurde umgehend schriftlich bestätigt.

Aufgaben

2.1 Welche Kaufvertragsart liegt vor?

2.2 Trotz Auftragsbestätigung mit fest zugesagtem Liefertermin trifft die dringend benötigte Ware am 28. Februar nicht ein. Herr Oberem, Einkäufer bei der Heinz Schaffer KG, bestellt deshalb am 1. März bei den Lebensmittelwerken Schübel KG, Karlsruhe, 200 1/1 Dosen Mischpilze zum Preis von 0,80 EUR je Dose. Am 2. März trifft die bei der Schübel KG bestellte Ware ein.

2.2.1 Welche Rechte stehen der Lebensmitteleinzelhandlung Heinz Schaffer KG gegenüber der ERNTEFRISCH-Conserven GmbH wahlweise zu?

2.2.2 Für welchen Anspruch wird sich Herr Oberem entscheiden? Begründen Sie Ihre Entscheidung!

25

„Ich weiß auch nicht, warum unser Verkäufer …“

Über den Versuch eines Kunden, bestellte Möbel auch geliefert zu bekommen

Der Kunde, der an einem schönen Mittwochmorgen am 23. August ein Möbelhaus betritt, wendet sich an einen Verkäufer: „Guten Tag, ich hätte gerne die 4 Regalteile dort, diesen Schreibtisch, beides in Kirschbaum, und dazu noch einen solchen Bürostuhl.“ Zunächst irritiert über die Entschlussfreudigkeit des Kunden, greift der Verkäufer sofort zum Auftragsbuch, nimmt die Wünsche entgegen, rechnet den Gesamtpreis aus und weist den Kunden auf die übliche Anzahlung von 20% hin. „Kein Thema“, sagt der Kunde. Bis zu diesem Zeitpunkt also nahezu ein Bilderbuchfall. Dann versteigt sich der Verkäufer zu einer Äußerung, die sich im nachhinein als fatal[1] erweisen sollte: „Dieser Hersteller liefert nach meinen Erfahrungen sehr zügig, die Möbel sind in ungefähr drei Wochen da.“

Am 19. September mahnt der Kunde das Möbelhaus an, um sich nach dem Verbleib seiner Möbel zu erkundigen, auf die er bereits seit einer Woche wartet. Die Antwort: „Der Hersteller hat uns die Lieferung der Möbel bis zum Ende dieser Woche, also bis zum 24. September versprochen. Wir liefern Ihnen dann unverzüglich am 27. September.“

Nächster Anruf des Kunden am 28. September. Eine Schreckensnachricht: Die Möbel sollen jetzt erst in der 41. Woche ankommen, also Mitte Oktober, glatte 4 Wochen nach dem vorgesehenen Termin. Als der Kunde seinen Unmut darüber äußert, entgegnet ihm seine Gesprächspartnerin, sie „könne ja nichts dafür“, wenn der Hersteller nicht pünktlich liefere. „Ich vermittle doch nur zwischen Ihnen und dem Hersteller.“ Der Käufer stellt klar: „Ich will die Möbel bis zum 5. Oktober haben!“

Am 5. Oktober sind die Möbel endlich beim Kunden eingetroffen. Beim Auspacken stellt der Kunde fest, dass die Möbel bis in das kleinste Teil nach Lego-Art zerlegt sind, kein Teil ist montiert. Zum Zusammenbau der Regale benötigt der Kunde vier Stunden.

Den Höhepunkt bildet jedoch der Schreibtisch: In den Holzplatten sind nicht einmal Löcher gebohrt! „Wie soll ich denn die Schrauben hineindrehen ohne Löcher?“, stöhnt der Kunde. Entnervt wendet er sich seiner letzten Neuerwerbung zu. Endlich klappt alles. Der Bürostuhl ist äußerst bequem. Am nächsten Tag sitzt der Käufer auf seinem Stuhl und ruft wieder beim Möbelhaus an, um seinen Schreibtisch zu reklamieren. Plötzlich bricht die Rückenlehne ab und er stürzt schwer zu Boden und bricht sich beide Arme.

(In Anlehnung an Martin T. Roth, FAZ vom 28. November 2000.)

Aufgaben

1. Beschreiben Sie verbal oder mit Hilfe einer Skizze, wie in vorliegendem Fall ein Kaufvertrag zustande kommt!
2. Der Kunde wartet auf seine Möbel.
   2.1 Ab wann ist das Möbelhaus in Verzug? Begründen Sie Ihre Antwort!
   2.2 Welche Rechte hat der Kunde zu diesem Zeitpunkt?
   2.3 Was erreicht der Käufer mit seiner Fristsetzung am 28. September?
3. Beurteilen Sie die Aussage: „Ich vermittle doch nur zwischen Ihnen und dem Hersteller“ aus rechtlicher Sicht!
4. Begründen Sie, ob der Kunde die Zeit zum Aufbau der Regale dem Möbelhaus in Rechnung stellen kann!
5. Um welchen Sachmangel handelt es sich beim Fehlen von Montagebohrungen?

1 Fatal: Verhängnisvoll.

4 Lagerhaltung[1]

Harry Fleiner ist seit einer Woche Auszubildender in einem Fachgeschäft für Herrenmode in der Münchener City. Seinem Freund Frank erzählt er, dass er in dieser Woche überwiegend damit beschäftigt war, die neue Winterware auszupacken und diese im Verkaufsraum entsprechend einzusortieren. Frank erkundigt sich danach, ob das Fachgeschäft denn über kein Lager verfüge. Harry klärt seinen Freund mit dem Satz auf: „Wir haben kein Lager. Unsere Geschäftsräume sind dafür zu klein und ein Lager einzurichten wäre wegen der City-Lage auch viel zu teuer."

Hat Harry Fleiner mit der Aussage über das Lager Recht?

(Die Lösung des Vorgangs finden Sie auf S. 127.)

4.1 Aufgaben (Funktionen) eines Lagers

Ein Einzelhändler kann auf eine Lagerhaltung nicht verzichten, da er nicht verlässlich voraussagen kann, zu welchem Zeitpunkt und in welcher Menge seine Kunden einen Artikel kaufen möchten. Dem Lager kommt somit die generelle Aufgabe zu, die Zeitspanne zwischen Warenbeschaffung und Warenverkauf auszugleichen. Im Einzelnen erfüllt das Lager folgende Aufgaben:

(1) Sicherung der Verkaufsbereitschaft

Die Lagerhaltung sichert dem Einzelhändler einen reibungslosen Warenverkauf, wenn die Warenproduktion, der Warentransport oder die Nachfrage Schwankungen und Verzögerungen ausgesetzt sind, z.B. durch saisonale Schwankungen in der Nahrungsmittelherstellung, durch Streiks, Transportschwierigkeiten, Beschaffungsschwierigkeiten bei Saisonware wie Feuerwerkskörper zu Neujahr, Schokoladeneier zu Ostern. Die Lagerhaltung übernimmt in solchen Fällen eine **Sicherungsfunktion.**

Beispiel:

Ein Kaufhaus lagert Feuerwerkskörper aus China bereits im Oktober für das Neujahrsgeschäft. Durch den frühzeitigen Bezug der Ware vermeidet das Kaufhaus Liefer- und Transportverzögerungen.

Eine hohe Verkaufsbereitschaft bedeutet einen hohen Lagerbestand und bindet damit Kapital. Der Einzelhändler muss daher darauf bedacht sein, zwischen dem Sicherheitsdenken (hohe Verkaufsbereitschaft) und den hierfür anfallenden Kapitalkosten einen Ausgleich zu schaffen.

(2) Zeitlicher Ausgleich zwischen Herstellung und Verkauf

Um kostengünstig produzieren zu können, sind Industriebetriebe oftmals gezwungen, bestimmte Artikel nur in einer festgelegten Zeitfolge herzustellen, um Großserien zu ermöglichen. Wird der Artikel jedoch vom Kunden über das gesamte Jahr hinweg nachgefragt, muss die Ware gelagert werden. Die Lagerung wird je nach Nachfragesituation von der

1 Die Frage einer wirtschaftlichen Lagerhaltung (Berechnung von Lagerkennzahlen) wird auf den S. 129ff. behandelt.

Industrie selbst, vom Großhandel oder vom Einzelhandel übernommen. Das Lager hat hier eine **Zeitüberbrückungsfunktion**.

(3) Nutzen von Preisvorteilen

Die Lagerhaltung kann dazu genutzt werden, Kostenvorteile bei der Beschaffung zu erzielen. So können durch die größeren Bestellmengen höhere Preisnachlässe erzielt sowie Transport- und Verpackungskosten eingespart werden **(Kostensenkungsfunktion)**. Außerdem hat der Einzelhändler die Möglichkeit, für seinen Einkauf einen günstigen Zeitpunkt auszuwählen (z.B. ein Lieferant möchte zum Saisonende sein Lager räumen) bzw. Preisschwankungen auszunutzen **(Preisausgleichsfunktion)**.

Beispiele:

Ausnutzen von Mengenrabatten, Skonti, Senkung der Transportkosten durch bessere Auslastung des Laderaums und günstigere Frachtsätze, Einsparung von Verpackungskosten durch Verwendung von Großraumbehältern (Containern). Hierbei sind jedoch unbedingt die mit steigenden Lagerbeständen verbundenen höheren Lagerhaltungskosten in Anrechnung zu bringen.

Bei zu erwartenden beträchtlichen Preissteigerungen werden die Lager aufgefüllt, bei Preissenkungen abgebaut.

(4) Erhöhung der Qualität und des Verkaufswertes der Ware

Teilweise wird die Ware im Lager eines Einzelhändlers z.B. durch umpacken, sortieren, zerlegen, mischen erst verkaufsfähig gemacht. Ferner kann bei manchen Waren durch das Einhalten von Reifezeiten die Qualität und damit der Verkaufswert gesteigert werden **(Reifungsfunktion)**.

Beispiele:

Sortieren einer Lieferung Hemden nach Größe und Muster; Abpacken von Orangen, Kartoffeln usw.; Zusammenstellen einer Bonbon- oder Pralinenmischung; Lagerung von Käse oder Wein zur Steigerung der Qualität; Zerlegen von Fleisch in kundengerechte Portionen.

4.2 Lagerarten

4.2.1 Verkaufs- und Reservelager

(1) Verkaufslager

Das Verkaufslager ist im Einzelhandel in der Regel das Ladengeschäft, sodass der Kunde rasch bedient werden kann bzw. sich selbst bedienen kann. In kleinen Einzelhandelsgeschäften werden fast alle Waren im Verkaufsraum gelagert, und außerdem werden dort oft auch alle Lagerarbeiten erledigt (Warenabnahme, -prüfung, -auszeichnung usw.). Im Verkaufsraum werden die Waren kundengerecht präsentiert und werbewirksam ausgestellt, um dem Kunden eine angenehme Einkaufsatmosphäre zu bieten.

(2) Reservelager

Das Reservelager (Handlager) dient dem schnellen Auffüllen der Bestände im Verkaufsraum und befindet sich häufig unmittelbar neben dem Verkaufsraum. Das Reservelager wird oft auch dazu genutzt, verkaufsvorbereitende Aufgaben (auspacken, prüfen, auszeichnen usw.) vorzunehmen. Im Reservelager befindet sich insbesondere Ware, die noch nicht ausgezeichnet ist, die noch zu bearbeiten ist oder die noch nicht in den Verkauf gehen soll (z.B. Aktionsware, Weihnachtsschmuck, Saisonware, die vor der Saison geliefert wurde und gelagert werden muss).

4.2.2 Zentrallager und Warenverteilzentrum

(1) Zentrallager

Versandhäuser und die Großbetriebe des Einzelhandels (Kaufhauskonzerne, Filialunternehmen) besitzen häufig ein Zentrallager. Zentrale Läger werden hauptsächlich zur Bevorratung für die Belieferung von Filialen, Großkunden und Regionallägern eingerichtet.

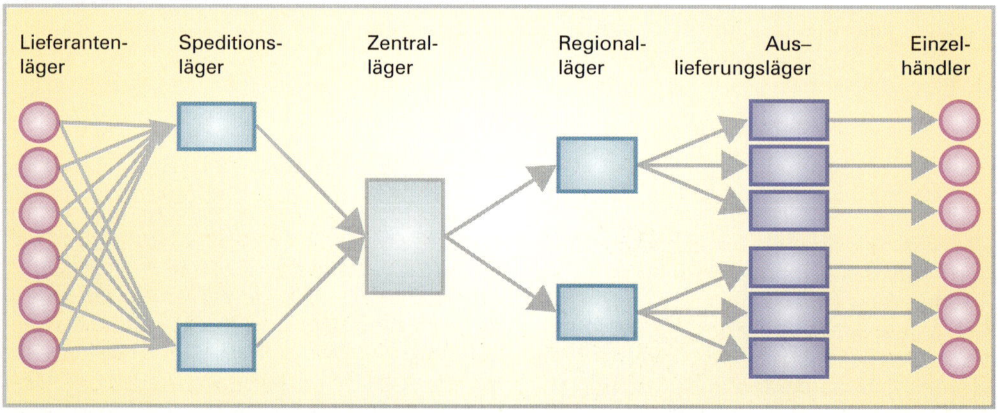

Vom Zentrallager werden alle Aufgaben der Lagerwirtschaft übernommen (Warenabnahme, -prüfung, -pflege, -erhaltungsmaßnahmen, Lagerung der Ware, Leergutverwaltung, Lagerbuchführung usw.). Zentralläger haben sowohl Vorteile als auch Nachteile.

Vorteile von Zentrallägern sind:

- geringer Grundstücks und Gebäudebedarf,
- wirtschaftliche Lagerung infolge hoher Lagermengen,
- geringe Lagerraumkosten,
- reduzierte Personalkosten infolge eines konzentrierten EDV-Einsatzes,
- einfachere, weil automatisierte Einlagerung und Auslagerung,
- geringere Bestände durch Zusammenfassung von Sicherheitsbeständen,
- gute Organisationsmöglichkeit,
- kurze Auslieferzeiten.

Nachteile von Zentrallägern bestehen

- in längeren Transportwegen,
- hohen Kosten bei schlechter Kapazitätsauslastung,
- schlechteren Kontakten zu den Bedarfsträgern,
- in einer Schwerfälligkeit bei sich häufig ändernden Bedingungen.

(2) Dezentrale Läger

Dezentrale Läger werden überwiegend zur Bevorratung für die Belieferung von Kunden im Regionalbereich unterhalten. Die Aufgaben der Lagerwirtschaft werden von mehreren Organisationseinheiten nebeneinander wahrgenommen.

Vorteile	Kurze Wege zum Verbraucher Kundenwünsche können in der Bevorratung besser berücksichtigt werden Sortimentsanpassung an die regionalen Bedürfnisse Bessere warenspezifische Lagerung möglich (Kühlung, Beheizung)
Nachteile	Hoher Raum- und Verwaltungskostenaufwand Hoher Personaleinsatz

(3) Warenverteilzentrum

Cross-Docking[1]

Ziel des Cross-Docking ist es, die Warenlieferungen zwischen Hersteller und Händler[2] weiter zu verbessern. Dazu wird die Zulieferung der Ware vom Hersteller an das Lager des Händlers **(Docking-Punkt)** und die Auslieferung der Ware z.B. an die Filialen des Händlers zeitlich oder mengenmäßig so koordiniert, dass die Einlagerung der Ware entbehrlich wird.

1 Cross (engl.): Kreuz; dock (engl.): Anlage.

2 Händler können die Großbetriebe des Einzelhandels, der Versandhandel oder ein Großhändler sein.

Man unterscheidet zwei Fälle:

- Die vom Händler bestellte Ware wird vom Lieferanten mit der Adresse der Filiale des Händlers beschriftet. Am Docking-Punkt wird die Ware nach ihrer Bearbeitung (z. B. Etikettierung, Anbringen von Diebstahlsicherungen, Überprüfung auf Verpackungsschäden, Vergleich der bestellten Menge mit der tatsächlich eingetroffenen Menge usw.) neu verladen und zugestellt **(einstufiges Cross-Docking).**

- Bezieht sich die Warensendung des Herstellers auf mehrere Filialen des Händlers, so wird die Ware nach ihrer Bearbeitung zuerst nach Empfängern neu zusammengestellt (kommissioniert) und dann erst zugestellt **(zweistufiges Cross-Docking).**

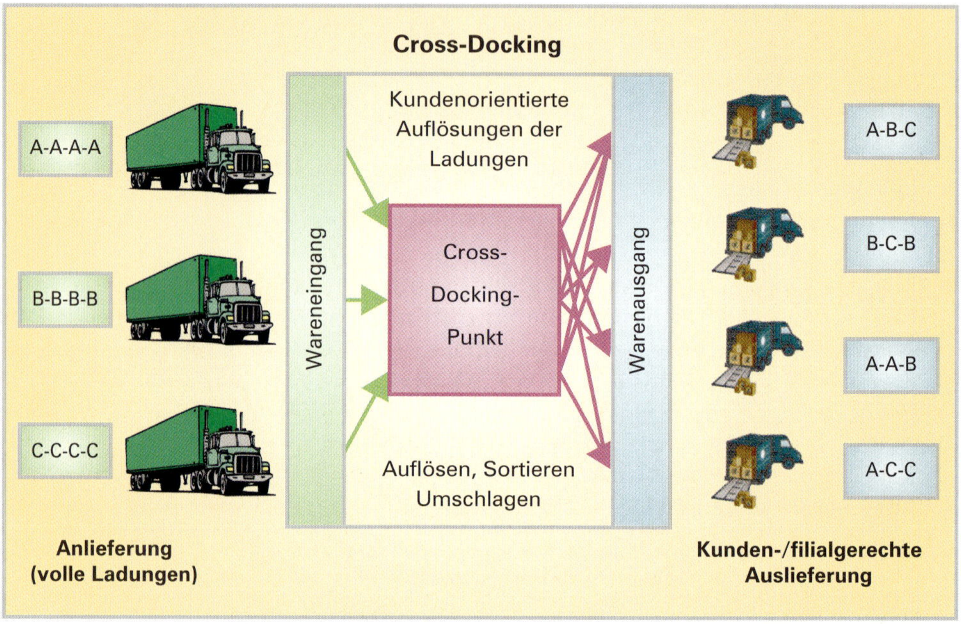

(In Anlehnung an: Prof. Dr.-Ing. W. Ullmann – TFH Berlin.)

Zweistufiges Cross-Docking

Efficient Consumer Response (ECR)[1]

Ziel des ECR ist es, einen abgestimmten elektronischen Informations- und Warenfluss zwischen den Herstellern und dem Handel aufzubauen, damit der Kunde die gewünschte Ware zum richtigen Zeitpunkt, in ausreichender Menge und zum besten Preis im Markt bekommt. Bezüglich des Warenflusses stellt das System des Cross-Docking einen wichtigen Baustein des ECR dar.

1 Übersetzt bedeutet Efficient Consumer Response: Wirksame Antwort (Reaktion) auf die Kundennachfrage.

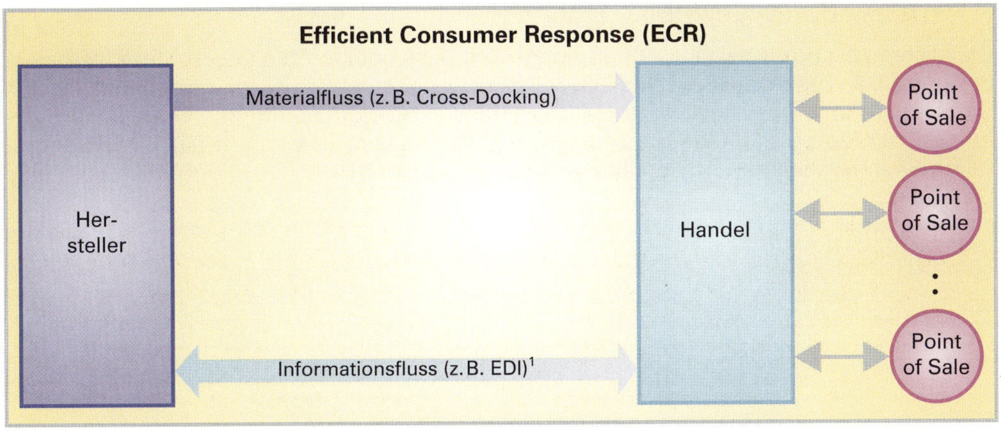

(In Anlehnung an: Prof. Dr.-Ing. W. Ullmann – TFH Berlin und Roland Berger & Partner.)

Die ständige Information des Handels über die Kundenwünsche soll letztlich dazu führen, dass die Hersteller nur noch solche Waren produzieren, die vom Kunden nachgefragt werden.

(4) Just-in-time-Lieferung[2]

Der Einzelhandel versucht, um Kosten einzusparen, einen Teil der Lagerkosten auf den Großhandel und die Hersteller abzuwälzen. Dies ist nur möglich bei einer engen Verzahnung zwischen Informations- und Materialfluss. Nur wenn sichergestellt ist, dass die Warenbeschaffung kurzfristig und in der benötigten Menge erfolgt, kann der Einzelhändler seinen Lagerbestand klein halten.

Aufseiten des Einzelhandels setzt das Just-in-time-Verfahren ein ausgebautes Warenwirtschaftssystem voraus und aufseiten der Hersteller und des Großhandels ein hoch entwickeltes Waren-Distributionssystem.[3] Insoweit bedingen sich die Just-in-time-Lieferung, das Cross-Docking und das ECR gegenseitig. Allerdings ist die Just-in-time-Lieferung im Einzelhandel erst in Ansätzen verwirklicht.

Wir merken uns:

Die **Just-in-time-Konzeption** bezieht sich heute keineswegs nur darauf, den Lagerbestand möglichst klein zu halten. Sie ist vielmehr eine marktorientierte Art der Unternehmensführung, die darauf abzielt, rasch und flexibel auf die sich ändernde Kundennachfrage reagieren zu können.

4.2.3 Lagerorganisation (Lagerbewirtschaftung)

Die Lagerbewirtschaftung beschäftigt sich damit, nach welchem Verfahren ein Lagerplatz vergeben wird. Hierbei unterscheidet man im Einzelhandel zwei Verfahren: die systematische Lagerplatzordnung und die chaotische Lagerplatzordnung.

1 **EDI**: Electronic Data Interchange. Wiederholen Sie hierzu die Ausführungen auf S. 31f.

2 **Just in time** (engl.): zur rechten Zeit, genau zum richtigen Zeitpunkt.

3 Distribution: Verteilung

(1) Systematische Lagerplatzordnung

Die systematische Lagerplatzordnung bedeutet, dass bestimmten Lagergütern festgelegte Lagerplätze zugewiesen werden (Gleiches zu Gleichem). Zu diesem Zweck wird für größere Lagerräume ein Lagerplan erstellt, mit dessen Hilfe die benötigten Güter schnell gefunden werden können. Jeder einzelne Raum (bzw. jede Abteilung) erhält eine Nummer (oder einen Buchstaben), jede Unterabteilung und jeder Platz (z.B. Regal, Schrank) eine Unternummer.

Beispiel:

Die Auszubildende Evi Neu der Eisenhandlung August Ebel e.Kfm. erhält den Auftrag, aus dem Lager fünf Schraubzwingen zu holen. Sie weiß weder was das ist, noch kann sie die Schraubzwingen finden. Die Auszubildende Frisch sagt ihr, sie solle im Lagerplan nachschauen. Dort findet sie unter dem Begriff „Schraubzwingen" den Vermerk 4/15/8. Frisch erklärt: „Die Schraubzwingen befinden sich im Lagerraum 4, Abteilung 15, Regal 8." Jetzt kann wirklich nichts mehr schief gehen.

Die feste Zuordnung der Waren zu den Lagerplätzen steigert zwar die Übersichtlichkeit, erhöht jedoch den Platzbedarf, weil die Lagerkapazität an den Höchstbeständen der einzelnen Waren auszurichten ist.

(2) Chaotische Lagerplatzordnung

Die chaotische Lagerplatzordnung kennt keinen Lagerplan. Eingehende Güter werden mittels EDV den jeweils gerade frei gewordenen Lagerplätzen zugewiesen, sodass es keine festen Lagerplätze für bestimmte Güterarten gibt. Der Lagerort wird von der elektronischen Führungseinrichtung gespeichert. Ziel der chaotischen Lagerplatzordnung ist die Optimierung der Lagerkapazität. Fallen die EDV-Systeme aus, so ist es jedoch fast nicht möglich, eine bestimmte Ware zu finden.

(3) Vor- und Nachteile der beiden Lagerplatzordnungen

Wichtige Unterscheidungsmerkmale der beiden Lagerplatzordnungen sind in der nachfolgenden Übersicht einander gegenübergestellt.

Unterscheidungsmerkmale	Systematische Lagerplatzordnung	Chaotische Lagerplatzordnung
Vorteile	– Lagerplatz bekannt – kein Lagerplatz-Verwaltungs- und Auskunftssystem erforderlich – einmaliger Aufwand für Systemerstellung	– gute Raumnutzung – kurze Transportwege durch Lagerplatzvergabe – größere Flexibilität – Verknüpfung Lagerplatz nach Eingangsdatum möglich
Nachteile	– schlechte Raumnutzung – alte Bestände liegen in der Regel hinter neuen Beständen (Verderb) – erheblicher Aufwand im Falle notwendiger Umorganisation	– aktuelle Pflege des Lagerplatz-Informationssystems – Lagergut nur mit Hilfe des Informationssystems auffindbar

Geeignet für	– Läger mit weitgehend konstanter Vorratsmenge je Warenart – Abholläger – Reserveläger (als Handläger)	– Läger mit stark schwankender Vorratsmenge je Warenart
Voraussetzungen		Lagerplatzverwaltung (EDV-Unterstützung, Datei, selten Kartei)

4.2.4 Lagergrundsätze

4.2.4.1 Allgemeine Lagergrundsätze

Die Anforderungen an das Lager sind zwar von Branche, Betriebsform und -größe abhängig, doch lassen sich auch **allgemeine Grundsätze** festlegen.

Allgemeine Lagergrundsätze	Erläuterungen
Warengerechte Lagerung vornehmen	Bei der Lagerung müssen die jeweiligen Wareneigenschaften berücksichtigt werden, um eine Beschädigung oder den Verderb der Ware zu verhindern (z. B. Tiefkühlkost vor Wärme, Textilien vor Licht, Papier vor Feuchtigkeit, Holz vor Schädlingsbefall schützen).
Ausreichende Lagergröße bereitstellen	Das Lager muss so groß gehalten werden, dass zum einen genügend Platz vorhanden ist um günstige Großeinkäufe tätigen zu können und zum anderen muss ein ausreichender Platz zur Verfügung stehen, damit die anfallenden Lagerarbeiten durchgeführt werden können (z.B. auszeichnen, umpacken, abwiegen, problemloses Einlagern und Entnehmen der Waren auch eventuell mit Hilfe von maschinellen Hilfen [Gabelstapler, Palettenhubwagen] usw.).
Auf Übersichtlichkeit des Lagers achten	Die Lagerorganisation ist so zu gestalten, dass die benötigte Ware schnell und ohne Verwechslung entnommen werden kann. Welche Lagerplatzordnung (systematische oder chaotische) verwendet wird, hängt vom Einzelfall ab.
Für Lagerarbeiten eine Ein- und Auslagerungsstrategie festlegen	Bei der **Fifo-Strategie** (First in – first out) werden jene Artikel zuerst entnommen, die schon am längsten auf Lager liegen. Dadurch wird das Risiko einer Überalterung des Lagerbestandes und damit ein möglicher Verderb verringert. Die **Lifo-Strategie** (Last in – first out) folgt dem genau umgekehrten Prinzip. Diese Strategie verringert Ein-/Auslagerungszeiten und vermeidet unter Umständen eine erforderliche Umlagerung, da der zuletzt eingelagerte Artikel auch am ehesten zu greifen ist. Die **wegeoptimierte Ein-/Auslagerung** strebt danach, eine notwendige Einlagerung mit einer Auslagerung zu verbinden, um zeitaufwändige Leerfahrten des Transportsystems (z. B. im Hochregallager) zu minimieren.
Auf Lagersicherheit und Umweltschutz achten	Vom Lager gehen Gefahren für die dort arbeitenden Menschen, dem Lagergut selbst und die betriebliche Umwelt (z. B. Menschen, Tiere, Pflanzen, Luft, Wasser) aus. Deswegen hat der Gesetzgeber eine Fülle von Sicherheits- und Umweltschutzauflagen erlassen, um die Gefährdungen möglichst gering zu halten; z. B. Gesetz zum Schutz vor schädlichen Umwelteinwirkungen durch Luftverunreinigungen, Geräusche, Erschütterungen und ähnliche Vorgänge (Bundes-Immissionsschutzgesetz [BImSchG]); Gesetz zum Schutz vor gefährlichen Stoffen (Chemikaliengesetz [ChemG]); Gesetz zur Ordnung des Wasserhaushalts (Wasserhaushaltsgesetz [WHG]). Zum Schutz des Lagerpersonals dienen vor allem die Schutzvorschriften der Berufsgenossenschaften und die Arbeitsstättenverordnung [ArbStättV].

4.2.4.2 Warenpflege

Wir merken uns:

Maßnahmen der **Warenpflege** hängen weitgehend von den Eigenschaften der gelagerten Güter ab.

Die Aufgabe der „Warenpflege" ist, den Wert der gelagerten Ware zu erhalten, nicht selten sogar zu verbessern (z.B. durch Reifen von Rotweinen, Weinbränden und bestimmten Käsesorten). Zu diesem Zweck sind nicht nur die Waren selbst, sondern auch die Lagereinrichtungen (z.B. Kühlanlagen, Luftfeuchtigkeitsregler, Heizanlagen, Lichtschutzvorrichtungen) sachgemäß zu pflegen.

Die Pflegebedürftigkeit der einzelnen Warenarten ist so unterschiedlich, dass kaum allgemein gültige Aussagen gemacht werden können. Manche Warenarten sind von Umwelteinflüssen ganz oder fast ganz unabhängig, sodass sie im Freien gelagert werden können und einer „Pflege" kaum bedürfen (z.B. Schüttgüter wie Steine, Sand, Kies usw.). Andere Waren hingegen brauchen Schutz gegen Licht (z.B. Konserven in Gläsern, Papier- und Druckerzeugnisse), gegen Wärme (viele Lebensmittel, Wachserzeugnisse), gegen Kälte (z.B. Saatgut, Frischgemüse und -obst), gegen Trockenheit (z.B. Wolle, Tabak) oder gegen Feuchtigkeit (z.B. zahlreiche Metallwaren, Maschinen, Möbel).

4.2.4.3 Umweltbewusstes Lagerwesen

(1) Technische Vorkehrungen und organisatorische Maßnahmen

Je nach Lagergut können offene oder geschlossene Lager danach unterschieden werden, ob in ihnen gefahrlose Stoffe oder Gefahrstoffe gelagert werden. Ein umweltbewusstes Lagerwesen hat die Aufgabe, diese Lager so zu gestalten, dass während der Lagerung Stoffe bzw. Güter nicht ungewollt beispielsweise durch Abfließen, Ausströmen oder Versickern in die natürliche Umwelt gelangen. Hierbei sind sowohl umfangreiche **technische Vorkehrungen** (z.B. wasserdichte Verschalung, Auffangbecken) als auch **organisatorische Maßnahmen** zur Vorsorge zu ergreifen.

Organisatorische Maßnahmen sind z.B. die Führung eines Lagerverzeichnisses, die Einführung eines Überwachungssystems, das die ordnungsgemäße (sichere) Lagerung von eingehendem Gefahrgut sicherstellt, sowie die Installation eines Lagerinformationssystems mit Messfühlern.

Investitionen in den Umweltschutz können sich längerfristig rentieren, weil durch die erzielte Minderung des Umweltrisikos die damit verbundenen Kosten (z.B. Sanierungskosten, Schadensersatzansprüche) gesenkt werden. So können bei drohenden Lagerstörfällen rechtzeitig Gegenmaßnahmen ergriffen werden, sodass erst gar keine Umweltschäden eintreten. Aufgrund von Umweltschutzmaßnahmen können auch die Lagerversicherungskosten durch die Einstufung in niedrigere Schadensklassen verringert werden.

(2) Kreislaufwirtschafts- und Abfallgesetz [KrW-/AbfG]

Abfälle

Wir merken uns:

Abfälle sind alle beweglichen Sachen, deren sich ihr Besitzer entledigt, entledigen will oder entledigen muss [§ 3 KrW-/AbfG].

Das Gesetz unterscheidet bei den Abfällen zwischen **Abfällen,** die **wieder verwertet (recycelt)** werden können und Abfällen, die **nicht verwertet** werden können und somit z. B. auf Deponien[1] entsorgt oder in Müllverbrennungsanlagen beseitigt werden müssen.

Die **Abfallentsorgung** umfasst somit sowohl die Verwertung als auch die Beseitigung von Abfällen. Unternehmen, die sich mit der Abfallentsorgung beschäftigen, fasst man unter dem Begriff **Abfallwirtschaft** zusammen.

Beispiele für wieder verwertbare Abfälle:

Papier/Pappe, Glas, Kunststoff, Metalle, Holz, Bioabfälle, mineralische Baustoffe.

Recycling[2]

Grundgedanke des Kreislaufwirtschafts- und Abfallgesetzes ist, die Abfälle in einem geschlossenen Kreislauf wieder in den Produktionsprozess zurückzuführen. Aus Produktionsrückständen und Konsumgüterabfällen werden keine nicht verwertbaren Abfälle, sondern „neue" Werkstoffe oder Energien (sekundäre Wertstoffe, Energiestoffe) gewonnen. Es entsteht ein **Produktions-Verbrauchs-Kreislauf** (eine **Kreislaufwirtschaft**).

Beispiele für nicht verwertbare Abfälle:

Hausmüll, Produktionsabfälle, gebrauchtes Verpackungsmaterial, Schlachtabfälle, Sondermüll.

Ein wesentliches Element der Kreislaufwirtschaft ist die **Produktverantwortung.** Sie besagt, dass die Hersteller die Verantwortung für ihre Produkte auch am Ende ihrer Lebensdauer übernehmen müssen. Diese Produktverantwortung ist rechtlich in der Bundesrepublik Deutschland bisher für die Rücknahme und Verwertung von Batterien und Altautos umgesetzt worden.

Der wirksamste Schutz der Umwelt ist, alle umweltbelastenden **Emissionen** (Abfälle, Abgase, Abstrahlungen usw.) möglichst zu vermeiden oder zumindest zu verringern. Ohne Abfälle entstehen z. B. keine umweltschädlichen Belastungen der Lebewesen und deren Umwelt (z. B. der Umluft, Ozonschicht, Wälder, Gewässer, Landschaft und des Klimas) durch Schadstoffe und keine Deponierungsprobleme für zu entsorgende Reststoffe. Vorbeugende Umweltschutzmaßnahmen durch Abfallvermeidung und -minderung müssen bereits bei der Planung neuer Produkte (Bestandteile) und neuer Produktionsverfahren (an den Quellen möglicher späterer Abfälle) ansetzen.

4.2.5 Warensicherung und Bestandskontrolle (Inventurdifferenzen)

(1) Warensicherung

In der Ware ist viel Betriebskapital gebunden, das vor Risiken des Verlustes, z. B. Brand oder Diebstahl, gesichert werden muss. Maßnahmen der Warensicherung im Lager sind

1 Deponie: Müllabladeplatz.

2 To recycle (engl.): wieder in den Kreislauf zurückführen.

z. B. Rauchverbot, Installation von Sprinkleranlagen, Stahltüren, Sicherheitsschlösser, Alarmanlagen, Video-Überwachungsanlagen, Ausstattung der Ware mit Sicherungsetiketten, Vergabe von Zugangsberechtigungen.

(2) Bestandskontrolle (Inventurdifferenzen)

Der Lagerorganisation obliegt auch die Aufgabe, zumindest einmal im Jahr den Warenbestand durch eine **Inventur**[1] zu ermitteln. Durch diese Bestandsermittlung wird überprüft, ob die in der Buchführung ausgewiesenen Lagerbestände **(Sollbestände)** mit den Beständen übereinstimmen, die durch die Inventur ermittelt werden **(Istbestände).** Treten Differenzen zwischen Soll- und Istbeständen auf **(Inventurdifferenzen),** müssen die Ursachen aufgedeckt und entsprechende Korrekturen vorgenommen werden, damit solche Differenzen nicht noch weitergeschleppt werden.

Wir merken uns:

Als **Inventurdifferenzen** bezeichnet man den Unterschied zwischen den durch die Buchhaltung ermittelten Warenbeständen (Sollbestände) und den bei der Inventur ermittelten tatsächlichen Warenbeständen (Istbestände).

Die **Ursachen für Inventurdifferenzen** können in den Bereichen Wareneingang, Organisation, Verkauf und im Inventurvorgang selbst liegen.

Beispiele:

Bereich Wareneingang:	Wareneingangsrechnung wird nicht gebucht bzw. zweimal erfasst, die Wareneingangskontrolle ist fehlerhaft und führt zur Angabe eines falschen Warenbestandes, Warenrücksendungen werden nicht erfasst.
Bereich Verkauf:	Warenverkauf wird versehentlich nicht von der Kasse erfasst, Warenrückgaben werden nicht gebucht, Privatentnahmen werden nicht erfasst, Diebstahl.[2]
Bereich Organisation:	Ausgesonderte Ware wird nicht erfasst, Umlagerungen im Lager werden als Wareneingang oder Warenausgang gebucht, festgestellte Diebstähle werden nicht ausgebucht.
Inventurvorgang:	Bestände werden falsch gezählt bzw. falsch aufgeschrieben, die Erfassung eines Warenbestandes wird vergessen bzw. doppelt festgehalten.

Die jährlichen Inventurdifferenzen betragen gegenwärtig etwas mehr als vier Milliarden Euro. Bezogen auf ein Unternehmen entspricht dies im Durchschnitt 1,0 % vom Bruttoumsatz. Nach jüngsten Schätzungen machen Ladendiebstähle über 90 % der Inventurdifferenzen aus.[3]

1 Unter **Inventur** versteht man den Vorgang der Erfassung der Vermögensgegenstände und der Schulden nach Art, Menge und Wert. Siehe S. 150 ff.

2 Der Ladendiebstahl wird auf S. 302 ff. behandelt.

3 Erhebungen der Bundesarbeitsgemeinschaft der Mittel- und Großbetriebe des Einzelhandels e.V. und des Euro-Handelsinstituts e.V.

✔ Lösung des einführenden Vorgangs

Jedes Einzelhandelsgeschäft benötigt ein Warenlager. Im vorliegenden Fall lagert das Fachgeschäft die Ware im Verkaufsraum. Es liegt somit ein Verkaufslager vor. Harry Fleiner hat mit seiner Aussage über das Lager nicht Recht.

Zusammenfassung

- Wichtige **Aufgaben der Lagerhaltung** sind:
  - Sicherung der Verkaufsbereitschaft **(Sicherheitsfunktion),**
  - Zeitlicher Ausgleich zwischen Herstellung und Verkauf **(Zeitüberbrückungsfunktion),**
  - Nutzen von Preisvorteilen **(Kostenfunktion, Preisausgleichsfunktion),**
  - Erhöhung von Qualität und Verkaufswert der Ware **(Reifungsfunktion).**

- Zu unterscheiden sind insbesondere folgende Lagerarten:
  - **Verkaufslager:** Ist in der Regel das Ladengeschäft.
  - **Reservelager:** Ist in der Regel in einem Nebenraum des Ladengeschäfts untergebracht und wird hauptsächlich zur Ergänzung der Bestände im Verkaufsraum genutzt (Handlager).
  - **Zentrallager:** Zentrale Läger werden hauptsächlich zur Bevorratung für die Belieferung von Filialen, Großkunden und Regionallägern eingerichtet.
  - **Warenverteilzentren:** Durch Warenverteilzentren werden die Waren direkt ab der Produktionsstätte zum Händler geliefert. Warenverteilzentren (Docking-Station) sind zentral gelegene Verteilerplätze, von denen aus die Waren – nach ihrer Bearbeitung – mit einem flächendeckenden Distributionssystem an den Empfänger weitergeleitet werden.

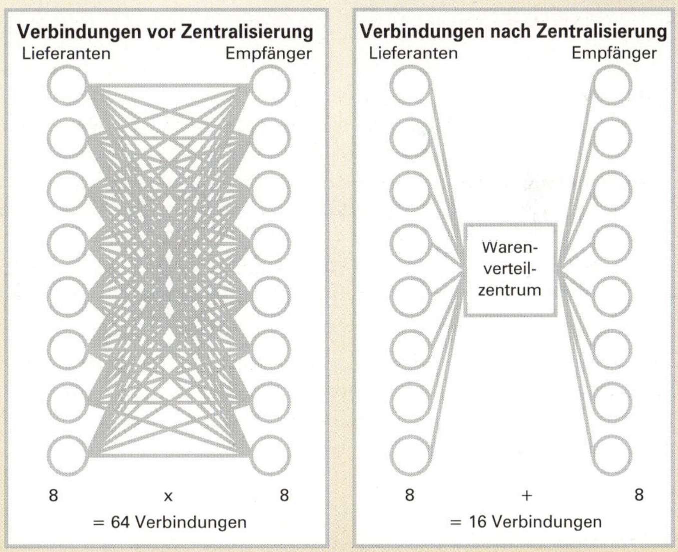

Cross-Docking ist ein wichtiger Baustein für das Logistiksystem Efficient Consumer Response (ECR).

- Die **Just-in-time-Konzeption** ist eine marktorientierte Art der Unternehmensführung, die darauf abzielt, rasch und flexibel auf die sich ändernde Kundennachfrage reagieren zu können.
- Bei der **Lagerorganisation** unterscheidet man die **systematische Lagerplatzordnung** und die **chaotische Lagerplatzordnung**.
- Die Lagerhaltung erfordert folgende Lagerarbeiten:

  Warenabnahme + Warenkontrolle → warengerechte Lagerung → Warenpflege + Bestandskontrolle → Warenausgabe

- Als **Bestandskontrolle (Inventurdifferenzen)** bezeichnet man den Unterschied zwischen den durch die Buchführung ermittelten Warenbeständen (Sollbeständen) und den bei der Inventur ermittelten tatsächlichen Warenbeständen (Istbestände).
- Wichtige **Lagergrundsätze** sind:
  - warengerechte Lagerung vornehmen,
  - ausreichende Lagergröße bereitstellen,
  - auf Übersichtlichkeit des Lagers achten,
  - für die Lagerarbeiten eine Ein- und Auslagerungsstrategie festlegen,
  - auf Lagersicherheit und Umweltschutz achten.

Übungsaufgabe

26

1. In den weitaus meisten Fällen kommt der Einzelhandel nicht ohne Lagerhaltung aus.

   Aufgabe

   Erläutern Sie drei wichtige Aufgaben (Funktionen) der Lagerhaltung!

2. Zwischen dem Streben nach einer möglichst hohen Verkaufsbereitschaft einerseits und nach einem möglichst niedrigen Lagerbestand andererseits besteht ein Zielkonflikt.

   Aufgabe

   Begründen Sie diese Aussage!

3. Unterscheiden Sie systematische Lagerplatzordnung und chaotische Lagerplatzordnung!
4. Nennen Sie jeweils drei Vor- und Nachteile eines Zentrallagers!
5. Nennen Sie das Grundprinzip und die Grundvoraussetzung für Cross-Docking!
6. 6.1 Erläutern Sie Vor- und Nachteile der Just-in-time-Beschaffung für Einzelhändler (Abnehmer) und Hersteller (Zulieferer)!

   6.2 Welche „Social costs" können durch die Verwirklichung der Just-in-time-Beschaffung entstehen? (Social costs sind Kosten, die nicht der Verursacher trägt, sondern die Allgemeinheit.)
7. Wie können Inventurdifferenzen entstehen? Nennen Sie drei Ursachen!
8. Das einem Schreibwarengeschäft zugeordnete „Reservelager" ist relativ klein.

   Aufgaben

   8.1 8.1.1 Nennen sie jeweils zwei Vor- und Nachteile dieser Tatsache!

   8.1.2 Unter welchen Voraussetzungen würden Sie zusätzliche Lagerfläche anmieten?

8.2 Um den zukünftigen wirtschaftlichen Anforderungen gewachsen zu sein, wird an die Einführung eines computergestützten Warenwirtschaftssystems gedacht.
Zeigen Sie an vier Beispielen, welche Investitionen getätigt werden müssen, um ein computergestütztes Warenwirtschaftssystem einzuführen!

9. Ein Einzelhändler möchte folgende Fragen zu seiner Lagerhaltung gelöst haben.

Aufgaben

9.1 Ein Einzelhändler erhält eine Warensendung. Was wird bei der äußerlichen und inhaltlichen Prüfung jeweils kontrolliert? (Geben Sie je zwei Beispiele an!)

9.2 Warum ist eine unverzügliche Prüfung der Ware wichtig?

9.3 Die Ware wird nun ausgezeichnet. Welche Angaben muss, welche Angaben kann die Auszeichnung der Waren in ihrer Branche enthalten?

9.4 Nennen und erläutern Sie, welche Lagerarten im Einzelhandel üblich sind!

9.5 Beschreiben Sie zwei Anforderungen an ein Lager!

9.6 Die Pflege der Ware ist besonders wichtig.

9.6.1 Gegen welche Einwirkungen müssen Waren besonders geschützt werden? (Zwei Beispiele!)

9.6.2 Erläutern Sie, wie die von Ihnen genannten Waren geschützt werden können!

9.7 Durch die Lagerhaltung entstehen Lagerkosten.

9.7.1 Nennen Sie vier unterschiedliche Lagerkosten!

9.7.2 „Je höher die Umschlaghäufigkeit, desto geringer wird das Lagerrisiko." Begründen Sie diese Feststellung mit einem Beispiel aus Ihrer Branche!

9.7.3 Um die Lagerkosten zu senken, soll der Lagerbestand verkleinert werden. Welche Risiken sehen Sie bei der Verkleinerung des Lagerbestandes?

5 Maßstäbe für eine wirtschaftliche Lagerhaltung (Lagerkennziffern)

5.1 Optimale Lagerhaltung

Bei der Bestimmung des Lagerumfangs[1] steht der Einzelhändler vor einem Zielkonflikt. Einerseits sollte er das Lager aus Kostengründen so klein wie möglich halten, andererseits muss der Lagerbestand aber auch groß genug sein, um stets die Verkaufsbereitschaft zu sichern.

- Zu **hohe Lagerbestände** binden Kapital und verursachen Kosten. Ein zu großes Lager bringt außerdem die Gefahr mit sich, dass infolge technischer Änderungen und/oder infolge Geschmacks- bzw. Modewandels das Lagergut veraltet.
- Zu **niedrige Lagerbestände** können zu Absatzstockungen führen. Es besteht die Gefahr, dass die Kunden zur Konkurrenz abwandern, weil sie die gewünschte Ware nicht kaufen können.

Als **optimal gilt ein Lagerbestand,** wenn die Nachteile sowohl eines zu hohen als auch eines zu niedrigen Lagerbestandes vermieden werden können.

1 Zum Umfang des Lagerbestandes vgl. S. 26f.

9 Speth – ISBN-13: 978-3-8120-0539-5

5.2 Arten der Lagerkosten

(1) Überblick

Jede Lagerung verursacht zahlreiche Kostenarten. Einen ersten Überblick liefert nachstehende Abbildung.

Lagerhaltungskosten

- **Personalkosten**
  - Löhne
  - Sozialkosten
    - a) gesetzliche
    - b) freiwillige
- **Sachkosten**
  - **Sachkosten der Lagerräume und -einrichtungen**
    - Raumkosten
      - a) Abschreibungskosten[1]
      - b) Zinskosten
      - c) Reparaturkosten
      - d) Versicherungskosten
      - e) Steuerkosten
    - Kosten der Lagereinrichtung
      - a) Abschreibungskosten
      - b) Zinskosten
      - c) Reparaturkosten
      - d) Energiekosten
      - e) Versicherungskosten
  - **Sachkosten des Lagerguts**
    - Lagerzinsen (Zinskosten der Lagerbestände)[2]
    - Risikokosten
    - Versicherungskosten

(2) Erläuterung der Lagerkosten

■ Personalkosten

Für das im Lager arbeitende Personal entstehen Personalkosten. Diese setzen sich aus den Löhnen, den gesetzlichen Sozialkosten (Arbeitgeberanteil an der Sozialversicherung) und den freiwilligen Sozialleistungen des Arbeitgebers (z.B. Essenskostenzuschüsse, Fahrtkostenzuschüsse, betriebliche Altersversicherung) zusammen.

■ Sachkosten

- **Raumkosten.** Während für die Benutzung fremder Lagerräume Miete zu bezahlen ist, entsteht durch die Lagerung in eigenen Räumen eine ganze Reihe von sachlichen Kosten. Zunächst müssen **Abschreibungen** für den Wertverlust, dem die Gebäude im Zeitablauf und durch Nutzung unterliegen, berücksichtigt werden. Hinzu treten die Kosten für die **Verzinsung** des in den Räumlichkeiten investierten Kapitals. Zur Erhaltung der Lagerräume fallen **Reparaturkosten** an. Schließlich sind noch die anteiligen **Steuerkosten** (Grundsteuer) und **Versicherungskosten** zu berücksichtigen.

---

1 Die Abschreibung erfasst die (geschätzte) jährliche Wertminderung der abnutzbaren Anlagegüter. Durch die Abschreibung werden so die Anschaffungskosten von Anlagegütern auf die Jahre der Nutzung verteilt. Zu Einzelheiten siehe Band 3, Lernfeld 11: Geschäftsprozesse erfolgsorientiert steuern, Kapitel 3.2.

2 Der Rahmenlehrplan sieht die Behandlung der Lagerzinsen nicht vor.

- **Kosten der Lagereinrichtung.** Ebenso wie für die Baulichkeiten fallen auch bei den Lagereinrichtungen (z. B. Regale, Fördereinrichtungen, Büroausstattung) Abschreibungskosten, Zinskosten, Reparaturkosten, Steuerkosten und Versicherungskosten an. Hinzu kommen die Energiekosten (z. B. für Belüftung, Heizung, Kühlung, Beleuchtung).
- **Risiko- und Versicherungskosten.** Die Lagerung von Waren ist risikobehaftet. Abgesehen vom Schwund, Verderb, Diebstahl oder Veralten besteht das Hauptrisiko im Spannungsverhältnis von unsicherer Absatzerwartung einerseits und dem Zwang andererseits, eine Entscheidung über die Art und Höhe der Lagerbestände treffen zu müssen. Auch die Preisrisiken gehören zu diesem Bereich.
  - **Versicherbare Risiken.** Einige Risiken wie Diebstahl, Einbruchdiebstahl, Veruntreuung sowie Wasser- und Feuerschäden lassen sich versichern **(spezielle Risiken).**
  - **Nicht versicherbare Risiken.** Mengenverluste durch Schwund, Verderb (Fäulnis) und Qualitätseinbußen (z. B. Geschmacks- und Geruchseinbußen) sind nicht versicherbar. Auch Preisrisiken sowie Risiken, die durch Änderung der Verbrauchergewohnheiten entstehen (z. B. Modewechsel), können nicht versichert werden **(allgemeines Unternehmerrisiko).**

Zwischen Lagerrisiko und Lagerdauer besteht folgender Zusammenhang: Je kürzer die Lagerdauer ist, desto niedriger sind die Wagniskosten für die Lagerbestände. Auch aus dieser Sicht wird die Wirtschaftlichkeit des Lagers durch eine Verkürzung der Lagerdauer erhöht. Aus dieser Tatsache leitet sich auch die zunehmende Bedeutung für das so genannte Just-in-time-Verfahren ab.

5.3 Berechnung von Lagerkennzahlen

(1) Durchschnittlicher Lagerbestand

Der durchschnittliche Lagerbestand bildet die Grundlage für die Bestimmung der Umschlagshäufigkeit und der durchschnittlichen Lagerdauer. Der durchschnittliche Lagerbestand kann z. B. als Durchschnitt aus dem **Jahresanfangsbestand** und dem **Jahresschlussbestand** berechnet werden.

Beispiel:

Anfangsbestand an Waren zu Einstandspreisen: 360 000,00 EUR; Schlussbestand an Waren zu Einstandspreisen: 340 000,00 EUR.

Aufgabe:

Wie viel EUR beträgt der durchschnittliche Lagerbestand?

Lösung:

$$\text{Durchschnittlicher Lagerbestand} = \frac{360\,000{,}00 + 340\,000{,}00}{2} = \underline{\underline{350\,000{,}00 \text{ EUR}}}$$

$$\text{Durchschnittlicher Lagerbestand} = \frac{\text{Anfangsbestand} + \text{Schlussbestand}}{2}$$

Wir merken uns:

Der **durchschnittliche Lagerbestand** sagt aus, welche Menge oder welcher Warenwert zu Einstandspreisen durchschnittlich auf Lager ist. In dieser Höhe ist ständig Kapital des Einzelhandelsunternehmens gebunden.

(2) Lagerumschlagshäufigkeit

Die Lagerumschlagshäufigkeit gibt an, wie oft sich der durschnittliche Lagerbestand in einer Rechnungsperiode (z.B. in einem Jahr) umschlägt. Da die Lagerbestände mit Einstandspreisen bewertet werden, muss auch der Lagerumsatz mit Einstandspreisen bewertet werden.

Die Lagerumschlagshäufigkeit berechnet sich wie folgt:

$$\text{Lagerumschlagshäufigkeit} = \frac{\text{Lagerumsatz zum Einstandspreis}}{\text{durchschnittlicher Lagerbestand zu Einstandspreisen}}$$

Beispiel:

Bei einem durchschnittlichen Lagerbestand von 350000,00 EUR beträgt der Lagersumsatz zum Einstandspreis 4200000,00 EUR.

Aufgabe:

Wie hoch ist die Lagerumschlagshäufigkeit?

Lösung:

$$\text{Lagerumschlagshäufigkeit} = \frac{4\,200\,000{,}00\ \text{EUR}}{350\,000{,}00\ \text{EUR}} = \underline{\underline{12}}$$

Ergebnis: Die Zahl 12 besagt, dass das Lager im Jahr zwölfmal umgesetzt wurde.

Wir merken uns:

Durch die **Lagerumschlagshäufigkeit** erfährt der Einzelhändler, wie oft sich der durchschnittliche Lagerbestand in einer Rechnungsperiode umgeschlagen hat.

(3) Beziehungen zwischen Lagerumschlagshäufigkeit und Höhe des Kapitalbedarfs

Die Höhe der Lagerumschlagshäufigkeit hat auch Auswirkungen auf die **Höhe des Kapitalbedarfs** eines Einzelhandelsbetriebs.

Beispiel:

Eine Kleider-Boutique möchte durch Werbemaßnahmen die Lagerumschlagshäufigkeit von bisher 4 auf 5 erhöhen. Der bisherige Wareneinsatz betrug netto 226000,00 EUR.

Aufgabe: Wie viel EUR weniger Kapital muss die Kleider-Boutique dann einsetzen?

Lösung:

Bisheriger Kapitalbedarf

Wareneinsatz	:	Lagerumschlagshäufigkeit	=	Kapitaleinsatz
226 000,00 EUR	:	4	=	56 500,00 EUR
Neuer Kapitalbedarf				
226 000,00 EUR	:	5	=	45 200,00 EUR

Ergebnis: Durch die Erhöhung der Lagerumschlagshäufigkeit werden 56 500,00 EUR – 45 200,00 EUR = 11 300,00 EUR an Kapital eingespart.

Wir merken uns:

- Eine **Erhöhung der Lagerumschlagshäufigkeit** führt zu einem **Absinken des Kapitalbedarfs.**
- Ein **Absinken der Lagerumschlagshäufigkeit** führt zu einer **Erhöhung des Kapitalbedarfs.**

(4) Durchschnittliche Lagerdauer

Beispiel:

Die Lagerumschlagshäufigkeit ergab einen Wert von 12.

Aufgabe: Wie viel Tage wird die Ware durchschnittlich gelagert?

Lösung:

$$\text{Durchschnittliche Lagerdauer} = \frac{360 \text{ Tage}}{12} = \underline{\underline{30 \text{ Tage}}}$$

$$\text{Durchschnittliche Lagerdauer} = \frac{360}{\text{Lagerumschlagshäufigkeit}}$$

Wir merken uns:

Aus der **durchschnittlichen Lagerdauer** ersieht der Einzelhändler, wie lange die Ware im Durchschnitt auf Lager war.

Zusammenfassung

- Bei den Lagerhaltungskosten unterscheidet man **Personalkosten** und **Sachkosten.** Die Sachkosten werden untergliedert in **Sachkosten der Lagerräume und -einrichtungen** und **Sachkosten des Lagerguts.**
- Die wichtigsten **Lagermesszahlen** sind der **durchschnittliche Lagerbestand,** die **Lagerumschlagshäufigkeit,** die **durchschnittliche Lagerdauer** und der **Lagerzinsfuß.**
- Je **höher** die **Lagerumschlagshäufigkeit** ist, desto kürzer ist die **durchschnittliche Lagerdauer** und desto niedriger der Kapitalbedarf (und umgekehrt).

Übungsaufgaben

27 1. Ein Einzelhändler entnimmt der Buchführung folgende Zahlenwerte:

Anfangsbestand an Waren	10780,00 EUR
Schlussbestand an Waren	24220,00 EUR
Verkaufte Ware zu Einstandspreisen (Wareneinsatz)	126000,00 EUR

Aufgaben

Berechnen Sie

1.1 den durchschnittlichen Lagerbestand,

1.2 die Lagerumschlagshäufigkeit,

1.3 die durchschnittliche Lagerdauer.

2. Ein Einzelhändler entnimmt der Buchführung folgende Zahlenwerte:

Inventurbestand	31. Dezember 04	112500,00 EUR
Warenbestand	15. März 05	180000,00 EUR
Warenbestand	15. Juni 05	95000,00 EUR
Warenbestand	15. September 05	67500,00 EUR
Warenbestand	31. Dezember 05	87500,00 EUR
Der Wareneinsatz des Jahres betrug:		358050,00 EUR

Aufgaben

2.1 Wie viel EUR betrug der durchschnittliche Lagerbestand?

2.2 Berechnen Sie die Lagerumschlagshäufigkeit!

2.3 Die Branche erreicht eine Lagerumschlagshäufigkeit von 7.
Erörtern Sie drei Gründe, die für eine starke Abweichung vom Branchendurchschnitt in Frage kommen!

3. Wir versuchen, bei gleich bleibendem Wareneinsatz, die Lagerumschlagshäufigkeit von 4 auf 5 zu verbessern.

Aufgaben

3.1 Um wie viel Tage verändert sich die Lagerdauer?

3.2 Um wie viel Prozent wird der durchschnittliche Lagerbestand dadurch abgesenkt?

4. Welche Maßnahme führt zu einer Erhöhung der Lagerkosten je Warengruppe?

4.1 Absenkung des Mindestbestandes.

4.2 Absenkung des Meldebestandes.

4.3 Absenkung des durchschnittlichen Lagerbestandes.

4.4 Verkürzung der durchschnittlichen Lagerdauer.

4.5 Verminderung der Lagerumschlagshäufigkeit.

Aufgabe

Übertragen Sie die entsprechende Ziffer als Lösung in Ihr Hausheft!

28 1. Die Lagerumschlagshäufigkeit für eine Warengruppe steigt von 6 auf 8 an. Der jährliche Wareneinsatz beträgt unverändert 680400,00 EUR.

Aufgaben

1.1 Welche Auswirkungen hat die Steigerung der Lagerumschlagshäufigkeit auf das eingesetzte Kapital? Führen Sie den rechnerischen Nachweis!

1.2 Erläutern Sie zwei Gründe, die zu einer Veränderung der Lagerumschlagshäufigkeit führen können!

2. Wir planen den Nettoumsatz (19 % USt) von 200 000,00 EUR auf 270 000,00 EUR zu steigern. Wir rechnen mit einer Lagerumschlagshäufigkeit von 4 und einem Kalkulationszuschlag von 50 %.

Aufgaben

2.1 Welcher durchschnittliche Kapitaleinsatz ist bei der geplanten Umsatzhöhe erforderlich?

2.2 Welcher Zusammenhang besteht allgemein zwischen Kapitalbedarf und Lagerumschlagshäufigkeit?

29 Frau Roswitha Braunmüller, die ein Textileinzelhandelsgeschäft führt, erzählt ihrer Schwester Maria, die in der Nachbarstadt ebenfalls ein Textilgeschäft führt, dass sie mit ihren Baumwoll-T-Shirts im vergangenen Jahr einen Jahresumsatz von 1 350 Stück erzielt hat, bei einem durchschnittlichen Lagerbestand von 75 Stück.

Aufgaben

1. Berechnen Sie für die Baumwoll-T-Shirts die Umschlagshäufigkeit und die durchschnittliche Lagerdauer!
2. Daraufhin überprüft Maria ihre Lagerkennzahlen für die Warengruppe T-Shirts. Das Warenwirtschaftssystem ermittelt dazu folgende Werte:

Ware	Jahresabsatz	Ø Lagerbestand	Lagerumschlagshäufigkeit	Ø Lagerdauer
Weiße T-Shirts	600	55	10	36
Bedruckte T-Shirts	1 480	75	20	18
Bunte T-Shirts	1 040	65	16	22,5

2.1 Entscheiden Sie, ob Maria die Baumwoll-T-Shirts ihrer Schwester in das Sortiment aufnehmen sollte und welches T-Shirt sie dafür aus dem Sortiment herausnehmen sollte! Begründen Sie Ihre Entscheidung!

2.2 Welche Informationen über den Lieferanten der Baumwoll-T-Shirts sollte Maria vor Einführung der T-Shirts noch einholen? (Zwei Informationen!)

3. Frau Roswitha Braunmüller möchte ihre Lagerhaltung verbessern.
Erläutern Sie an zwei Beispielen, wie Lagerkosten eingespart werden können!
4. Welcher Zusammenhang besteht zwischen Lagerumschlagshäufigkeit und Art der gelagerten Ware?

30 1. Im Hinblick auf die Wettbewerbssituation sollen in einer Holzhandlung die Kosten und die Risiken der Lagerhaltung untersucht werden.

1.1 Nennen Sie fünf Kostenarten, die durch die Lagerhaltung verursacht werden!

1.2 Erläutern Sie drei Risiken, die mit der Lagerhaltung verbunden sind!

2. Lagerkosten und Lagerrisiko stehen in engem Zusammenhang mit den Lagermesszahlen. Die Lagerbuchhaltung liefert für das Holzlager folgende Informationen:

Anfangsbestand am 1. Januar	120 000,00 EUR
12 Monatsschlussbestände insgesamt	1 180 000,00 EUR

Berechnen Sie den durchschnittlichen Lagerbestand!

3. Bei der Holzart „Buche“ werden folgende Zahlen angegeben:

Anfangsbestand am 1. Januar	80000,00 EUR
Zugänge 1. Januar – 31. Dezember	960000,00 EUR
Schlussbestand am 31. Dezember	240000,00 EUR

   Berechnen Sie die Lagerumschlagshäufigkeit und die durchschnittliche Lagerdauer!

4. Begründen Sie, wie sich eine Erhöhung der Lagerumschlagshäufigkeit auf die Lagerkosten und das Lagerrisiko auswirkt!

31 Ein Betrieb hat folgende Lagerkosten und folgenden Lagerbestand:

Konstante durchschnittliche jährliche Lagerkosten (einschließlich Zinskosten für das in den Lagervorräten investierte Kapital): 120000,00 EUR.
Durchschnittlicher (jährlicher) Lagerbestand: 200000,00 EUR.
Der Kalkulationsfaktor für die Einstandspreise (Bezugspreise) beträgt 1,6 und der Gewinn 4 % der Verkaufspreise.

Aufgabe

Stellen Sie tabellarisch den Zusammenhang zwischen der Lagerumschlagshäufigkeit und dem Gesamtgewinn dar, wenn der Betrieb bei konstanten Verkaufspreisen und gleich bleibenden sonstigen Kosten (z.B. Einkaufspreise der Waren, Löhne) die Lagerumschlagshäufigkeit wie folgt steigert: 3, 4, 6, 8, 10!

Hinweis: Verwenden Sie zur Lösung das nachfolgende Lösungsschema.

Durchschnittlicher (jährlicher) Lagerbestand in EUR (Kapitaleinsatz)	Lagerumschlagshäufigkeit	Durchschnittliche Lagerdauer (Tage)	Umsatz zu Einstandspreisen in EUR	Umsatz zu Verkaufspreisen in EUR	Lagerkosten in %, bezogen auf den Gesamtumsatz zu Einstandspreisen	Gewinn (4 % der Verkaufspreise) in EUR
200000,00	3					
200000,00	4					
200000,00	6					
200000,00	8					
200000,00	10					

Lernfeld 8: Geschäftsprozesse erfassen und kontrollieren

1 Grundlagen der Buchführung

1.1 Allgemeines zur Buchführung

1.1.1 Wesen der Buchführung

Wer eine Übersicht über die Verwendung seines verfügbaren Geldes behalten möchte, greift zu Papier und Schreibstift, um sich alles aufzuschreiben. Das gilt für den Auszubildenden ebenso wie für die Hausfrau. Beide betreiben also Buchführung in einfachster Form.

Die Notwendigkeit des Festhaltens solcher Vorgänge wird umso wichtiger, je höher und zahlreicher solche Geldbewegungen sind. Daher sind die staatlichen „Haushaltungen" (Bund, Länder und Gemeinden) verpflichtet, alle Ausgaben und Einnahmen in ihren so genannten **Haushaltsplänen** zu erfassen.

In den **privaten Unternehmen** fällt täglich ebenfalls eine Vielzahl solcher baren, aber auch unbarer Vorgänge an, die Wertveränderungen des Vermögens und/oder der Schulden hervorrufen. Wir nennen sie **Geschäftsvorfälle.** Um die Übersicht über diese Wertveränderungen zu behalten, muss der Kaufmann sie im eigenen Interesse in seiner Buchführung erfassen. Darüber hinaus ist er auch im öffentlichen Interesse zur Buchführung verpflichtet. Diese **kaufmännische Buchführung** ist der Gegenstand unserer weiteren Betrachtung.

Wir merken uns:

- Unter **kaufmännischer Buchführung** versteht man das Festhalten der Anfangsbestände an Vermögen und Schulden sowie deren Veränderungen.
- Vorgänge, die **Vermögenswerte** und **Schulden** verändern, zu **Geldeinnahmen** oder **Geldausgaben** führen, einen Werteverzehr **(Aufwand)** oder Wertzuwachs **(Ertrag)** darstellen, nennen wir **Geschäftsvorfälle.** Sie sind der Erfassungsgegenstand der Buchführung.

1.1.2 Aufgaben der kaufmännischen Buchführung

Die kaufmännische Buchführung erfüllt eine Vielzahl von Aufgaben, die einerseits der Unternehmensleitung dienen **(interne Aufgaben),** und andererseits für außerhalb des Unternehmens stehende Personen bzw. Institutionen gedacht sind **(externe Aufgaben).**

(1) Aufgaben aus der Sicht der Unternehmensleitung

Buchführung als Gedächtnisstütze

Ursprünglich diente die Buchführung als Gedächtnisstütze. Sobald das Geschäftsvolumen einen bestimmten Umfang überschreitet, ist es dem Kaufmann nicht mehr möglich, alles im Kopf zu behalten. Das gilt besonders für die noch nicht vollständig abgewickelten Geschäfte (Zielgeschäfte, Ratengeschäfte). Diese Aufgabe der Gedächtnisstütze übernimmt die Buchführung auch heute noch.

■ Buchführung als Instrument der Erfolgsermittlung

Jeder Kaufmann möchte sich nach einer gewissen Zeit (Monat, Vierteljahr, Halbjahr), spätestens nach einem Jahr, Rechenschaft über seine Geschäftstätigkeit ablegen. Er möchte wissen, wie erfolgreich er innerhalb der Geschäftsperiode gewesen ist. Der **Erfolg** (das Ergebnis) der Geschäftstätigkeit kann ein **Gewinn,** im ungünstigen Fall aber auch ein **Verlust** sein. Der Begriff Erfolg bzw. Ergebnis ist also als eine **neutrale Größe** anzusehen. Er darf nicht mit dem Gewinnbegriff gleichgesetzt werden.

■ Buchführung als Instrument der Vermögens- und Schuldenermittlung

Ein Kaufmann will nicht nur wissen, welches Ergebnis er innerhalb eines bestimmten Zeitraumes erzielt hat, sondern er will sich auch zu jeder Zeit über den Stand seines Vermögens und der Schulden informieren können. Das kann er aber nur mit Hilfe der Buchführung, da sie alle Wertveränderungen erfasst.

Obwohl enge Beziehungen zwischen beiden Rechnungssystemen bestehen, sehen wir, dass die Blickrichtung hier eine andere ist als zuvor. Eine **Vermögens- und Schuldenrechnung** kann sich naturgemäß nur auf einen bestimmten **Zeitpunkt** beziehen, während bei der **Ergebnisermittlung** der ganze **Zeitraum** ins Auge gefasst werden muss.

Sofern es sich um Kleinbetriebe handelt, werden auch die folgenden Aufgaben von der Buchführung mit übernommen.

■ Buchführung als Grundlage der Kosten- und Leistungsrechnung (Kalkulation)

Die Kalkulation ermittelt die Selbstkosten und die Verkaufspreise für die Waren. Voraussetzung hierfür ist, dass alle Kosten des Unternehmens vorliegen. Da die Buchführung alle Werteveränderungen des Betriebs einschließlich aller Kosten erfasst, kann die Kostenrechnung hierauf zurückgreifen. Die Buchführung bildet somit die Grundlage für die Kosten- und Leistungsrechnung.

■ Buchführung als Instrument der Betriebskontrolle

Sobald ein Unternehmen eine bestimmte Größe übersteigt, ist es der Geschäftsleitung nicht mehr möglich, alle Auswirkungen der Geschäftsvorfälle am Ort des Geschehens zu kontrollieren. Mit Hilfe der Buchführung können die erforderlichen Kontrollen jedoch vom Schreibtisch aus erfolgen. Die Geschäftsleitung braucht sich nur die gewünschten Zahlen aus der Buchführung vorlegen zu lassen. Dabei kann sie erkennen, ob z.B. irgendwelche Aufwendungen gestiegen sind oder die Umsätze in einer Abteilung oder bei einem bestimmten Artikel nicht den Erwartungen entsprechen. Dann kann sie den Ursachen auf den Grund gehen und gegebenenfalls die erforderlichen Maßnahmen ergreifen. Insoweit ist die Buchführung auch ein Instrument der Betriebskontrolle. Mit Recht bezeichnet man die **Buchführung** als das **Spiegelbild der Geschäftstätigkeit.**

(2) Aufgaben aus der Sicht von außenstehenden Personen bzw. Institutionen

Wir haben gesehen, dass die Buchführung eine unentbehrliche Informationsquelle für die Geschäftsleitung ist. Neben diesem hohen Eigeninteresse der Geschäftsleitung an der Buchführung gibt es Kreise, die außerhalb des Unternehmens stehen und dennoch ein berechtigtes Interesse an der Buchführung eines Unternehmens nachweisen können. Wir wollen nur die Wichtigsten nennen:

- Die **Steuerbehörde,** weil für die Berechnung bestimmter Steuern (z.B. Einkommensteuer, Umsatzsteuer, Gewerbesteuer) das Zahlenmaterial der Buchführung zugrunde gelegt wird. Die Buchführung liefert die Unterlagen zur Steuerveranlagung.
- Die **Banken,** da sie bei Kreditgewährungen durch die Vorlage bestimmter Zahlen der Buchführung ihr Risiko besser abschätzen können.
- Die **Kapitalgeber** (z.B. Mitinhaber, Gläubiger), die ihr Geld eingebracht haben, besitzen ein Recht auf Information. Dieses Recht kann mit Hilfe der Buchführungsergebnisse befriedigt werden.
- Die **Mitinhaber** haben ein Recht auf Unterrichtung über die wirtschaftliche und soziale Lage ihres Unternehmens.
- Die **Gerichte** gehen bei Vermögensstreitigkeiten im Zweifel von der Richtigkeit der Zahlen der Buchführung aus.

Die Buchführung ist damit **Auskunftsmittel** (z.B. gegenüber Gläubigern, Kapitaleignern oder Arbeitnehmern) und ein **Beweismittel** (gegenüber Finanzämtern, Gerichten usw.) über die betrieblichen Geschäftsabläufe.

Sobald das Einzelhandelsunternehmen eine bestimmte Größe übersteigt, können sich bestimmte Aufgaben der Buchführung zu einzelnen Teilbereichen verselbstständigen. Unter dem Oberbegriff Rechnungswesen ergeben sich dann die Teilbereiche: Buchführung, Kosten- und Leistungsrechnung, Statistik und der Bereich Planung und Controlling. Dabei bildet die Buchführung den grundlegenden Teil des gesamten Rechnungswesens.

Zusammenfassung

→ Die kaufmännische Buchführung erfüllt **Aufgaben** für die Unternehmensleitung und für außenstehende Personen bzw. Institutionen:

→ Für die **Unternehmensleitung**:
- Gedächtnisstütze
- Instrument der Erfolgsermittlung
- Instrument der Vermögens- und Schuldenermittlung
- Grundlage der Kosten- und Leistungsrechnung
- Instrument der Betriebskontrolle

→ Für **außenstehende Personen und Institutionen:**
- Auskunftsmittel
- Beweismittel

Übungsaufgabe

32

1. Beschreiben Sie das Wesen der kaufmännischen Buchführung!
2. Wie nennt man die Vorgänge, die in der kaufmännischen Buchführung erfasst werden?
3. Nennen Sie die wichtigsten Aufgaben der Buchführung für die Leitung eines Einzelhandelsunternehmens!
4. Nennen Sie Kreise außerhalb der Geschäftsführung, die ein berechtigtes Interesse an der Buchführung eines Unternehmens haben und begründen Sie deren Interesse!

1.2 Gesetzliche Grundlagen und Ordnungsmäßigkeit der Buchführung

1.2.1 Vorbemerkungen

Die Entwicklung des Einzelhandelsunternehmens ist wichtig für die Mitarbeiter, die Kapitalgeber, die Sozialversicherungsträger, die Steuerbehörden usw.), Es besteht daher ein öffentliches Interesse an der ordnungsmäßigen Darstellung und Abwicklung der Buchführung. Wegen dieses öffentlichen Interesses an der Buchführung eines Kaufmanns hat der Staat Gesetze erlassen, durch die die Ordnungsmäßigkeit der Buchführung garantiert werden soll.

Die wichtigsten gesetzlichen Bestimmungen, die als Mindestanforderungen für eine ordnungsmäßige Buchführung gelten, sind im Handelsgesetzbuch [HGB] und in der Abgabenordnung [AO] enthalten.[1]

1.2.2 Wichtige Gesetzesvorschriften nach dem HGB

(1) Pflicht zur Buchführung und Aufstellung von Inventar und Bilanz

Buchführungspflicht: [§ 238 HGB]	„Jeder Kaufmann ist verpflichtet, Bücher zu führen und in diesen seine Handelsgeschäfte und die Lage seines Vermögens **nach den Grundsätzen ordnungsmäßiger Buchführung** ersichtlich zu machen" [§ 238 HGB]. Hierbei muss auch die Ertragslage des Unternehmens ausgewiesen werden. Dies ergibt sich aus § 242 II HGB, der ausdrücklich die GuV-Rechnung als Bestandteil des Jahresabschlusses nennt. Das Jahresergebnis darf demnach nicht allein durch Vermögensbestandsvergleich ermittelt werden, vielmehr müssen auch die einzelnen Bestandteile, auf denen das Jahresergebnis beruht, ausgewiesen werden.
Pflicht zur Aufstellung von Inventar und Bilanz: [§§ 240, 242 HGB]	**Inventar.** „Jeder Kaufmann hat zu Beginn seines Handelsgewerbes seine Grundstücke, seine Forderungen und Schulden, den Betrag seines baren Geldes sowie seine sonstigen Vermögensgegenstände genau zu verzeichnen und dabei den Wert der einzelnen Vermögensgegenstände und Schulden anzugeben. Er hat demnächst für den Schluss[2] eines jeden Geschäftsjahres ein solches Inventar aufzustellen" [§ 240 HGB].
	Bilanz. (1) „Der Kaufmann hat zu Beginn seines Handelsgewerbes und für den Schluss eines jeden Geschäftsjahres einen das Verhältnis seines Vermögens und seiner Schulden darstellenden Abschluss (Eröffnungsbilanz, Bilanz) aufzustellen" [§ 242 HGB].
	Gewinn- und Verlustrechnung. (2) „Er hat für den Schluss eines jeden Geschäftsjahrs eine Gegenüberstellung der Aufwendungen und Erträge des Geschäftsjahrs (Gewinn- und Verlustrechnung) aufzustellen.

1 Unter **Abgaben** verstehen wir Pflichtzahlungen (Steuern, Zölle, Gebühren und Beiträge), die Bund, Länder und Gemeinden von den Staatsbürgern und von juristischen Personen fordern. Das steuerliche Grundgesetz zur Regelung des Abgabenwesens nennen wir **Abgabenordnung.** Sie enthält Vorschriften über das Besteuerungsverfahren, das Steuerstrafwesen, das Rechtsmittelverfahren gegen Steuerbescheide und die Vorschriften über die örtliche Zuständigkeit der Finanzämter.

2 Gesetzestexte werden in Anpassung an die neuen Rechtschreibregeln übernommen.

(2) Grundsätze ordnungsmäßiger Buchführung (GoB)

Die **Grundsätze ordnungsmäßiger Buchführung (GoB)** haben sich aus der Praxis der Buchführung entwickelt. Sie sind nicht in jedem Einzelfall gesetzlich verankert. Allgemein zählt dazu alles, was ein gewissenhafter, ordentlicher Kaufmann darunter versteht. Obwohl z. B. der Gesetzgeber kein bestimmtes Buchführungssystem vorschreibt, wird ab einer bestimmten Größenordnung des Betriebs die Anwendung des Grundprinzips der doppelten Buchführung zu den GoB gerechnet.

Ein großer Teil dieser Grundsätze ist inzwischen im Handelsgesetzbuch bzw. in den Steuergesetzen, namentlich in der Abgabenordnung [AO], gesetzlich verankert. Dabei stimmen die Vorschriften des HGB [§§ 238, 239 HGB] mit den Vorschriften der AO [§§ 246–251 AO] fast wörtlich überein, sodass wir uns auf die Bestimmungen des HGB beziehen.

Im Einzelnen gelten:

1. **Allgemeiner Grundsatz:** [§ 238 I, S. 2 HGB]	„Die Buchführung muss so beschaffen sein, dass sie einem sachverständigen Dritten innerhalb angemessener Zeit einen Überblick über die Geschäftsvorfälle und über die Lage des Unternehmens vermitteln kann."
2. Grundsatz der **Klarheit und Übersichtlichkeit:** [§ 238 I, S. 3 HGB]	„Die Geschäftsvorfälle müssen sich in ihrer Entstehung und Abwicklung verfolgen lassen." Praktisch führt dieser Grundsatz zu der Forderung: **keine Buchung ohne Beleg** und zu einer ordnungsmäßigen Belegaufbewahrung.
3. Grundsatz der **Vollständigkeit und Richtigkeit:** [§ 239 II HGB]	„Die Eintragungen in Büchern und die sonst erforderlichen Aufzeichnungen müssen vollständig, richtig, zeitgerecht und geordnet vorgenommen werden." Die Grundsätze 2 und 3 hängen eng miteinander zusammen. Der dritte Grundsatz erfordert zusätzlich für die Praxis die Führung eines Grundbuches (zeitgerechte Erfassung) und die Führung eines Hauptbuches (sachgerechte, geordnete Erfassung).
4. Grundsatz des **Erhalts der ursprünglichen Eintragungen:** [§ 239 III, S. 1 HGB]	„Eine Eintragung oder eine Aufzeichnung darf nicht in einer Weise verändert werden, dass der ursprüngliche Inhalt nicht mehr feststellbar ist." Praktisch bedeutet das ein Verbot der Benutzung von Radier- oder Killerinstrumenten sowie das Verbot des Überschreibens. Es bedeutet auch, dass nicht mit radierfähigen Bleistiften gebucht werden darf.
5. Grundsatz des **Verrechnungsverbots:** [§ 246 II HGB]	„Posten der Aktivseite dürfen nicht mit Posten der Passivseite, Aufwendungen nicht mit Erträgen, ... verrechnet werden." Praktisch bedeutet das, dass jeweils gesonderte Konten zu führen sind.
6. Grundsatz der **Lesbarkeit der Daten:** [§ 239 IV, S. 2 HGB]	„Bei der Führung der Handelsbücher und der sonst erforderlichen Aufzeichnungen auf Datenträgern muss insbesondere sichergestellt sein, dass die Daten während der Dauer der Aufbewahrungsfrist verfügbar sind und jederzeit innerhalb angemessener Frist lesbar gemacht werden können." Der Kaufmann muss also auf seine Kosten entsprechende Geräte dafür bereithalten.

(3) Formen und Fristen für die Aufbewahrung von Buchführungsunterlagen

Der Entwicklung der modernen Aufbewahrungstechniken hat der Gesetzgeber weitgehend Rechnung getragen [§ 239 IV HGB]. Nur Eröffnungsbilanzen und Jahresabschlüsse sind im Original aufzubewahren. Alle übrigen Unterlagen können auch auf modernen Speichermedien aufbewahrt werden, sofern sichergestellt ist, dass die Daten auf diesen Datenträgern bei Bedarf lesbar gemacht werden können.

Mit Ausnahme der sechsjährigen Aufbewahrungsfrist für abgesandte und empfangene Handelsbriefe gilt für alle übrigen Unterlagen eine Aufbewahrungsfrist von zehn Jahren.

Die Aufbewahrungsfrist beginnt mit dem Schluss des Kalenderjahrs, in dem die jeweilige Unterlage erstellt wurde.

Die folgende Übersicht gibt Aufschluss über die Fristen und Formen der Aufbewahrung der wichtigsten Unterlagen.

Unterlagen	Fristen		Form	
	6 Jahre	10 Jahre	Original, Bild- oder Datenträger	Original
Eröffnungsbilanzen		X	X	X
Jahresabschlüsse		X	X	X
Inventare		X	X	
Handelsbücher		X	X	
Lageberichte		X	X	
Arbeitsanweisungen		X	X	
empfangene Handelsbriefe	X		X	
abgesandte Handelsbriefe	X		X	
Buchungsbelege		X	X	

Von besonderer Bedeutung sind dabei die Buchungebelege.

Beispiele für Buchungsbelege:

Rechnungen, Lieferscheine, Quittungen, Warenbestandsaufnahmen, Bankauszüge, Lohn- und Gehaltslisten, Kassenberichte, Buchungsanweisungen.

Zusammenfassung

- Die wichtigsten Gesetzesvorschriften zur Buchführung sind im Handelsgesetzbuch (HGB) und in der Abgabenordnung (AO) enthalten.
- Neben der Pflicht zur Buchführung haben Kaufleute
  - ein Inventar,
  - eine Bilanz und
  - eine Gewinn- und Verlustrechnung aufzustellen.
- Zur Ordnungsmäßigkeit der Buchführung zählt die Beachtung allgemein anerkannter „Grundsätze ordnungsmäßiger Buchführung", die im HGB in Form einzelner Vorschriften eine gesetzliche Regelung erfahren haben.

Übungsaufgabe

33 1. In welchen Gesetzeswerken finden Sie die wichtigsten Buchführungsvorschriften?

2. Wie muss eine Buchführung nach einem allgemein gültigen Grundsatz beschaffen sein?

3. Welche wichtige Anforderung an eine ordnungsmäßige Buchführung geht aus dem Grundsatz der Klarheit und Übersichtlichkeit hervor?

4. Nennen Sie drei Buchführungsunterlagen, für die eine Aufbewahrungsfrist von zehn Jahren gilt!

5. Nennen Sie zwei Beispiele für Buchungsbelege!

6. Überlegen Sie, welche Gründe den Staat veranlasst haben können, gesetzliche Bestimmungen zur Buchführung zu erlassen!

1.3 Einfache Einnahmen- und Ausgabenrechnung

1.3.1 Einnahmen- und Ausgabenrechnung in privaten Haushalten

Wer eine Übersicht über die Verwendung seines verfügbaren Geldes behalten möchte, greift zu Papier und Schreibstift, um sich alles aufzuschreiben. Das gilt für eine Familie, die eine Aufstellung über ihre gewöhnlichen monatlichen Haushaltseinnahmen und Haushaltsausgaben anfertigt ebenso wie für eine Schulklasse, die z.B. in einer Gegenüberstellung die voraussichtlichen Einnahmen und Ausgaben des bevorstehenden Schulfestes festhält. Beide betreiben Buchführung in einfacher Form.

In privaten Haushaltungen dient die Buchführung in erster Linie dem **Nachweis der Verwendung des Einkommens.** Wer die vielfältigen Ausgaben eines Haushaltes nicht aufschreibt, verliert schnell den Überblick und weiß am Monatsende oft nicht mehr, wo das Geld geblieben ist. Um sich selbst und anderen Haushaltsmitgliedern Rechenschaft über die getätigten Ausgaben ablegen zu können, ist es ratsam, eine einfache Einnahmen-Ausgaben-Rechnung zu erstellen.

Beispiel einer einfachen Haushaltsbuchführung:

Verfügbares Haushaltseinkommen:

1. Nettogehalt des Vaters:	1420,00 EUR
2. Nettogehalt der Mutter:	1200,00 EUR
3. Ausbildungsvergütung des Sohnes	580,00 EUR
Einnahmen insgesamt	3200,00 EUR

Ausgaben:

1. Wohnungsausgaben (Miete, Strom, Heizung usw.)	750,00 EUR
2. Zeitungen, Telefon, Rundfunk-, Fernsehentgelte	60,00 EUR
3. Auto, öffentl. Verkehrsmittel	350,00 EUR
4. Versicherungen, Beiträge, Abgaben	150,00 EUR
5. Ernährung	540,00 EUR
6. Gesundheits- u. Körperpflege	120,00 EUR
7. Unterhaltung, Freizeit, Geschenke	180,00 EUR
8. Taschengeld	250,00 EUR
9. Hausrat, Einrichtung	220,00 EUR
10. Kleidung	380,00 EUR
Gesamtausgaben	3000,00 EUR
+ Rücklage	200,00 EUR
	3200,00 EUR

Übungsaufgaben

34 Führen Sie die Haushaltsbuchführung der Familie Rall für den Monat Februar mit den nachfolgenden Angaben! Verwenden Sie dabei die im obigen Beispiel verwandte Ausgabengliederung!

Einnahmen

Nettogehalt des Vaters als Angestellter einer Bank 2 940,00 EUR; Nettolohn der Mutter als Teilzeitangestellte in einer Arztpraxis 320,00 EUR; Zinserträge aus einer Spareinlage 130,00 EUR.

Ausgaben

Miete 830,00 EUR, Strom 48,00 EUR, Benzin und Öl für das Auto 135,00 EUR, Lebensversicherungsbeitrag des Vaters 68,00 EUR, Einkauf von Nahrungsmitteln im Laufe des Monats 470,00 EUR, Kauf eines Teppichs für das Kinderzimmer 190,00 EUR, Taschengeld 320,00 EUR, Heizung 67,00 EUR, Zeitschriften, Rundfunk- und Fernsehentgelte 45,00 EUR, Autoreparatur 227,00 EUR, Getränke insgesamt 40,00 EUR, Geschenke 106,00 EUR, Anzug für den Vater 280,00 EUR, Kauf eines Rudergerätes 170,00 EUR, Ausgaben für Gesundheits- und Körperpflege 112,00 EUR.

35 Beim Schulfest übernimmt die Einzelhandelsklasse IIa einen Bewirtungsstand mit Kaffee und Kuchen sowie den Fahrrad-Geschicklichkeits-Wettbewerb. Nach Beendigung des Schulfestes liegen der Klasse die nachfolgenden Belege für die angefallenen Einnahmen und Ausgaben vor:

Einnahmen

Einnahmen: Kaffee und Kuchen

286,00 EUR

gezählt: *Renate, Rainer* geprüft: *Beate, Fritz*

Einnahmen: Fahrrad-Geschicklichkeits-Wettbewerb

192,00 EUR

gezählt: *Fabian, Anna* geprüft: *Kerstin, Florian*

Ausgaben

Fahrradhaus Biggel
Bregenzerstr. 17
D-88239 Wangen

Datum: 15. Juli 20..

Anschrift

Anz.	Artikel	Preis	€	Cent
	Verschiedene Sportgeräte ausgeliehen			
	Sonderpreis		50	00
			50	00

Im Betrag sind ____ % = ________ € MwSt. enthalten.

Verk. 17 - 000556 — Bei Irrtum oder Umtausch bitte diesen Kassenzettel vorlegen.

BRUNNEN Nr. 25 060

Josef Natterer
Buchhandlung - Bürobedarf
Papier- u. Schreibwaren
Herrenstraße 19
D-88239 Wangen im Allgäu

Datum: 15. Juli 20..

Anschrift

Anz.	Artikel	Preis	€	Cent
	Papierservietten		15	40
	Tischdecken		8	20
	Papier-Teller		14	60
			38	20

Im Betrag sind ____ % = ________ € MwSt. enthalten.

Verk. 49 - 000527 — Bei Irrtum oder Umtausch bitte diesen Kassenzettel vorlegen.

BRUNNEN Nr. 25 060

Bäckerei Vogel
Lindauer Str. 82
D-88239 Wangen im Allgäu

Datum: 16. Juli 20..

Anschrift

Anz.	Artikel	Preis	€	Cent
	Verschiedenes Kleingebäck		42	00
			42	00

Im Betrag sind ____ % = ________ € MwSt. enthalten.

Verk. 16 - 000556 — Bei Irrtum oder Umtausch bitte diesen Kassenzettel vorlegen.

BRUNNEN Nr. 25 060

Stand-Gebühr

Für die Überlassung von zwei Ständen werden berechnet

20,00 EUR

Schülermitverwaltung

i.A. Peter

Aufgabe

Fertigen Sie eine Aufstellung der Einnahmen und Ausgaben an und ermitteln Sie den Geldbetrag für die Klassenkasse, wenn vereinbarungsgemäß 75 % des Überschusses einer Hilfsorganisation zur Verfügung gestellt werden sollen!

10 Speth – ISBN-13: 978-3-8120-0539-5

1.3.2 Einnahmen- und Ausgabenrechnung in öffentlichen Haushalten

Alle öffentlichen Haushaltungen (Bund, Länder und Gemeinden) sind gesetzlich verpflichtet, Rechenschaft über ihre Haushaltsführung abzulegen. Sie stellen daher regelmäßig ihre so genannten **Haushaltspläne** auf. In den Haushaltsplänen wird im Voraus geplant, wofür die zu erwartenden Einnahmen ausgegeben werden sollen. Auch hier handelt es sich um eine Gegenüberstellung von Einnahmen und Ausgaben. Sie dient der Rechenschaftslegung gegenüber der Öffentlichkeit.

Sofern die Ausgaben die Einnahmen übersteigen, muss diese Haushaltslücke durch Aufnahme von Krediten ausgeglichen werden.

1.4 Einfache Gewinnermittlung aufgrund einer Einnahmenüberschussrechnung nach § 4 III EStG[1]

(1) Begriffliche Klarstellung

Die Einnahmenüberschussrechnung ist von der Einnahmen-Ausgaben-Rechnung abzugrenzen.

- Die **Einnahmen-Ausgaben-Rechnung** betrifft die Einnahmen und Ausgaben der privaten oder öffentlichen Haushalte und hat den Zweck, die Ausgaben mit den Einnahmen in Einklang zu bringen. Die Einnahmen-Ausgaben-Rechnung ist ein Kontrollmittel, um die Ausgaben an die verfügbaren bzw. zu erwartenden Einnahmen anzupassen. Weder Privatpersonen noch öffentliche Haushalte sollten über ihre Verhältnisse leben.
- Die **Einnahmenüberschussrechnung** ist eine steuerlich zulässige Art der Gewinnermittlung als Grundlage für die Einkommensteuerberechnung für bestimmte steuerpflichtige Gruppen. Dabei ergibt sich der Betriebsgewinn aus dem Überschuss der **betrieblichen Einnahmen (Betriebseinnahmen)** über die **betrieblichen Ausgaben (Betriebsausgaben)** innerhalb eines Geschäftsjahres. Ein Geschäftsjahr umfasst den Zeitraum von 12 Monaten und deckt sich im Allgemeinen mit dem Kalenderjahr.

	betriebliche Einnahmen
–	betriebliche Ausgaben
=	Betriebsgewinn

(2) Steuerpflichtige, für die eine einfache Gewinnermittlung durch eine Einnahmenüberschussrechnung zulässig ist

Die Einnahmenüberschussrechnung ist für folgende steuerpflichtige Gruppen zulässig:

- für gewerbliche Unternehmen (sowie für Land- und Forstwirte), die folgende Grenzen im Kalenderjahr nicht überschreiten
  - Umsatz 350 000,00 EUR oder
  - Gewinn 30 000,00 EUR,
- für alle Freiberufler (ohne Einhaltung bestimmter Grenzen).

1 EStG: Einkommensteuergesetz.

(3) Praktische Darstellung der einfachen Gewinnermittlung durch eine Einnahmenüberschussrechnung

Die Einnahmenüberschussrechnung erfasst alle **Zu- und Abflüsse von Finanzmitteln,** und zwar gleichgültig, ob sie betrieblich veranlasst oder privat bedingt sind. Da für die steuerpflichtige Gewinnermittlung jedoch nur Betriebseinnahmen und Betriebsausgaben einbezogen werden dürfen, muss eine klare Trennung zwischen diesen beiden Bereichen in der Buchführung vorgenommen werden.

Beispiel: Gewinnermittlung durch eine Einnahmenüberschussrechnung

I. Sachverhalt:

Der Elektrohandwerker Karl Kluge betreibt ein Kleingewerbe und ist daher nicht zu einer ordnungsmäßigen Buchführung verpflichtet. Er ermittelt daher seinen Gewinn durch eine Einnahmenüberschussrechnung gemäß § 4 III EStG.

Für den Monat Januar ergeben sich folgende Zu- und Abgänge von Finanzmitteln, auf deren Grundlage die Gewinnermittlung vorzunehmen ist.

II. Anfangsbestände:

Kasse	5 100,00 EUR
Bankguthaben	25 300,00 EUR

III. Geschäftsvorfälle im Januar:

Datum	Beleg-Nr.	Text	Betrag
02.01.	16	Barzahlung des Kunden Rogge	1 500,00 EUR
03.01.	18	Banküberweisung des Kunden Rehfuß	3 750,00 EUR
05.01.	21	Barkauf von Büromaterial	120,00 EUR
06.01.	22	Banküberweisung an den Lieferer Klemm	1 200,00 EUR
08.01.	27	Bankabhebung für Haushaltsgeld	1 000,00 EUR
10.01.	29	Banküberweisung des Kunden Fromme	17 500,00 EUR
11.01.	32	Barzahlung des Kunden Ohnesorg	5 000,00 EUR
12.01.	44	Barzahlung für Reinigung des Büros	250,00 EUR
13.01.	51	Barzahlung des Kunden Tacke	1 350,00 EUR
15.01.	52	Kassenentnahme für Haushalt	500,00 EUR
20.01.	57	Banküberweisung der Berufsversicherung	450,00 EUR
25.01.	59	Barabhebung vom Bankkonto. Das Geld wird in die Geschäftskasse gelegt.	5 500,00 EUR
30.01.	60	Barzahlung für Gehälter	12 300,00 EUR

IV. Aufgaben:

1. Tragen Sie die angegebenen Anfangsbestände auf dem auf S. 148 eingerichteten Buchungsbogen vor!
2. Buchen Sie die im Beispiel unter III. angegebenen Geschäftsvorfälle!
3. Ermitteln Sie den Gewinn für den Monat Januar!

Lösungen zum Beispiel auf S. 147:

Zu 1. und 2. Die angefallenen Geschäftsvorfälle sind auf dem Buchungsbogen wie folgt zu erfassen:

				Zugang von Finanzmitteln		Aufgliederung der Einnahmen		Abgang von Finanzmitteln		Aufgliederung der Ausgaben	
Monat	Tag	Text	Beleg-Nr.	Kasse	Bank	betriebl. Einnahmen	Privatein-nahmen	Kasse	Bank	betriebl. Ausgaben	Privat-ausgaben
Jan.	01.	Übertrag:		5 100,00	25 300,00						
Jan.	02.	Barzahlung des Kunden Rogge	16	1 500,00		1 500,00					
Jan.	03.	Banküberweisung des Kunden Rehfuß	18		3 750,00	3 750,00					
Jan.	05.	Barkauf von Büromaterial	21					120,00		120,00	
Jan.	06.	Banküberw. an den Lieferer Klemm	22						1 200,00	1 200,00	
Jan.	08.	Bankabhebung für Haushaltsgeld	27						1 000,00		1 000,00
Jan.	10.	Banküberweisung des Kunden Fromme	29		17 500,00	17 500,00					
Jan.	11.	Barzahlung des Kunden Ohnesorg	32	5 000,00		5 000,00					
Jan.	12.	Barzahlung für Reinigung des Büros	44					250,00		250,00	
Jan.	13.	Barzahlung des Kunden Tacke	51	1 350,00		1 350,00					
Jan.	15.	Kassenentnahme für Haushalt	52					500,00			500,00
Jan.	20.	Banküberweisung für die Berufsversicherung	57						450,00	450,00	
Jan.	25.	Barabhebung vom Bankkonto	59	5 500,00					5 500,00		
Jan.	30	Barzahlung für Gehälter	60					12 300,00		12 300,00	
				18 450,00	46 550,00	29 100,00		13 170,00	8 150,00	14 320,00	1 500,00

Zu 3.: Für den Monat Januar ergibt sich folgende Gewinnermittlung:

Summe der Betriebseinnahmen	29 100,00 EUR
– Summe der Betriebsausgaben	14 320,00 EUR
= Betriebsgewinn	14 780,00 EUR

Erläuterungen:

- Schon bei dieser einfachen Form der Buchführung wird jeder Zugang und Abgang von Finanzmitteln doppelt erfasst: zum einen als Zu- oder Abgang von Finanzmitteln (z. B. Kasse, Bank) und zum anderen in der Spalte „Aufgliederung der Einnahmen" bzw. „Aufgliederung der Ausgaben".
- Da Finanzmittelabgänge auch für den privaten Bedarf erfolgen und diese Abgänge keine Betriebsausgaben darstellen, muss für diese Ausgaben eine besondere Spalte „Privatausgaben" eingerichtet werden.
- Gehen bei dem Steuerpflichtigen außer den betrieblichen Einnahmen auch noch andere Einnahmen ein (z.B. Mieten, Zinsen), muss für diese Einnahmen eine besondere Spalte „Privateinnahmen" eingerichtet werden. Dadurch bleiben sie bei der Gewinnermittlung außer Ansatz.
- Werden Finanzmittel von einem Posten auf einen anderen übertragen (z. B. Bareinzahlung auf das Bankkonto), erfolgt in der Spalte der Betriebseinnahmen bzw. Betriebsausgaben keine Erfassung, da es sich nicht um Einnahmen bzw. Ausgaben handelt, die bei der Gewinnermittlung zu erfassen sind. Für die Berechnung des Gewinnes sind nur die Beträge maßgeblich, die in der Spalte der betrieblichen Einnahmen bzw. in den aufgegliederten Spalten der Betriebsausgaben stehen.

Wir merken uns:

- Die **Einnahmen-Ausgaben-Rechnung** ist ein Kontrollmittel, mit dem die Ausgaben an die Einnahmen angepasst werden sollen.
- Die **Einnahmenüberschussrechnung** ist eine einfache Art der Gewinnermittlung, die nur einem bestimmten Kreis von Steuerpflichtigen erlaubt ist.

Übungsaufgaben

36

1. Erläutern Sie den Unterschied zwischen einer Einnahmen-Ausgaben-Rechnung und einer Einnahmenüberschussrechnung!
2. Nennen Sie die Gruppen von Steuerpflichtigen, bei denen der Gewinn durch eine Einnahmenüberschussrechnung ermittelt werden kann!
3. Welche Arten von Einnahmen und Ausgaben werden bei der Einnahmenüberschussrechnung nur in die Gewinnberechnung einbezogen?
4. Bilden Sie zwei Beispiele, die bei der Gewinnermittlung durch eine Einnahmenüberschussrechnung nicht erfasst werden!

37 Gewinnermittlung des Elektrohandwerkers Karl Kluge für den Monat Februar.

I. Überträge (Anfangsbestände) zum 1. Februar

Kasse: 5280,00 EUR, Bank: 38400,00 EUR.

II. Geschäftsvorfälle

Datum	Beleg-Nr.	Text	Betrag
1. Febr.	101	Banküberweisung an den Lieferer Lange GmbH	1200,00 EUR
5. Febr.	104	Banküberweisung von Kunde Krause	5825,00 EUR
8. Febr.	107	Kassenentnahme für den Haushalt	1000,00 EUR
10. Febr.	111	Barzahlung für Büromaterial	220,00 EUR
11. Febr.	112	Barzahlung für eine Autoreparatur (Geschäftswagen)	650,00 EUR
15. Febr.	115	Banküberweisung von der Franz Wolf OHG	8950,00 EUR
16. Febr.	117	Banküberweisung für eine private Lebensversicherung	990,00 EUR
20. Febr.	120	Barzahlung von Kunde Beck	4120,00 EUR
22. Febr.	121	Kassenentnahme für den Haushalt	1500,00 EUR
25. Febr.	129	Barzahlung für Reinigung des Ladens	250,00 EUR
26. Febr.	130	Barabhebung vom Bankkonto	10000,00 EUR
28. Febr.	132	Barzahlung der Personalkosten	12300,00 EUR

III. Aufgaben

Buchen Sie für den Elektrohandwerker Karl Kluge die im Februar angefallenen Geschäftsvorfälle in der einfachen Form einer Einnahmenüberschussrechnung (siehe Beispiele auf S. 148), und ermitteln Sie

1. den Gewinn im Monat Februar,
2. die Überträge für Kasse und Bank für den Monat März!

2 Inventur und Inventar

2.1 Gesetzliche Grundlagen und begriffliche Klarstellungen

Nach § 240 HGB ist jeder Kaufmann verpflichtet, „zu Beginn seines Handelsgewerbes" (d.h. bei der Gründung) und danach für den Schluss eines jeden Geschäftsjahres seine Vermögens- und Schuldposten mit ihren Werten anzugeben. Diese Aufstellung nennt der Gesetzgeber **Inventar.** Formale Vorschriften zur Aufstellung des Inventars gibt der Gesetzgeber nicht.

Die Vermögens- und Schuldposten sind aufgrund einer **körperlichen Bestandsaufnahme** zu ermitteln und nach ihrer Art, mit ihrer Menge und mit ihrem Wert anzugeben. Die körperliche Bestandsaufnahme bedeutet, dass man in den Betrieb gehen und vor Ort feststellen muss, welche Vermögensgegenstände in welcher Menge tatsächlich vorhanden sind. In einem zweiten Vorgang erfolgt die Feststellung der Werte. Entsprechendes gilt für die Ermittlung der Schulden. Diese Ermittlungsvorgänge (diese Ermittlungstätigkeit) nennt man **Inventur.**[1] Die ermittelten Einzelergebnisse werden in **Inventurlisten** erfasst.

Typische Tätigkeiten im Rahmen der Mengenermittlung sind: zählen, messen, wiegen, notfalls auch schätzen. Anschließend erfolgt die Ermittlung des Wertes für jeden einzelnen Erfassungsgegenstand. Durch die Multiplikation von Menge und Wert je Einheit erhält man den Gesamtwert eines Vermögenspostens. Auf die besondere Problematik der Ermittlung der Einzelwerte soll hier nicht näher eingegangen werden.

Wir merken uns:

- Unter **Inventur** versteht man die mengen- und wertmäßige Erfassung aller Vermögens- und Schuldenwerte eines Kaufmanns zu einem bestimmten Zeitpunkt. Die Inventur ist also eine Tätigkeit. Sie ist regelmäßig zum Bilanzstichtag, bei Gründung, Übernahme oder Auflösung des Unternehmens durchzuführen [§ 240 HGB]. Die Inventur schafft **gesicherte Ausgangsdaten** für den Jahresabschluss.
- Das **Inventar** ist das übersichtlich zusammengestellte wertmäßige Ergebnis der Inventur. Das Inventar ist also ein Verzeichnis über die tatsächlich vorhandenen Vermögens- und Schuldenwerte (Istwerte) an einem bestimmten Tag (Stichtag).

2.2 Bedeutung und Zielsetzung der Inventur

Die vom Gesetzgeber geforderte Inventur ist wesentlicher Bestandteil einer ordnungsmäßigen Buchführung. Die Inventur dient in erster Linie dem Schutz der Gläubiger. Durch eine körperliche Bestandsaufnahme soll überprüft werden, ob die in der Buchführung ausgewiesenen Bestände (Sollbestände) mit den Beständen übereinstimmen, die durch die Inventur ermittelt wurden (Istbeständen). Treten Differenzen zwischen Soll- und Istbeständen auf, muss man die Ursachen aufdecken und entsprechende Korrekturen in der Buchführung vornehmen, damit solche Differenzen nicht noch weitergeschleppt werden. Insofern übt die **Inventur** gegenüber der Buchführung eine **Kontrollfunktion** aus.

Die **Inventur** übt gegenüber der Buchführung eine **Kontrollfunktion** aus.

1 Inventur (lat.): Ermitteln.

2.3 Praktische Hinweise zum Inventurvorgang

Auch heute noch ist die Inventur für jeden Kaufmann eine mühselige Arbeit. Alle technologischen Errungenschaften der letzten Jahrzehnte stoßen bei der Inventur auf ihre natürlichen Grenzen. Die notwendigen Ermittlungen vor Ort müssen auch heute noch durch menschliche Inaugenscheinnahme vorgenommen werden. Lediglich die anschließende Verarbeitung dieser Primärdaten (Ausgangsdaten) kann mit Hilfe moderner Organisations- und Kommunikationsmittel erfolgen.

Nach wie vor sind die Inventurarbeiten sehr zeitaufwendig und arbeitsintensiv. Um den Betriebsablauf nicht unnötig zu stören, bedürfen sie einer sorgfältigen Planung. Man denke nur an die Ermittlung der Lagervorräte, die zweifellos den Hauptumfang der Inventurarbeiten einnimmt. Schon kleine und mittlere Unternehmen führen heute oft Tausende von Artikeln in ihren Lagern für die jeweils ihre Menge und anschließend ihr Wert ermittelt werden müssen.

Blatt Nr. 34
Abteilung/Lagerraum
Lagerbestand
aufgenommen am 20. - 12. - 30.
Aufnahme durch Ho

Warenbezeichnung	Stück	Preis	Rabatt
Blechschälbohrer 8 - 20	10	8,80	
16 - 30,5	17	13,95	
16 - 30	2	13,95	
26 - 40	4	33,75	netto
36 - 50	1	49,10	
4 - 30,5	12	19,95	
3 - 31	3	27,10	
Stufenbohrer Ruko 4 - 20	9	57,70	
4 - 30	4	84,90	
20 - 34	1	102,00	
Fräsbohrer 6 mm	14	12,50	
Ruko Schneidspray	21	6,35	
Schweißpunktfräser	33	16,15	
Fräskronen f. dto.	31	8,05	./. 50 %
Schweißpunktbohrer 8	24	14,75	
" 10	14	15,55	
Handentgrater Gratfix	4	32,80	
Ersatzmesser f. dto. 100	30	3,15	
200	10	3,15	
300	10	3,15	
Stufenbohrer 4 M	1	68,80	./. 48 %
" 2 M	2	32,20	./. 48 %
Zentrierbohrer DIN 333 60° 1,0	25	2,55	
1,6	30	3,11	
2,0	51	3,37	netto
2,5	44	3,75	
3,15	46	4,32	

10	8,80		88,00
17	13,95		237,15
2	13,95		27,90
4	33,75		135,00
1	49,10		49,10
12	19,95		239,40
3	27,10		81,30
9	57,70	50,00	259,65
4	84,90	50,00	169,80
1	102,00	50,00	51,00
14	12,50	50,00	87,50
21	6,35	50,00	66,67
33	16,15	50,00	266,47
31	8,05	50,00	124,77
24	14,75	50,00	177,00
14	15,55	50,00	108,85
4	32,80	50,00	65,60
30	3,15	50,00	47,25
10	3,15	50,00	15,75
10	3,15	50,00	15,75
1	68,80	48,00	35,78
2	32,20	48,00	33,49
25	2,55		63,75
30	3,11		93,30
51	3,37		171,87
44	3,75		165,00
46	4,32		198,72
			3.075,82 T

Wir stellen hier einen Originalausschnitt aus einer Inventur vor. Auf dem Inventurblatt Nr. 34 (von insgesamt 181 Blättern) auf S. 151 sind bestimmte Bohrer mit der vorhandenen Stückzahl und den jeweiligen Einstandspreisen angegeben. Die vom Lieferer gewährten Rabatte wurden ebenfalls eingetragen. Rechts daneben sind für jeden Artikel die entsprechenden Werte ermittelt. Die Gesamtsumme dieses Inventurblattes Nr. 34 beträgt 3075,82 EUR.

In der nebenstehenden Auflistung finden Sie in der Reihenfolge der Inventurblätter die Endsummen der einzelnen Inventurblätter wieder. Daher deckt sich der 34. Posten mit der Endsumme auf dem Additionsstreifen für das dargestellte Inventurblatt Nr. 34.

Blatt Nr. 1	4.655,67 +	2.147,69 +
" Nr. 2	3.887,75 +	3.648,29 +
	8.695,98 +	6.691,82 +
	2.791,35 +	610,50 +
	5.190,35 +	2.913,81 +
	3.542,36 +	3.685,24 +
	3.413,98 +	462,98 +
	1.901,32 +	279,97 +
	1.762,43 +	412,65 +
	2.908,35 +	404,65 +
	11.415,47 +	833,90 +
	586,75 +	1.330,25 +
	3.573,18 +	3.321,88 +
	2.510,89 +	3.075,82 +
	2.261,57 +	1.069,85 +
	3.040,39 +	597,76 +
	2.085,79 +	672,74 +
	2.663,89 +	1.555,94 +
	2.973,72 +	1.481,42 +
	4.049,89 +	4.155,43 +
	—20	—20
	74.111,12	39.352,59

Weniger umfangreich, aber prinzipiell in der gleichen Weise, erfolgen die Ermittlungen für die Gegenstände der technischen Anlagen und Maschinen, der Betriebs- und Geschäftsausstattung sowie des Fuhrparks. Relativ einfach verläuft dagegen die Ermittlung des Barvermögens in der (den) Kasse(n). Hierbei wird das darin befindliche Geld gezählt und nach Scheinen und Münzen geordnet angegeben.

Bei Vermögens- und Schuldposten, für die naturgemäß eine körperliche Bestandsaufnahme nicht möglich ist, wie z.B. bei Forderungen oder Verbindlichkeiten, lässt man sich die durch die Buchführung ermittelten Salden von den jeweiligen Geschäftspartnern bestätigen. Durch gegenseitige Saldenbestätigung ist sichergestellt, dass die ausgewiesenen Salden auch den tatsächlichen Verhältnissen entsprechen.

2.4 Form, Inhalt und Aufbau des Inventars

(1) Form des Inventars

Die im Inventar zusammengestellten Ergebnisse der Inventur bedürfen einer möglichst übersichtlichen und schnell lesbaren Form. Die in den Inventurlisten enthaltene Vielzahl von Einzelergebnissen genügt diesem Anspruch nicht.

> Obschon es **keine gesetzlichen Vorschriften** für die **formale Darstellung eines Inventars** gibt, hat es sich in der Praxis allgemein durchgesetzt, dass die Ergebnisse der Inventur nochmals zusammengefasst werden. Bei einzelnen Posten wird dann auf die Einzelverzeichnisse **(Einzelinventurlisten)** verwiesen.

Wegen des engen Zusammenhanges zur Bilanz, worauf wir später zurückkommen, wird in der Praxis bei der Aufstellung des verdichteten Inventars im Wesentlichen das für die Bilanz gesetzlich vorgegebene Begriffssystem übernommen. Da wir in der Schule immer nur beispielhaft arbeiten können, wollen wir hier ein Inventar aufstellen, in dem einerseits die erforderlichen Einzelangaben enthalten sind und andererseits bei Vorliegen eines weiteren Informationsbedürfnisses auf die entsprechenden Einzelverzeichnisse verwiesen wird.

Das Beispiel auf S. 153 soll Ihnen als Muster für den Aufbau eines Inventarverzeichnisses und für die darin verwendeten Begriffe dienen.

(2) Beispiel für den Inhalt und den Aufbau eines Inventars

Inventar zum 31. Dezember 20..
von Otto Ehrlich e.Kfm., Feldbergstraße 115, 92224 Amberg

A. Vermögen		
I. Anlagevermögen:		
1. Grundstücke		
– Brügmannstr. 101	175 000,00 EUR	
– Marktstr. 10	125 000,00 EUR	300 000,00 EUR
2. Bauten auf eigenen Grundstücken		
– Betriebsgebäude Marktstr. 10	1 750 000,00 EUR	
– Verwaltungsgebäude Brügmannstr. 101	675 000,00 EUR	2 425 000,00 EUR
3. Fuhrpark		
– Pkw: S – AM 312	45 800,00 EUR	
– Lkw: S – EW 418	98 750,00 EUR	144 550,00 EUR
4. Betriebs- und Geschäftsausstattung		
– Regale lt. Einzelinventurliste 1	18 500,00 EUR	
– Büromaschinen lt. Einzelinventurliste 2	45 600,00 EUR	
– Registrierkasse	10 775,00 EUR	
– Verkaufstheke	20 725,00 EUR	95 600,00 EUR
II. Umlaufvermögen:		
1. Warenvorräte		
– PC 5 Stück à 1 828,00 EUR	9 140,00 EUR	
– Fernsehgeräte farbig 15 à 1 230,00 EUR	18 450,00 EUR	
– Transistorgeräte 20 à 147,50 EUR	2 950,00 EUR	
– Zubehör- und Ersatzteile lt. Einzelinventurliste 3	1 410,00 EUR	31 950,00 EUR
2. Forderungen aus Lieferungen und Leistungen		
Kunde Otto Schulz OHG, Nürnberg	12 125,00 EUR	
Kunde Werner Müller e.Kfm., Erlangen	21 650,00 EUR	
Kunde Fritz Schäfer KG, Würzburg	13 920,00 EUR	47 695,00 EUR
3. Kassenbestand lt. Einzelinventurliste 4		1 250,00 EUR
4. Guthaben bei Banken		
– Guthaben bei der A-Bank Kto.-Nr. 6534	28 780,00 EUR	
– Guthaben bei der Postbank Kto.-Nr. 10121-503	5 900,00 EUR	34 680,00 EUR
Summe des Vermögens (Rohvermögens)		3 080 725,00 EUR
B. Schulden		
1. Verbindlichkeiten gegenüber Kreditinstituten		
a) langfristig:		
– Darlehen bei der A-Bank		230 000,00 EUR
b) kurzfristig:		
– Kontokorrentkredit bei der B-Bank		50 145,00 EUR
2. Verbindlichkeiten aus Lieferungen und Leistungen		
– Dortmunder Tele-Technik AG	55 150,00 EUR	
– Kemptener Fernseh-Apparatebau GmbH	45 250,00 EUR	100 400,00 EUR
3. Liefererdarlehen der Rado GmbH, Leipzig		22 100,00 EUR
Summe der Schulden		402 645,00 EUR
C. Ermittlung des Reinvermögens (Eigenkapitals)		
Summe des Vermögens		3 080 725,00 EUR
– Summe der Schulden		402 645,00 EUR
= Reinvermögen (Eigenkapital)		2 678 080,00 EUR

Erläuterungen zum Inhalt und Aufbau des Inventars von S. 153:

Das Inventar besteht aus drei Teilen: **dem Vermögen, den Schulden** und **dem Reinvermögen.**[1]

- Das **Vermögen** gibt Aufschluss darüber, welche Gegenstände in einem Unternehmen vorhanden sind. Man unterscheidet zwischen Anlagevermögen und Umlaufvermögen.
  - Zum **Anlagevermögen** gehören alle Vermögensposten, die dazu bestimmt sind, dem Unternehmen langfristig zu dienen. Sie bilden die Grundlage für die Betriebsbereitschaft.

    Beispiele:

    Gebäude, Grundstücke, Maschinen, Betriebs- und Geschäftsausstattung ...

  - Zum **Umlaufvermögen** zählen alle Vermögensposten, die dadurch charakterisiert sind, dass sie sich durch die Geschäftstätigkeit laufend verändern.

    Beispiele:

    Kassenbestand, Bankguthaben, Waren, Forderungen aus Lieferungen und Leistungen.

- Die **Schulden** (Verbindlichkeiten) gliedert man nach der Art der Schuld und gegebenenfalls in langfristige und kurzfristige Verbindlichkeiten.

  Beispiele:

  - Verbindlichkeiten gegenüber Kreditinstituten
  - Verbindlichkeiten aus Lieferungen und Leistungen

- Ziehen wir vom Gesamtwert des Vermögens (Rohvermögens) den Gesamtwert der Schulden ab, erhalten wir das **Reinvermögen,** das auch als **Eigenkapital** bezeichnet wird.

(Roh-)Vermögen – Schulden = Reinvermögen

2.5 Arten (Verfahren) der Inventur

(1) Stichtagsinventur (Normalverfahren) [§ 240 HGB]

Grundsätzlich sind nach § 240 HGB zu Beginn eines Handelsgewerbes und zum Schluss eines jeden Geschäftsjahres alle Vermögens- und Schuldposten aufgrund einer körperlichen Bestandsaufnahme genau zu verzeichnen und zu bewerten. Diese zeitraubenden Inventurarbeiten sind aber in der Praxis häufig an einem Tag nicht zu bewältigen. Wegen dieser Ermittlungsschwierigkeiten sehen sich viele Betriebe veranlasst, den Betrieb für die Zeit der Inventurarbeiten zu schließen.

Daher gestatten die Einkommensteuerrichtlinien, dass die Inventurarbeiten für den Jahresabschluss nicht am Abschlussstichtag (Bilanzstichtag), sondern lediglich zeitnah um den Stichtag herum durchgeführt werden können. Als zulässige Zeitspanne um den Bilanzstichtag gelten 10 Tage vor bzw. 10 Tage nach dem Bilanzstichtag.

Allerdings muss sichergestellt sein, dass die Bestandsveränderungen zwischen dem Tag der Bestandsaufnahme und dem Bilanzstichtag anhand von Belegen oder Aufzeichnungen ordnungsmäßig berücksichtigt werden können.

1 Für die Begriffsbildung und die Ordnung im Inventar bestehen keine gesetzlichen Vorschriften. Wegen des engen Zusammenhangs zur Bilanz orientieren wir uns bei der Aufstellung des Inventars an den gesetzlichen Vorschriften zur Bilanz.

(2) Vereinfachungsverfahren bei der Inventur

Wegen der Belastungen, die eine körperliche Stichtagsinventur für die Unternehmen mit sich bringt, sieht der Gesetzgeber unter bestimmten Voraussetzungen von einer körperlichen Stichtagsinventur ab und lässt folgende Vereinfachungen zu:

■ Stichprobeninventur [§ 241 I HGB]

Erfahrungsgemäß kann man davon ausgehen, dass in einem Warenlager eine relativ geringe Anzahl der Inventurobjekte (z. B. 20 %) den relativ höchsten Wert (z. B. 80 %) ausmachen. In diesem Fall wird für die relativ geringe Menge der Objekte, die aber 80 % des gesamten Wertes darstellen, eine genaue Einzelerfassung vorgenommen. Nur für die große Menge, die einen verhältnismäßig geringen Wert darstellt, wird das Stichprobenverfahren angewandt.

Bei den Stichprobenverfahren wird aus wenigen Einzelobjekten (den Stichproben) ein Durchschnittswert ermittelt. Durch Multiplikation der Gesamtmenge mit dem ermittelten Stichprobendurchschnittswert ergibt sich der Gesamtwert dieser Lagervorräte. Dabei müssen die Stichproben nach mathematisch statistischen Methoden ausgewählt werden. Die Auswahl jedes 10. Inventurobjektes würde diesem Anspruch nicht genügen. Es muss sich dabei um eine möglichst breite Streuung handeln. Weitere Voraussetzungen für die Anwendung des Stichprobenverfahrens bestehen darin, dass die Werte der Einzelobjekte dicht beieinander liegen müssen und dass das Verfahren dem Aussagewert eines durch eine vollständige körperliche Inventur ermittelten Wertes entsprechen muss.

■ Permanente Inventur [§ 241 II HGB]

Werden die Vermögensgegenstände nach Art, Menge und Wert fortlaufend nach den Grundsätzen ordnungsmäßiger Buchführung erfasst, kann auf eine körperliche Bestandsaufnahme zum Bilanzstichtag gänzlich verzichtet werden.

Die körperliche Bestandsaufnahme muss dann allerdings zu einem beliebigen anderen Zeitpunkt innerhalb des Jahres vorgenommen werden.

■ Verlegte Inventur [§ 241 III HGB]

Sind für einen bestimmten Tag innerhalb von 3 Monaten vor dem Bilanzstichtag oder innerhalb von 2 Monaten nach dem Bilanzstichtag die Werte von Vermögensgegenständen durch eine körperliche Bestandsaufnahme oder auch durch eine permanente Inventur ermittelt und in einem gesonderten Verzeichnis festgehalten worden, dann braucht für diese Vermögensgegenstände eine körperliche Inventur zum Bilanzstichtag nicht mehr vorgenommen zu werden, wenn sichergestellt ist, dass durch eine ordnungsmäßige Fortschreibung bzw. Rückrechnung der Wert am Bilanzstichtag zuverlässig ermittelt werden kann.

Zusammenfassung

- Mit **Inventur** bezeichnet man den Vorgang der Erfassung der Vermögensgegenstände und der Schulden nach Art, Menge und Wert.
- Das **Inventar** ist das **Ergebnis** der Inventur in Form einer übersichtlichen Darstellung aller Vermögenswerte und Schulden nach ihrer Art, ihrer Menge und ihrem Wert.
- Zur **Aufstellung eines Inventars** ist der Kaufmann nach § 240 HGB gesetzlich verpflichtet. Die gesetzlichen Vorschriften beziehen sich nur auf den Inhalt, nicht auf die Form.

- Das **Inventar** wird in folgende Teile gegliedert und geordnet: **Vermögen, Schulden** und **Reinvermögen** (Differenz zwischen Vermögen und Schulden).
- Die Inventur übt gegenüber der Buchführung eine **Kontrollfunktion** aus.
- Die Inventur ist ein **wesentlicher Bestandteil einer ordnungsgemäßen Buchführung.**
- Als **Normalverfahren** der Inventur gilt die **Stichtagsinventur.**
- **Vereinfachungsverfahren** sind:
  - die Stichprobeninventur,
  - die permanente Inventur,
  - die verlegte Inventur.

Übungsaufgaben

38

1. Welche drei Angaben müssen in einem Inventar enthalten sein?
2. Zu welchen Zeitpunkten muss jeweils ein Inventar aufgestellt werden?
3. Erläutern Sie die Begriffe Inventar und Inventur!
4. Welche praktische Bedeutung hat die Inventur im Zusammenhang mit der Buchführung?
5. Welche Werte müssen beim Auftreten von Differenzen zwischen Sollwerten (Werte der Buchführung) und Istwerten (Werte der Inventur) berichtigt werden? Begründen Sie Ihre Entscheidung!
6. Was versteht man unter dem Normalverfahren der Inventur?
7. Nennen Sie drei Arten der Vereinfachungsverfahren bei der Inventur!
8. Nennen Sie die Voraussetzungen für die Anwendung der Stichprobeninventur!

39

1. Stellen Sie aufgrund der angegebenen Inventurergebnisse zum 31. Dezember 20.. für Max Weber e. Kfm. ein Inventar auf!

Grundstücke		121 180,00 EUR
Bauten auf eigenen Grundstücken		535 925,00 EUR
Büroeinrichtung lt. Inventurliste 1		48 000,00 EUR
Fuhrpark (1 Kombi)		51 400,00 EUR
Forderungen lt. bestätigter Saldenliste		60 510,00 EUR
Warenvorräte:		
40 Videogeräte zu je 375,00 EUR	15 000,00 EUR	
32 Fernsehgeräte zu je 625,00 EUR	20 000,00 EUR	
20 Stereo-Anlagen zu je 400,00 EUR	8 000,00 EUR	
21 Lampen zu je 250,00 EUR	5 250,00 EUR	
Sonstiges Kleinmaterial lt. Inventurliste 2	3 000,00 EUR	51 250,00 EUR
Kassenbestand lt. Inventurliste 3		1 520,00 EUR
Guthaben bei Kreditinstituten:		
– Guthaben auf dem Kontokorrentkonto bei der A-Bank		27 790,00 EUR
– Guthaben bei der Postbank Niederlassung in der X-Stadt		2 200,00 EUR
Verbindlichkeiten gegenüber Kreditinstituten:		
– Darlehen bei der B-Bank		128 000,00 EUR
Verbindlichkeiten aus Lieferungen und Leistungen:		
– Nürnberger Teleblick AG	31 600,00 EUR	
– Berliner Funk-Fernseh GmbH	59 100,00 EUR	90 700,00 EUR

2. Stellen Sie aufgrund der angegebenen Inventurergebnisse zum 31. Dezember 20.. für Susanne Klein e. Kfr. ein Inventar auf!

Betriebs- und Geschäftsausstattung bestehend aus:		
– 20 Büroschränken zu je 925,00 EUR	18 500,00 EUR	
– 6 Regalen zu je 780,00 EUR	4 680,00 EUR	
– 2 PC zu je 1 560,00 EUR	3 120,00 EUR	
– 4 Faxgeräte zu je 287,50 EUR	1 150,00 EUR	27 450,00 EUR
Forderungen aus Lieferungen und Leistungen:		
– Fritz Krause e. Kfm.	1 200,00 EUR	
– Otto Selmig OHG	1 300,00 EUR	2 500,00 EUR
Verbindlichkeiten aus Lieferungen und Leistungen:		
– Otto Süß KG	9 000,00 EUR	
– Friedrich Sauer GmbH	4 000,00 EUR	
– Liane Selbach e. Kffr.	10 000,00 EUR	23 000,00 EUR
Kassenbestand lt. Inventurliste 4		1 370,00 EUR
Warenvorräte:		
– Wäsche lt. Inventurliste 5	6 250,00 EUR	
– 20 Kleider zu je 250,00 EUR	9 000,00 EUR	15 250,00 EUR
Guthaben bei Kreditinstituten:		
– Guthaben auf dem Kontokorrentkonto bei der C-Bank		36 250,00 EUR
Unbebaute Grundstücke		132 000,00 EUR
Verbindlichkeiten gegenüber Kreditinstituten:		
– Darlehen bei der D-Bank		50 000,00 EUR
Liefererdarlehen der Kleider-Fritz GmbH		12 000,00 EUR

3 Bilanz

3.1 Gesetzliche Grundlagen zur Aufstellung der Bilanz

(1) Aufstellungspflicht

Nach § 242 HGB hat der Kaufmann zu Beginn seines Handelsgewerbes und danach für den Schluss eines jeden Geschäftsjahres eine Bilanz aufzustellen, aus der das Verhältnis zwischen seinem Vermögen und seinen Schulden erkennbar ist.

Obschon es bei der Bilanz – wie beim Inventar – auch um eine Aufstellung des Vermögens und der Schulden geht, dient die Bilanz, wie wir später noch sehen werden, völlig anderen Zwecken. Das hat den Gesetzgeber auch veranlasst, unterschiedliche Begriffe einzuführen, obwohl die Endergebnisse in beiden Abschlussformen gleich sind.

(2) Form und Gliederung der Bilanz

Nach § 266 I, S. 1 HGB ist die Bilanz in **Kontoform**[1] aufzustellen. Das heißt allerdings nicht, dass die Bilanz ein Konto ist. Die Bilanz ist lediglich in der Form eines Kontos aufzustellen. Sie hat also – wie ein Konto – zwei Seiten. Die **linke Seite der Bilanz** ist die **Aktivseite.** Auf ihr stehen die **Aktiva (Vermögensposten).** Die rechte Seite der Bilanz ist die **Passivseite.** Auf ihr stehen die **Passiva (Schulden und das Eigenkapital).** Auch wenn uns das sprachlich zunächst noch ungewohnt erscheint, können wir sagen: auf der Passivseite der Bilanz steht das Kapital, getrennt nach Kapitalgebern (Eigenkapital und Verbindlichkeiten [Fremdkapital]).

1 Ein Konto ist ein Verrechnungsschema mit zwei Seiten. Zu Einzelheiten siehe S. 168 f.

eine Seite	andere Seite

Für die Aufstellung einer Bilanz ergibt sich daher folgendes Grundschema:

Aktiva	Bilanz zum 31. Dez. 20..	Passiva
Vermögensseite		Kapitalseite

Im § 266 HGB wird darüber hinaus auch im Einzelnen angegeben, wie der Inhalt der beiden Bilanzseiten zu gliedern ist, in welcher Reihenfolge die einzelnen Posten aufzuführen, welche Begriffe dabei zu verwenden und wie die einzelnen Gliederungspunkte zu kennzeichnen sind.

Da wir uns in der Schule, namentlich im Anfangsunterricht, nur mit einfachen Bilanzen beschäftigen können, schlagen wir für unsere vorläufige Arbeit mit Bilanzen folgendes, an der Praxis orientiertes, vereinfachtes Bilanzschema vor.

Aktiva	Bilanz zum 31. Dezember 20..	Passiva
I. Anlagevermögen		**I. Eigenkapital**
1. Grundstücke und Bauten		**II. Verbindlichkeiten**
2. technische Anlagen und Maschinen		1. Verbindlichkeiten gegenüber Kreditinstituten
3. And. Anl., Betr.- u. G.-Ausstattung		2. Verbindlichkeiten aus Lieferungen und Leistungen
II. Umlaufvermögen		3. Sonstige Verbindlichkeiten
1. Waren		
2. Ford. aus Lieferungen u. Leistungen		
3. Kassenbestand		
4. Guthaben bei Kreditinstituten		

Beispiel:

Wir stellen zu dem Inventar auf S. 153 die entsprechende Bilanz auf!

Lösung:

Aktiva	Bilanz von Otto Ehrlich e.Kfm. zum 31. Dez. 20..		Passiva
I. Anlagevermögen		**I. Eigenkapital**	2678080,00
1. Grundstücke u. Bauten	2725000,00	**II. Verbindlichkeiten**	
2. Andere Anlagen, Betriebs- u. Geschäftsausstattung[1]	240150,00	1. Verbindlichkeiten gegenüber Kreditinstituten	280145,00
II. Umlaufvermögen		2. Verbindlichkeiten aus Lieferungen und Leistungen	100400,00
1. Waren	31950,00	3. Sonstige Verbindlichkeiten	22100,00
2. Forderungen aus Lieferungen und Leistungen	47695,00		
5. Kassenbestand	1250,00		
6. Guthaben bei Kreditinstituten	34680,00		
	3080725,00		3080725,00

Amberg, den 31. Dez. 20..

Otto Ehrlich

1 Zu diesem Bilanzposten gehört bei Kapitalgesellschaften auch der Fuhrpark. In Bilanzen von Nichtkapitalgesellschaften wird der Fuhrpark häufig als gesonderter Bilanzposten ausgewiesen.

3.2 Deutungsmöglichkeiten der Bilanz

Das Wort **Bilanz** stammt aus dem Italienischen. Dort heißt es so viel wie Gleichgewicht bzw. Waage. Das bedeutet, dass beide Seiten der Bilanz wertmäßig stets gleich sein müssen. Formal ergibt sich diese Wertgleichheit schon aus der Kontoform der Bilanz. Das Eigenkapital bildet den Ausgleichsposten (Saldo) in der Bilanz. Für jede Bilanz gilt daher die Grundgleichung:

Aktiva ≙ Passiva

Dabei gilt:

Aktiva ≙ Vermögen
Passiva ≙ Eigenkapital + Fremdkapital[1]

Hieraus lassen sich folgende weitere **Bilanzgleichungen** ableiten:

(1) **Für die Berechnung des Vermögens**

Vermögen ≙ Eigenkapital + Fremdkapital

(2) **Für die Berechnung des Kapitals**

Eigenkapital ≙ Vermögen – Fremdkapital
Fremdkapital ≙ Vermögen – Eigenkapital

Für unsere weitere Deutung der Bilanz fassen wir die Bilanz von S. 158 so zusammen, dass nur noch die beiden Hauptgruppen auf beiden Seiten übrig bleiben:

Aktiva	Bilanz		Passiva
Wie wurde das Kapital verwendet?		**Wer** hat das Kapital aufgebracht?	
I. Anlagevermögen:	2 965 150,00	**I. Eigenkapital:**	2 678 080,00
II. Umlaufvermögen:	115 575,00	**II. Verbindlichkeiten:**	402 645,00
Vermögen	3 080 725,00	**Kapital**	3 080 725,00
↑		↑	
Verwendung finanzieller Mittel (Investierung)		**Beschaffung** finanzieller Mittel (Finanzierung)	

Wie im obigen Bilanzschema angedeutet, gibt die Aktivseite an, wohin das Kapital floss bzw. wie das verfügbare Kapital verwendet wurde. Sie kann also als **Mittelverwendungsseite** bezeichnet werden.

Dagegen gibt die Passivseite an, woher das Kapital kam, bzw. wer das Kapital aufgebracht hat. Sie kann daher als **Mittelbeschaffungsseite** bezeichnet werden.

Unter Verwendung anderer Begriffe kann man auch sagen: Die **Passivseite** gibt die **Finanzierung** des Unternehmens wieder, die **Aktivseite** die **Investierung.**

1 Unter dieser mehr betriebswirtschaftlichen Betrachtungsweise benutzen wir den Begriff **Fremdkapital** (statt Verbindlichkeiten).

3.3 Vertiefende Darstellung des Zusammenhangs zwischen Inventur, Inventar, Bilanz und Buchführung

Um den Zusammenhang aufzudecken, der zwischen Inventar, Bilanz und der Buchführung besteht, ist zunächst festzuhalten, dass beide Verzeichnisse **außerhalb** der Buchführung stehen.

Zwischen der Buchführung und der Bilanz besteht ein enger Zusammenhang, denn jede Bilanz – mit Ausnahme der Eröffnungsbilanz – baut auf den Zahlengrundlagen der Buchführung auf. Bevor jedoch diese Ergebnisse der Buchführung über die Bilanz der Öffentlichkeit präsentiert werden, soll sichergestellt sein, dass diese Werte auch tatsächlich vorhanden sind. Es könnten ja Unregelmäßigkeiten (z.B. Rechenfehler, Buchungsfehler, Diebstahl usw.) aufgetreten sein. Diese Sicherstellung erfolgt über die Inventur, bei der – völlig unabhängig von der Buchführung – vor Ort festgestellt wird, was vorhanden ist. Ohne die Inventur ist ein ordnungsmäßiger Jahresabschluss nicht möglich. Man unterscheidet daher **Inventurbestand (Istbestand)** und **Buchbestand (Sollbestand).**

Liegen Abweichungen zwischen Soll- und Istbeständen vor, müssen die Gründe dafür aufgedeckt und entsprechende Korrekturen in der Buchführung vorgenommen werden, damit die Werte der Buchführung auch mit den tatsächlich vorhandenen übereinstimmen. Die Inventur – mit dem Inventar als Ergebnis – hat also gegenüber der Buchführung eine **Kontrollfunktion.**

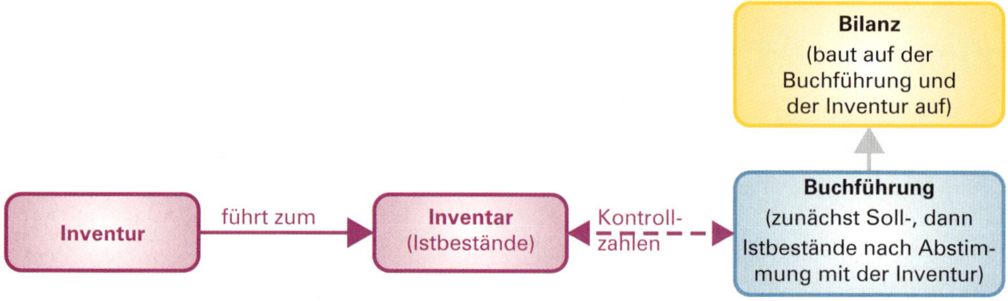

Zusammenfassung

- Nach § 242 HGB hat der Kaufmann zu Beginn seines Handelsgewerbes und danach am Schluss eines jeden Geschäftsjahres eine **Bilanz** aufzustellen, in der das **Verhältnis von Vermögen** und **Schulden** dargestellt wird.
- In der Bilanz erscheinen nur **Werte,** keine Mengen.
- In der Bilanz werden verschiedene Arten von Wirtschaftsgütern zu einem **Bilanzposten** zusammengefasst.
- Auf der **Aktivseite** der Bilanz stehen die **Vermögensposten,** auf der **Passivseite** die **Kapitalposten** (Eigenkapital und Verbindlichkeiten[1]).
- Die Bilanz ist in **Kontoform** aufzustellen.

1 Verbindlichkeiten sind Fremdkapital.

→ Gegenüberstellung von Inventar und Bilanz:

Inventar	Bilanz
■ Das Inventar ist eine **ausführliche wert- und mengenmäßige** Gegenüberstellung der Vermögens- und Schuldposten.	■ Die Bilanz ist eine **gedrängte wertmäßige** Gegenüberstellung aller Vermögens- und Schuldposten.
■ Im Inventar werden alle selbstständig bewertbaren Gegenstände eines Postens erfasst. Es ist **sehr ausführlich** und dadurch **unübersichtlich.**	■ Die Bilanz weist jeden Posten nur mit einer Summe aus. Sie ist **weniger ausführlich,** dadurch aber **übersichtlich.**
■ Im Inventar stehen Vermögen und Schulden **untereinander.**	■ In der Bilanz stehen Vermögen und Schulden **nebeneinander.**
■ Die Differenz zwischen Vermögen und Schulden heißt **Reinvermögen.**	■ Die Differenz zwischen Vermögen und Schulden heißt **Eigenkapital.**
■ Das Inventar bzw. die Inventur übt gegenüber den Ergebnissen der Buchführung eine **Kontrollfunktion** aus.	■ Die Bilanz **baut auf den Zahlenunterlagen der Buchführung und denen der Inventur auf.**
■ Das Inventar (die Inventur) dient **innerbetrieblichen Zwecken** (Soll-Ist-Vergleich).	■ Die Bilanz informiert die **Außenwelt.**
■ Gesetzliche **Gliederungsvorschriften** für das Inventar **bestehen nicht.**	■ Es **bestehen gesetzliche Gliederungsvorschriften.** Nach dem Handelsgesetzbuch ist eine Bilanz nach bestimmten Vorschriften zu gliedern, die Einzelkaufleuten und Personengesellschaften einen relativ großen Freiheitsspielraum einräumen [§ 247 HGB], die dagegen bei Kapitalgesellschaften sehr genau festgelegt sind [§ 266 HGB].

Übungsaufgaben

40 1. Stellen Sie unter Beachtung des einfachen Bilanzgliederungsschemas auf S. 158 aus den Inventaren der Aufgabe 39 (1. und 2.), S. 156f. die entsprechenden Bilanzen auf!

2. Erstellen Sie aufgrund folgender Angaben eine Bilanz:

Bebaute Grundstücke 380000,00 EUR, unbebaute Grundstücke 275000,00 EUR, Betriebsgebäude 755000,00 EUR, Betriebs- und Geschäftsausstattung 210000,00 EUR, Fuhrpark 114500,00 EUR, Warenvorräte 575600,00 EUR, Forderungen gegenüber Kunden 526150,00 EUR, Kassenbestand 3420,00 EUR, Guthaben: bei der Stadtsparkasse 29960,00 EUR, bei der Commerzbank 41390,00 EUR, Eigenkapital 1319580,00 EUR, Verbindlichkeiten aus Darlehen bei der Volksbank 750000,00 EUR, Verbindlichkeiten bei Lieferanten 761460,00 EUR, Verbindlichkeiten aus Steuern 79980,00 EUR.

11 Speth – ISBN-13: 978-3-8120-0539-5

41 1. Geben Sie einige wichtige Unterscheidungsmerkmale zwischen Inventar und Bilanz an!

2. Nennen Sie die beiden Hauptgruppen auf der Aktivseite der Bilanz!

3. 3.1 Erläutern Sie den Begriff Anlagevermögen!

   3.2 Nennen Sie drei Posten, die zum Anlagevermögen gehören!

4. 4.1 Erläutern Sie den Begriff Umlaufvermögen!

   4.2 Nennen Sie vier Posten, die zum Umlaufvermögen zählen!

5. Deuten Sie das Wort Bilanz!

6. Stellen Sie die Grundgleichung einer Bilanz auf!

7. Wie ist das Eigenkapital rechnerisch zu ermitteln?

8. Deuten Sie die beiden Bilanzseiten unter verschiedenen Gesichtspunkten!

9. Erläutern Sie den Zusammenhang zwischen Buchführung, Inventar (Inventur) und Bilanz!

3.4 Wertveränderungen der Bilanzposten durch Geschäftsvorfälle (vier Grundfälle)

Die Bilanz stellt die Werte des Vermögens und der Schulden für einen ganz bestimmten Zeitpunkt dar, und zwar im Allgemeinen für den Schluss eines jeden Geschäftsjahres. Durch Gegenüberstellung der Werte am Schluss des laufenden Geschäftsjahres mit den Werten am Schluss des vorangegangenen Geschäftsjahres können dann die Wertveränderungen im Einzelnen sowie in ihrem Endergebnis in Form der Veränderung des Eigenkapitals festgestellt werden. Ursache für diese Wertveränderungen sind die Geschäftsvorfälle. Will man diese Wertveränderungen in der übersichtlichen Form einer Bilanz verfolgen, müssten Bilanzen in kürzeren Zeitabständen aufgestellt werden, aus theoretischer Sicht nach jedem Geschäftsvorfall. Da das zu umständlich ist, können wir jetzt schon festhalten, dass die durch die Geschäftsvorfälle hervorgerufenen Veränderungen außerhalb der Bilanz, nämlich in der Buchführung, festgehalten werden.

Wir merken uns:

- Bilanzen gelten immer nur für einen ganz bestimmten Zeitpunkt.
- Die in der Bilanz dargestellten Werte werden durch jeden danach erfolgten Geschäftsvorfall verändert.
- Diese Veränderungen aufgrund der Geschäftsvorfälle werden in der Buchführung festgehalten.

Wir haben festgestellt, dass jeder Geschäftsvorfall die einmal festgestellten Bilanzwerte verändert. Wenn es keine andere Erfassungsmethode dieser Wertveränderungen gäbe, müsste aus theoretischer Sicht nach jedem Geschäftsvorfall eine neue Bilanz erstellt werden. Wir benutzen diese unrealistische Sicht hier nur, um grundsätzlich die unterschiedlichen Auswirkungen der verschiedenen Geschäftsvorfälle auf die in der Bilanz dargestellten Vermögens- und Schuldwerte darzustellen und zu charakterisieren.

Beispiel:

Aktiva	Ausgangsbilanz		Passiva
And. Anl., Betr.- u. Geschäftsausst.	40 000,00	Eigenkapital	42 000,00
Waren	2 000,00	Verb. a. Lief. und Leistungen	16 000,00
Kassenbestand	4 000,00		
Guthaben bei Kreditinstituten	12 000,00		
	58 000,00		58 000,00

Anmerkung: Wegen der geringen Anzahl von Posten wird auf die Gliederung in Anlagevermögen und Umlaufvermögen bzw. Eigenkapital und Verbindlichkeiten verzichtet.

Aufgaben:

Stellen Sie nach jedem Geschäftsvorfall die Bilanz neu auf, geben Sie an, in welche Richtung (+ oder –) sich die einzelnen Bilanzposten geändert haben und charakterisieren Sie jeweils die Bilanzveränderungen. Machen Sie außerdem eine Aussage über die Bilanzsumme.

Lösungen:

1. Geschäftsvorfall: Wir kaufen Waren gegen Barzahlung für 1800,00 EUR.

Auswirkungen auf die Bilanz

Aktiva	1. veränderte Bilanz		Passiva
And. Anl., Betr.- u. Geschäftsausst.	40 000,00	Eigenkapital	42 000,00
Waren	3 800,00	Verb. a. Lief. und Leistungen	16 000,00
Kassenbestand	2 200,00		
Guthaben bei Kreditinstituten	12 000,00		
	58 000,00		58 000,00

Waren	(Aktivposten)	+
Kassenbestand	(Aktivposten)	–

Charakterisierung: A K T I V T A U S C H
Die Bilanzsumme bleibt unverändert

Erläuterungen:

Es werden zwei Aktivposten verändert. Der Warenbestand nimmt um 1800,00 EUR zu, der Kassenbestand nimmt um den gleichen Betrag ab.

2. Geschäftsvorfall: Eine Verbindlichkeit aus Lieferungen und Leistungen von 5000,00 EUR wird in ein Liefererdarlehen (Bilanzposition „Sonstige Verbindlichkeiten") umgewandelt.

Auswirkungen auf die Bilanz

Aktiva	2. veränderte Bilanz		Passiva
And. Anl., Betr.- u. Geschäftsausst.	40 000,00	Eigenkapital	42 000,00
Waren	3 800,00	Verb. a. Lief. und Leistungen	11 000,00
Kassenbestand	2 200,00	Sonstige Verbindlichkeiten	5 000,00
Guthaben bei Kreditinstituten	12 000,00		
	58 000,00		58 000,00

Sonstige Verbindlichkeiten (Passivposten) +	**Charakterisierung: PASSIVTAUSCH**
Verb. a. Lief. und Leistungen (Passivposten) –	**Die Bilanzsumme bleibt unverändert.**

Erläuterungen:

Die Veränderungen erfolgen auf der Passivseite. Die Verbindlichkeiten aus Lieferungen und Leistungen nehmen um 5000,00 EUR ab. In Höhe des gleichen Betrages kommt ein neuer Passivposten hinzu.

3. Geschäftsvorfall: Eine Verbindlichkeit aus Lieferungen und Leistungen in Höhe von 3000,00 EUR wird durch eine Banküberweisung getilgt.

Auswirkungen auf die Bilanz

Aktiva — 3. veränderte Bilanz — Passiva

Aktiva		Passiva	
And. Anl., Betr.- u. Geschäftsausst.	40000,00	Eigenkapital	42000,00
Waren	3800,00	Verb. a. Lief. und Leistungen	8000,00
Kassenbestand	2200,00	Sonstige Verbindlichkeiten	5000,00
Guthaben bei Kreditinstituten	9000,00		
	55000,00		55000,00

Verb. a. Lief. u. Leist. (Passivposten) –	**Charakterisierung: Aktiv-Passivminderung**
Guth. bei Kreditinstituten (Aktivposten) –	**Die Bilanzsumme vermindert sich.**

Erläuterungen:

Es werden ein Aktivposten und ein Passivposten berührt. Die Verbindlichkeiten aus Lieferungen und Leistungen nehmen um 3000,00 EUR ab, das Guthaben bei Kreditinstituten nimmt ebenfalls um den gleichen Betrag ab.

4. Geschäftsvorfall: Wir kaufen Waren auf Ziel für 6000,00 EUR.

Auswirkungen auf die Bilanz

Aktiva — 4. veränderte Bilanz — Passiva

Aktiva		Passiva	
And. Anl., Betr.- u. Geschäftsausst.	40000,00	Eigenkapital	42000,00
Waren	9800,00	Verb. a. Lief. und Leistungen	14000,00
Kassenbestand	2200,00	Sonstige Verbindlichkeiten	5000,00
Guthaben bei Kreditinstituten	9000,00		
	61000,00		61000,00

Waren (Aktivposten) +	**Charakterisierung: Aktiv-Passivmehrung**
Verb. a. Lief. u. Leist. (Passivposten) +	**Die Bilanzsumme erhöht sich.**

Erläuterungen:

Es werden ein Aktivposten und ein Passivposten berührt. Der Warenbestand nimmt um 6000,00 EUR zu, die Verbindlichkeiten aus Lieferungen und Leistungen nehmen ebenfalls um diesen Betrag zu.

Ein Blick auf das Eigenkapital zeigt, dass bei allen vier Geschäftsvorfällen das Eigenkapital unverändert blieb. Es handelte sich also um **erfolgsunwirksame (erfolgsneutrale) Geschäftsvorfälle.**

Zusammenfassung

- Jeder Geschäftsvorfall verändert die Bilanz.
- Bezüglich der Auswirkungen von Geschäftsvorfällen auf die Bilanz sind nur vier Grundfälle denkbar:
  - **Aktivtausch:** Ein Aktivposten nimmt im gleichen Maße ab, wie ein anderer Aktivposten zunimmt. Die Bilanzsumme bleibt unverändert. Beispiel: Wir zahlen auf das Bankkonto bar ein.
  - **Passivtausch:** Ein Passivposten nimmt im gleichen Maße ab, wie ein anderer Passivposten zunimmt. Die Bilanzsumme bleibt unverändert. Beispiel: Eine Verbindlichkeit aus Lieferungen und Leistungen wird in ein Liefererdarlehen umgewandelt.
  - **Aktiv-Passivminderung:** Auf der Aktiv- und der Passivseite nimmt jeweils ein Posten um den gleichen Wert ab. Die Bilanzsumme wird verringert. Beispiel: Wir zahlen eine Liefererrechnung durch Banküberweisung.
  - **Aktiv-Passivmehrung:** Auf der Aktiv- und der Passivseite nimmt jeweils ein Posten um den gleichen Wert zu. Die Bilanzsumme wird dadurch erhöht. Beispiel: Wir kaufen Waren auf Ziel.
- Geschäftsvorfälle, die das Eigenkapital nicht verändern, nennt man **erfolgsunwirksame** (erfolgsneutrale) Geschäftsvorfälle.

Übungsaufgaben

42 **I. Geschäftsvorfälle**

1.	Wir zahlen eine Lieferantenrechnung durch Banküberweisung	4500,00 EUR
2.	Wir kaufen einen Schreibtisch bar	1020,00 EUR
3.	Wir kaufen Ware bar	821,00 EUR
4.	Wir zahlen ein Liefererdarlehen durch Banküberweisung zurück	9500,00 EUR
5.	Ein Kunde zahlt einen Rechnungsbetrag durch Banküberweisung	1100,00 EUR
6.	Wir kaufen einen PC bar	845,00 EUR
7.	Wir heben von unserem Bankkonto bar ab und legen das Geld in die Geschäftskasse	3000,00 EUR
8.	Eine Verbindlichkeit aus Lieferungen und Leistungen wird in ein Liefererdarlehen umgewandelt	12000,00 EUR

II. Aufgaben

1. Geben Sie bei den angegebenen Geschäftsvorfällen jeweils die Änderungen der Bilanzposten an!
2. Zeigen Sie auf, um welchen der vier Grundfälle es sich jeweils handelt!

Bearbeitungshinweis:

Zur Lösung der Aufgabe verwenden Sie bitte das folgende Schema:

Nr.	a) Bilanzposten		b) Art des Grundfalles
1.	Verb. aus Lief. u. Leistungen	– 4500,00	Aktiv-Passivminderung
	Guthaben bei Kreditinstituten	– 4500,00	

43 **I. Geschäftsvorfälle**

1.	Wir zahlen auf unser Bankkonto bar ein	3400,00 EUR
2.	Eine Liefererverbindlichkeit wird in ein Liefererdarlehen umgewandelt	15000,00 EUR
3.	Verkauf eines alten Büroschrankes zum Buchwert gegen Bankscheck	250,00 EUR
4.	Wir begleichen eine Lieferantenrechnung durch Banküberweisung	980,00 EUR

5. Kauf von Waren auf Ziel 2 200,00 EUR
6. Aufnahme eines Bankdarlehens.[1]
   Die Gutschrift erfolgt auf dem Bankkonto 65 000,00 EUR
7. Kauf eines Lkws gegen Rechnung 34 500,00 EUR
8. Teilrückzahlung des Bankdarlehens bar 3 400,00 EUR

II. Aufgaben

1. Geben Sie bei den angegebenen Geschäftsvorfällen die Änderungen der Bilanzposten an!
2. Zeigen Sie auf, um welchen der vier Grundfälle es sich jeweils handelt!

44 **I. Angaben zur Eröffnungsbilanz**

Andere Anlagen, Betriebs- u. Geschäftsausstattung 34 500,00 EUR; Waren 23 000,00 EUR; Forderungen aus Lieferungen und Leistungen 4 650,00 EUR; Kassenbestand 4 200,00 EUR; Guthaben bei Kreditinstituten 12 600,00 EUR; Eigenkapital 55 250,00 EUR; Verbindlichkeiten gegenüber Kreditinstituten 14 000,00 EUR; Verbindlichkeiten aus Lieferungen und Leistungen 9 700,00 EUR.

II. Geschäftsvorfälle

1. Zahlung einer Liefererrechnung mit Bankscheck 2 450,00 EUR
2. Eine Liefererverbindlichkeit wird in ein Liefererdarlehen umgewandelt 3 100,00 EUR
3. Kauf von Waren auf Ziel 2 000,00 EUR
4. Ein Kunde bezahlt einen Rechnungsbetrag bar 1 650,00 EUR

III. Aufgaben

1. Erstellen Sie die Eröffnungsbilanz!
2. Geben Sie für jeden Geschäftsvorfall die Veränderungen der Bilanzpositionen an und stellen Sie nach jedem Geschäftsvorfall die Bilanz neu auf!
3. Vergleichen Sie das Eigenkapital der Eröffnungsbilanz mit dem Eigenkapital der Schlussbilanz und ziehen Sie die Schlussfolgerungen aus diesem Vergleich!

4 Bestandskonten

4.1 Von der Bilanz zu den Konten

Es ist nicht notwendig nach jedem Geschäftsvorfall eine Bilanz neu zu erstellen, da wir die Wertveränderungen, die durch Geschäftsvorfälle hervorgerufen werden, auch **außerhalb der Bilanz** auf besonderen **Konten in der Buchführung** erfassen können. Wir müssen also nur für jeden Vermögens- und Schuldposten – einschließlich für den Posten Eigenkapital – entsprechende Konten einrichten und den vorhandenen Anfangsbestand darauf vortragen. Die **Summe dieser benötigten Konten** bezeichnen wir als unsere **Buchführung.**

Da auf diesen Konten Bestände und deren Veränderungen erfasst werden, nennt man diese Konten **Bestandskonten** (bzw. **Bilanzkonten**).

Wir merken uns:

- In der **Buchführung** werden alle **Veränderungen der Bestände** auf Konten erfasst. Ursache für diese Veränderungen sind die **Geschäftsvorfälle.**
- In unserer Buchführung führen wir **Vermögenskonten (Aktivkonten)** und **Schuldkonten (Passivkonten).** Zu den Schuldkonten gehört auch das **Eigenkapitalkonto.**
- Die **Vermögens- und Schuldkonten** bilden die Gruppe der **Bestandskonten (Bilanzkonten).**

1 **Zur Erinnerung:** Bankdarlehen gehören zum Bilanzposten „Verbindlichkeiten gegenüber Kreditinstituten".

Beispiel:

Die Anfangsbestände zu Beginn der Geschäftsperiode sind in folgender Bilanz zusammengefasst:

Aufgabe:

Richten Sie für die einzelnen Bilanzposten Konten ein und tragen Sie die Bilanzwerte als Anfangsbestände darauf vor! Dabei vereinbaren wir, dass wir die **Anfangsbestände** bei den **Aktivkonten auf der Sollseite** und die **Anfangsbestände** bei den **Passivkonten auf der Habenseite** eintragen.

Lösung:

Aktiva — Ausgangsbilanz — Passiva

Aktiva		Passiva	
① And. Anl., Betr.- u. G.-Ausst.[1]	30 000,00	Eigenkapital ①	52 000,00
② Waren	15 000,00	Verb. gegen. Kreditinstituten[3] ②	3 000,00
③ Ford. aus Lief. u. Leistungen	5 000,00	Verb. aus Lief. u. Leistungen ③	5 000,00
④ Kassenbestand[2]	2 500,00		
⑤ Guthaben bei Kreditinstituten[2]	7 500,00		
	60 000,00		60 000,00

In unserer Buchführung haben wir

Aktivkonten

Soll	Betr.- u. Geschäftsausstattung[1]	Haben
① AB	10 000,00	

Soll	Fuhrpark[1]	Haben
① AB	20 000,00	

Soll	Waren	Haben
② AB	15 000,00	

Soll	Ford. a. Lief. u. Leistungen	Haben
③ AB	5 000,00	

Soll	Kasse[2]	Haben
④ AB	2 500,00	

Soll	Bank[2]	Haben
⑤ AB	7 500,00	

Passivkonten

Soll	Eigenkapital	Haben
	AB	52 000,00 ①

Soll	Langfr. Bankverbindlichkeiten	Haben
	AB	3 000,00 ②

Soll	Verb. a. Lief. u. Leistungen	Haben
	AB	5 000,00 ③

Bilanzkonten
(Bestandskonten)

1 Der Bilanzposten „Andere Anlagen, Betriebs- und Geschäftsausstattung" umfasst in unserem Beispiel die zwei Konten „Betriebs- und Geschäftsausstattung" und „Fuhrpark". Zu beachten ist, dass die Bezeichnung der Bilanzposten nicht mit der Bezeichnung der Konten übereinstimmen muss und dass für bestimmte Bilanzposten eventuell auch mehrere Konten einzurichten sind. Bis zur Einführung des Kontenrahmens werden der Einfachheit halber alle Gegenstände, die die Betriebs- und Geschäftsausstattung betreffen (z.B. Ladenausstattung, Kassensysteme, Lagerausstattung, Büromöbel, Büromaschinen), auf dem Konto **Betriebs- und Geschäftsausstattung** gebucht.

2 Die folgenden Konten werden der Einfachheit halber in verkürzter Form benannt:
- für den Bilanzposten „Kassenbestand" bezeichnen wir das einzurichtende Konto mit **Kasse**
- für den Bilanzposten „Guthaben bei Kreditinstituten" bezeichnen wir das einzurichtende Konto kurz mit **Bank**.

3 Für den Bilanzposten „Verbindlichkeiten gegenüber Kreditinstituten" ist je nach Art der Bankschuld das Konto „Langfristige Bankverbindlichkeiten" oder „Kurzfristige Bankverbindlichkeiten" einzurichten.

4.2 Buchungen auf den Vermögenskonten (Aktivkonten)

Wichtiger Hinweis zur Buchung der Umsatzsteuer
Auf die Buchung der Umsatzsteuer wird erst in der Jahrgangsstufe 12 eingegangen. In diesem Lehrbuch werden alle Geschäftsvorfälle ohne Umsatzsteuer gebucht.

4.2.1 Buchungsregeln für die Buchungen auf den Vermögenskonten (Aktivkonten)

Bei den **Aktivkonten (Vermögenskonten)** gehören der **Anfangsbestand** und die **Zugänge** auf die **Sollseite,** die **Abgänge** und der **Schlussbestand** (Saldo) auf die **Habenseite.**

Aktivkonten

Soll	Haben
Anfangsbestand (AB)	Abgänge
Zugänge	Schlussbestand (SB)

4.2.2 Einseitige Buchungen auf den Aktivkonten

(1) Vorbemerkungen

Bei einem Geschäftsvorfall stehen sich immer zwei Personen gegenüber.

Beispiel:

Einkauf eines Lagerregals bar

Auf der einen Seite haben wir den Käufer, auf der anderen Seite den Verkäufer. Es taucht daher die Frage auf, ob der Geschäftsvorfall aus der Sicht des Käufers oder aus der Sicht des Verkäufers erfasst werden soll.

Um keine Missverständnisse aufkommen zu lassen und um nicht ständig umdenken zu müssen, werden alle Geschäftsvorfälle nur von **einem** Standpunkt aus betrachtet und erfasst. Dabei versetzen wir uns in die Rolle eines Kaufmanns, der seine Bücher führt. Alle Geschäftsvorfälle sind als Ereignisse **unseres** Betriebes anzusehen. Wie der Geschäftsvorfall bei unserem Geschäftspartner zu buchen ist, interessiert uns daher aufgrund dieser Vereinbarung im Allgemeinen nicht.

Da wir als Betrieb jede Rolle einnehmen können, ist es nur eine Frage der Formulierung, welcher Geschäftsvorfall gebucht werden soll. Um diesen Standpunkt der Betrachtung ausdrücklich hervorzuheben, heißt es demnächst bei der Formulierung von Geschäftsvorfällen häufig **„wir"** bzw. **„uns"**.

Beispiele:

„Wir" erhalten von einem Kunden eine Banküberweisung.
„Wir" kaufen von einem Lieferanten Ware auf Rechnung.
„Wir" kaufen einen PC gegen Barzahlung.
Ein Kunde zahlt an **„uns"** durch Bankscheck.

Aber auch die Fälle, bei denen der „Wir-Standpunkt" nicht ausdrücklich in die Formulierung aufgenommen ist, sind so zu verstehen.

Beispiele:

Wareneinkauf bar
Banküberweisung eines Kunden
Kauf eines Bürotisches gegen Barzahlung
Zahlung einer Liefererrechnung durch Banküberweisung

(2) Einseitige Buchungen

Bei den folgenden Aufgaben sollen die Auswirkungen von Geschäftsvorfällen zunächst nur im Hinblick auf **ein** Konto betrachtet werden. Dieses Konto soll jeweils ein Vermögenskonto sein. Auf diese Weise werden die Auswirkungen eines Geschäftsvorfalles zunächst nur einseitig beurteilt, nämlich im Hinblick auf das vorgegebene Vermögenskonto.

Beispiel:

I. Sachverhalt:

Wir betreiben ein Elektroeinzelhandelsgeschäft. Es sollen die Einnahmen und Ausgaben der Geschäftskasse in unserem Unternehmen auf einem Kassenkonto festgehalten werden. Vorgänge, die Einnahmen oder Ausgaben der Kasse hervorrufen, bezeichnet man als Bargeschäfte.

Es ereignen sich folgende Bargeschäfte:

1. Karl Kunde kauft ein Fernsehgerät zum Preis von 1750,00 EUR.
2. Fritz Müller kauft verschiedene Elektrogeräte zum Gesamtpreis von 6500,00 EUR.
3. Wir zahlen für einen Auszubildenden die Ausbildungsvergütung in Höhe von 620,00 EUR.
4. Wir erhalten eine Lieferung Ersatzteile per Nachnahme. Wir lösen die Nachnahme über 1480,00 EUR ein.
5. Klaus Abel zahlt für eine Waschmaschine 1980,00 EUR.
6. Anton Beyer kauft diverse Lampen für insgesamt 1460,00 EUR.

II. Aufgabe:

Führen Sie das Kassenkonto!

Lösung:

Aus den Buchungsregeln ist abzuleiten, dass alle Einnahmen aus Bargeschäften auf der Sollseite[1] des Kassenkontos und demnach alle Barausgaben auf der Habenseite[1] zu buchen sind.

Soll		Kasse	Haben
Karl Kunde	1750,00	Ausbildungsvergütung	620,00
Fritz Müller	6500,00	Nachnahme	1480,00
Klaus Abel	1980,00		
Anton Beyer	1460,00		

(3) Kontenabschluss und Saldovortrag

Wollen wir den Schlussbestand ermitteln, muss das Konto zu diesem Zweck **abgeschlossen** werden. Den ermittelten Schlussbestand nennt man in der Sprache des Buchhalters **Saldo,** den Vorgang des Kontoabschlusses bezeichnet man als Saldieren. Eine frei bleibende Textstelle ist durch einen Querstrich (Buchhalternase) innerhalb der Textspalte zu entwerten.

1 Die Seitenbezeichnungen „Soll" und „Haben" hängen mit der Entwicklungsgeschichte der Buchführung zusammen. Es sind Restbestände aus der Führung der ersten Konten, bei denen es sich um Personenkonten handelte (Kunden **„sollen"** zahlen [Warenlieferungen] und sie **„haben"** gezahlt [Zahlungen]). Diese für **alle** Konten geltenden Seitenbezeichnungen können bei anderen Konten nicht mehr zum Konteninhalt in Beziehung gebracht werden.

Um **nach dem Abschluss** weitere Eintragungen vornehmen zu können, muss ein bereits abgeschlossenes Konto wieder **neu eröffnet** werden. Dies ergibt folgende Darstellung:

Abschluss des Kontos:

Soll		Kasse	Haben
Karl Kunde	1750,00	Ausbildungsvergütung	620,00
Fritz Müller	6500,00	Nachnahme	1480,00
Klaus Abel	1980,00	Schlussbestand	
Anton Beyer	1460,00	(Saldo)	9590,00
—		—	
	11690,00		11690,00
═		═	

Neueröffnung des Kontos:

Soll		Kasse	Haben
Anfangsbestand			
(Saldovortrag)	9590,00		

Schematische Darstellung:

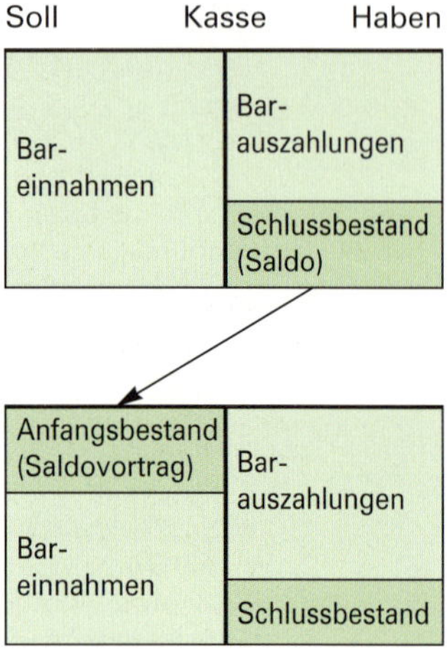

Erläuterungen:

Der ermittelte Restbetrag (Saldo) auf einem Konto heißt Schlussbestand. Dieser steht immer auf der wertmäßig kleineren Seite. Das ist bei einem Kassenkonto die Habenseite (niemand kann mehr Geld aus der Kasse entnehmen als vorher hineingelegt wurde).

Der Anfangsbestand (Saldovortrag) auf dem neu eröffneten Konto steht immer auf der entgegengesetzten Seite wie der Schlussbestand (Saldo). Da auf dem Kassenkonto der Schlussbestand auf der Habenseite steht, muss der Anfangsbestand auf der Sollseite erscheinen.

Der Abschluss eines Kontos vollzieht sich in fünf Schritten:

1. Schritt: Das Wort Schlussbestand wird auf der wertmäßig kleineren Seite eingetragen.
2. Schritt: Die wertmäßig größere Seite wird addiert.
3. Schritt: Die errechnete Summe wird auf die wertmäßig kleinere Seite übertragen.
4. Schritt: Der Schlussbestand (Saldo) wird ermittelt und zum Ausgleich der Seiten auf der wertmäßig kleineren Seite eingetragen.
5. Schritt: Die Abschlussstriche sind zu ziehen und der freie Raum ist zu entwerten.

Übungsaufgaben

45 1. Führen Sie das Konto **Kasse** und schließen Sie es nach Buchung der Geschäftsvorfälle ab!

Bearbeitungshinweis: Denken Sie daran, dass alle Geschäftsvorfälle jeweils nur nach ihrer Auswirkung auf den Kassenbestand befragt werden müssen. Für die Beantwortung gibt es nur zwei Möglichkeiten: Entweder der Kassenbestand nimmt durch den Geschäftsvorfall zu oder er nimmt ab. Zugänge gehören bei der Kasse auf die Sollseite, Abgänge auf die Habenseite.

I. Anfangsbestand

Die Kasse weist einen Anfangsbestand (Saldovortrag) von 2160,00 EUR aus.

II. Geschäftsvorfälle

Es ereignen sich folgende Geschäftsvorfälle, die den Kassenbestand verändern:

1.	Barverkauf von Waren	3070,00 EUR
2.	Zeitungsinserat bar bezahlt	190,00 EUR
3.	Kauf von Briefmarken	45,00 EUR
4.	Barzahlung eines Kunden	910,00 EUR
5.	Mietzahlung unseres Mieters bar	300,00 EUR
6.	Barzahlung einer Lieferantenrechnung	1940,00 EUR
7.	Barverkauf von Waren	180,00 EUR
8.	Provisionszahlung bar	2700,00 EUR

2. Führen Sie das Konto **Kasse** und schließen Sie es nach Buchung der Geschäftsvorfälle ab!

I. Anfangsbestand

Die Kasse weist einen Anfangsbestand von 2370,00 EUR aus.

II. Geschäftsvorfälle

Es ereignen sich folgende Geschäftsvorfälle, die den Kassenbestand verändern:

1.	Ein Kunde zahlt einen Rechnungsbetrag bar	350,00 EUR
2.	Wir kaufen Waren bar ein	500,00 EUR
3.	Wir heben vom Bankkonto ab und legen das Geld in die Geschäftskasse	1000,00 EUR
4.	Wir zahlen die Aushilfslöhne bar	900,00 EUR
5.	Wir kaufen Waren bar	850,00 EUR
6.	Wir kaufen Büromaterial bar	78,00 EUR
7.	Wir kaufen einen Bürostuhl bar	425,00 EUR
8.	Wir zahlen auf unser Bankkonto bar ein	400,00 EUR

46 Führen Sie das Konto **Bank**[1] und schließen Sie es nach Buchung der Geschäftsvorfälle ab!

I. Anfangsbestand

Die Bank weist einen Anfangsbestand von 2500,00 EUR aus.

II. Geschäftsvorfälle

1.	Wir überweisen an einen Warenlieferanten	280,00 EUR
2.	Wir heben vom Bankkonto ab und legen das Geld in die Geschäftskasse	350,00 EUR
3.	Ein Kunde überweist einen Rechnungsbetrag auf unser Bankkonto	420,00 EUR
4.	Wir begleichen betriebliche Steuern durch Banküberweisung	750,00 EUR
5.	Ein Kunde zahlt einen Rechnungsbetrag durch Banküberweisung	365,00 EUR

47 Führen Sie die folgenden Vermögenskonten und stellen Sie jeweils durch Abschluss der Konten den Schlussbestand fest!

Forderungen aus Lieferungen und Leistungen

	Anfangsbestand	4150,00 EUR
1.	Ein Kunde zahlt einen Rechnungsbetrag bar	2000,00 EUR
2.	Ein Kunde überweist einen Rechnungsbetrag auf unser Bankkonto	1500,00 EUR

1 In diesem Lehrbuch gehen wir davon aus, dass das Bankkonto immer ein Guthaben aufweist.

Betriebs- und Geschäftsausstattung

Anfangsbestand	3750,00 EUR
3. Wir kaufen einen PC bar	1350,00 EUR
4. Wir verkaufen ein ausgedientes Faxgerät bar zum Buchwert	50,00 EUR

Waren

Anfangsbestand	4750,00 EUR
5. Wir kaufen Ware bar	750,00 EUR
6. Wir kaufen Ware gegen Banküberweisung	1250,00 EUR

Bank

Anfangsbestand	5150,00 EUR
7. Wir heben vom Bankkonto ab und legen das Geld in die Geschäftskasse	1200,00 EUR
8. Ein Kunde überweist einen Rechnungsbetrag auf unser Bankkonto	1500,00 EUR
9. Wir kaufen Ware gegen Banküberweisung	1250,00 EUR

Kasse

Anfangsbestand	560,00 EUR
10. Ein Kunde zahlt einen Rechnungsbetrag bar	2000,00 EUR
11. Wir heben vom Bankkonto ab und legen das Geld in die Geschäftskasse	1200,00 EUR
12. Wir kaufen einen PC bar	1350,00 EUR
13. Wir kaufen Ware bar	750,00 EUR
14. Wir verkaufen ein ausgedientes Faxgerät bar zum Buchwert	50,00 EUR

4.2.3 Überleitung zum System der doppelten Buchführung

(1) Buchung von Geschäftsvorfällen mit Hilfe eines Überlegungsschemas

Anstatt die Auswirkungen eines Geschäftsvorfalles nur einseitig von einem bestimmten Konto ausgehend zu betrachten, wollen wir jetzt den Geschäftsvorfall in seinen gesamten Auswirkungen untersuchen. Das führt zu einem anderen Ausgangspunkt in unserer Betrachtungsweise und daher auch zu einer anderen Fragestellung. Wir wählen nicht mehr ein bestimmtes Konto zum Ausgangspunkt unserer Betrachtung, sondern den Geschäftsvorfall selbst. Wir fragen daher nicht mehr: Wie wird dieses Konto durch einen bestimmten Geschäftsvorfall verändert, sondern wir fragen jetzt: Welche Konten werden durch diesen Geschäftsvorfall verändert und erst danach: Wie verändert sich jeweils der Bestand auf den Konten?

Beispiel:

Geschäftsvorfall: Ein Kunde zahlt bar 2000,00 EUR.

Konto Kasse → Bestand nimmt zu —daher→ Sollseite

Konto Forderungen a. Lief. u. Leist. → Bestand nimmt ab —daher→ Habenseite

Um die Auswirkungen von mehreren Geschäftsvorfällen übersichtlich darstellen zu können, schlagen wir das folgende Überlegungsschema vor:

Geschäftsvorfälle	I. Welche Konten werden berührt?	II. Wie verändern sich die Kontobestände?	III. Auf welcher Kontoseite ist zu buchen? Soll	Haben
1. Ein Kunde zahlt einen Rechnungsbetrag bar 2000,00 EUR.	Kasse →	Zugang →	2000,00	
	Ford.a.Lief.u.Leist. →	Abgang →	- - - - - →	2000,00

Übungsaufgaben

Stellen Sie anhand des Überlegungsschemas fest, welche Konten durch die folgenden Geschäftsvorfälle berührt werden, welche Veränderung sich auf dem jeweiligen Konto ergibt und auf welcher Seite jeweils zu buchen ist!

48

1.	Ein Kunde zahlt einen Rechnungsbetrag bar	350,00 EUR
2.	Wir kaufen Waren gegen Banküberweisung	1250,00 EUR
3.	Wir verkaufen einen alten Schreibtisch bar zum Buchwert	150,00 EUR
4.	Ein Kunde bezahlt einen Rechnungsbetrag mit Bankscheck	720,00 EUR
5.	Wir heben vom Bankkonto ab und legen das Geld in die Geschäftskasse	900,00 EUR
6.	Wir kaufen eine PC-Anlage gegen Bankscheck	4310,00 EUR
7.	Wir verkaufen eine alte Ladentheke gegen Bankscheck zum Buchwert	680,00 EUR
8.	Ein Kunde zahlt einen Rechnungsbetrag durch Banküberweisung	165,00 EUR
9.	Wir zahlen auf unser Bankkonto bar ein	2200,00 EUR
10.	Kundenüberweisung lt. Bankauszug	910,00 EUR

49

1.	Wir heben vom Bankkonto ab und legen das Geld in die Kasse	10000,00 EUR
2.	Wir kaufen einen Kombiwagen bar	42000,00 EUR
3.	Ein Kunde zahlt einen Rechnungsbetrag bar	1200,00 EUR
4.	Wir zahlen auf das Bankkonto bar ein	500,00 EUR
5.	Wir kaufen Ware gegen Bankscheck	1750,00 EUR
6.	Wir richten bei der Bank ein Konto ein und zahlen darauf bar ein	500,00 EUR
7.	Ein Kunde überweist einen Rechnungsbetrag auf unser Bankkonto	3200,00 EUR
8.	Die Forderung gegenüber dem Kunden (vgl. Nr. 7) beträgt nur 2300,00 EUR. Wir zahlen daher dem Kunden den irrtümlich zu viel gezahlten Betrag durch Banküberweisung zurück	900,00 EUR
9.	Ein Kunde zahlt einen Rechnungsbetrag mit Bankscheck	780,00 EUR
10.	Wir verkaufen einen veralteten Computer bar zum Buchwert	500,00 EUR
11.	Wir kaufen Waren bar	325,00 EUR
12.	Wir kaufen einen neuen Computer gegen Banküberweisung	1500,00 EUR

(2) Buchung von Geschäftsvorfällen im System der doppelten Buchführung (im Überlegungsschema und auf Konten)

Um die Vorteile der neuen Sichtweise, bei der als Ausgangspunkt nicht ein bestimmtes Konto, sondern der Geschäftsvorfall gewählt wird, besser verstehen zu können, greifen wir auf die Aufgabe Nr. 47 auf der S. 171 f. zurück. Bei der alten Sichtweise, bei der wir von einem bestimmten Konto ausgingen, musste jeder Geschäftsvorfall zweimal erscheinen, da jeder Geschäftsvorfall zwei Konten berührt (vgl. in Aufgabe 47 z.B. Nr. 1 und Nr. 10, Nr. 2 und Nr. 8 usw.). Bei der neuen Vorgehensweise, bei der wir den Geschäftsvorfall als Ausgangspunkt unserer Bearbeitung wählen, kommen wir bei der gleichen Aufgabe mit der Hälfte der Geschäftsvorfälle aus. Wir wählen dabei nur eine andere Form der Aufgabenstellung und kommen zu den gleichen Ergebnissen auf den Konten.

Beispiel mit Lösung (Rückgriff auf Aufgabe 47):

I. Anfangsbestände:

Forderungen aus Lieferungen und Leistungen 4150,00 EUR; Betriebs- und Geschäftsausstattung 3750,00 EUR; Waren 4750,00 EUR; Bank 5150,00 EUR; Kasse 560,00 EUR.

II. Aufgaben:

1. Stellen Sie mit Hilfe der drei Fragen unseres eingeführten Überlegungsschemas (siehe S. 173) jeweils fest, auf welcher Kontenseite die Auswirkungen der folgenden Geschäftsvorfälle jeweils zu buchen sind!
2. Übertragen Sie die Ergebnisse Ihrer Überlegungen jeweils auf die Konten und schließen Sie die Konten ab!

Lösungen:

Zu 1. Feststellung der Auswirkungen der Geschäftsvorfälle: [1]

III. Geschäftsvorfälle	I. Welche Konten werden berührt?	II. Wie verändern sich die Kontobestände?	III. Auf welcher Kontoseite ist zu buchen?	
			Soll	Haben
1. Ein Kunde zahlt einen Rechnungsbetrag bar 2000,00 EUR	Kasse Ford.a.Lief.u.Leist.	Zugang[1] Abgang[1]	2000,00	 2000,00
2. Ein Kunde überweist einen Rechnungsbetrag auf unser Bankkonto 1500,00 EUR	Bank Ford.a.Lief.u.Leist.	Zugang Abgang	1500,00	 1500,00
3. Wir kaufen einen PC bar 1350,00 EUR	Betr.- u. G.-Ausst. Kasse	Zugang Abgang	1350,00	 1350,00
4. Wir verkaufen ein ausgedientes Faxgerät bar zum Buchwert 50,00 EUR	Kasse Betr.- u. G.-Ausst.	Zugang Abgang	50,00	 50,00
5. Wir kaufen Ware bar 750,00 EUR	Waren Kasse	Zugang Abgang	750,00	 750,00
6. Wir kaufen Ware gegen Banküberweisung 1250,00 EUR	Waren Bank	Zugang Abgang	1250,00	 1250,00
7. Wir heben vom Bankkonto ab 1200,00 EUR und legen das Geld in die Geschäftskasse	Kasse Bank	Zugang Abgang	1200,00	 1200,00
			8100,00	8100,00

1 **Hinweis:** Die scheinbare Gesetzmäßigkeit in Spalte II (Zugang einerseits, Abgang andererseits) haben wir bewusst nicht angesprochen. Dieses Wechselspiel gilt nur im Bereich der Aktivkonten. Nach Einbeziehung der Schuldkonten (Passivkonten) werden wir sehen, dass durchaus auf beiden Konten ein Zugang bzw. Abgang möglich ist, ohne dass dabei das aus Spalte III ableitbare Grundprinzip des Systems der doppelten Buchführung (Betrag der Sollbuchung entspricht dem Betrag der Habenbuchung), auf das wir noch zurückkommen, durchbrochen wird. Außerdem haben wir die Reihenfolge der Konten so gewählt, dass das Konto, auf dem auf der Sollseite zu buchen ist, immer an erster Stelle steht. An diese Ordnung sind Sie vorläufig nicht gebunden.

Zu 2. Übertragung der festgestellten Auswirkungen auf die Konten und Abschluss der Konten:

Soll	Forderungen a. Lief. u. Leist.		Haben
AB	4 150,00	Kasse	2 000,00
		Bank	1 500,00
		SB	650,00
	4 150,00		4 150,00

Soll	Betriebs- u. Geschäftsausst.		Haben
AB	3 750,00	Kasse	50,00
Kasse	1 350,00	SB	5 050,00
	5 100,00		5 100,00

Soll	Waren		Haben
AB	4 750,00	SB	6 750,00
Kasse	750,00		
Bank	1 250,00		
	6 750,00		6 750,00

Soll	Bank		Haben
AB	5 150,00	Waren	1 250,00
Ford.a.L.u.L.	1 500,00	Kasse	1 200,00
		SB	4 200,00
	6 650,00		6 650,00

Soll	Kasse		Haben
AB	560,00	BGA	1 350,00
Ford.a.L.u.L.	2 000,00	Waren	750,00
BGA	50,00	SB	1 710,00
Bank	1 200,00		
	3 810,00		3 810,00

Erläuterungen zu den Buchungen auf den Konten:

1. Die erforderlichen Buchungen auf den Konten sind jeweils aus dem Überlegungsschema abzulesen. Aus dem Geschäftsvorfall Nr. 1 ist z. B. ablesbar, dass auf dem Kassenkonto auf der Sollseite 2 000,00 EUR einzutragen sind und auf dem Forderungskonto ebenfalls 2 000,00 EUR, allerdings auf der Habenseite.
2. Um feststellen zu können, wie es zu diesem Betrag auf dem betreffenden Konto gekommen ist, trägt man in Höhe des gebuchten Betrages in der Textspalte jeweils das andere Konto (das so genannte Gegenkonto) ein. Aus praktischen Gründen (Platzmangel, Zeit) kann der Kontoname abgekürzt werden.

Wir merken uns:

- Jeder Geschäftsvorfall wird doppelt gebucht und berührt (mindestens) zwei Konten.
- Bei jedem Geschäftsvorfall wird der Betrag auf einem Konto auf der Sollseite und auf einem anderen Konto auf der Habenseite gebucht.
- Für jeden Geschäftsvorfall gilt:

  gebuchter Sollbetrag ≙ gebuchter Habenbetrag

  Das ist das **Grundprinzip** des Systems der doppelten Buchführung.[1]

1 Das System der doppelten Buchführung war bereits im Mittelalter bekannt. Es ist von dem Grundgedanken her so genial, dass es sich bis in unsere heutigen Tage bewährt hat.

Übungsaufgaben

50 **I. Anfangsbestände**

Unbebaute Grundstücke 420000,00 EUR; Betriebs- und Geschäftsausstattung 20000,00 EUR; Waren 35900,00 EUR; Forderungen aus Lieferungen und Leistungen 16450,00 EUR; Kasse 3500,00 EUR; Bank 9100,00 EUR.

II. Geschäftsvorfälle

1.	Wir kaufen Ware bar	3000,00 EUR
2.	Wir heben vom Bankkonto ab und legen das Geld in die Kasse	2500,00 EUR
3.	Wir kaufen einen Aktenschrank und zahlen mit Bankscheck	1750,00 EUR
4.	Ein Kunde überweist einen Rechnungsbetrag auf unser Bankkonto	2000,00 EUR
5.	Wir kaufen Ware gegen Banküberweisung	3000,00 EUR
6.	Ein nicht mehr benötigter Bürotisch wird zum Buchwert bar verkauft	250,00 EUR

III. Aufgaben

1. Richten Sie für die angegebenen Anfangsbestände die Konten ein und tragen Sie die Anfangsbestände vor!
2. Erfassen Sie die Veränderungen durch die Geschäftsvorfälle zunächst in dem eingeführten Überlegungsschema und übertragen Sie diese anschließend unter Angabe des entsprechenden Gegenkontos auf die Konten!
3. Schließen Sie die Konten ordnungsmäßig ab!

51 **I. Anfangsbestände**

Betriebs- und Geschäftsausstattung 12400,00 EUR; Waren 8900,00; Forderungen aus Lieferungen und Leistungen 10400,00 EUR; Kasse 1700,00 EUR; Bank 4200,00 EUR.

II. Geschäftsvorfälle

1.	Wir kaufen einen Büroschrank gegen Banküberweisung	1400,00 EUR
2.	Ein Kunde zahlt den Rechnungsbetrag bar	2200,00 EUR
3.	Wir kaufen Waren gegen Bankscheck	460,00 EUR
4.	Wir heben vom Bankkonto ab und legen das Geld in die Geschäftskasse	900,00 EUR
5.	Ein Kunde zahlt den Rechnungsbetrag durch Überweisung auf das Bankkonto	1050,00 EUR
6.	Wir verkaufen ein altes Bücherregal zum Buchwert bar	400,00 EUR

III. Aufgaben

1. Richten Sie für die angegebenen Anfangsbestände die Konten ein und tragen Sie die Anfangsbestände vor!
2. Erfassen Sie die Veränderungen durch die Geschäftsvorfälle zunächst in dem eingeführten Überlegungsschema und übertragen Sie diese anschließend unter Angabe des entsprechenden Gegenkontos auf die Konten!
3. Schließen Sie die Konten ordnungsmäßig ab!

4.3 188Buchungen auf den Schuldkonten (Passivkonten)

4.3.1 Buchungsregeln für die Buchungen auf den Schuldkonten (Passivkonten)

Der gegensätzliche Charakter von Vermögen und Schulden führt zwangsläufig dazu, dass auf den Schuldkonten **anders** zu buchen ist als auf den Vermögenskonten. Auf einem Konto, das durch die zweiseitige Verrechnungsmöglichkeit charakterisiert ist (Soll- oder Habenseite), kann das Wort „anders" nur bedeuten: „auf der **anderen Kontoseite"**. Das führt zu der Konsequenz, dass auf den Schuldkonten der Anfangsbestand und die Zugänge auf der Habenseite, die Abgänge und der Schlussbestand auf der Sollseite zu buchen sind. In der Gegenüberstellung zu den Aktivkonten ergeben sich daher für die Passivkonten, zu denen auch das Eigenkapitalkonto gehört, folgende Buchungsregeln:

Soll	Aktivkonto	Haben
Anfangsbestand		Abgänge
Zugänge		Schlussbestand

Soll	Passivkonto	Haben
Abgänge		Anfangsbestand
Schlussbestand		Zugänge

Bei den Aktivkonten (Vermögenskonten) erscheinen:

der **Anfangsbestand** und die **Zugänge** auf der **Sollseite,**

die **Abgänge** und der **Schlussbestand** auf der **Habenseite.**

Bei den Passivkonten (Schuldkonten und Eigenkapitalkonto) erscheinen:

der **Anfangsbestand** und die **Zugänge** auf der **Habenseite,**

die **Abgänge** und der **Schlussbestand** auf der **Sollseite.**

Beispiel:

Wir kaufen bei der Karl Sende OHG Waren auf Ziel (Zahlung später) für 5000,00 EUR.

Aufgabe:

Buchen Sie den Geschäftsvorfall auf den entsprechenden Konten!

Lösung:

Der Geschäftsvorfall besagt, dass wir bei der Karl Sende OHG zunächst Schulden machen, weil wir nicht unverzüglich zahlen. Die Karl Sende OHG ist unser Lieferant. Schulden bei Lieferanten buchen wir auf dem Schuldkonto „Verbindlichkeiten aus Lieferungen und Leistungen".

Der Geschäftsvorfall berührt also die beiden Konten **Waren** und **Verbindlichkeiten aus Lieferungen und Leistungen.**

Betrachtungspunkt: Konto Waren

Durch den Wareneinkauf nimmt der Bestand auf dem Warenkonto **zu.** Das Warenkonto ist ein Aktivkonto. Der **Zugang** auf einem **Aktivkonto** wird nach den festgelegten Buchungsregeln auf der **Sollseite** erfasst.

Soll		Waren	Haben
Verb.a.L.u.L.	5000,00		

Betrachtungspunkt: Konto Verbindlichkeiten aus Lieferungen und Leistungen

Durch den Wareneinkauf auf Ziel nehmen die Verbindlichkeiten aus Lieferungen und Leistungen **zu.** Das Konto Verbindlichkeiten aus Lieferungen und Leistungen ist ein Passivkonto. Der **Zugang** bei **Passivkonten** wird nach den geltenden Buchungsregeln auf der **Habenseite** erfasst.

Soll	Verbindlichkeiten a. Lief. u. Leist.		Haben
		Waren	5000,00

12 Speth – ISBN-13: 978-3-8120-0539-5

Erläuterungen:

Wir stellen fest, dass auf beiden Konten ein Zugang zu verzeichnen ist. Damit wird klargestellt, dass das Prinzip der doppelten Buchführung nicht in einem Wechsel von Zugang und Abgang besteht. Das ist, wie dieser Fall zeigt, eben nicht so. Dagegen bleibt das Grundprinzip der doppelten Buchführung (Sollbuchung auf dem einen Konto, Habenbuchung auf dem anderen Konto) selbstverständlich erhalten. Um nachvollziehen zu können, wie es jeweils zu dem Betrag auf dem Konto gekommen ist, tragen wir vor dem Betrag jeweils das andere Konto (Gegenkonto) ein.

4.3.2 Einordnung des Kontos Eigenkapital in die Gruppe der Passivkonten

Wir haben gelernt, dass die **Schuldkonten** und das **Eigenkapitalkonto** zu derselben Kontengruppe gehören, nämlich zu den **Passivkonten.** Für das Eigenkapitalkonto gelten also dieselben Buchungsregeln wie für die Schuldkonten. Hier treten oft Verständnisschwierigkeiten auf. Ziehen wir aber eine Trennungslinie zwischen dem Unternehmen und seinen Kapitalgebern, d. h., verselbstständigen wir das Unternehmen, dann wird deutlich, warum wir das Eigenkapitalkonto wie ein Schuldkonto behandeln.

Aus dieser Sicht heraus ist es nämlich gleichgültig, wer dem Unternehmen das Kapital zur Verfügung stellt. Das kann **der Unternehmer selbst sein (Eigenkapital)** oder es können auch **fremde Personen** bzw. **Institutionen wie Lieferer oder Banken** sein **(Fremdkapital[1] bzw. Verbindlichkeiten).** Bezüglich der zur Verfügung gestellten Kapitalbeträge wird das als selbstständige Einheit gedachte Unternehmen auf jeden Fall **Schuldner.** Jeder Kapitalgeber erwartet eine Vergütung für das zur Verfügung gestellte Kapital.

Zusammenfassung

- Um die durch die Geschäftsvorfälle hervorgerufenen Wertveränderungen an den Vermögens- und Schuldbeständen auf praktische Weise buchen zu können, sind entsprechende Konten einzurichten. Diese Konten nennen wir **Bestandskonten.**
- Da die Vermögens- und Kapitalbestände dieser Konten als Anfangsbestände aus der letzten Bilanz übernommen werden und die Schlussbestände wieder in die nächste Bilanz einmünden, spricht man auch von **Bilanzkonten,** die entsprechend der beiden Bilanzseiten in Aktivkonten und Passivkonten unterteilt werden.
- Da in den **Bilanzposten** gelegentlich verschiedene Wirtschaftsgüter zusammengefasst sind, werden innerhalb der kontenmäßigen Buchführung diese Posten der Übersicht wegen aufgefächert und auf verschiedene Konten verteilt. Insofern decken sich die Anzahl und die Bezeichnung der einzelnen Konten nicht mit der Anzahl und der Bezeichnung der einzelnen Bilanzposten.
- Um auf den Bilanzkonten (Aktiv- und Passivkonten) systemgerecht buchen zu können, muss man die **Buchungsregeln** kennen, die schematisch dargestellt wie folgt lauten:

Kontoart	Soll	Haben
Aktivkonto (Vermögenskonto)	Anfangsbestand Zugänge	Abgänge Schlussbestand
Passivkonto (Schuldkonto)	Abgänge Schlussbestand	Anfangsbestand Zugänge

1 Bei betriebswirtschaftlichen Betrachtungsweisen wird statt des bilanztechnischen Begriffs Verbindlichkeiten häufig der Begriff Fremdkapital verwendet.

Übungsaufgaben

52 Buchen Sie die nachfolgenden Geschäftsvorfälle!

1.	Wir kaufen Waren auf Ziel	340,00 EUR
2.	Wir kaufen ein Regal für das Büro auf Ziel	980,00 EUR
3.	Wir bezahlen eine bereits gebuchte Liefererrechnung mit Bankscheck[1]	1 210,00 EUR
4.	Wir tilgen einen Teil des Bankdarlehens durch Banküberweisung	600,00 EUR
5.	Ein Kunde zahlt einen Rechnungsbetrag bar	55,00 EUR
6.	Kauf eines PCs auf Ziel	3980,00 EUR
7.	Barabhebung vom Bankkkonto	500,00 EUR
8.	Zielkauf von Waren	1720,00 EUR
9.	Kauf eines Kopiergerätes auf Ziel	598,00 EUR

Bearbeitungshinweise:

Um Fehler zu vermeiden, verwenden Sie bitte das nachfolgende **Überlegungsschema.** Da wir es jetzt mit zwei unterschiedlichen Kontoarten zu tun haben, müssen wir das bereits auf S. 173 eingeführte Überlegungsschema um eine Spalte erweitern.

Geschäftsvorfälle	I. Welche Konten werden berührt?	II. Um welche Kontoart handelt es sich?	III. Wie verändern sich die Kontobestände?	IV. Auf welcher Kontoseite ist zu buchen? Soll	Haben
1. Wir kaufen Waren auf Ziel für 340,00 EUR	Waren Verb.a.Lief.u.Leist.	Aktivkonto Passivkonto	Zugang Zugang	340,00	 340,00

53 Buchen Sie mit Hilfe des oben dargestellten Überlegungsschemas die nachfolgenden Geschäftsvorfälle!

1.	Einkauf von Waren gegen Rechnung	14950,00 EUR
2.	Einkauf von Waren gegen Bankscheck	21748,00 EUR
3.	Zahlung der Liefererrechnung durch Banküberweisung (Fall 1)	14950,00 EUR
4.	Banküberweisung zwecks Tilgung eines Bankdarlehens	7000,00 EUR
5.	Einkauf von Lagerregalen auf Ziel	6812,00 EUR
6.	Einkauf eines Bürosessels bar	1745,00 EUR
7.	Bareinzahlung auf unser Bankkonto	10800,00 EUR
8.	Ein Kunde begleicht eine Rechnung durch Banküberweisung	14500,00 EUR
9.	Barkauf einer PC-Anlage	19220,00 EUR
10.	Aufnahme eines Darlehens bei der Bank in Höhe von Der Betrag wird uns von der Bank auf dem Kontokorrentkonto zur Verfügung gestellt.	50000,00 EUR
11.	Barverkauf eines nicht mehr benötigten Faxgerätes zum Buchwert von	120,00 EUR
12.	Ein Kunde überweist einen Rechnungsbetrag auf unser Bankkonto	1730,00 EUR
13.	Wareneinkauf auf Ziel	2160,00 EUR
14.	Rücksendung eines bereits bei uns gebuchten Wareneingangs an den Lieferer im Wert von	210,00 EUR
15.	Zahlung einer Liefererrechnung durch Bankscheck in Höhe von	960,00 EUR
16.	Barabhebung vom Bankkonto in Höhe von zur Auffüllung der Geschäftskasse	1500,00 EUR
17.	Barkauf eines Schreibtisches für das Chefbüro im Wert von	595,00 EUR

1 Bei Zahlungen an Lieferanten bzw. Zahlungseingängen von Kunden ist stets davon auszugehen, dass die entsprechenden Eingangs- bzw. Ausgangsrechnungen bereits gebucht wurden, auch wenn nicht ausdrücklich darauf hingewiesen wird.

18.	Ein Geschäftsfahrzeug wird zum Buchwert von gegen Barzahlung verkauft	4500,00 EUR
19.	Bareinzahlung auf das Bankkonto	4200,00 EUR
20.	Ein Kunde zahlt eine Rechnung auf unser Bankkonto durch Postzahlschein	430,00 EUR
21.	Kundenüberweisung lt. Bankauszug	7070,00 EUR
22.	Wir richten bei einer Bank ein Konto ein und zahlen darauf bar ein	800,00 EUR
23.	Die Forderung gegenüber einem Kunden beträgt nur 7000,00 EUR (vgl. Fall 21). Wir zahlen daher dem Kunden den von ihm irrtümlich zu viel gezahlten Betrag durch Bankscheck zurück	70,00 EUR
24.	Von der bereits gebuchten Wareneingangsrechnung werden Waren im Wert von 180,00 EUR an den Lieferanten zurückgeschickt.	

54 **I. Anfangsbestände**

Betriebs- und Geschäftsausstattung 125420,00 EUR; Fuhrpark 95810,00 EUR; Kasse 1950,00 EUR; Bank 35610,00 EUR; Ford. aus Lieferungen und Leistungen 12160,00 EUR; Waren 150600,00 EUR; Verbindlichkeiten aus Lieferungen und Leistungen 20625,00 EUR. Das Eigenkapital muss noch ermittelt werden.

II. Geschäftsvorfälle

1.	Barverkauf eines nicht mehr benötigten Kassencomputers zum Buchwert von	450,00 EUR
2.	Ein Kunde überweist einen Rechnungsbetrag auf unser Bankkonto	3470,00 EUR
3.	Wareneinkauf auf Ziel	1760,00 EUR
4.	Rücksendung eines bereits bei uns gebuchten Wareneingangs an den Lieferer im Wert von	500,00 EUR
5.	Zahlung einer Liefererrechnung durch Banküberweisung	2543,00 EUR
6.	Barabhebung vom Bankkonto zur Auffüllung der Geschäftskasse	2000,00 EUR
7.	Barkauf eines Regals für das Büro	1780,00 EUR
8.	Ein Geschäftsfahrzeug wird zum Buchwert gegen Barzahlung verkauft	8000,00 EUR

III. Aufgaben

1. Nach Festlegung der erforderlichen Buchungen für die Geschäftsvorfälle mit Hilfe des Überlegungsschemas und nach den entsprechenden Buchungen auf den Konten sind die Konten ordnungsmäßig abzuschließen.
2. Stellen Sie anschließend unter Verwendung des vereinbarten Gliederungsschemas eine Schlussbilanz auf!

55 **I. Eröffnungsbilanz**

In dem Unternehmen Max Düllberg e.Kfm. ergibt der Jahresabschluss folgendes Bilanzbild:

Max Düllberg e.Kfm.
Bilanz zum 31. Dez. 20..

Aktiva		Passiva	
I. Anlagevermögen		**I. Eigenkapital**	391255,00
1. Grundstücke u. Bauten	250000,00	**II. Verbindlichkeiten**	
2. And. Anl., B.- u. G.-Ausst.	154850,00	1. Verbindlichkeiten gegenüber Kreditinstituten	100000,00
II. Umlaufvermögen		2. Verbindlichkeiten aus Lief. u. Leistungen	48700,00
1. Waren	75920,00		
2. Ford. a. Lief. u. Leist.	26310,00		
3. Kassenbestand	4250,00		
4. Guth. b. Kreditinst.	28625,00		
	539955,00		539955,00

Für die erforderliche Konteneinrichtung werden die einzelnen Bilanzposten – soweit erforderlich – wie folgt erläutert:

Zu den Aktiva

Zu I. 1.: Es handelt sich um ein unbebautes Grundstück auf eigenem Grund und Boden. (Konto: Unbebaute Grundstücke).

Zu I. 2.: In diesem Posten ist ein betriebliches Fahrzeug im Wert von 80000,00 EUR enthalten. Der Restwert betrifft die Betriebs- und Geschäftsausstattung (Konten: Betriebs- und Geschäftsausstattung und Fuhrpark).

Zu II. 4.: Das Guthaben betrifft das Kontokorrentkonto bei unserer Geschäftsbank (Konto: Bank).

Zu den Passiva

Zu II. 1.: Es handelt sich um ein durch Grundbucheintragung gesichertes Darlehen bei einer Bank (Konto: Langfristige Bankverbindlichkeiten).

II. Geschäftsvorfälle

1. Wir kaufen Ware auf Ziel — 3100,00 EUR
2. Ein Kunde zahlt einen Rechnungsbetrag bar — 1500,00 EUR
3. Wir kaufen einen Aktenschrank bar — 2150,00 EUR
4. Wir zahlen eine Lieferantenrechnung durch Banküberweisung — 1700,00 EUR
5. Wir vereinbaren mit einem Lieferer, dass die (kurzfristige) Verbindlichkeit aus Lieferungen und Leistungen in Höhe von 19450,00 EUR in ein langfristiges Darlehen (Konto: Sonstige Verbindlichkeiten) umgewandelt wird.
6. Wir kaufen Ware bar — 750,00 EUR
7. Wir zahlen die erste Tilgungsrate für das Liefererdarlehen durch Banküberweisung — 500,00 EUR

III. Aufgaben

1. Richten Sie die erforderlichen Konten ein und übernehmen Sie die Bilanzwerte als Anfangsbestände für das neue Geschäftsjahr!
2. Legen Sie für die Geschäftsvorfälle zunächst die erforderlichen Buchungen mit Hilfe des Überlegungsschemas fest und buchen Sie anschließend entsprechend auf den eröffneten Konten!
3. Schließen Sie die Konten ordnungsmäßig ab!
4. Erstellen Sie anschließend eine Schlussbilanz unter Einhaltung des vereinbarten Gliederungsschemas!
5. Vergleichen Sie das Eigenkapital am Schluss der Geschäftsperiode mit dem am Anfang der Geschäftsperiode und ziehen Sie daraus die Schlussfolgerungen über die Art der angefallenen Geschäftsvorfälle!

4.3.3 Erfolgsermittlung durch Eigenkapitalvergleich

Unter der Voraussetzung, dass keine Privatentnahmen oder Privateinlagen getätigt werden, lässt sich der Erfolg eines Unternehmens aus der Veränderung des Eigenkapitals ablesen. *Erhöht sich das Eigenkapital* innerhalb einer Geschäftsperiode, bedeutet das, dass der Kaufmann einen *Gewinn* erzielt hat. Ist dagegen das *Eigenkapital* innerhalb der Geschäftsperiode *kleiner* geworden, bedeutet das einen *Verlust.*

Der Erfolg einer Geschäftsperiode kann daher auf einfache Weise durch einen Vergleich des Eigenkapitals am Ende der Geschäftsperiode mit dem Eigenkapital am Anfang der Geschäftsperiode ermittelt werden.

Eigenkapital am Ende der Geschäftsperiode
– Eigenkapital am Anfang der Geschäftsperiode
= Erfolg (Gewinn oder Verlust)

Beispiel 1:

Ein Kaufmann gründet ein Einzelhandelsunternehmen mit einem Eigenkapital von 150000,00 EUR. Am Ende des ersten Geschäftsjahres ergibt die Berechnung des Eigenkapitals einen Wert von 200000,00 EUR.

Aufgabe:

Berechnen Sie den Erfolg!

Lösung:

Eigenkapital am Ende der Geschäftsperiode	200000,00 EUR
– Eigenkapital am Anfang der Geschäftsperiode	150000,00 EUR
= Erfolg (Gewinn)	50000,00 EUR

Beispiel 2:

Das Eigenkapital eines Einzelhandelsunternehmens beträgt am Anfang einer Geschäftsperiode 380000,00 EUR und am Ende 320000,00 EUR.

Aufgabe:

Berechnen Sie den Erfolg!

Lösung:

Eigenkapital am Ende der Geschäftsperiode	320000,00 EUR
– Eigenkapital am Anfang der Geschäftsperiode	380000,00 EUR
= Erfolg (Verlust)	60000,00 EUR

Übungsaufgabe

56 Entscheiden Sie außerhalb des Buches, welche der folgenden Aussagen falsch (f) und welche richtig (r) sind:

1. Der Begriff Erfolg beinhaltet immer einen Gewinn.
2. Ist das Reinvermögen am Ende der Geschäftsperiode höher als am Anfang, wurde in der Geschäftsperiode ein Gewinn erzielt.
3. Vermögen – Schulden = Erfolg.
4. Ein Verlust liegt vor, wenn das Eigenkapital am Anfang der Geschäftsperiode größer ist als am Ende.
5. Die Formel für die Erfolgsermittlung lautet:
   Eigenkapital am Anfang der Geschäftsperiode
   – Eigenkapital am Ende der Geschäftsperiode
   = Erfolg

4.4 Buchungssatz

4.4.1 Einfacher Buchungssatz ohne Buchung nach Belegen

Das bisher benutzte „Überlegungsschema“ (vgl. S. 179) zur Festlegung der erforderlichen Buchungen auf den Konten ist recht aufwendig. Es genügt, wenn wir uns in Zukunft auf zwei Angaben beschränken:

- die **Konten,** auf denen zu buchen ist,
- die Angabe der **Kontoseite,** auf der jeweils auf dem Konto zu buchen ist.

Diese beiden Angaben sind in den Spalten I und IV unseres Überlegungsschemas enthalten. Die übrigen Spalten (II und III) sind daher entbehrlich. Eine solche auf das Mindestmaß beschränkte Buchungsanweisung nennen wir **Buchungssatz.**

Geschäftsvorfälle	Konten	Soll	Haben
Wir kaufen Ware auf Ziel für 1 500,00 EUR	Waren an Verbindlichkeiten a. L. u. L.	1 500,00	 1 500,00

Buchungssatz

Erläuterungen:

1. Da bezüglich der Kontoseite immer nur zwei Möglichkeiten in Frage kommen können (Soll- oder Habenseite), hat man die Vereinbarung getroffen, dass das Konto, auf dem auf der **Sollseite** zu buchen ist, immer **zuerst** genannt wird. Des Weiteren hat man vereinbart, **vor** das Konto, auf dem auf der Habenseite zu buchen ist, das Wörtchen „an“ zu setzen. Unter Beachtung dieser Vereinbarung kann ein Buchungssatz daher immer nur lauten:

   Konto mit der **Sollbuchung**
   an Konto mit der **Habenbuchung.**

2. Zur Vereinheitlichung der Schreibweise legen wir fest, dass beim Bilden von Buchungssätzen für jedes Konto eine Zeile benutzt wird. Es sollen auch immer die drei Spalten des oben dargestellten Schemas eingerichtet werden. Nur so ist eine eindeutige Zuordnung von Konto und Betrag möglich.

Zur Bildung des richtigen Buchungssatzes müssen selbstverständlich auch weiterhin die Denkschritte 1 – 5 vollzogen werden.

Beispiel:

Geschäftsvorfall: Wir kaufen Ware auf Ziel für 1 500,00 EUR.

Aufgabe:
Bilden Sie zu dem Geschäftsvorfall den Buchungssatz!

Lösung:

Wir fragen:	Wir antworten:
1. Welche Konten werden berührt?	Das Warenkonto und das Konto Verbindlichkeiten aus Lieferungen und Leistungen.
2. Um welche Kontoart handelt es sich jeweils?	Das Warenkonto ist ein Vermögenskonto. Das Konto Verbindlichkeiten aus Lieferungen und Leistungen ist ein Schuldkonto.
3. Welche Veränderungen ergeben sich jeweils auf den Konten?	Der Warenbestand nimmt durch Wareneinkäufe zu, die Verbindlichkeiten aus Lieferungen und Leistungen nehmen ebenfalls zu.
4. Welche Buchungsregeln sind jeweils anzuwenden?	Zugänge auf dem Warenkonto (Aktivkonto) erscheinen auf der Sollseite. Zugänge auf dem Konto Verbindl. a. Lief. u. Leist. (Passivkonto) gehören auf die Habenseite.
5. Wie lautet der Buchungssatz?	

Konten	Soll	Haben
Waren an Verbindl. a. Lief. u. Leist.	1 500,00	 1 500,00

Zusammenfassung

- Der **Buchungssatz (Buchungsanweisung, Kontierung)** ist das Verständigungsmittel unter Fachleuten. Er gibt mit kurzen und eindeutigen Hinweisen an, wie ein Geschäftsvorfall (ein Beleg) auf den Konten zu buchen ist.

  Dabei wird das Konto, auf dem auf der **Sollseite** zu buchen ist, **zuerst genannt.** Danach folgt das Konto, auf dem auf der Habenseite zu buchen ist.

- Vor dem Konto mit der Habenbuchung sollte das Verbindungswort **„an"** stehen. Zur Vermeidung von Missverständnissen sollte der Übersicht halber für die Eintragung der erforderlichen Daten beim Buchungssatz das folgende Drei-Spalten-Schema benutzt werden:

Konten	**Soll**	**Haben**
Konto x an Konto y	...	 ...

- Ein solches Schema, das auf die Belege gestempelt wird, dient auch zur Vermeidung von Buchungsfehlern.

Übungsaufgaben

57 Bilden Sie zu folgenden Geschäftsvorfällen die Buchungssätze bzw. ermitteln Sie die Geschäftsvorfälle:

1.	Wir zahlen auf unser Bankkonto bar ein	500,00 EUR
2.	Wir zahlen eine Lieferantenrechnung durch Banküberweisung	375,00 EUR
3.	Ein Kunde zahlt einen Rechnungsbetrag bar	570,00 EUR
4.	Wir kaufen Ware bar	1 250,00 EUR
5.	Wir kaufen ein Kopiergerät bar	1 320,00 EUR
6.	Wir zahlen die Tilgungsrate für ein Bankdarlehen bar	500,00 EUR
7.	Ein Kunde zahlt einen Rechnungsbetrag durch Banküberweisung	650,00 EUR
8.	Wir heben vom Bankkonto bar ab und legen das Geld in die Kasse	750,00 EUR

9. Welche Geschäftsvorfälle lagen folgenden Buchungssätzen zugrunde?

Nr.	Konten	Soll	Haben
9.1	Verbindlichkeiten a. Lief. u. Leist.	900,00	
	an Bank		900,00
9.2	Kasse	500,00	
	an Bank		500,00
9.3	Waren	350,00	
	an Kasse		350,00

10.	Wir kaufen Waren auf Ziel	1 500,00 EUR
11.	Von der bereits gebuchten Wareneingangsrechnung werden Waren an den Lieferanten zurückgeschickt	300,00 EUR
12.	Ein Kunde zahlt einen Rechnungsbetrag bar	500,00 EUR
13.	Ein Kunde zahlt durch Bankzahlschein einen Betrag von	700,00 EUR
14.	Eine Lieferantenrechnung wird durch Bankscheck beglichen	450,00 EUR

15. Wie lauten die Geschäftsvorfälle zu den folgenden Buchungssätzen?

Nr.	Konten	Soll	Haben
15.1	Verbindlichkeiten a. Lief. u. Leist.	300,00	
	an Waren		300,00
15.2	Kasse	470,00	
	an Forderungen a. Lief. u. Leist.		470,00
15.3	Bank	480,00	
	an Forderungen a. Lief. u. Leist.		480,00

58 Bilden Sie zu folgenden Geschäftsvorfällen die Buchungssätze bzw. ermitteln Sie die Geschäftsvorfälle!

1.	Kauf eines Aktenschrankes auf Ziel	890,00 EUR
2.	Zum Ausgleich eines Rechnungsbetrages sendet uns ein Kunde einen Verrechnungsscheck	4120,00 EUR
3.	Kauf eines Lkws gegen Bankscheck	65800,00 EUR
4.	Bareinzahlung auf das Bankkonto	5500,00 EUR
5.	Wir verkaufen einen nicht mehr benötigten PC bar	1500,00 EUR
6.	Barkauf von Waren	3120,00 EUR
7.	Kauf eines Baugrundstücks gegen Bankscheck	95000,00 EUR
8.	Rücksendung des gekauften Aktenschrankes wegen eines Mangels (Fall 1)	890,00 EUR
9.	Eingangsrechnung ER 541 für Waren	7170,00 EUR
10.	Banküberweisung der Eingangsrechnung ER 541 (Fall 9)	7170,00 EUR
11.	Aufnahme eines Darlehens bei der Bank. Die Bank stellt uns den Darlehensbetrag auf dem Girokonto zur Verfügung	50000,00 EUR
12.	Zielkauf von Waren	8200,00 EUR
13.	Zieleinkauf einer Verpackungsmaschine für das Lager	48800,00 EUR
14.	Teilweise Tilgung der Darlehensschuld durch Bankabbuchung	3800,00 EUR
15.	Wir verkaufen nicht mehr benötigte Lagerregale gegen Barzahlung	970,00 EUR
16.	Kauf einer DV-Anlage auf Ziel	17430,00 EUR
17.	Rücksendung mangelhafter Waren an den Lieferer	625,00 EUR
18.	Kauf einer Fertiggarage gegen Bankscheck	15400,00 EUR
19.	Begleichung der Eingangsrechnung mit Banküberweisung	9190,00 EUR
20.	Zur Erhöhung unseres Bankguthabens tätigen wir eine Bareinzahlung	6000,00 EUR
21.	Kauf von Büromöbeln auf Ziel	12600,00 EUR
22.	Wir kaufen einen neuen Pkw für unseren Vertreter. Den alten Pkw nimmt das Fahrzeughaus mit 9300,00 EUR in Zahlung. Den Restbetrag in Höhe von 31000,00 EUR zahlen wir mit Bankscheck.	
23.	Wir zahlen eine Eingangsrechnung durch Banküberweisung	4312,00 EUR
24.	Welche Geschäftsvorfälle liegen folgenden Buchungssätzen zugrunde?	

Nr.	Konten	Soll	Haben
24.1	Fuhrpark	44800,00	
	an Bank		44800,00
24.2	Langfristige Bankverbindlichkeiten	8000,00	
	an Bank		8000,00
24.3	Kasse	1450,00	
	an Forderungen a. Lief. u. Leist.		1450,00
24.4	Forderungen a. Lief. u. Leist.	900,00	
	an Betriebs- und Geschäftsausstattung		900,00

4.4.2 Einfacher Buchungssatz mit Buchungen nach Belegen

(1) Grundsätzliches

In der Praxis existiert über jeden Geschäftsvorfall ein Beleg. Die Buchungssätze werden somit dort immer nur aufgrund von Belegen (Überweisungen, Rechnungen, Quittungen, Lohnlisten usw.) gebildet.

Wir merken uns:

In der Praxis gilt daher der Grundsatz: **Keine Buchung ohne Beleg!**

Jedes Handelsgeschäft bzw. jeder Geschäftsvorfall muss durch den Beleg dokumentiert werden, durch den die Entstehung und Abwicklung dieses Handelsgeschäfts bzw. Geschäftsvorfalls verfolgt werden kann. Daher muss der Beleg einen Hinweis auf die Buchung und die Buchung einen Hinweis auf den Beleg enthalten. Die Belege sind somit das Bindeglied zwischen den Geschäftsvorfällen des Kaufmanns und den Buchungen.

Beispiele:

Geschäftsvorfall	Beleg
Wareneinkauf auf Ziel	Eingangsrechnung
Überweisung von einem Kunden	Kontoauszug mit Gutschrift
Kauf von Büromaterial	Quittung
Einzelhändler entnimmt Waren für Privatzwecke	Entnahmebeleg

(2) Belegarten

Über Handelsgeschäfte, die andere Unternehmen mit dem eigenen Unternehmen ausführen, erhält der Kaufmann Schriftstücke seiner Geschäftspartner. Über die vom eigenen Unternehmen ausgeführten Handelsgeschäfte stellt der Kaufmann selbst Schriftstücke aus. Hiervon muss der Kaufmann jeweils eine mit dem ursprünglichen Beleg übereinstimmende Kopie bzw. eine Wiedergabe des Wortlauts auf einem Schrift-, Bild- oder anderen Dateiträger zurückbehalten [§ 238 II HGB].

Nach der *Herkunft der Belege* unterscheidet man somit *Fremdbelege* und *Eigenbelege.*

- **Fremdbelege** sind Belege, die von einem anderen Wirtschaftsteilnehmer erstellt wurden und dem Einzelhandelsunternehmen im Geschäftsverkehr zugegangen sind.

  Beispiele:

  Eingangsrechnungen, Quittungen, Bankbelege (z.B. Kontoauszüge), erhaltene Schecks, Briefe von Geschäftspartnern (Handelsbriefe), Gutschriftsanzeigen von Lieferanten, Postbelege, Steuerbescheide, Strafbescheide.

- **Eigenbelege** sind alle Belege, die das Einzelhandelsunternehmen im Geschäftsverkehr mit anderen selbst erstellt hat.

  Beispiele:

  Ausgangsrechnungen, Quittungsdurchschriften, Kopien eigener Schecks, Kopien abgesandter Handelsbriefe, Gutschriftsanzeigen an Kunden, Entnahmebelege, Lohn- und Gehaltslisten, Belege über Storno, Umbuchungen oder Buchungsfehler, Belege über die Ergebnisverwendung.

Nur durch den Beleg kann die Richtigkeit bzw. Vollständigkeit der Buchführung nachgewiesen werden. Belege sind daher die Grundvoraussetzung für eine ordnungsmäßige Buchführung. Bei Prüfungen der Buchführung durch die steuerliche Betriebsprüfung oder bei betriebsinterner Revision gibt oft erst der Rückgriff auf den Buchungsbeleg Aufschluss über den zugrunde liegenden Geschäftsvorfall.

(3) Bearbeitung der Buchungsbelege

Die Bearbeitung der Belege erfolgt in drei Schritten: **Buchungsvorbereitung – Buchung der Belege – Ablage und Aufbewahrung der Belege**.

1. Schritt: Buchungsvorbereitung

Sie umfasst im Allgemeinen drei Arbeitsstufen:

- **Prüfung der Belege**: Hierdurch wird festgestellt, ob der Beleg überhaupt für die Buchführung von Bedeutung ist. Wird diese Frage bejaht, dann muss nachgeprüft werden, ob der ausgewiesene Betrag **rechnerisch** richtig ist. Außerdem muss der Beleg daraufhin überprüft werden, ob der Vorgang **sachlich** richtig dargestellt worden ist.
- **Belegsortierung**: Bei diesem Arbeitsvorgang werden die Belege nach ihrem Inhalt geordnet, z. B. Eingangsrechnungen, Bankbelege, Kassenbelege, Ausgangsrechnungen usw. Dabei wird aus Kostengründen versucht, gleichartige Belege soweit wie möglich zu **Sammelbelegen** zusammenzufassen. Anschließend werden die Belege nummeriert.
- **Buchungsanweisung (Buchungssatz, Kontierung)**: In der dritten Arbeitsstufe wird der Buchungssatz auf dem Beleg festgehalten. Zu diesem Zweck benutzt man in der Regel einen so genannten Kontierungsstempel, mit dem man die benötigten Spalten auf den Beleg aufdruckt, sodass diese nur noch mit den erforderlichen Daten versehen werden müssen. Da später so gebucht wird wie kontiert wurde, ist die Kontierungsarbeit von grundlegender Bedeutung.

2. Schritt: Buchung der Belege

An die Vorkontierung schließt sich dann der eigentliche Buchungsvorgang an. Hierbei wird bei jeder Buchung im Grundbuch[1] die Belegnummer vermerkt (z. B. ER 9 bedeutet Eingangsrechnungsnummer 9), um jederzeit von der Buchung auf den Beleg schließen zu können. Da der Buchhalter auch den Beleg mit einem Buchungsvermerk versieht (Buchungsnummer, Seitennummer, Datum, Zeichen des Buchhalters), kann umgekehrt vom Beleg auf die Buchung geschlossen werden.

3. Schritt: Ablage und Aufbewahrung der Belege

Nach dem Buchungsvorgang werden die Belege abgelegt und aufbewahrt. Die Belege sind sowohl nach Handelsrecht [§ 257 HGB] als auch nach Steuerrecht [§ 147 AO] geordnet aufzubewahren. In der Art der Belegaufbewahrung ist das Unternehmen völlig frei (z. B. chronologisch, alphabetisch, laufende Belegnummerierung, Gliederung nach Sachgebieten u. Ä.).

---

1 Im Grundbuch werden die Geschäftsvorfälle in der zeitlichen Reihenfolge ihres Anfalls (chronologisch) gebucht.

Beispiel:

Möbelgroßhandlung
Rudolf Walterbeck e. Kfm., Dortmund

ER 9 ← Beleg-Nummerierung

Rudolf Walterbeck e. Kfm. · Brügmannstr. 101 · 44135 Dortmund

Früchtegroßhandlung
Herbert Loske e. Kfm.
Kirschstraße 14
76189 Karlsruhe

EINGEGANGEN
1. AUG. 20..
Erl. ....

Bei Bezahlung und Schriftwechsel angeben		
Kundennummer	Rechnungsnummer	Datum
411	679719	31. Juli 20..

Rechnung

Liefer-Datum	Menge	Bezeichnung	Bestell-Nr.	Einzelpreis	Gesamtpreis
28. Juli 20..	15	Lagerregale	B 1714	520,00	7800,00*

Konten	Soll	Haben
Lager- u. Tr.-Einr.	7800,00	
an Verb.a.L.u.L.		7800,00
Gebucht: J VIII/7 2. Aug./Hu		

← Vorkontierung

Abkürzungen:
J ≙ Journal
VIII ≙ August
7 ≙ Journalseite 7
2. Aug. ≙ Buchungsdatum
Hu ≙ Buchhalter Huchler

Bei Bezahlung innerhalb 8 Tagen 2 % Skonto.
Die Ware bleibt bis zur völligen Bezahlung mein Eigentum.

Sitz des Unternehmens:

44135 Dortmund	RG Dortmund	Dortmunder Volksbank e. G.	Steuer-Nr.:
Brügmannstr. 101	HRA 2020	Kto.-Nr.: 100 108 800	69140/72119
Telefon: 0231 593535		BIZ: 441 600 14	
Telefax: 0231 593539			

* Auf den Ausweis der Umsatzsteuer wird verzichtet.

Zusammenfassung

- In der Praxis gilt der Grundsatz: Keine Buchung ohne Beleg!
- Belege dokumentieren den Geschäftsvorfall und bilden die Grundlage für die Überprüfung der ordnungsmäßigen Verbuchung.
- Durch entsprechende Vermerke muss vom Beleg aus auf die Buchung und umgekehrt geschlossen werden können.
- Zu unterscheiden sind:
  - Eigenbelege, die das Unternehmen selbst erstellt, und
  - Fremdbelege, die das Unternehmen von fremden Geschäftspartnern erhält.

Übungsaufgaben

59 1. Formulieren Sie aufgrund der vorliegenden Belege den jeweils zugrunde liegenden Geschäftsvorfall!

2. Bilden Sie die Buchungssätze für das Lebensmittelgeschäft Weber Markt e.Kfm., Huberweg 8, 91058 Erlangen!

Beleg 1

Empfangsbescheinigung
über Bareinzahlung
auf eigenes Girokonto

Kontonummer	Name des Kontoinhabers
523 798	Weber Markt e. Kfm.

Name des Einzahlers, falls erforderlich

500,00

27. Januar 20.. Weber
Datum Unterschrift

Maier
Kassierer

185 015

Beleg 2

Maschinenfabrik Friedrich Pappe GmbH, Karlsruhe

Friedrich Pappe GmbH, Seegasse 4, 76228 Karlsruhe

Lebensmittelhandlung
Weber Markt e. Kfm.
Huberweg 8
91058 Erlangen

Rechnung Nr. 65017 Rechnungsdatum: 27. Januar 20..

Liefer-datum	Menge	Artikel-Nr.	Artikelbezeichnung	Preis je Artikel	Gesamtbetrag
20. Jan. 20..	5	234 176	Lagerregale 2000 Stahl	3070,00 EUR	15350,00 EUR

Es gelten unsere umseitigen Lieferungs- und Zahlungsbedingungen.

Sitz der Gesellschaft: Karlsruhe, Amtsgericht Karlsruhe HRB 1350 Steuer-Nr.: 71020/1793

Beleg 3

DURCHSCHRIFT

Quittung

EUR

Betrag 380,40

Nr. 1/14

inclusive % MwSt./Betrag

Betrag in Worten dreihundertachtzig--------------

von

für Rechnung vom 25. Januar 20..

dankend erhalten

Datum/Ort Erlangen, 27. Januar 20..

Buchungsvermerke

Stempel/Unterschrift des Empfängers

Weber Markt e. Kfm.
91058 Erlangen
Weber

Zweckform Quittung

Beleg 4

Beleg für Kontoinhaber/Einzahler-Quittung

Name und Sitz des Kreditinstituts des Überweisenden: Sparkasse Nürnberg

Bankleitzahl: 760 501 01

Begünstigter: Name, Vorname/Firma (max. 27 Stellen): Lener-Service Handelsgesellschaft Pfungstadt

Konto-Nr. des Begünstigten: 345 9876

Bankleitzahl: 508 501 50

Kreditinstitut des Begünstigten: Städtische Sparkasse Pfungstadt

EUR

Betrag: Euro, Cent: 460,94 -------------

Kunden-Referenznummer - Verwendungszweck, ggf. Name und Anschrift des Überweisenden - (nur für Begünstigten): Rechnung vom 27. Jan. 20..

noch Verwendungszweck (insgesamt max. 2 Zeilen à 27 Stellen)

Kontoinhaber/Einzahler: Name, Vorname/Firma, Ort (max. 27 Stellen, keine Straßen- oder Postfachangaben): Weber Markt e.Kfm., Huberweg 8, 91058 Erlangen

Konto-Nr. des Kontoinhabers: 523 798

Beleg 5

Sparkasse Nürnberg

DE

Zahlen Sie gegen diesen Scheck

zweihundertvierzig

Betrag in Buchstaben

EUR

Betrag: 240,20

Scheck

Erlangen

Ausstellungsort

noch Betrag in Buchstaben

an Weber-Markt e.Kfm., Erlangen

oder Überbringer

27. Januar 20..

Datum

Nur zur Verrechnung

Erika Schmidt

Unterschrift des Ausstellers

121 600 000

Der vorgedruckte Schecktext darf nicht geändert oder gestrichen werden. Die Angabe einer Zahlungsfrist auf dem Scheck gilt als nicht geschrieben.

Scheck-Nr.	Konto-Nr.	Betrag	Bankleitzahl	Text
0000005654483⑆	0142016978⑈		76050101⑆	01⑈

Bitte dieses Feld nicht beschriften und nicht bestempeln

Beleg 6

BüTop

Büromöbel Topauer KG

Büromöbel Topauer KG, Tengstr. 28, 80798 München

Weber Markt e. Kfm.
Huberweg 8
91058 Erlangen

Kunden-nummer	Rechnungs-nummer	Rechnungs-datum	Liefer-datum	Auftrags-datum	Bestell-nummer
24003	1502	20..-01-27	20..-01-10	20..-01-08	268F1

Rechnung

Pos.	Art.Nr.	Bezeichnung	Menge	Einzelpreis EUR	Gesamtpreis EUR
1	20100	Computertisch Standard 160 x 80 x 75	12	525,00	6.300,00
2	10100	Schreibtisch Eibe furniert 180 x 80 x 75	8	980,00	7.840,00
			Rechnungsbetrag		14.140,00*

Zahlungsbedingungen: Innerhalb 8 Tagen abzüglich 2 % Skonto = 278,84 EUR
Innerhalb 30 Tagen rein netto

Sitz der Gesellschaft: München
Registergericht München
HRA 8966
UID-Nr. DE 129 000 000

St.-Nr. 91417/77040

Tengstr. 28
80798 München
Tel. 089 25919-0
Fax 089 25919-10

Postbank München
0134383464, BLZ 700 100 80
HypoVereinsbank München
Nr. 4 646 232, BLZ 700 202 70

* Auf die Buchung der Umsatzsteuer wird hier verzichtet.

4.4.3 Zusammengesetzter Buchungssatz

Sind für einen Buchungssatz **mehr als zwei Konten** erforderlich, spricht man von einem **zusammengesetzten Buchungssatz**. Auch für den zusammengesetzten Buchungssatz gilt, dass bei jedem Buchungssatz die Summe der gebuchten Sollbeträge mit der Summe der gebuchten Habenbeträge übereinstimmen muss.

Beispiel:

I. Anfangsbestände:
Verbindlichkeiten a. Lief. u. Leist. 10000,00 EUR; Bank 7000,00 EUR; Kasse 5000,00 EUR.

II. Geschäftsvorfall:
Wir zahlen eine Eingangsrechnung über 3700,00 EUR, und zwar durch Banküberweisung 3000,00 EUR, in bar 700,00 EUR.

III. Aufgaben:
1. Buchen Sie den Geschäftsvorfall auf den Konten!
2. Bilden Sie den Buchungssatz!

Lösungen:

Zu 1. Buchung auf den Konten:

Soll	Bank		Haben
AB	7000,00	Verb.a.L.u.L.	3000,00

Soll	Verbindl. a. Lief. u. Leist.		Haben
Ba/Ka	3700,00	AB	10000,00

Soll	Kasse		Haben
AB	5000,00	Verb.a.L.u.L.	700,00

Zu 2. Buchungssatz:

Geschäftsvorfall	Konten	Soll	Haben
Wir bezahlen eine bereits gebuchte Eingangsrechnung über 3700,00 EUR durch Banküberweisung 3000,00 EUR und Barzahlung 700,00 EUR	Verbindl. a. Lief. u. Leist. an Bank an Kasse	3700,00	 3000,00 700,00

Wir merken uns:

Für den **einfachen Buchungssatz** wie für den **zusammengesetzten Buchungssatz** gilt:

Summe der gebuchten Sollbeträge ≙ Summe der gebuchten Habenbeträge

Übungsaufgaben

60 Bilden Sie zu den folgenden Geschäftsvorfällen die Buchungssätze!

1. Ein Kunde zahlt eine Rechnung über 725,00 EUR in bar — 225,00 EUR
   durch Banküberweisung — 500,00 EUR
2. Wir kaufen Ware für insgesamt 3500,00 EUR gegen Barzahlung — 1500,00 EUR
   auf Ziel — 2000,00 EUR

13 Speth – ISBN-13: 978-3-8120-0539-5

3. Wir verkaufen einen gebrauchten Kombiwagen in Höhe des Buchwertes von 3800,00 EUR gegen Barzahlung — 800,00 EUR
   Restforderung — 3000,00 EUR
4. Ein Kunde zahlt einen Rechnungsbetrag über 1750,00 EUR
   durch Banküberweisung — 1000,00 EUR
   durch Barzahlung — 750,00 EUR
5. Wir bezahlen eine Lieferantenrechnung über 2550,00 EUR
   in bar — 550,00 EUR
   durch Banküberweisung — 2000,00 EUR
6. Wir kaufen einen neuen Kombiwagen zum Preise von 25000,00 EUR
   gegen Barzahlung — 5500,00 EUR
   durch Banküberweisung — 10000,00 EUR
   Restverbindlichkeit — 9500,00 EUR

61 Bilden Sie zu den folgenden Geschäftsvorfällen die Buchungssätze, bzw. ermitteln Sie die Geschäftsvorfälle!

1. Wir tilgen eine Darlehensschuld bei der Bank über 5000,00 EUR
   in bar — 1500,00 EUR
   durch Banküberweisung — 3500,00 EUR
2. Wir kaufen neue Lagerregale für 20000,00 EUR
   Finanzierung: Barzahlung — 5000,00 EUR
   Banküberweisung — 10000,00 EUR
   Restverbindlichkeit — 5000,00 EUR
3. Gutschriftanzeigen der Bank: für Bareinzahlung — 1500,00 EUR
   für Überweisung eines Kunden — 750,00 EUR
4. Welche Geschäftsvorfälle liegen folgenden Buchungssätzen zugrunde?

Nr.	Konten	Soll	Haben
4.1	Waren	3750,00	
	an Bank		3000,00
	an Kasse		750,00
4.2	Verbindlichkeiten a. Lief. u. Leist	2350,00	
	an Bank		2000,00
	an Kasse		350,00
4.3	Bank	750,00	
	Kasse	250,00	
	an Forderungen a. Lief. u. Leist.		1000,00

62 Bilden Sie zu den folgenden Geschäftsvorfällen die Buchungssätze!

1. Wir kaufen einen PC auf Ziel ER 72 — 5400,00 EUR
2. Wir begleichen die Rechnung ER 72 bar 2000,00 EUR
   gegen Bankscheck 3400,00 EUR — 5400,00 EUR
3. Wir verkaufen den alten Pkw an einen Kunden zum Buchwert
   gegen Rechnung — 7340,00 EUR
4. Der Kunde begleicht den Rechnungsbetrag
   durch Bankscheck 3700,00 EUR
   bar 3640,00 EUR — 7340,00 EUR
5. Tilgung eines Bankdarlehens
   durch Banküberweisung 9300,00 EUR
   durch Bareinzahlung 2700,00 EUR — 12000,00 EUR

6. Verkauf eines gebrauchten Lkws zum Buchwert auf Ziel AR 12 — 19 900,00 EUR

7. Der Käufer begleicht die AR 12
bar — 8 000,00 EUR
durch Bankscheck — 11 900,00 EUR — 19 900,00 EUR

8. Kauf von Waren ER 73
bar — 3 700,00 EUR
auf Ziel — 12 000,00 EUR — 15 700,00 EUR

9. Wir begleichen den Restbetrag der ER 73 durch Banküberweisung (Fall 8) — 12 000,00 EUR

10. Wir nehmen ein Darlehen bei unserer Bank auf. Die Bank schreibt uns den Gegenwert gut — 40 000,00 EUR

11. Bilden Sie den Buchungssatz für den folgenden Beleg aus Sicht des Baumarktes Schön & Dörfer OHG:

Maschinenfabrik Friedrich Pappe GmbH, Karlsruhe

Friedrich Pappe GmbH, Seegasse 4, 76228 Karlsruhe

Baumarkt
Schön & Dörfer OHG
Meisenweg 10
03044 Cottbus

Rechnung Nr. 65018 — 18. März 20..

Liefer-datum	Menge	Artikel-Nr.	Artikelbezeichnung	Preis je Artikel	Gesamtbetrag
15. März 20..	5	234 176	Lagerregale 2 000 Stahl	3 070,00 EUR	15 350,00 EUR
	3	517 398	Verpackungsmaschinen		17 200,00 EUR
					32 550,00 EUR

Es gelten unsere umseitigen Lieferungs- und Zahlungsbedingungen.

Sitz der Gesellschaft: Karlsruhe, Amtsgericht Karlsruhe HRB 1350 — Steuer-Nr.: 71020/1793

Hinweis: Auf die Buchung der Umsatzsteuer wird hier aus Vereinfachungsgründen verzichtet.

63 **I. Anfangsbestände**

Betriebs- und Geschäftsausstattung 41 355,00 EUR; Kasse 1 670,00 EUR; Bank 33 975,00 EUR; Forderungen aus Lieferungen und Leistungen 12 150,00 EUR; Waren 24 570,00 EUR; Verbindlichkeiten aus Lieferungen und Leistungen 13 220,00 EUR; Langfristige Bankverbindlichkeiten 5 000,00 EUR; Eigenkapital 95 500,00 EUR.

II. Geschäftsvorfälle

1. Wir verkaufen einen nicht mehr benötigten Ladentisch bar zum Buchwert — 2 500,00 EUR
2. Neuanschaffung einer Büroeinrichtung gegen Banküberweisung — 30 000,00 EUR

3.	Ein Kunde überweist einen Rechnungsbetrag auf das Bankkonto	2 120,00 EUR
4.	Zur Auffüllung des Kassenbestandes heben wir vom Bankkonto bar ab	500,00 EUR
5.	Wir zahlen eine Lieferantenrechnung bar	1 200,00 EUR
6.	Teilweise Tilgung des Bankdarlehens bar	1 000,00 EUR

III. Aufgaben

1. Richten Sie für die angegebenen Anfangsbestände die Bilanzkonten ein und tragen Sie die Anfangsbestände vor!
2. Bilden Sie die Buchungssätze!
3. Buchen Sie die Geschäftsvorfälle auf den Konten und schließen Sie die Konten ordnungsmäßig ab!

4.5 Eröffnung und Abschluss der Bestandskonten (Bilanzkonten) im System der doppelten Buchführung (Eröffnungsbilanzkonto und Schlussbilanzkonto)

Das Prinzip der doppelten Buchführung wurde bisher nur bei den Buchungen der Geschäftsvorfälle angewandt. Die Anfangs- und Schlussbestände auf den Konten wurden dagegen nicht doppelt gebucht, sondern nur eingetragen. Das **Prinzip der doppelten Buchführung** ist jedoch ein **generelles Prinzip** und gilt folglich auch für die Anfangs- und Schlussbestände auf den Konten.

Wenn bei der Eröffnung der Konten mit den Anfangsbeständen und beim Abschluss der Konten mit den Schlussbeständen jeweils eine Gegenbuchung erfolgen soll, benötigen wir dafür entsprechende Gegenkonten. Die systemgerechte Buchung der Anfangsbestände erfolgt mit Hilfe des Eröffnungsbilanzkontos (EBK) und die systemgerechte Buchung der Schlussbestände erfolgt über das Schlussbilanzkonto (SBK).

Wir merken uns:

- Das Eröffnungsbilanzkonto und das Schlussbilanzkonto bringen die Geschlossenheit des Systems der doppelten Buchführung zum Ausdruck.
- Die beiden Konten bieten die Gewähr, dass sowohl bei der Erfassung der Anfangsbestände als auch bei der Erfassung der Schlussbestände jeder Betrag systemgerecht doppelt gebucht wird.

Beispiel:

Als Demonstrationsbeispiel für die systemgerechte doppelte Buchung der Anfangs- und Schlussbestände greifen wir auf die Aufgabe 63 zurück.

Aufgaben:

1. Eröffnen Sie die Konten mit den angegebenen Anfangsbeständen systemgerecht mit Hilfe des Eröffnungsbilanzkontos!
2. Buchen Sie die Geschäftsvorfälle auf den entsprechenden Konten!
3. Schließen Sie die Konten über das Schlussbilanzkonto ab!

Lösung:

Eröffnungsbilanzkonto

Soll		Haben	
Eigenkapital	95 500,00	BGA	41 355,00
Verb.a.L.u.L.	13 220,00	Kasse	1 670,00
Lfr.Bankverb.	5 000,00	Bank	33 975,00
		Ford.a.L.u.L.	12 150,00
		Waren	24 570,00
	113 720,00		113 720,00

Betr.- u. Geschäftsausstattung

Soll		Haben	
EBK	41 355,00	Ka	2 500,00
Ba	30 000,00	SBK	68 855,00
	71 355,00		71 355,00

Eigenkapital

Soll		Haben	
SBK	95 500,00	EBK	95 500,00

Kasse

Soll		Haben	
EBK	1 670,00	V.a.L.u.L.	1 200,00
BGA	2 500,00	L.Bankv.	1 000,00
Ba	500,00	SBK	2 470,00
	4 670,00		4 670,00

Verbindlichkeiten a. Lief. u. Leist.

Soll		Haben	
Ka	1 200,00	EBK	13 220,00
SBK	12 020,00		
	13 220,00		13 220,00

Bank

Soll		Haben	
EBK	33 975,00	BGA	30 000,00
Fo.a.L.u.L.	2 120,00	Ka	500,00
		SBK	5 595,00
	36 095,00		36 095,00

Langfr. Bankverbindlichk.

Soll		Haben	
Ka	1 000,00	EBK	5 000,00
SBK	4 000,00		
	5 000,00		5 000,00

Forderungen a. Lief. u. Leist.

Soll		Haben	
EBK	12 150,00	Ba	2 120,00
		SBK	10 030,00
	12 150,00		12 150,00

Waren

Soll		Haben	
EBK	24 570,00	SBK	24 570,00

Schlussbilanzkonto

Soll		Haben	
BGA	68 855,00	Eigenkapital	95 500,00
Kasse	2 470,00	Vb.a.L.u.L.	12 020,00
Bank	5 595,00	Lfr. Bankv.	4 000,00
Ford.a.L.u.L.	10 030,00		
Waren	24 570,00		
	111 520,00		111 520,00

Erläuterungen:

- Die konsequente, systemgerechte Buchung der Anfangsbestände führt dazu, dass die Anfangsbestände der Aktivkonten auf der Habenseite des Eröffnungsbilanzkontos und die Anfangsbestände der Passivkonten auf der Sollseite des Eröffnungsbilanzkontos erscheinen. Im Vergleich zum Schlussbilanzkonto sind die Seiten vertauscht. Das zeigt, dass das **Eröffnungsbilanzkonto** lediglich ein Hilfskonto ist, um das System der doppelten Buchung nicht zu durchbrechen. Gleichzeitig aber wird damit auch die Gleichheit der Soll- und Habenbeträge zu Beginn der Geschäftsperiode dokumentiert. Das ist ein Grundprinzip des Systems der doppelten Buchführung, das zu jeder Zeit als Kontrollmechanismus in diesem System eingebaut ist, denn auch bei der Eröffnung der Konten muss sichergestellt sein, dass die Summe der gebuchten Sollbeträge mit der Summe der gebuchten Habenbeträge übereinstimmt, wie das durch die Wertgleichheit der Sollseite mit der Habenseite im Eröffnungsbilanzkonto bewiesen wird.
- Das **Schlussbilanzkonto** hat damit die Aufgabe, die vom Unternehmen verwendeten Aktiv- und Passivkonten einander gegenüberzustellen. Das Schlussbilanzkonto dient allein innerbetrieblichen Zwecken und ist an keine gesetzlichen Gliederungsvorschriften gebunden. Anders die **Schlussbilanz.** Sie dient außenstehenden Personen (z. B. Mitinhabern, Gläubigern) oder Institutionen (z. B. Steuerbehörde, Gerichte, Banken) als Auskunfts- und Beweismittel und unterliegt gesetzlichen Vorschriften [§§ 266 und 247 HGB]. Das Schlussbilanzkonto darf somit nicht mit der Schlussbilanz verwechselt werden.

Zusammenfassung

- Sollen die Anfangsbestände und die Schlussbestände auf den Bilanzkonten im System der doppelten Buchführung gebucht werden, benötigt man für die Gegenbuchungen ein entsprechendes Gegenkonto.
  - Für die **Gegenbuchungen** der **Anfangsbestände** ist das **Eröffnungsbilanzkonto** zuständig,
  - für die **Gegenbuchungen** der **Schlussbestände** benötigen wir das **Schlussbilanzkonto.**
- Das **Schlussbilanzkonto** stellt die Schlussbestände der vom Unternehmen verwendeten Aktiv- und Passivkonten einander gegenüber. Das Schlussbilanzkonto dient innerbetrieblichen Zwecken.
- Das Eröffnungsbilanzkonto ist ein **Hilfskonto für eine systemgerechte Buchung der Anfangsbestände.** Es erfüllt in dieser Rolle lediglich die Funktion einer **Kontrollrechnung,** denn es bietet gleich zu Beginn der Geschäftsperiode die Gewähr dafür, dass die Summe der gebuchten Sollbeträge gleich der Summe der gebuchten Habenbeträge ist, da die Summen auf beiden Seiten des Eröffnungsbilanzkontos gleich sein müssen.
- Das Eröffnungsbilanzkonto und das Schlussbilanzkonto gehören zum Kontensystem der doppelten Buchführung.
- Eröffnungsbilanz und Schlussbilanz stehen außerhalb der Buchführung.

Anmerkung:

Das Eröffnungsbilanzkonto und das Schlussbilanzkonto wurden hier aus methodischen und systematischen Überlegungen dargestellt. Ob in den nachfolgenden Übungsaufgaben das Eröffnungsbilanzkonto geführt werden soll, bleibt der individuellen Entscheidung der Lehrenden vorbehalten. In elektronischen Finanzbuchhaltungssystemen ist es allerdings aus abstimmungstechnischen Gesichtspunkten unverzichtbar.

Übungsaufgaben

64 **I. Anfangsbestände**

Lagerausstattung 170000,00 EUR; Kasse 41500,00 EUR; Bank 57500,00 EUR; Forderungen aus Lieferungen und Leistungen 150000,00 EUR; Waren 160000,00 EUR; Verbindlichkeiten aus Lieferungen und Leistungen 85500,00 EUR; Langfristige Bankverbindlichkeiten 20000,00 EUR; Eigenkapital?

II. Geschäftsvorfälle

1.	Bareinzahlung auf das Bankkonto	5000,00 EUR
2.	Ein Kunde zahlt einen Rechnungsbetrag mit Bankscheck	25000,00 EUR
3.	Wir kaufen einen Gabelstapler durch Banküberweisung	32100,00 EUR
4.	Zahlung einer Lieferantenrechnung durch Banküberweisung	18900,00 EUR
5.	Wareneinkauf bar	8400,00 EUR
6.	Teilweise Tilgung des Bankdarlehens bar	14000,00 EUR
7.	Barabhebung vom Bankkonto zur Auffüllung der Geschäftskasse	16100,00 EUR
8.	Wareneinkauf auf Ziel	24200,00 EUR

III. Aufgabe

Nach Eröffnung der Konten mit Hilfe des Eröffnungsbilanzkontos, der Bildung der Buchungssätze und der Buchung der Geschäftsvorfälle sind die Konten über das Schlussbilanzkonto abzuschließen!

65 **I. Anfangsbestände**

Betriebs- und Geschäftsausstattung 255800,00 EUR; Kasse 52000,00 EUR; Bank 125800,00 EUR; Forderungen aus Lieferungen und Leistungen 55100,00 EUR; Waren 251000,00 EUR; Verbindlichkeiten aus Lieferungen und Leistungen 77500,00 EUR; das Eigenkapital muss noch ermittelt werden!

II. Geschäftsvorfälle

1.	Einzahlung auf das Bankkonto	15000,00 EUR
2.	Ein Kunde zahlt einen Rechnungsbetrag über 25000,00 EUR	
	in bar	5000,00 EUR
	durch Banküberweisung	20000,00 EUR
3.	Barkauf einer PC-Anlage	12750,00 EUR
4.	Barabhebung vom Bankkonto zur Auffüllung der Geschäftskasse	5000,00 EUR
5.	Wareneinkauf in Höhe von 22500,00 EUR	
	gegen Banküberweisung	5000,00 EUR
	auf Ziel	17500,00 EUR
6.	Aufnahme eines Bankdarlehens. Der Betrag wird auf dem Geschäftskonto gutgeschrieben	50000,00 EUR
7.	Kauf eines Baugrundstücks für 100000,00 EUR	
	Finanzierung: Bankscheck	30000,00 EUR
	Barzahlung	20000,00 EUR
	Restverbindlichkeit	50000,00 EUR

III. Aufgabe

Nach Eröffnung der Konten mit Hilfe des Eröffnungsbilanzkontos, der Bildung der Buchungssätze und der Buchung der Geschäftsvorfälle sind die Konten über das Schlussbilanzkonto abzuschließen!

66 **I. Anfangsbestände**

Unbebaute Grundstücke 100000,00 EUR; Betriebs- und Geschäftsausstattung 115000,00 EUR; Kasse 12800,00 EUR; Bank 14230,00 EUR; Forderungen aus Lieferungen und Leistungen 160780,00 EUR; Waren 114890,00 EUR; Verbindlichkeiten aus Lieferungen und Leistungen 98270,00 EUR; Langfristige Bankverbindlichkeiten 200000,00 EUR; das Eigenkapital muss noch ermittelt werden.

II. Geschäftsvorfälle

1.	Wareneinkauf bar	1800,00 EUR
2.	Ein Kunde zahlt einen Rechnungsbetrag bar	12320,00 EUR
3.	Wir begleichen eine Eingangsrechnung durch Banküberweisung	11700,00 EUR
4.	Wir kaufen eine EDV-Anlage bar	4850,00 EUR
5.	Eingangsrechnung (Waren)	12300,00 EUR
6.	Wir zahlen auf unser Bankkonto bar ein	10250,00 EUR
7.	Wir zahlen eine Tilgungsrate für das Bankdarlehen durch Banküberweisung zurück	5500,00 EUR

III. Aufgaben

1. Stellen Sie aufgrund der Angaben die Eröffnungsbilanz auf!
2. Richten Sie die entsprechenden Konten ein und buchen Sie die Anfangsbestände!
3. Bilden Sie zu den Geschäftsvorfällen die Buchungssätze und buchen Sie die Vorgänge anschließend auf den eröffneten Konten!
4. Schließen Sie die Konten über das SBK ab!
5. Stellen Sie auf der Grundlage des buchhalterischen Abschlusses eine nach handelsrechtlichen Vorschriften gegliederte Bilanz auf! Verwenden Sie hierzu das vereinfachte Bilanzschema von S. 158!

4.6 Zusammenhang: Bilanzkonten, Bilanz, Inventur und Inventar

Die Konten der Buchführung (Bilanzkonten) – unter Einbeziehung des Schlussbilanzkontos und des Eröffnungsbilanzkontos – bilden jetzt eine in sich geschlossene Einheit: Das **Kontensystem der doppelten Buchführung.** Die Zahlen aus diesem System stellen für die Geschäftsleitung eine unentbehrliche Informationsquelle dar.

Neben der Geschäftsleitung sind auch außerhalb des Unternehmens stehende Kreise (Steuerbehörden, Banken, Gesellschafter, Mitarbeiter) an den Ergebnissen der Buchführung interessiert. Die berechtigten Informationsansprüche dieser Gruppen werden unter anderem durch die **Bilanz** erfüllt.

Die Bilanz baut auf den Zahlen der Buchführung auf, wobei diese Zahlen jedoch vor ihrer Übernahme in die Bilanz durch die Inventur auf ihre Richtigkeit hin überprüft werden. Vom buchtechnischen Standpunkt aus und auch von der Tatsache ausgehend, dass die Bilanz für die Öffentlichkeit entsprechend aufbereitet werden muss [§§ 247, 266 HGB], stehen **Inventur** (bzw. **Inventar**) und **Bilanz außerhalb der Buchführung**.

Die grafische Darstellung auf S. 201 soll den Zusammenhang zwischen dem Kontensystem der Buchführung und der Bilanz sowie der Inventur (bzw. dem Inventar) veranschaulichen.

Innerhalb der Buchführung haben wir Konten
(Kontensystem der doppelten Buchführung):

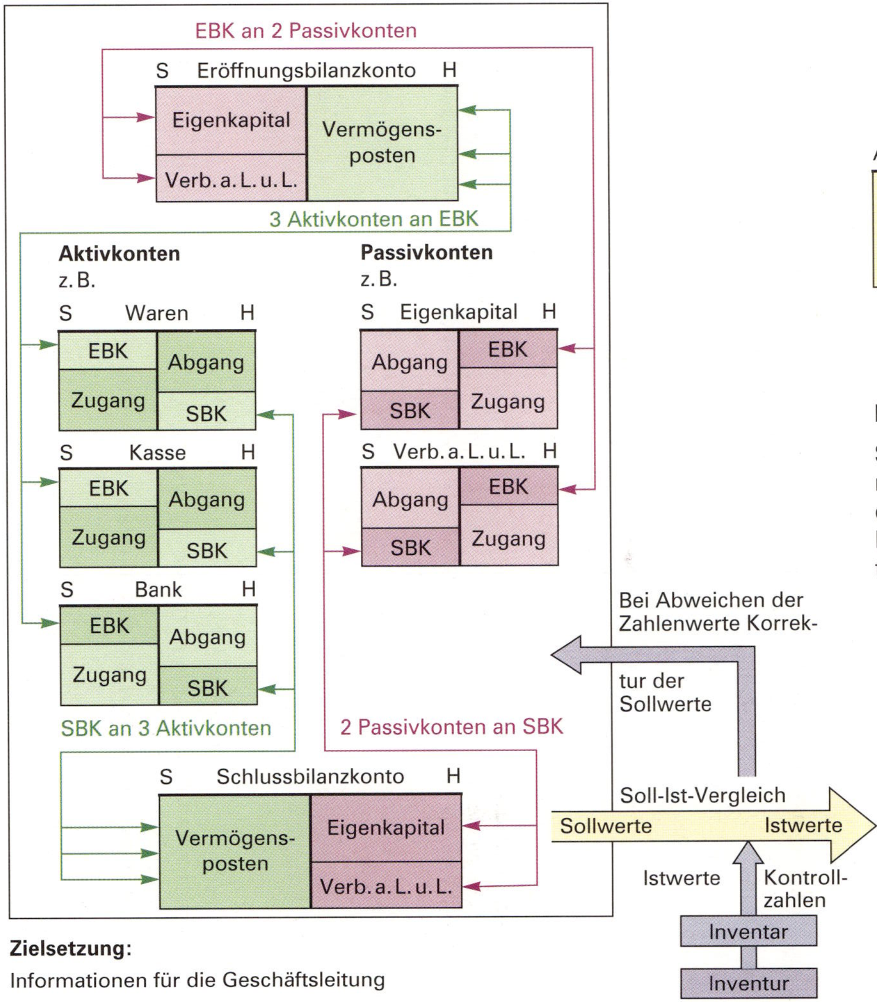

Zielsetzung:
Informationen für die Geschäftsleitung

Außerhalb der Buchführung haben wir Bilanzen:

Merke:

Streng genommen gibt es im Leben eines Unternehmens nur eine Eröffnungsbilanz, nämlich die bei der Gründung. Jede Schlussbilanz kann jedoch als Eröffnungsbilanz für die neue Geschäftsperiode betrachtet werden.

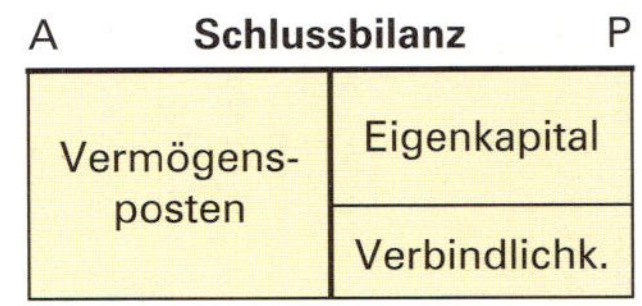

Zielsetzung:
Informationsinstrument für Außenstehende

5 Buchungen auf Ergebniskonten (Erfolgskonten)[1] unter Verwendung des Kontenrahmens

5.1 Kontenrahmen als Organisationsmittel der Buchführung

5.1.1 Allgemeines zum Kontenrahmen

Die Buchführung eines Kaufmanns besteht aus einer Vielzahl von Konten. Um hierüber die wünschenswerte Übersicht zu behalten, bedarf es einer bestimmten Ordnung. Sie wird mit Hilfe des Kontenrahmens erreicht. Dieses bewährte Ordnungsmittel wurde bereits 1937 in der deutschen Wirtschaft eingeführt. Neben dem genannten Zweck der Übersichtlichkeit sollte mit der Einführung des Kontenrahmens auch die Vergleichbarkeit und Kontrolle der Betriebe besser ermöglicht werden. Die Einführung eines bestimmten Kontenrahmens kann nur als Empfehlung an die Betriebe angesehen werden, eine gesetzliche Verpflichtung dazu besteht nicht.

Um den individuellen Bedürfnissen optimal zu entsprechen, hat jeder Wirtschaftszweig seinen eigenen Kontenrahmen entwickelt. Daneben haben bekannte Softwarefirmen spezielle EDV-Kontenrahmen herausgebracht. Das dabei zugrunde gelegte Ordnungsprinzip ist einheitlich. Die Gesamtmenge der Konten wird mit Hilfe der zehn Ziffern unseres Zahlensystems nach bestimmten Gesichtspunkten in Klassen und Gruppen gegliedert.

5.1.2 Bedeutung des Kontenrahmens

Dadurch, dass nicht mehr jeder Unternehmer seine Buchführung nach eigenem Ermessen und Gutdünken aufbaut, werden insbesondere folgende zwei Vorteile erzielt:

- **Erster Vorteil:**

Der Inhalt der einzelnen Konten ist genau bestimmt. Dadurch können die verschiedenen Inhalte scharf gegeneinander abgegrenzt werden. Verschiedene Unternehmen buchen daher unter der gleichen Kontenbezeichnung den gleichen Inhalt. Dadurch wird die **Organisation** der Buchführung **einheitlicher** und **übersichtlicher**.

- **Zweiter Vorteil:**

Durch die Vereinheitlichung von Bezeichnung und Inhalt der Konten in der Buchführung ist es dem Unternehmer möglich, Vergleiche vorzunehmen, und zwar

- **innerhalb des Unternehmens:** Vergleich der Entwicklung der Konteninhalte von Rechnungsjahr zu Rechnungsjahr **(Zeitvergleich),** aber auch
- **außerhalb des Unternehmens:** z. B. Vergleich der eigenen Buchführungsergebnisse mit denen anderer Unternehmen **(Betriebsvergleich).**

5.1.3 Vom Kontenrahmen zum Kontenplan

Innerhalb des Kontenrahmens, dessen Anwendung allen Unternehmen des betreffenden Wirtschaftszweiges empfohlen wird, stellt jeder Betrieb den individuellen Bedürfnissen entsprechend seinen eigenen **Kontenplan** auf. In diesem werden jene Konten ausgelassen, die für den betreffenden Betrieb keine Bedeutung haben.

---

1 Die Begriffe Ergebniskonten und Erfolgskonten sind identisch. Sie können daher wahlweise verwendet werden.

Wir merken uns:

- Der **Kontenrahmen** bezieht sich auf eine bestimmte **Wirtschaftsbranche**.
- Der **Kontenplan** bezieht sich auf einen bestimmten **Betrieb**.

Mit Hilfe der zehn Ziffern unseres Zahlensystems (0 bis 9) wird die Gesamtmenge der Konten nach sachlichen Gesichtspunkten (z. B. alle Finanzanlagen, alle Ertragskonten usw.) zunächst in 10 **Kontenklassen** gegliedert.

Beispiel:

AKTIVA		
Anlagevermögen		Umlaufvermögen
0 Kontenklasse **Immaterielle Vermögensgegenstände u. Sachanlagen**	1 Kontenklasse **Finanzanlagen**	2 Kontenklasse **Umlaufvermögen und aktive Rechnungsgegenstände**

Da es in jeder Kontenklasse mehrere Konten gibt, muss man zur eindeutigen Unterscheidung eine zweite Ziffer hinzufügen. Dabei beginnt man ebenfalls wieder mit der Ziffer 0. Diese zweistellige Kontenkennzeichnung bildet jeweils eine **Kontengruppe**.

Beispiel:

AKTIVA	
Anlagevermögen	
0 Kontenklasse **Immaterielle Vermögensgegenstände und Sachanlagen**	
. . 02 **Konzessionen, gewerbliche Schutzrechte und Lizenzen** . . 05 **Grundstücke und Bauten** . .	

Da auch innerhalb einer Kontengruppe im Allgemeinen unterschiedliche Konten vorkommen, muss jede Kontengruppe wieder nach dem gleichen Verfahren unterteilt werden. Man spricht dann von einer bestimmten **Kontenart**. Notfalls müssen zu einer Kontenart auch **Kontenunterarten** gebildet werden.

Beispiel:

AKTIVA	
Anlagevermögen	
0 Kontenklasse **Immaterielle Vermögensgegenstände und Sachanlagen**	
. . 05 **Grundstücke und Bauten** 0500 Unbebaute Grundstücke 0510 Bebaute Grundstücke 0530 Betriebsgebäude	**Erläuterungen:** 0530 **Konto** Betriebsgebäude → Kontenklasse 0: Anlagevermögen → Kontengruppe 05: Grundstücke und Bauten → Kontenart 0530: Betriebsgebäude Wir sagen auch: Das Konto Betriebsgebäude hat die **Kontonummer 0530**

5.1.4 Aufbau des Einzelhandelskontenrahmens (EKR)

Nach dem oben dargestellten Bauprinzip hat jeder Wirtschaftszweig unter Berücksichtigung seiner Interessenlage seinen eigenen Kontenrahmen entwickelt. Der vorliegende Kontenrahmen ist für den Einzelhandel vorgesehen und ist in seiner Grobstruktur wie folgt aufgebaut:

Klasse 0:	Immaterielle Vermögensgegenstände und Sachanlagen	←	Bestandskonten
Klasse 1:	Finanzanlagen	←	Bestandskonten
Klasse 2:	Umlaufvermögen und aktive Rechnungsabgrenzung	←	Bestandskonten
Klasse 3:	Eigenkapital und Rückstellungen	←	Bestandskonten
Klasse 4:	Verbindlichkeiten und passive Rechnungsabgrenzung	←	Bestandskonten
Klasse 5:	Erträge	←	Erfolgskonten
Klasse 6:	Betriebliche Aufwendungen	←	Erfolgskonten
Klasse 7:	Weitere Aufwendungen	←	Erfolgskonten
Klasse 8:	Ergebnisrechnungen	←	Abschlusskonten
Klasse 9:	Kosten- und Leistungsrechnung (KLR)	←	Keine Konten vorgesehen[1]

In den folgenden Kapiteln werden wir die Buchungssätze nur noch unter Zuhilfenahme des Einzelhandelskontenrahmens bilden, d.h., bei den Buchungen im Grundbuch setzen wir vor den Kontonamen die entsprechende Kontonummer und im Hauptbuch werden die Gegenkonten nur mit den Kontonummern angegeben. Dabei geben wir die Kontonummer – wie in der EDV -Buchführung üblich – mit vier Stellen an.

Beispiel:

Geschäftsvorfall:

Wir zahlen eine bereits gebuchte Wareneingangsrechnung über 3850,00 EUR
durch Banküberweisung 3000,00 EUR
in bar 850,00 EUR

Aufgaben:

1. Buchen Sie den Geschäftsvorfall auf den Konten!
2. Bilden Sie den Buchungssatz!

1 In der Praxis wird die Kosten- und Leistungsrechnung tabellarisch durchgeführt.

Lösungen:

Zu 1. Buchung auf den Konten:

S	2800 Bank		H
AB	5000,00	4400	3000,00

S	2880 Kasse		H
AB	3140,00	4400	850,00

S	4400 Verbindl. a. Lief. u. Leist.		H
2800/2880	3850,00	AB	10000,00

Zu 2. Buchungssatz:

Geschäftsvorfall	Konten	Soll	Haben
Wir bezahlen eine bereits gebuchte Wareneingangsrechnung über 3850,00 EUR durch Banküberweisung 3000,00 EUR in bar 850,00 EUR	4400 Verbindl. a. L. u. L. an 2800 Bank an 2880 Kasse	3850,00	 3000,00 850,00

Übungsaufgaben

67 Nehmen Sie zur Bearbeitung der folgenden Aufgaben den als Anlage beigefügten Schulkontenrahmen zur Hand!

1. In welchen Kontenklassen erscheinen die Aufwendungen des Betriebes?
2. Nennen Sie fünf Aufwandsarten und geben Sie jeweils die entsprechende Ziffernfolge der Kontonummern an!
3. Ordnen Sie folgenden Konten die entsprechende Kontonummer zu: Waren, Umsatzerlöse für Waren, Kasse, Ladenausstattung!
4. Welche Informationen erhalten Sie durch die Kontobezeichnung: 0840?
   4.1 Was bedeutet die Ziffer 0?
   4.2 Was besagt die Ziffernfolge 08?
   4.3 Was drückt die Ziffernfolge 0840 aus?

68 Bilden Sie unter Angabe der Kontonummern und der Kontonamen für folgende Geschäftsvorfälle die Buchungssätze!

1.

Geschäftsvorfälle	Konten	Soll	Haben
1. Wareneinkauf bar 5000,00 EUR	2000 Waren an 2880 Kasse	5000,00	 5000,00

2. Ein Kunde überweist einen Rechnungsbetrag auf unser Bankkonto — 896,00 EUR
3. Wir zahlen eine Liefererrechnung per Banküberweisung — 560,00 EUR
4. Ein Kunde zahlt einen Rechnungsbetrag — 1750,00 EUR
   in bar 750,00 EUR
   per Bankscheck 1000,00 EUR
5. Wir kaufen Ware — 11600,00 EUR
   Zahlungsvereinbarungen: Bankscheck 3500,00 EUR
   Barzahlung 200,00 EUR
   Restverbindlichkeit 7900,00 EUR
6. Wir kaufen eine neue Büroeinrichtung gegen Rechnung — 12000,00 EUR

7.	Wir heben vom Bankkkonto ab und legen das Geld in die Geschäftskasse	1 400,00 EUR
8.	Wir kaufen ein Faxgerät bar	390,00 EUR
9.	Wir zahlen auf unser Bankkonto bar ein	4 200,00 EUR
10.	Wir verkaufen einen ausgedienten PC bar zum Buchwert gegen Bankscheck	120,00 EUR
11.	Banküberweisung zur Tilgung eines Bankdarlehens	1 950,00 EUR
12.	Einkauf von Lagerregalen auf Ziel	5 040,00 EUR

69 Formulieren Sie aufgrund der vorliegenden Belege die zugrunde liegenden Geschäftsvorfälle und buchen Sie die Belege für Franz Mayer e. Kfm., Im Ostfeld 5, 44319 Dortmund im Grundbuch!

Beleg 1

Empfangsbescheinigung
über die Einzahlung auf eigenes Konto

für Kontoinhaber: *Fa. Franz Mayer e. Kfm., Dortmund*

Kontonummer: *637 526*

3 000,00

Sparkasse Dortmund

B0710 20..-02-07EIN ***3.000,00+ GV0245 0000121196/113756

Für den Einzahlungstag und den Betrag ist der Maschinendruck maßgebend. 2

Beleg 2

Sparkasse Dortmund	BLZ: 44050199	Kontonummer 637526	erstellt am 10.02.20..	Auszug 21	Blatt 1

Alter Kontostand		14 500,00 +
10.02. 7208 10.02.	Fa. Heim OHG, Karlsruhe Rechnung Nr. 1421	1 769,28 +
Neuer Kontostand		16 269,28 +

Franz Mayer e. Kfm.
Im Ostfeld 5
44319 Dortmund

UST-ID DE 480 310 720

Bitte Rückseite beachten.

Beleg 3

Beleg für Kontoinhaber/Einzahler-Quittung

Sparkasse Dortmund

Name und Sitz des Kreditinstituts des Überweisenden

440 501 99

Bankleitzahl

Begünstigter: Name, Vorname/Firma (max. 27 Stellen)

Industriewerke AG, Paulusstr. 14, 63322 Rödermark

Konto-Nr. des Begünstigten

120 420 200

Bankleitzahl

505 800 05

Kreditinstitut des Begünstigten

Dresdner Bank AG, Offenbach/Main

EUR

Betrag: Euro, Cent

1098,70 ------

Kunden-Referenznummer - Verwendungszweck, ggf. Name und Anschrift des Überweisenden - (nur für Begünstigten)

Rechnung vom 09.04.20..

noch Verwendungszweck (insgesamt max. 2 Zeilen à 27 Stellen)

Kontoinhaber/Einzahler: Name, Vorname/Firma, Ort (max. 27 Stellen, keine Straßen- oder Postfachangaben)

Franz Mayer e.Kfm., Im Ostfeld 5, 44319 Dortmund

Konto-Nr. des Kontoinhabers

637 526

II

10.04.20.. *Franz Mayer*

Beleg 4

440 501 99

Sparkasse Dortmund

7. April 20..

Datum

Harms

Unterschrift des Einreichers

Scheck-Einreichung

zum Einzug und zur Gutschrift E. v.

	Schecknummer	Konto-Nummer oder Name des Scheck-Ausstellers	Bankleitzahl bezogenes Kreditinstitut	Betrag: Euro, Cent
1	3 701 274	23496 Raiber OHG	650 501 10	7 260,40
2				
3				
4				

Bitte alle Schecks mit dem Vermerk »Nur zur Verrechnung« versehen.

Stück

1

EUR

Gesamtbetrag: Euro, Cent

7 2 6 0, 4 0

Kontoinhaber: Name, Vorname/Firma, Ort (max. 27 Stellen)

Franz Mayer e. Kfm., Dortmund

Konto-Nr. des Zahlungsempfängers

6 3 7 5 2 6

V

70

408 698 02.2002

Mehrzweckfeld | X | Konto-Nr. | X | Betrag | X | Bankleitzahl | X | Text

70H

Bitte dieses Feld nicht beschriften und nicht bestempeln

5.2 Buchungen auf Ergebniskonten (ohne Warenkonten) und Abschluss der Ergebniskonten

5.2.1 Vorbemerkungen

Bisher haben sich in unserer Buchführung weder Gewinne noch Verluste ergeben. Wir konnten das daran erkennen, dass sich das Eigenkapital innerhalb der Geschäftsperiode nicht verändert hat. Ursache für diese Ergebnisneutralität waren die Geschäftsvorfälle. Wir haben bisher nur mit Geschäftsvorfällen gearbeitet, durch die das Eigenkapital nicht verändert wurde. Solche Geschäftsvorfälle nennt man **erfolgsunwirksame (erfolgsneutrale) Geschäftsvorfälle.** Sie zeichnen sich dadurch aus, dass bei ihrer Buchung das Konto 3000 Eigenkapital nicht angesprochen wird und daher nur die übrigen Bilanzkonten in Frage kommen können. Soll sich das Eigenkapital verändern, müssen wir eine andere Art von Geschäftsvorfällen wählen, nämlich **erfolgswirksame Geschäftsvorfälle.** Sie zeichnen sich dadurch aus, dass sich neben einem anderen Bilanzkonto auch das Eigenkapitalkonto verändert.

- **Erfolgsunwirksame Geschäftsvorfälle** verändern das Eigenkapital nicht. Es werden daher immer nur die übrigen Bilanzkonten angesprochen.
- **Erfolgswirksame Geschäftsvorfälle** verändern das Eigenkapital. Neben dem Bestand auf einem anderen Bilanzkonto verändert sich auch immer der Bestand auf dem Eigenkapitalkonto.

5.2.2 Einführung der Begriffe Aufwendungen und Erträge

Wir haben bereits festgestellt, dass sich durch **erfolgswirksame** Geschäftsvorfälle das Eigenkapital verändern muss. Nun kann sich das Eigenkapital nach zwei Richtungen hin verändern, es kann zunehmen oder abnehmen. Dementsprechend sind auch zwei Arten von erfolgswirksamen Geschäftsvorfällen zu unterscheiden. Nimmt durch einen Geschäftsvorfall das Eigenkapital zu, sprechen wir von **Erträgen,** nimmt durch einen Geschäftsvorfall das Eigenkapital ab, sprechen wir von **Aufwendungen.**

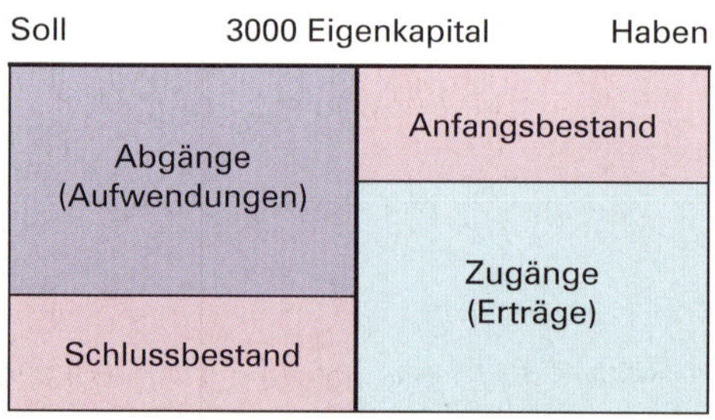

Wir merken uns:

- **Zugänge beim Eigenkapital** nennen wir **Erträge.**
- **Abgänge beim Eigenkapital** nennen wir **Aufwendungen.**

Vorläufige Beispiele für Aufwendungen und Erträge:

Aufwendungen durch die sich das Eigenkapital vermindert	**Erträge,** durch die sich das Eigenkapital erhöht
■ Personalkosten ■ Mieten, Pachten, Leasing ■ Steuern, Beiträge, Versicherungen ■ Werbe- und Reisekosten ■ Betriebskosten, Instandhaltung ■ Allgemeine Verwaltung	■ Vermietungen ■ Provisionen ■ Zinsen

Anmerkung: Die wichtigsten Erträge durch Warenverkäufe und die dazugehörigen Aufwendungen für diese Warenverkäufe werden erst in der Jahrgangsstufe 12 behandelt.

5.2.3 Buchungen von Aufwendungen und Erträgen auf dem Eigenkapitalkonto

Beispiel:

I. Anfangsbestand:

3000 Eigenkapital 25000,00 EUR.

II. Aufgabe:

Stellen Sie für die folgenden erfolgswirksamen Geschäftsvorfälle die Auswirkungen auf dem Eigenkapitalkonto dar!

Lösung:

Geschäftsvorfälle

1. Wir zahlen Miete für die Geschäftsräume bar 1500,00 EUR.
2. Wir zahlen Aushilfslöhne bar 850,00 EUR.
3. Wir erhalten eine Vermittlungsprovision auf unser Bankkonto überwiesen 18000,00 EUR.
4. Die Bank schreibt uns Zinsen auf unserem Bankkonto gut 7850,00 EUR.

Soll	3000 Eigenkapital		Haben
2880	1500,00	AB	25000,00
2880	850,00	2800	18000,00
		2800	7850,00

Wir merken uns:

Erfolgswirksame Geschäftsvorfälle verändern das Eigenkapital.

- erfolgswirksame Zahlungs**aus**gänge **(Aufwendungen)** vermindern das Eigenkapital.
- erfolgswirksame Zahlungs**ein**gänge **(Erträge)** erhöhen das Eigenkapital.

14 Speth – ISBN-13: 978-3-8120-0539-5

Übungsaufgaben

70 1. Welcher Geschäftsvorfall führt zu einer Eigenkapitalminderung?

1.1 Eine kurzfristige Bankschuld wird in ein langfristiges Bankdarlehen umgewandelt.

1.2 Einkauf von Waren auf Ziel.

1.3 Barkauf von Büromaterial.

1.4 Barabhebung vom Bankkonto.

Übertragen Sie die entsprechende Ziffer als Lösung in Ihr Hausheft!

2. Welcher Geschäftsvorfall führt zu einer Eigenkapitalerhöhung?

2.1 Bareinzahlung auf das Bankkonto.

2.2 Ein Kunde zahlt eine Forderung bar.

2.3 Wir erhalten Provision vom Lieferer.

2.4 Wir kaufen einen Büroschrank mit Bankscheck.

Übertragen Sie die entsprechende Ziffer als Lösung in Ihr Hausheft!

71 **I. Anfangsbestand**

3000 Eigenkapital 58800,00 EUR.

II. Geschäftsvorfälle

1.	Wir kaufen Büromaterial bar	180,00 EUR
2.	Wir erhalten Provision auf unser Bankkonto überwiesen	2350,00 EUR
3.	Die Stromrechnung wird vom Bankkonto abgebucht	910,00 EUR
4.	Wir erhalten die Miete für den laufenden Monat durch Banküberweisung	3100,00 EUR
5.	Die Kfz-Versicherung für den Geschäftswagen wird mit Bankscheck beglichen	580,00 EUR
6.	Die Bank schreibt uns Zinsen gut	720,00 EUR

III. Aufgaben

1. Stellen Sie wie im Beispiel auf S. 209 die Auswirkungen obiger Geschäftsvorfälle auf dem Konto Eigenkapital dar! Die Gegenkonten sind nicht zu führen!
2. Schließen Sie das Eigenkapitalkonto ab und ermitteln Sie den Wert des neuen Eigenkapitals!

Kritische Anmerkungen zur vorangestellten Darstellung:

Diese zwar sachlich richtige Darstellung kann aus folgenden Gründen für die Buchführungspraxis nicht zufrieden stellen:

- Wenn die unterschiedlichen Aufwendungen und Erträge, die zu unterschiedlichen Zeitpunkten wiederholt auftreten, jeweils auf dem Eigenkapitalkonto erfasst werden, würde dieses Konto unverhältnismäßig umfangreich und unübersichtlich.
- Die einzelnen Aufwands- und Ertragsarten sowie deren Summen, für die sich der Kaufmann von Zeit zu Zeit aus Kontrollgründen interessiert, würden nicht bzw. nur mit erheblichem Suchaufwand festgestellt werden können.

5.2.4 Einführung der Ergebniskonten (Erfolgskonten)[1]

Um die einzelnen Aufwands- und Ertragsarten übersichtlich und jederzeit verfügbar zu haben, geht man in der Praxis der Buchführung den nahe liegenden Weg, die Eigenkapitalveränderungen nicht direkt auf dem Eigenkapitalkonto zu erfassen, sondern sie zunächst auf besonderen Konten auszulagern. Da auf diesen Konten die Quellen des Erfolgs erfasst werden, nennt man diese Konten Ergebniskonten (Erfolgskonten). Je nach der Art der Auswirkung eines erfolgswirksamen Geschäftsvorfalles auf das Eigenkapital (Zugang oder Abgang) müssen wir auch **zwei Arten** von **Ergebniskonten (Erfolgskonten)** unterscheiden:

- die **Aufwandskonten:** sie erfassen die Minderungen (Abgänge) beim Eigenkapital,
- die **Ertragskonten:** sie erfassen die Mehrungen (Zugänge) beim Eigenkapital.

Die Ergebniskonten stellen sich somit als Unterkonten des Eigenkapitals dar, da sie nichts anderes erfassen als **Eigenkapitalminderungen,** die wir **Aufwendungen** nennen, oder **Eigenkapitalmehrungen,** die wir als **Erträge** bezeichnen.

Damit der Einzelhandelskaufmann eine gute Übersicht über die einzelnen Arten von Aufwendungen und Erträgen behält und er die bis dahin jeweils aufgelaufene Summe jederzeit abrufen kann, wird für jede Art von Aufwand bzw. Ertrag ein eigenes Konto geführt. Lediglich für sehr geringfügige Aufwendungen, wie z. B. für den üblichen Bürobedarf wie Schreibpapier, Schreibstifte, Radiergummi, Farbbänder usw., wird ein Sammelkonto mit der entsprechenden Bezeichnung „Büromaterial" geführt. Die Bezeichnung der einzelnen Ergebniskonten ergibt sich im Allgemeinen schon aus dem Geschäftsvorfall.

1 **Zur Erinnerung:** Die Begriffe Ergebniskonten und Erfolgskonten sind identisch (gleichwertig). Sie werden daher in den folgenden Texten entsprechend verwandt.

In schematischer Zusammenfassung ergibt sich die folgende Darstellung:

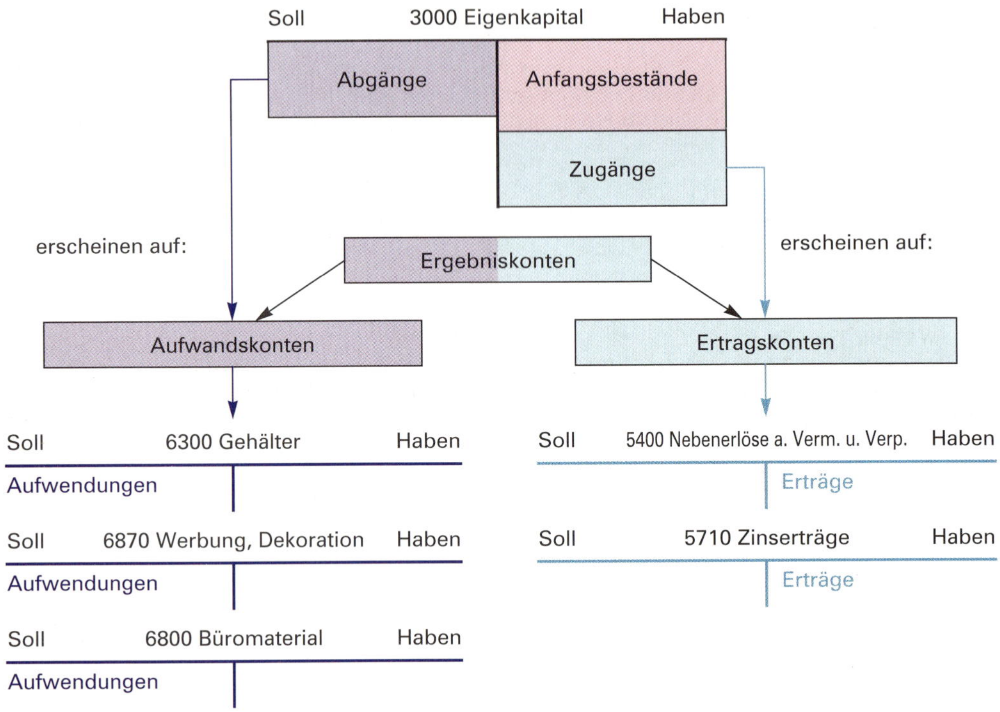

Wir merken uns:

- Die Aufwands- und Ertragskonten sind **Unterkonten des Eigenkapitalkontos.**
- Da die Aufwands- und Ertragskonten Auskunft darüber geben, wodurch der Erfolg (Gewinn oder Verlust) zustande gekommen ist, nennen wir sie **Ergebniskonten.**
- Bei den Aufwandskonten erscheinen die **Aufwendungen** immer auf der **Sollseite.**
- Bei den Ertragskonten erscheinen die **Erträge** immer auf der **Habenseite.**

Übungsaufgabe

72

1. Erläutern Sie den Zusammenhang zwischen den Ergebniskonten und dem Eigenkapitalkonto!
2. Würde das System der doppelten Buchführung auch ohne die Einrichtung von Ergebniskonten funktionieren? Begründen Sie Ihre Entscheidung!
3. Aus welchen Gründen werden Ergebniskonten eingerichtet?
4. Warum kann es auf den Ergebniskonten keine Anfangsbestände geben?
5. Wie können Aufwendungen in Bezug auf das Eigenkapital bezeichnet werden?
6. Bestimmen Sie in entsprechender Weise den Inhalt der Ertragskonten!
7. Weshalb werden Aufwendungen auf der Sollseite und Erträge auf der Habenseite gebucht?

5.2.5 Buchungen auf Ergebniskonten

5.2.5.1 Buchungsregeln für die Ergebniskonten

Obschon uns das Buchen auf Ergebniskonten keine Schwierigkeiten bereiten dürfte, möchten wir – vor allem auch, um einem begrifflichen Missbrauch zu begegnen – kurz auf die Buchungsregeln und die begriffliche Deutung des Inhaltes auf den Ergebniskonten eingehen.

Auch wenn es richtig bleibt, dass die Ergebniskonten nichts anderes aufnehmen als Zu- und Abgänge des Eigenkapitals, so dürfen wir diese Begriffe als Inhaltsangabe bei den Ergebniskonten nicht verwenden. Die Begriffe Zu- und Abgänge setzen logischerweise einen Anfangsbestand voraus und können daher nur in Bezug zum Eigenkapitalkonto oder einem anderen Bilanzkonto, nicht dagegen in Verbindung mit einem Ergebniskonto verwendet werden. Auf den Ergebniskonten gibt es nur Aufwendungen bzw. Erträge, wobei die Aufwendungen des entsprechenden Aufwandskontos auf der gleichen Seite zu erfassen sind, auf die der Abgang auf dem Eigenkapitalkonto gehören würde, nämlich auf der Sollseite. Entsprechendes gilt für die Erträge. Daher kommen wir zu folgenden Buchungsregeln und Begriffsfestlegungen:

Soll	Aufwandskonto	Haben
Aufwendungen		

Bei den Aufwandskonten erscheinen die **Aufwendungen** immer auf der **Sollseite.**

Soll	Ertragskonto	Haben
		Erträge

Bei den Ertragskonten erscheinen die **Erträge** immer auf der **Habenseite.**

Wir merken uns:

- Auf den **Ergebniskonten** gibt es **keinen Anfangsbestand, keine Zugänge, keine Abgänge** und **keinen Schlussbestand.** Diese Begriffe bleiben den Bilanzkonten (Bestandskonten) vorbehalten.
- Bei den **Ergebniskonten** gibt es nur **Aufwendungen** und **Erträge.** Beim Abschluss dieser Konten wird der auf der jeweils anderen Seite erscheinende Betrag als Saldo bezeichnet.

5.2.5.2 Beispiele für die Buchungen von Aufwendungen und Erträgen

1. Geschäftsvorfall: Wir zahlen die Ausbildungsvergütung in Höhe von 570,00 EUR durch Banküberweisung.

Soll	2800 Bank		Haben
AB	3000,00	6300	570,00

Soll	6300 Gehälter		Haben
2800	570,00		

Buchungssatz:

Konten	Soll	Haben
6300 Gehälter an 2800 Bank	570,00	 570,00

2. Geschäftsvorfall: Wir zahlen für Renovierungsarbeiten im Verkaufsraum durch Banküberweisung 7 100,00 EUR.

Soll	6112 Fremdinstandhaltung		Haben
2800	7 100,00		

Soll	2800 Bank		Haben
AB	3 000,00	6112	7 100,00

Buchungssatz:

Konten	Soll	Haben
6112 Fremdinstandhaltung	7 100,00	
an 2800 Bank		7 100,00

3. Geschäftsvorfall: Wir kaufen Briefmarken für 45,00 EUR und Schreibpapier für das Büro 180,00 EUR gegen Barzahlung.

Soll	6820 Postentgelte		Haben
2880	45,00		

Soll	2880 Kasse		Haben
AB	1 200,00	6820/6800	225,00

Soll	6800 Büromaterial		Haben
2880	180,00		

Buchungssatz:

Konten	Soll	Haben
6820 Postentgelte	45,00	
6800 Büromaterial	180,00	
an 2880 Kasse		225,00

4. Geschäftsvorfall: Weitere Aufwendungen werden durch Banküberweisung bezahlt:
Strom: 1 090,00 EUR; Dekoration: 420,00 EUR; Rechnung des Steuerberaters: 720,00 EUR

Soll	6103 Aufw. für Energie		Haben
2800	1 090,00		

Soll	6770 Rechts- u. Beratungsaufw.		Haben
2800	720,00		

Soll	6870 Werbung, Dekoration		Haben
2800	420,00		

Soll	2800 Bank		Haben
AB	3 480,00	6103/6870/6770	2 230,00

Buchungssatz:

Konten	Soll	Haben
6103 Aufwend. für Energie	1 090,00	
6870 Werbung, Dekoration	420,00	
6770 Rechts- und Beratungsaufwend.	720,00	
an 2800 Bank		2 230,00

5. Geschäftsvorfall: Wir erhalten Miete für eine vermietete Garage durch Banküberweisung 60,00 EUR.

Soll	2800 Bank	Haben
5400	60,00	

Soll	5400 Nebenerlöse a. Verm. u. Verp.	Haben
	2800	60,00

Buchungssatz:

Konten	Soll	Haben
2800 Bank an 5400 Nebenerlöse a. Vermiet. u. Verpacht.	60,00	 60,00

6. Geschäftsvorfall: Im Betrieb fallen weitere Erträge an: Wir erhalten vom Lieferer eine Verkaufsprovision in Höhe von 1420,00 EUR bar; Zinsgutschrift der Bank 175,00 EUR.

Soll	2880 Kasse	Haben
5100	1420,00	

Soll	5100 Sonstige Umsatzerlöse	Haben
	2880	1420,00

Soll	2800 Bank	Haben
5710	1750,00	

Soll	5710 Zinserträge	Haben
	2800	175,00

Buchungssätze:

Konten	Soll	Haben
2880 Kasse an 5100 Sonst. Umsatzerlöse	1420,00	 1420,00
2800 Bank an 5710 Zinserträge	175,00	 175,00

Übungsaufgaben[1]

73 Bilden Sie zu den folgenden erfolgswirksamen Geschäftsvorfällen die Buchungssätze!

1.	Wir zahlen Miete für die Geschäftsräume durch Banküberweisung	4000,00 EUR
2.	Die Bank schreibt uns Zinsen gut	210,00 EUR
3.	Wir zahlen die Ausbildungsvergütung bar	540,00 EUR
4.	An unsere Verkäufer im Außendienst zahlen wir Provisionen	
	in bar	6100,00 EUR
	per Bankscheck	2345,00 EUR
5.	Zinslastschrift der Bank	651,00 EUR
6.	Bankeinzug zum Ausgleich der Stromrechnung für das Geschäft	745,00 EUR
7.	Zahlung der Grundsteuer durch die Bank	2380,00 EUR
8.	Für Büromaterialien wurden bar bezahlt	123,00 EUR
9.	Banküberweisung der Kfz-Steuer für das Betriebsfahrzeug	630,00 EUR
10.	Banküberweisung für Heizmaterial für den Betrieb	2200,00 EUR

1 Sofern es sich um Zahlungen handelt, die als Aufwand zu erfassen sind, ist davon auszugehen, dass die zugrunde liegende Rechnung noch **nicht** gebucht wurde.

74 Bilden Sie für die folgenden erfolgsneutralen (erfolgsunwirksamen) und erfolgswirksamen Geschäftsvorfälle die Buchungssätze!

1.	Wir zahlen Miete für die Geschäftsräume durch Banküberweisung	6000,00 EUR
2.	Die Bank schreibt uns Zinsen gut	200,00 EUR
3.	Wir zahlen die Ausbildungsvergütungen durch die Bank	2720,00 EUR
4.	Wir kaufen Waren bar	500,00 EUR
5.	Wir zahlen Gewerbesteuer durch Banküberweisung	8750,00 EUR
6.	Wir kaufen einen Büroschrank bar	850,00 EUR
7.	Die Bank belastet unser Konto mit Kreditzinsen (Sollzinsen)	125,00 EUR
8.	Wir zahlen Miete für eine Lagerhalle durch Banküberweisung	5300,00 EUR
9.	Ein Kunde zahlt einen Rechnungsbetrag durch Banküberweisung	450,00 EUR

75 Bilden Sie für die folgenden erfolgsneutralen und erfolgswirksamen Geschäftsvorfälle die Buchungssätze! Geben Sie in einer besonderen Spalte an, ob der Geschäftsvorfall erfolgswirksam oder erfolgsneutral ist!

1.	Wir kaufen Büromöbel bar	1500,00 EUR
2.	Wir bringen Geld zur Bank	500,00 EUR
3.	Wir zahlen Reparaturkosten für die Geschäftsräume durch Banküberweisung	2700,00 EUR
4.	Ein Kunde überweist einen Rechnungsbetrag auf unser Bankkonto	250,00 EUR
5.	Bankgutschrift für erhaltene Provision	200,00 EUR
6.	Wir bezahlen Aushilfslöhne bar	820,00 EUR
7.	Wir kaufen eine Registrierkasse bar	3000,00 EUR
8.	Wir zahlen eine Lieferantenrechnung durch Banküberweisung	350,00 EUR

Wir merken uns:

Zusammen mit dem bereits bekannten Bilanzkontenbereich erhalten wir nun in unserer Buchführung folgende **Kontenübersicht:**

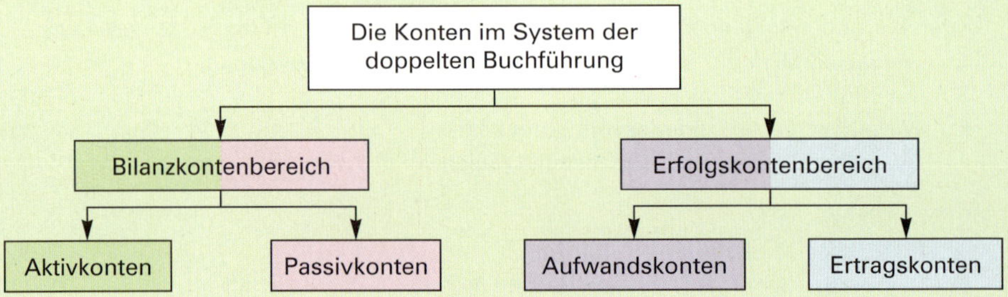

76 Formulieren Sie aufgrund der vorliegenden Belege die zugrunde liegenden Geschäftsvorfälle und buchen Sie die Belege im Grundbuch von Franz Kübler e.Kfm., Gartenallee 7, 30449 Hannover!

Beleg 1

SIK – KAD 8/98 S

Bitte beachten Sie die Hinweise auf der Rückseite

Kontonummer		Bankleitzahl
135 020	KREISSPARKASSE HANNOVER UST-ID DE 712310420	250 502 99

Buchungstag	Tag der Wertstellung	Verwendungszweck/Buchungstext	Buchungsnummer	alter Kontostand
				+ 4 120,40
30.06.	30.06.	Abrechnungszeitraum vom 30.03.20.. bis 30.06.20..		
		Zinsen für Kredit		
		9,25 % Soll-Zins bis 30.06.20..		– 722,00
		Entgelte/Auslagen		– 64,00

Franz Kübler e.Kfm.
Gartenallee 7
30449 Hannover

+3 334,40 neuer Kontostand

30.06. Kontoauszug vom | 21 Auszug | 1 Blatt

50/00

Beleg 2

Josef Sigg OHG
Buch- und Offsetdruck · Blumenstr. 17 · 30159 Hannover

Franz Kübler e.Kfm.
Gartenallee 7
30449 Hannover

Rechnung Nr. 1572

Lieferdatum: 24.06.20..
Rechnungsdatum: 30.06.20..

Auftrags-Nr.		Preis in EUR
519	5 000 Vordrucke für Ausgangsrechnungen[1]	295,00
	– Lieferschein Nr. 1010 –	

Sitz der Gesellschaft: Hannover RG Hannover: HRA 195 Steuer-Nr.: 88712/15945

1 Auf die Buchung der Umsatzsteuer wird hier verzichtet.

Beleg 3

SIK – KAD 8/98 S

Bitte beachten Sie die Hinweise auf der Rückseite

Kontonummer			Bankleitzahl
135 020	KREISSPARKASSE HANNOVER	UST-ID DE 712310420	250 502 99

Buchungstag	Tag der Wertstellung	Verwendungszweck/Buchungstext	Buchungsnummer	alter Kontostand
				+ 3334,40
01.07.	01.07.	Grundsteuer Firmengebäude Steuernummer 1050/274	1719	– 2810,20

Franz Kübler e. Kfm.
Gartenallee 7
30449 Hannover

neuer Kontostand	Kontoauszug vom	Auszug	Blatt
+ 524,20	01.07.	22	1

50/00

Beleg 4

Beleg für Kontoinhaber/Einzahler-Quittung

Stadtsparkasse Hannover
Name und Sitz des Kreditinstituts des Überweisenden

250 501 80
Bankleitzahl

Begünstigter: Name, Vorname/Firma (max. 27 Stellen)
Zürich Versicherung AG

Konto-Nr. des Begünstigten
580 650 002

Bankleitzahl
500 400 00

Kreditinstitut des Begünstigten
Commerzbank AG, Frankfurt am Main

EUR

Betrag: Euro, Cent
1490,20------------

Kunden-Referenznummer - Verwendungszweck, ggf. Name und Anschrift des Überweisenden - (nur für Begünstigten)
Betriebshaftpflicht

noch Verwendungszweck (insgesamt max. 2 Zeilen à 27 Stellen)
Versicherungsnummer 5941230

Kontoinhaber/Einzahler: Name, Vorname/Firma, Ort (max. 27 Stellen, keine Straßen- oder Postfachangaben)
Franz Kübler e.Kfm., Hannover

Konto-Nr. des Kontoinhabers
135020

II

5.2.6 Abschluss der Aufwands- und Ertragskonten

Als Unterkonten des Eigenkapitals müssten die Ergebniskonten direkt über das Eigenkapitalkonto abgeschlossen werden. Aus Gründen der Übersichtlichkeit wird auf dem Konto Eigenkapital jedoch nur das **Gesamtergebnis** in einer Summe (Reingewinn bzw. Reinverlust) ausgewiesen. Das bedeutet, dass die einzelnen Aufwendungen und Erträge auf einem Zwischenkonto einander gegenübergestellt werden müssen.

Da aus der Gegenüberstellung aller Erträge mit allen Aufwendungen der Reingewinn oder Reinverlust des Unternehmens errechnet wird, heißt dieses Zwischenkonto **Gewinn- und Verlustkonto (GuV-Konto).** Der auf dem GuV-Konto ermittelte Reingewinn oder Reinverlust wird anschließend auf das Konto Eigenkapital umgebucht. Das GuV-Konto ist daher ein Unterkonto des Eigenkapitalkontos. Dabei erhöht ein Reingewinn das Eigenkapital, ein Verlust vermindert es.

Erträge > Aufwendungen = Gewinn
Erträge < Aufwendungen = Verlust

Das folgende Beispiel beschränkt die kontenmäßige Darstellung auf die Ergebniskonten. Die Bilanzkonten werden bewusst ausgeklammert, um den Abschluss der Ergebniskonten deutlich herausstellen zu können.

Beispiel:

I. Anfangsbestand auf dem Konto 3000 Eigenkapital: 30 000,00 EUR

II. Erfolgswirksame Geschäftsvorfälle:Buchungssätze:

Geschäftsvorfall	Betrag	Konten	Soll	Haben
1. Wir zahlen Aushilfsgehälter durch Banküberweisung	800,00 EUR	1. 6300 Gehälter an 2800 Bank	800,00	800,00
2. Kauf von Büromaterial bar	80,00 EUR	2. 6800 Büromaterial an 2880 Kasse	80,00	80,00
3. Abbuchung der Stromkosten vom Bankkonto	150,00 EUR	3. 6103 Aufwendung für Energie an 2800 Bank	150,00	150,00
4. Wir erhalten Provisionserträge auf die Bank überwiesen	2 000,00 EUR	4. 2800 Bank an 5100 So. Umsatzerl.	2 000,00	2 000,00
5. Gutschrift der Bank für Zinsen	140,00 EUR	5. 2800 Bank an 5710 Zinserträge	140,00	140,00
			3 170,00	3 170,00

III. Aufgabe:

Führen Sie den Abschluss der Ergebniskonten, des GuV-Kontos und des Eigenkapitalkontos durch!

Lösung:

Aufwandskonten

S	6300 Gehälter		H
2800	800,00	8020	800,00

S	6800 Büromaterial		H
2880	80,00	8020	80,00

S	6103 Aufw. für Energie		H
2800	150,00	8020	150,00

S	8020 GuV-Konto		H
6300	800,00	5100	2000,00
6800	80,00	5710	140,00
6103	150,00		
3000	1110,00		
	2140,00		2140,00

S	3000 Eigenkapital		H
8010	31110,00	AB	30000,00
		8020	1110,00
	31110,00		31110,00

S	8010 SBK		H
		3000	31110,00

Ertragskonten

S	5100 Sonst. Umsatzerlöse		H
8020	2000,00	2800	2000,00

S	5710 Zinserträge		H
8020	140,00	2800	140,00

Wir merken uns:

Schritte beim Abschluss der Ergebniskonten:

1. Schritt: Abschluss der Aufwandskonten über das GuV-Konto.

2. Schritt: Abschluss der Ertragskonten über das GuV-Konto.

3. Schritt: Abschluss des GuV-Kontos über das Eigenkapitalkonto.

4. Schritt: Abschluss des Eigenkapitalkontos über das Schlussbilanzkonto.

Übungsaufgaben

77 **I. Anfangsbestand**

3000 Eigenkapital: 548000,00 EUR, 2800 Bank: 548000,00 EUR

II. Kontenplan

2800, 3000, 5100, 5400, 5600, 5710, 6112, 6200, 6300, 6800, 8010, 8020

III. Aufwendungen

1. Wir zahlen eine noch nicht gebuchte Reparaturrechnung durch Banküberweisung 8400,00 EUR
2. Zahlung der Löhne durch Banküberweisung 11400,00 EUR
3. Zahlung der Gehälter durch Banküberweisung 27700,00 EUR
4. Zahlung einer noch nicht gebuchten Büromaterialrechnung durch Banküberweisung 10190,00 EUR

IV. Erträge

5. Mieteinnahmen per Bankscheck 14840,00 EUR
6. Wir erhalten Provision durch Banküberweisung 58270,00 EUR
7. Gutschrift der Bank für Erträge aus Wertpapieren 11930,00 EUR
8. Die Bank schreibt uns Zinsen gut 7200,00 EUR

V. Aufgabe

1. Eröffnen Sie das Konto 3000 Eigenkapital!
2. Bilden Sie die Buchungssätze und buchen Sie auf den Konten!
3. Schließen Sie die Ergebniskonten, das GuV-Konto und das Eigenkapitalkonto ab!

78 **I. Anfangsbestand**

2800 Bank 150 000,00 EUR; 3000 Eigenkapital 150 000,00 EUR

II. Kontenplan

2800, 3000, 5100, 5400, 5710, 6101, 6112, 6200, 6800, 6810, 6870, 7030, 8010, 8020

III. Erfolgswirksame Geschäftsvorfälle

1.	Banküberweisung für Verpackungsmaterial	85,00 EUR
2.	Zinsgutschrift der Bank	490,00 EUR
3.	Reparaturkosten für einen PC werden mit Bankscheck bezahlt	512,00 EUR
4.	Lohnzahlung durch Banküberweisung	1 290,00 EUR
5.	Banküberweisung für Kraftfahrzeugsteuer	950,00 EUR
6.	Mieteinnahmen per Bankscheck	4 650,00 EUR
7.	Banküberweisung für den Bezug einer Fachzeitschrift	56,00 EUR
8.	Büromaterial wird mit Bankscheck gekauft	370,00 EUR
9.	Wir erhalten Provision durch Banküberweisung	9 980,00 EUR
10.	Ein Zeitungsinserat wird mit Banküberweisung beglichen	290,00 EUR

IV. Aufgaben

1. Eröffnen Sie die Konten 2800 Bank und 3000 Eigenkapital!
2. Bilden Sie die Buchungssätze und buchen Sie auf den Konten!
3. Führen Sie den Abschluss durch!

6 Darstellung der Vermögens- und Finanzlage eines Unternehmens

6.1 Überblick

Nach der **Aufstellung des Jahresabschlusses** ist der Unternehmer in der Lage, die wirtschaftlichen Verhältnisse seines Unternehmens zu beurteilen. Bei **Einzelkaufleuten und Personengesellschaften** (z. B. OHG, KG) besteht der Jahresabschluss aus der **Bilanz** und der **Gewinn- und Verlustrechnung** [§ 242 II HGB].[1]

Die Bilanz sowie die Gewinn- und Verlustrechnung bauen auf den Zahlen der Buchführung auf, wobei diese Zahlen vor ihrer Übernahme durch die Inventur auf ihre Richtigkeit hin überprüft werden. Vom buchtechnischen Standpunkt aus und auch von der Tatsache ausgehend, dass die Bilanz sowie die Gewinn- und Verlustrechnung[2] für die Öffentlichkeit entsprechend aufbereitet werden müssen (vgl. §§ 247, 266, 275 II HGB), stehen Bilanz und Gewinn- und Verlustrechnung außerhalb der Buchführung.[3]

---

1 Bei Kapitalgesellschaften (z. B. GmbH) ist neben der Bilanz und der Gewinn- und Verlustrechnung der Anhang ein dritter Bestandteil des Jahresabschlusses [§ 264 I, S. 1 HGB]. Außerdem ist ein Lagebericht zu erstellen, der jedoch nicht Bestandteil des Jahresabschlusses ist. Aus Vereinfachungsgründen wird auf den Jahresabschluss der Kapitalgesellschaften nicht eingegangen.

2 Bei Kapitalgesellschaften muss die Gewinn- und Verlustrechnung in Staffelform erstellt werden [§ 275 II HGB]. Der Lehrplan sieht die Behandlung der Staffelform nicht vor.

3 Wiederholen Sie hierzu die Ausführungen auf S. 200f.

6.2 Zusammenhang zwischen Buchführung, Bilanz und Gewinn- und Verlustrechnung

6.2.1 Geschäftsgang mit Bestands- und Ergebniskonten

Beispiel:

I. Anfangsbestände:

0810 Ladenausstattung 120000,00 EUR; 2880 Kasse 3150,00 EUR; 2800 Bank 4800,00 EUR; 4400 Verbindlichkeiten aus Lieferungen und Leistungen 26000,00 EUR; 4250 Langfristige Bankverbindlichkeiten 20000,00 EUR; 3000 Eigenkapital 81950,00 EUR.

II. Kontenplan:

0810, 2800, 2880, 3000, 4250, 4400, 5100, 5710, 6300, 6700, 6870, 8000, 8010, 8020

III. Geschäftsvorfälle:

1.	Zahlung der Gehälter durch Banküberweisung	2100,00 EUR
2.	Wir erhalten eine Provisionszahlung durch Banküberweisung	15400,00 EUR
3.	Barzahlung eines Zeitungsinserates	160,00 EUR
4.	Die Bank schreibt uns Zinsen gut	580,00 EUR
5.	Barzahlung der Miete für das Geschäft	1800,00 EUR
6.	Wir begleichen eine Lieferantenrechnung durch Bankscheck	750,00 EUR

IV. Aufgaben:

1. Führen Sie das Eröffnungsbilanzkonto!
2. Bilden Sie die Buchungssätze für die Geschäftsvorfälle!
3. Buchen Sie auf den Konten!
4. Schließen Sie die Konten über das Schlussbilanzkonto ab!

Lösungen:

Zu 2. Bildung der Buchungssätze für die Geschäftsvorfälle:

Nr.	Konten	Soll	Haben
1.	6300 Gehälter	2100,00	
	an 2800 Bank		2100,00
2.	2800 Bank	15400,00	
	an 5100 Sonstige Umsatzerlöse		15400,00
3.	6870 Werbung, Dekoration	160,00	
	an 2880 Kasse		160,00
4.	2800 Bank	580,00	
	an 5710 Zinserträge		580,00
5.	6700 Mieten, Pachten	1800,00	
	an 2880 Kasse		1800,00
6.	4400 Verbindlichkeiten a. Lief. u. Leist.	750,00	
	an 2800 Bank		750,00
		20790,00	20790,00

Zu 1., 3. und 4. Buchungen auf den Konten mit Abschluss der Konten:

Soll	8000 EBK		Haben
3000 Eigenkapital	81 950,00	0810 Ladenausstattung	120 000,00
4250 Langfr. Bankverb.	20 000,00	2880 Kasse	3 150,00
4400 Verb. a. L. u. L.	26 000,00	2800 Bank	4 800,00
	127 950,00		127 950,00

S	0810 Ladenausstatt.		H
8000	120 000,00	8010	120 000,00

S	2800 Bank		H
8000	4 800,00	6300	2 100,00
5100	15 400,00	4400	750,00
5719	580,00	8010	17 930,00
	20 780,00		20 780,00

S	2880 Kasse		H
8000	3 150,00	6870	160,00
		6700	1 800,00
		8010	1 190,00
	3 150,00		3 150,00

S	4250 Langfrist. Bankverbindl.		H
8010	20 000,00	8000	20 000,00

S	4400 Verbindl. a. Lief. u. Leist.		H
2800	750,00	8000	26 000,00
8010	25 250,00		
	26 000,00		26 000,00

S	3000 Eigenkapital		H
8010	93 870,00	8000	81 950,00
		8020	11 920,00
	93 870,00		93 870,00

S	6300 Gehälter		H
2800	2 100,00	8020	2 100,00

S	6870 Werbung, Dekoration		H
2880	160,00	8020	160,00

S	6700 Mieten, Pachten		H
2880	1 800,00	8020	1 800,00

S	5100 Sonst. Umsatzerlöse		H
8020	15 400,00	2800	15 400,00

S	5710 Zinserträge		H
8020	580,00	2800	580,00

Soll	8020 GuV-Konto		Haben
6300 Gehälter	2 100,00	5100 So. Umsatzerlöse	15 400,00
6870 Werbung, Dekor.	160,00	5710 Zinserträge	580,00
6700 Mieten/Pachten	1 800,00		
3000 Eigenkapital	11 920,00		
	15 980,00		15 980,00

Soll	8010 SBK		Haben
0810 Ladenausst.	120 000,00	4250 Langfr. Bankverb.	20 000,00
2880 Kasse	1 190,00	4400 Verb. a. L. u. L.	25 250,00
2800 Bank	17 930,00	3000 Eigenkapital	93 870,00
	139 120,00		139 120,00

6.2.2 Inhalt und Gliederung der Bilanz bei Einzelhandelsunternehmen und Personengesellschaften

Zum **Inhalt der Bilanz** wird in § 247 HGB lediglich festgestellt, dass in der Bilanz das **Anlagevermögen,** das **Umlaufvermögen,** das **Eigenkapital,** die **Schulden** und die **Abgrenzungsposten**[1] gesondert auszuweisen und hinreichend aufzugliedern sind. Wie diese Untergliederungen vorzunehmen und wie sie zu bezeichnen sind, hat der Gesetzgeber im Gegensatz zu den für Kapitalgesellschaften geltenden Vorschriften nicht im Einzelnen festgelegt.

Die Entscheidung über die **Gliederung der Bilanz** liegt somit bei den Unternehmen selbst, die jedoch an den Grundsatz der Klarheit und Übersichtlichkeit gebunden sind. Hierauf weist das Gesetz ausdrücklich hin, wenn es heißt, dass die Bilanz hinreichend aufzugliedern ist. In der Praxis orientiert man sich weitgehend an dem verkürzten Bilanzschema für kleine Kapitalgesellschaften [§ 266 I HGB]. Dieses Bilanzschema wurde bereits auf S. 158 dargestellt.

Beispiel:

Wir greifen zurück auf den Geschäftsgang von S. 222f.

Aufgabe:

Stellen Sie aus den Daten des Kontos 8010 SBK die Schlussbilanz auf!

Lösung:

Aktiva — Schlussbilanz — Passiva

Aktiva		Passiva	
I. Anlagevermögen		**I. Eigenkapital**	93870,00
1. Andere Anlagen, Betriebs- u. Geschäftsausstattung	120000,00	**II. Verbindlichkeiten**	
II. Umlaufvermögen		1. Verbindlichkeiten gegenüber Kreditinstituten	20000,00
1. Kassenbestand	1190,00	2. Verbindlichkeiten aus Lieferungen und Leistungen	25250,00
2. Guthaben bei Kreditinstituten	17930,00		
	139120,00		139120,00

Übungsaufgabe

79 **I. Anfangsbestände**

0530 Betriebsgebäude 85000,00 EUR; 0810 Ladenausstattung 15000,00 EUR; 2800 Bank 16200,00 EUR; 2880 Kasse 5400,00 EUR; 4400 Verbindlichkeiten aus Lieferungen und Leistungen 25000,00 EUR; 3000 Eigenkapital?

II. Kontenplan

0530, 0810, 2800, 2880, 3000, 4400, 5100, 5710, 6700, 6800, 6830, 6870, 8010, 8020

1 Alle Aufwendungen und Erträge sind (unabhängig vom Zeitpunkt der Zahlung) in dem Geschäftsjahr zu erfassen, dem sie wirtschaftlich zuzuordnen sind. Werden also innerhalb eines Geschäftsjahres Aufwendungen und Erträge erfasst, die einem anderen Geschäftsjahr zuzuordnen sind, so sind diese in der Bilanz unter der Position **Rechnungsabgrenzungsposten** auszuweisen. Bereits **bezahlte Aufwendungen,** die ein anderes Geschäftsjahr betreffen, werden auf der **Aktivseite** ausgewiesen (sie stellen Vermögen dar), bereits **erhaltene Erträge,** die ein anderes Geschäftsjahr betreffen, werden auf der **Passivseite** ausgewiesen (sie stellen Schulden dar, da unsere Leistung ja noch nicht erbracht worden ist).
Der Lehrplan sieht die Behandlung der Rechnungsabgrenzungsposten nicht vor.

III. Geschäftsvorfälle

1.	Wir zahlen für Werbematerial durch Banküberweisung	5300,00 EUR
2.	Kauf von Schreibwaren für das Büro bar	120,00 EUR
3.	Zinsgutschrift der Bank	350,00 EUR
4.	Die Verkaufsprovision für einen Großauftrag geht auf dem Bankkonto ein	11350,00 EUR
5.	Zahlung der Geschäftsmiete durch Banküberweisung	1100,00 EUR
6.	Die Telefonentgelte werden vom Bankkonto abgebucht	215,00 EUR

IV. Aufgaben

1. Erstellen Sie die Eröffnungsbilanz!
2. Bilden Sie die Buchungssätze und buchen Sie auf den Konten!
3. Schließen Sie die Konten ab, geben Sie das neue Eigenkapital an und stellen Sie die Schlussbilanz auf!

6.2.3 Ergebnisermittlung

Aus dem vorhergehenden Geschäftsgang (siehe S. 222f.) ersehen wir, dass in der doppelten Buchführung auch eine **doppelte Möglichkeit der Ergebnisrechnung** (Ermittlung von Gewinn bzw. Verlust) besteht:

1. Im Ergebniskontenbereich:

Hier wird das Ergebnis (Gewinn oder Verlust) durch die Gegenüberstellung der Aufwendungen mit den Erträgen auf dem GuV-Konto ermittelt. Aus dem GuV-Konto sind auch die einzelnen Ertrags- und Aufwandsarten ersichtlich.

Summe der Erträge	15980,00 EUR
– Summe der Aufwend.	4060,00 EUR
= Erfolg (Gewinn)	11920,00 EUR

Soll		8020 GuV	Haben
6300	2100,00	5100	15400,00
6870	160,00	5710	580,00
6700	1800,00		
3000	11920,00		
	15980,00		15980,00

2. Im Bilanzkontenbereich:

Hier wird das Ergebnis (Gewinn oder Verlust) durch den Vergleich des Eigenkapitals am Ende des Geschäftsjahres mit dem Eigenkapital am Anfang der Geschäftsperiode ermittelt.

Eigenkapital am Ende des Geschäftsjahres	–	Eigenkapital am Anfang des Geschäftsjahres	=	Reingewinn bzw. Reinverlust
93870,00 EUR	–	81950,00 EUR	=	11920,00 EUR

Soll		3000 Eigenkapital	Haben
8010	93870,00	8000	81950,00
		8020	11920,00
	93870,00		93870,00

Ein **Reinverlust** tritt auf, wenn die **Erträge geringer** sind als die **Aufwendungen** bzw. wenn das **Eigenkapital am Ende des Geschäftsjahres kleiner** ist als das **Eigenkapital am Anfang des Geschäftsjahres.**

15 Speth – ISBN -13: 978-3-8120-0539-5

6.2.4 Analyse der Handlungskosten

(1) Begriffe Warenkosten und Handlungskosten

Einzelhändler und Außenstehende (z.B. Banken, Kapitalgeber, Steuerbehörden oder Mitarbeiter) beobachten die betrieblichen Aufwendungen und Erträge und deren Entwicklung, weil von ihnen langfristig der Geschäftserfolg sowie die Beurteilung der Unternehmen abhängig sind.

Vereinfacht dargestellt kann man im Einzelhandel die Aufwendungen in die drei großen Gruppen Warenkosten, Handlungskosten und nicht betriebsbedingte Aufwendungen aufteilen.

- **Warenkosten (Wareneinsatz)** sind die Kosten, die der Einzelhändler für den Einkauf der Ware aufwendet. Diese Kosten setzen sich zusammen aus dem Bareinkaufspreis zuzüglich den Bezugskosten.[1]
- **Handlungskosten** sind die Kosten, die aufgrund der Betriebstätigkeit anfallen. Hierzu rechnen beispielsweise
  - **Lagerkosten** (Gehälter und Löhne des Lagerpersonals, Lagerzinsen, Reparaturen und Abschreibungen für die Lagergebäude, Kostenanteil für Licht und Heizung);
  - **Verkaufskosten** (Ausgangsfrachten, Verpackungskosten, Werbekosten, Gehälter und Löhne des Verkaufspersonals, Kosten für Beförderungsmittel einschließlich Reparaturen und Abschreibungen);
  - **Allgemeine Verwaltungskosten** (Rechts- und Beratungskosten, Steuern, Bürokosten, Gehälter und Löhne für Angestellte und Arbeiter, Abschreibungen).

  Die Handlungskosten werden im Rahmen der Warenkalkulation[2] pauschal mit einem Prozentsatz auf die Warenkosten aufgeschlagen. Die Warenkosten sind dabei 100%. Den Prozentsatz, mit dem die Handlungskosten einkalkuliert werden, nennt man **Handlungskostenzuschlagssatz.**
- **Nicht betriebsbedingte Aufwendungen** sind Aufwendungen, die in keinem Zusammenhang mit dem Einkauf, der Lagerung und dem Absatz der Waren stehen, die aperiodisch oder aber unregelmäßig oder in außergewöhnlicher Höhe anfallen. Hierzu rechnen beispielsweise Steuernachzahlungen, Verluste aus Wertpapiergeschäften, Nachzahlungen von Gehältern, Verluste aus nicht durch Versicherungen gedeckte Katastrophenfälle.

Um die Entwicklung der Aufwendungen leichter verfolgen und vergleichen zu können, ist es sinnvoll, Kennzahlen zu bilden.

(2) Kennzahlen[3] der Aufwandsstruktur

Üblicherweise werden die Kennzahlen zur Aufwandsstruktur dadurch ermittelt, dass man die betrieblichen Aufwendungen auf die Umsatzerlöse bezieht und mit der Zahl 100 multipliziert, um einen Prozentsatz zu erhalten. Dadurch soll kenntlich gemacht werden, welchen Anteil die einzelnen Aufwandsarten an den Umsatzerlösen haben. Wichtige Kennzahlen der Aufwandsstruktur sind:

1 Auf die Ermittlung der Warenkosten wird auf S 230f. eingegangen.
2 Auf die Warenkalkulation wird auf S. 247ff. eingegangen.
3 Hierfür wird auch der Begriff Kennziffern verwendet.

$$\text{Warenkostenquote} = \frac{\text{Wareneinsatz} \cdot 100}{\text{Umsatzerlöse}}$$

$$\text{Lagerkostenquote} = \frac{\text{Lagerkosten} \cdot 100}{\text{Umsatzerlöse}}$$

$$\text{Verkaufskostenquote} = \frac{\text{Verkaufskosten} \cdot 100}{\text{Umsatzerlöse}}$$

$$\text{Verwaltungskostenquote} = \frac{\text{Verwaltungskosten} \cdot 100}{\text{Umsatzerlöse}}$$

$$\text{Quote der nicht betriebsbedingten Aufwendungen} = \frac{\text{nicht betriebsbedingte Aufwendungen}}{\text{Umsatzerlöse}}$$

Die Kennzahlen zur Aufwandsstruktur zeigen die Bedeutung der einzelnen Aufwandsarten für das Betriebsergebnis. Zugleich ermöglichen die ermittelten Kennzahlen einen Branchenvergleich. Dabei sind unterdurchschnittliche Quoten im Vergleich zur Branche möglicherweise ein Indiz für einen wirtschaftlichen Betriebsablauf. Überdurchschnittliche Quoten weisen dagegen auf einen unwirtschaftlichen Betriebsablauf hin.

Beispiel: Berechnung und Interpretation der Lagerkostenquote[1]

Die Lagerkosten betrugen im Vorjahr 22080,00 EUR und im Berichtsjahr 24124,00 EUR. Die Umsatzerlöse beliefen sich im Vorjahr auf 56120,00 EUR und im Berichtsjahr auf 65200,00 EUR.

Aufgaben:

1. Berechnen Sie die Lagerkostenquote für das Vorjahr und das Berichtsjahr!
2. Interpretieren Sie die Entwicklung der Lagerkostenquote!

Lösungen:

Zu 1.:

Kennzahl	Vorjahr	Berichtsjahr
Lagerkostenquote	$\frac{22080 \cdot 100}{56120} = \underline{\underline{39{,}34\,\%}}$	$\frac{24124 \cdot 100}{65200} = \underline{\underline{37{,}00\,\%}}$

Zu 2.: Obwohl die Lagerkosten um 2044,00 EUR angestiegen sind, konnte die Lagerkostenquote abgesenkt werden. Grund: Der Anstieg der Umsatzerlöse war höher als der Anstieg der Lagerkosten.

Um die Entwicklung von Kennzahlen zu verdeutlichen, werden in der Praxis häufig graphische Darstellungen verwendet. Beispielhaft wird hier das Linien- oder Kurvendiagramm[2] zur Veranschaulichung von Kennzahlenentwicklungen vorgestellt.

1 Auf die Gesamtinterpretation einer GuV-Rechnung wird aus Vereinfachungsgründen verzichtet.

2 Das Linien- oder Kurvendiagramm soll den Zusammenhang zwischen unabhängigen Größen (z.B. Jahre) und abhängigen Werten (z.B. Lagerkostenquote) demonstrieren. Die Zuordnung der Werte erfolgt über Punkte im Koordinatensystem, die durch eine Linie miteinander verbunden werden.

Die graphische Aufbereitung von Statistiken wird im Band 3, Lernfeld 11: Geschäftsprozesse erfolgsorientiert steuern, Kapitel 11, dargestellt.

Beispiel:

Die Statistik des Möbelhauses „Wohnwelt Fischer GmbH" weist für die vergangenen fünf Jahre für die Kennzahlen der Aufwandsstruktur folgende Daten aus.

Kennzahlen	01	02	03	04	05
Warenkostenquote	58,5 %	58,3 %	58,4 %	57,5 %	57,2 %
Lagerkostenquote	8,4 %	8,2 %	7,8 %	7,4 %	6,9 %
Verkaufskostenquote	15,2 %	15,8 %	16,4 %	17,1 %	17,8 %
Verwaltungskostenquote	12,5 %	11,9 %	11,2 %	11,5 %	10,9 %
Quote der nicht betriebsbedingten Aufwendungen	5,4 %	5,8 %	6,2 %	6,5 %	7,2 %

Aufgabe:
Stellen Sie die Kennziffern in einem Liniendiagramm dar!

Lösung:

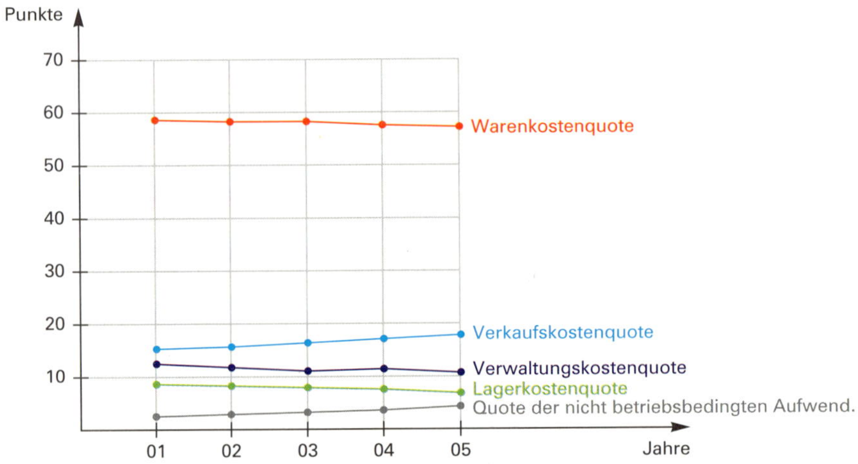

Wir merken uns:

Die Analyse der einzelnen Kennzahlen der Aufwandsstruktur über mehrere Rechnungsperioden hinweg ermöglicht gesicherte **Prognosen** über die Entwicklung des **zukünftigen Betriebsergebnisses.**

Übungsaufgaben

80 **I. Anfangsbestände**

0870 Büromöbel 34 200,00 EUR; 2400 Forderungen aus Lieferungen und Leistungen 13 800,00 EUR; 2880 Kasse 2 200,00 EUR; 2800 Bank 16 500,00 EUR; 4250 Langfristige Bankverbindlichkeiten 11 000,00 EUR; 4400 Verbindlichkeiten aus Lieferungen und Leistungen 4 500,00 EUR; 3000 Eigenkapital?

II. Kontenplan

0870, 2400, 2800, 2880, 3000, 4250, 4400, 5100, 5710, 6112, 6700, 6820, 6830, 7510, 8010, 8020

III. Geschäftsvorfälle

1.	Wir begleichen eine Lieferantenrechnung durch Banküberweisung	1 100,00 EUR
2.	Barkauf eines Schreibtisches	460,00 EUR
3.	Wir zahlen Zinsen durch Banküberweisung	380,00 EUR
4.	Barkauf von Briefmarken	55,00 EUR
5.	Die Telefongebühren werden von der Bank abgebucht	190,00 EUR
6.	Teilweise Tilgung eines Bankdarlehens durch Banküberweisung	2 000,00 EUR
7.	Wir erhalten Provision für die Vermittlung eines Auftrages auf das Bankkonto überwiesen	9 100,00 EUR
8.	Wir zahlen Geschäftsmiete per Bankscheck	900,00 EUR
9.	Zahlung einer Kfz-Reparaturrechnung bar	120,00 EUR
10.	Die Bank schreibt uns Zinsen gut	220,00 EUR

IV. Aufgaben

1. Erstellen Sie die Eröffnungsbilanz!
2. Bilden Sie die Buchungssätze und buchen Sie auf den Konten!
3. Schließen Sie die Konten über das Schlussbilanzkonto ab, geben Sie das neue Eigenkapital an und stellen Sie die Schlussbilanz auf!
4. Ermitteln Sie das Ergebnis im Rahmen des Ergebniskontenbereichs und im Rahmen des Bilanzkontenbereichs!

81 Entscheiden Sie außerhalb des Buches, welche der folgenden Aussagen richtig sind:

1. Der Begriff Erfolg beinhaltet immer einen Gewinn.
2. Ist das Reinvermögen am Ende der Geschäftsperiode höher als am Anfang, wurde in der Geschäftsperiode ein Gewinn erzielt.
3. Vermögen – Schulden = Erfolg.
4. Ein Verlust liegt vor, wenn das Eigenkapital am Anfang der Geschäftsperiode größer ist als am Ende.
5. Die Formel für die Erfolgsermittlung lautet:

   Eigenkapital am Anfang der Geschäftsperiode
   – Eigenkapital am Ende der Geschäftsperiode
   = Erfolg

82 1. Ein Einzelhandelsunternehmen ermittelte für das Berichtsjahr und das Vorjahr folgende Daten (Auszug):

	Berichtsjahr	Vorjahr
Umsatzerlöse	3 420 000,00 EUR	2 990 400,00 EUR
Wareneinsatz	1 959 660,00 EUR	1 531 848,00 EUR
Verkaufskosten	632 700,00 EUR	647 592,00 EUR

Aufgaben

1.1 Ermitteln Sie für das Berichtsjahr und für das Vorjahr jeweils die Wareneinsatzquote und die Verkaufskostenquote!

1.2 Interpretieren Sie die Entwicklung der beiden Kennzahlen!

1.3 Welche Maßnahmen soll der Einzelhändler aufgrund der Kennzahlenentwicklung ergreifen?

2. 2.1 Erläutern Sie den Begriff Handlungskosten!

2.2 Die Kostenrechnung eines Einzelhandelsgeschäftes weist für die vergangene Geschäftsperiode folgende Zahlen aus:

Wareneinsatz	250 000,00 EUR
Handlungskosten	75 000,00 EUR

Aufgabe

Berechnen Sie den Handlungskostenzuschlagssatz!

2.3

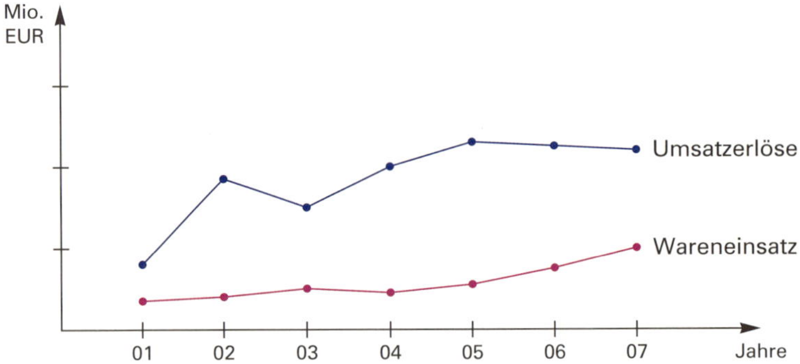

Aufgabe

Interpretieren Sie das abgebildete Liniendiagramm!

7 Erfassung von Warendaten und die Kennzahlen im Verkauf

7.1 Berechnung von Wareneinsatz und Warenrohgewinn

Hauptzweck eines Unternehmens ist es, durch den Verkauf von Waren einen Gewinn zu erzielen. Der Gewinn entsteht dadurch, dass der Kaufmann seine Waren teurer verkauft als er sie einkauft. Diesen Gewinn nennt man **Warengewinn** bzw. **Warenrohgewinn.**

Wir merken uns:

Verkaufspreis – Wareneinsatz = Warenrohgewinn

Beispiel:

Die Buchführung des Medienhauses Jörg Leist e. Kfm. liefert für ein Radiogerät folgende Daten: Einstandspreis je Radiogerät 100,00 EUR. Der Verkaufspreis beträgt je Radiogerät 150,00 EUR. Im Monat Dezember liegen folgende Warenbestände und Geschäftstätigkeiten vor:

I. Warenbestände:

Anfangsbestand:	200 Stück à 100,00 EUR = 20 000,00 EUR
Schlussbestand lt. Inventur:	350 Stück à 100,00 EUR = 35 000,00 EUR

II. Geschäftsvorfälle:

Wareneinkauf auf Ziel	250 Stück à 100,00 EUR = 25 000,00 EUR
Warenverkauf auf Ziel	100 Stück à 150,00 EUR = 15 000,00 EUR

III. Aufgabe:

Ermitteln Sie rechnerisch den Warenumsatz und den Warenrohgewinn für den Monat Dezember für das Radiogerät!

Lösung:

	Anfangsbestand an Waren:	200 Stück à 100,00 EUR =	20 000,00 EUR
+	Wareneinkäufe:	250 Stück à 100,00 EUR =	25 000,00 EUR
	Zwischensumme:	450 Stück à 100,00 EUR =	45 000,00 EUR
–	Schlussbestand:	350 Stück à 100,00 EUR =	35 000,00 EUR
=	Wareneinsatz (für 100 Stück)		10 000,00 EUR
	Warenverkauf:	100 Stück à 150,00 EUR =	15 000,00 EUR
–	Wareneinsatz für:	100 Stück à 100,00 EUR =	10 000,00 EUR
=	Warenrohgewinn:		5 000,00 EUR

Wir merken uns:

- Unter **Wareneinsatz** versteht man den **Wert der verkauften Waren zum Einstandspreis.**
- Der **Wareneinsatz** wird wie folgt **berechnet:**

  Anfangsbestand an Waren
  \+ Wareneinkäufe
  Zwischensumme
  – Warenschlussbestand
  = Wareneinsatz

- Der **Warenrohgewinn** wird wie folgt **berechnet:**

  Warenverkäufe (Umsatzerlöse)
  – Wareneinsatz
  = Warenrohgewinn

Übungsaufgaben

83/84

I. Warenbestände	**83**	**84**
Anfangsbestand	108 700,00 EUR	109 300,00 EUR
Schlussbestand lt. Inventur	95 700,00 EUR	114 300,00 EUR
II. Geschäftsvorfälle		
Wareneinkäufe bar	7 500,00 EUR	23 500,00 EUR
Warenverkäufe bar	9 500,00 EUR	12 950,00 EUR
Warenverkäufe auf Ziel	25 650,00 EUR	45 800,00 EUR
Wareneinkäufe auf Ziel	10 500,00 EUR	19 700,00 EUR
Warenverkäufe gegen Bankscheck	6 550,00 EUR	3 750,00 EUR

III. Aufgabe

Ermitteln Sie rechnerisch den Wareneinsatz und den Warenrohgewinn!

		85	86
85/ 86	**I. Warenbestände**		
	Anfangsbestand	43 650,00 EUR	60 500,00 EUR
	Schlussbestand lt. Inventur	44 650,00 EUR	40 500,00 EUR
	II. Geschäftsvorfälle		
	Wareneinkäufe bar	47 500,00 EUR	7 850,00 EUR
	Warenverkäufe auf Ziel	16 850,00 EUR	43 750,00 EUR
	Warenverkäufe bar	25 700,00 EUR	12 200,00 EUR
	Wareneinkäufe auf Ziel	2 300,00 EUR	25 650,00 EUR
	Warenverkäufe gegen Bankscheck	3 100,00 EUR	25 800,00 EUR

III. Aufgabe

Ermitteln Sie rechnerisch den Wareneinsatz und den Warenrohgewinn!

87 Was ist unter dem Begriff „Wareneinsatz" zu verstehen?

1 Der Wert der eingekauften Ware zum Verkaufspreis.

2 Der Wert der eingekauften Ware zum Einstandspreis.

3 Der Wert der verkauften Ware zum Einstandspreis.

4 Der Wert der verkauften Ware zum Verkaufspreis.

Aufgabe

Übertragen Sie die entsprechende Ziffer als Lösung in Ihr Hausheft!

7.2 Kennzahlen im Verkauf

7.2.1 Überblick

Kennzahlen, die in der Einzelhandelspraxis am häufigsten abgerufen werden, sind **Verkaufskennzahlen (Umsatzkennzahlen).**

Wir merken uns:

Der **Umsatz** ergibt sich aus der **Menge der verkauften Waren** multipliziert mit dem **jeweiligen Warenverkaufspreis.** Umsatz ist also der Warenabsatz zu Verkaufspreisen.

Umsatz = Menge der verkauften Ware · Verkaufspreis

Die **absolute Höhe des Umsatzes** wird erst aussagekräftig, wenn sie auf einen **bestimmten Zeitraum** (z. B. Jahr, Monat, Tag) bezogen wird. Aussagekräftiger als die absolute Höhe des Umsatzes in einem bestimmten Zeitraum sind **Kennzahlen,** die **auf der Basis des Umsatzes** gebildet werden. Je nachdem, welcher Zweck mit der Umsatzauswertung verfolgt wird, kann die Umsatzhöhe je Mitarbeiter, je Kunde, je Verkaufsfläche, je Warengruppe, je Preislagen, u. Ä. ermittelt werden.

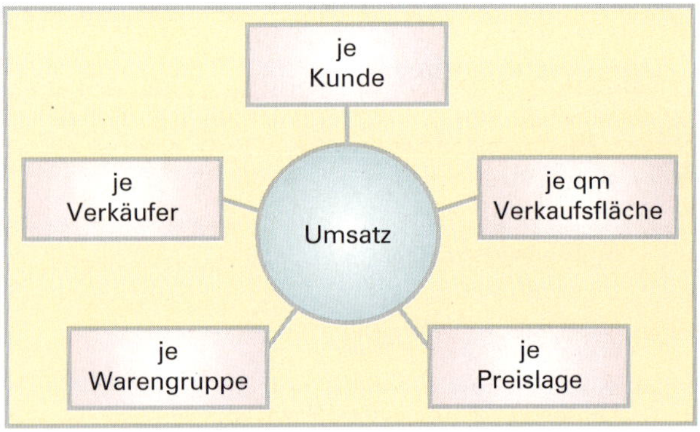

7.2.2 Umsatzentwicklung in einem bestimmten Zeitraum

Die Beurteilung des Gesamtumsatzes (der absoluten Umsatzhöhe) fängt sehr oft mit dem Monatsumsatz an. Um ein Ergebnis (z.B. den Monatsumsatz) beurteilen zu können, braucht der Einzelhändler **Vergleichsmaßstäbe**.

Beispiel:

Die Tatsache, dass der Umsatz im Monat Juni 185000,00 EUR betragen hat, besagt nicht viel. Erst wenn man weiß, dass der Umsatz im Vormonat 170000,00 EUR und im Vorjahresmonat 160000,00 EUR betragen hat, dass der Juni-Umsatz 5% höher ausgefallen ist als im Plan-Umsatz oder dass vergleichbare Einzelhandelsbetriebe nur einen Umsatz von 155000,00 EUR erzielt haben, wird ersichtlich, dass der Juni-Umsatz sehr erfreulich ausgefallen ist.

(1) Zeitvergleich

Wählt der Einzelhändler als Vergleichsmaßstab **eigene Zahlen aus Vorperioden** aus, so führt er einen **Zeitvergleich** durch. Ein Zeitvergleich zeigt sowohl positive als auch negative Entwicklungen auf. Den negativen Entwicklungen sollte mit entsprechenden Maßnahmen, wie z.B. veränderte oder verstärkte Werbemaßnahmen, Verkaufsschulungen, Sortimentsbereinigungen bzw. -erweiterungen u.Ä., entgegengewirkt werden.

Voraussetzung, um einen Zeitvergleich sinnvoll durchzuführen, ist, dass die zu vergleichenden Monatsumsätze auch vergleichbar sind. So sind z.B. alle außergewöhnlichen Ereignisse oder saisonalen Einflüsse zu berücksichtigen. Der Umsatz der gewöhnlich in einem bestimmten Monat erzielt wird, kann nämlich aufgrund von Sonderereignissen (z.B. Aktionsverkauf, Feiertage, Betriebsausflug, Straßenfest, offener Sonntag) schwanken. Darunter leidet die Aussagekraft bei Monatsvergleichen. Viele Einzelhändler gehen deshalb dazu über, längere Zeitabschnitte zu vergleichen (z.B. den Umsatz des 1. Quartals des laufenden Jahres mit dem des Vorjahres). Durch das Verlängern des Vergleichszeitraums fallen Sonderereignisse nicht so ins Gewicht. Auf diese Weise kann man einen aussagekräftigen Trend für die Umsatzentwicklung erkennen.

Beispiel:

Für die Monate Mai bis Juli liegen folgende Umsätze vor: Mai 114000,00 EUR, Juni 130000,00 EUR, Juli 125000,00 EUR. Der durchschnittliche Umsatz beträgt somit:

$$\frac{114000 + 130000 + 125000}{3} = \underline{\underline{123000{,}00 \text{ EUR}}}$$

Der durchschnittliche Umsatz des Vorjahres für den gleichen Zeitraum betrug 116038,00 EUR. Wir erkennen: der Umsatz ist im laufenden Jahr gegenüber dem Vorjahr um 6962,00 EUR gesteigert worden. Das entspricht einer Umsatzsteigerung von 6 %.

$$\begin{aligned} 116038{,}00 \text{ EUR} &= 100\ \% \\ 6962{,}00 \text{ EUR} &= x\ \% \end{aligned} \qquad x = \frac{6962 \cdot 100}{116038} = \underline{\underline{6\ \%}}$$

(2) Soll-Ist-Vergleich

Um die gesetzten Umsatzziele erreichen zu können, ist es notwendig, dass der Einzelhändler zuvor **Sollwerte (Planwerte)** in Form von **Geld- und Mengengrößen** festlegt. Planwerte werden normalerweise für ein Jahr erstellt und nach Quartalen bzw. Monaten untergliedert.

Beispiel:

Wir greifen aus dem Umsatzplan des Möbelhauses Philipp Ahner e.Kfm. den Artikel 141721 „Bürotische" heraus und stellen diesen Teilplan vor:

Artikel 141721 „Bürotische"							
Artikel	Jahres-Planwerte			Planwerte Januar			Planwerte Februar
	Stück	Ø Preis je Stück in EUR	Umsatz insgesamt in EUR	Stück	Ø Preis je Stück in EUR	Umsatz insgesamt in EUR	
Standard-Eiche	1400	800,00	1120000,00	80	780,00	62400,00	
Standard-Buche	2100	840,00	1764000,00	90	860,00	77400,00	
Standard-Linde	510	780,00	397800,00	30	770,00	23100,00	

Die vorgegebenen Planwerte gilt es einzuhalten. Auf unser Beispiel bezogen bedeutet dies, dass die Verkaufsabteilung bestrebt sein muss, im Januar 80 Bürotische Standard-Eiche zu verkaufen.

Nach Ablauf des Planungszeitraums erfolgt eine Kontrolle. Hierbei werden die Sollwerte (Planwerte) mit den Istwerten verglichen. Durch diesen Vergleich kann nun die Abweichung festgestellt werden **(Soll-Ist-Vergleich).**

Beispiel:

Wir greifen auf den Umsatzplan für die Artikelgruppe 141721 „Bürotische" zurück und fügen den geplanten Jahreswerten nun die Istwerte hinzu.

Artikel 141721 „Bürotische"									
Artikel	Jahreswerte			Jahreswerte					
	Planwerte			Jahres-Istwerte			Abweichungen		
	Stück	Ø Preis je Stück in EUR	Umsatz insgesamt in EUR	Stück	Ø Preis je Stück in EUR	Umsatz insgesamt in EUR	Stück	Ø Preis je Stück in EUR	Umsatz in EUR
Standard-Eiche	1400	800,00	1120000,00	1449	808,00	1170792,00	+ 49	+ 8,00	+ 50792,00
Standard-Buche	2100	840,00	1764000,00	2040	850,00	1734000,00	- 60	+ 10,00	- 30000,00
Standard-Linde	510	780,00	397800,00	560	775,00	434000,00	+ 50	- 5,00	+ 36200,00

Erläuterungen zum Jahresergebnis:

Für den Bürotisch „Standard-Eiche" stellen wir fest, es wurden 49 Bürotische mehr verkauft als geplant. Da gleichzeitig der tatsächlich erzielte Verkaufspreis um 8,00 EUR je Bürotisch höher lag als geplant, konnte der Planumsatz um 50792,00 EUR übertroffen werden.

Anders die Situation beim Bürotisch „Standard-Buche". Zwar konnte auch hier der Planpreis je Bürotisch um 10,00 EUR übertroffen werden, da jedoch 60 Bürotische weniger verkauft wurden, als es geplant war, wurde der Planumsatz um 30000,00 EUR unterschritten.

Artikel 141721 „Bürotische"										
	Januar									Februar, März
	Planwerte			Istwerte			Abweichungen			
Artikel	Stück	Ø Preis je Stück in EUR	Umsatz insgesamt in EUR	Stück	Ø Preis je Stück in EUR	Umsatz in EUR	Stück	Ø Preis je Stück in EUR	Umsatz in EUR	
Standard-Eiche	80	780,00	62400,00	78	760,00	59280,00	− 2	− 20,00	− 3120,00	
Standard-Buche	90	860,00	77400,00	94	860,00	80840,00	+ 4	−	+ 3440,00	
Standard-Linde	30	770,00	23100,00	40	775,00	31000,00	+ 10	+ 5,00	+ 7900,00	

Erläuterungen zum Ergebnis des Monats Januar:

Für den Bürotisch „Standard-Eiche" stellen wir fest, es wurden 2 Bürotische weniger verkauft als geplant. Da der tatsächlich erzielte Verkaufspreis um 20,00 EUR je Bürotisch niedriger lag als geplant, wurde der Planumsatz um 3120,00 EUR verfehlt.

Beim Bürotisch „Standard-Linde" wurden 10 Bürotische mehr verkauft als geplant. Da der tatsächlich erzielte Verkaufspreis um 5,00 EUR über dem geplanten Verkaufspreis lag, wurde der geplante Umsatz um 7900,00 EUR übertroffen.

Das Beispiel zeigt, der Soll-Ist-Vergleich ermöglicht es, die Abweichungen zwischen den Planwerten und den tatsächlich erzielten Werten festzustellen. Durch die Analyse der Abweichungen sollen dann Fehlentscheidungen erkannt und Plandaten nötigenfalls korrigiert werden.

Ziel des Soll-Ist-Vergleichs ist es, die Ertragskraft (Rentabilität)[1] und Zahlungsfähigkeit (Liquidität)[2] des Einzelhandelsunternehmens und damit seine Lebensfähigkeit am Markt zu sichern.

(3) Betriebsvergleich

Wählt ein Einzelhändler (wenn erhältlich) als Vergleichsmaßstab die Umsatzgröße anderer Betriebe, dann handelt es sich um einen **Betriebsvergleich.** Beim Betriebsvergleich werden betriebswirtschaftliche Kennzahlen[3] der gleichen Rechnungsperiode denen vergleichbarer Einzelhandelsbetriebe oder den Durchschnittswerten der gesamten Branche gegenübergestellt.

Nun werden in der Praxis Konkurrenten ihre Zahlen in der Regel nicht preisgeben. Der Einzelhändler ist daher auf Zahlen angewiesen, die regelmäßig z.B. vom Institut für Handelsforschung der Universität Köln oder von der Hauptgemeinschaft des Deutschen Einzelhandels und seinen Fachverbänden veröffentlicht werden. Ist der Einzelhändler in eine Kooperationsform eingebunden (z.B. einer freiwilligen Kette oder einer Einkaufsgenossenschaft), so erhält er Vergleichszahlen von den jeweiligen Zentralen.

Eine Möglichkeit, Vergleichsdaten von Wettbewerbern zu erhalten, ist jedoch gegeben, wenn sich der Einzelhändler einer **Erfahrungsaustausch-Gruppe (Erfa-Gruppe)** anschließt. Eine Erfa-Gruppe liegt vor, wenn sich Einzelhändler derselben Branche mit ähn-

1 Vgl. Band 3, Lernfeld 11: Geschäftsprozesse erfolgsorientiert steuern, Kapitel 9.

2 Liquidität bedeutet Zahlungsfähigkeit eines Unternehmens. Die Liquiditätsquote gibt an, in welchem Maße Zahlungsmittel für bestehende Verbindlichkeiten bereitstehen.

3 Vgl. hierzu die Ausführungen auf S. 236f.

licher Betriebsgröße und ähnlichem Sortiment aber ohne direkte Konkurrenz regelmäßig treffen, um betriebliche Kennzahlen, betriebliche Probleme, Erfahrungen und Meinungen auszutauschen. Erfa-Gruppen werden häufig vom zuständigen Branchenverband (z.B. im Textilbereich vom Bundesverband des Deutschen Textileinzelhandels e.V.) oder von Beratungsunternehmen vermittelt und geleitet.

Das Ziel von Betriebsvergleichen besteht darin, dass der Einzelhändler seine wirtschaftlichen Leistungen an denen anderer messen und bewerten kann. Zeigt der Betriebsvergleich dem Einzelhändler z.B. ein unterdurchschnittliches Ergebnis der eigenen Ertragskraft an, dann muss er nach den Ursachen forschen und notwendige Veränderungen im Rahmen seiner Geschäftsführung einleiten.

Beispiel:

Der Umsatz eines Einzelhändlers stieg von Februar bis Juni um 4% von 100000,00 EUR auf 104000,00 EUR. Diese Umsatzsteigerung kann den Einzelhändler jedoch dann nicht zufrieden stellen, wenn er erfährt, dass vergleichbare Einzelhandelsbetriebe ihren Umsatz im gleichen Zeitraum um 7% gesteigert haben.

Wir merken uns:

Zeitvergleiche, Soll-Ist-Vergleiche und Betriebsvergleiche sind Teil des unternehmerischen Kontrollsystems. Sie werden dadurch zur Grundlage unternehmerischer Entscheidungen.

7.2.3 Berechnung von Kennzahlen im Verkauf

(1) Möglichkeiten der Umsatzanalyse

Die Möglichkeit, den Umsatz durch die Berechnung von Verkaufskennzahlen zu analysieren, hängt davon ab, inwieweit der Einzelhändler in der Lage ist, seinen Umsatz nach bestimmten Merkmalen aufzugliedern. Besitzt der Einzelhändler kein Warenwirtschaftssystem, so kann er über die Kasse zumindest die Warengruppe und/oder die Preislagen festhalten. Besitzt der Einzelhändler ein computergestütztes Warenwirtschaftssystem, dann werden die Daten der einzelnen Artikel bereits beim Wareneingang gespeichert und können später beim Warenausgang über einen Strichcode, der bereits vom Lieferanten vorgegeben sein kann, oder über einen eigenen Warenschlüssel abgerufen werden.

Je nachdem, welche Daten im Warenwirtschaftssystem hinterlegt sind, können die Waren nach Artikelgruppe, nach Lieferanten, nach Preislagen, Stilrichtungen, Farben, Materialien, Kaufzeitpunkt usw. sortiert und einem Vergleichsmaßstab zugeordnet werden.

Beispiel: Frequenzanalyse[1]

Die Aufgliederung des Umsatzes nach dem Kaufzeitpunkt und nach der Anzahl der Kunden[2] über einen Verkaufstag verteilt, bezeichnet man als **Frequenzanalyse.** Durch die Frequenzanalyse kann der Einzelhändler wichtige und weniger wichtige Verkaufszeiten erkennen und danach z.B.

1 Frequenz: Besucherzahl.

2 Die Erfassung der Kundenzahl ist schwierig, da der Frequenzzähler am Eingangsbereich nicht zwischen Kauf- und Sehkunden unterscheiden kann.

seinen Personaleinsatz steuern bzw. Werbeaktionen im Haus (z.B. Vorführungen, Verkostungen, Preisaktionen, Verteilen von Warenproben) zeitlich festlegen. Das nachfolgende Zahlenbeispiel stellt die Frequenzanalyse in der Spielwarenabteilung eines Kaufhauses dar.

Frequenzanalyse Abteilung: Spielwaren

Datum: Donnerstag, 15. Mai 20..

Uhrzeit von – bis		Umsatz in EUR	Anzahl der Kunden	Uhrzeit von – bis		Umsatz in EUR	Anzahl der Kunden
09:00	10:00	145,10	15	15:00	16:00	695,80	72
10:00	11:00	342,60	32	16:00	17:00	740,50	65
11:00	12:00	420,30	43	17:00	18:00	499,80	49
12:00	13:00	304,50	29	18:00	19:00	117,90	18
13:00	14:00	427,20	48	19:00	20:00	125,70	11
14:00	15:00	716,80	64				

Gesamtumsatz: 4536,20 EUR
Anzahl der Kunden insgesamt: 446
Durchschnittlicher Umsatz je Kunde: 10,17 EUR

(2) Bildung von Kennzahlen im Verkauf

Im Folgenden wird keine Aufgliederung des Umsatzes vorgenommen, sondern der Umsatz wird jeweils als Ganzes einem bestimmten Vergleichsmaßstab zugeordnet. Wir unterscheiden dabei folgende Verkaufskennzahlen (Umsatzkennzahlen):

Durchschnittlicher Umsatz je Mitarbeiter

$$\text{Durchschnittlicher Umsatz je Mitarbeiter} = \frac{\text{Umsatz}}{\text{Anzahl der beschäftigten Mitarbeiter}}$$

oder

$$\text{Durchschnittlicher Umsatz je Verkäufer} = \frac{\text{Umsatz}}{\text{Anzahl der beschäftigten Verkäufer}}$$

Diese Verkaufskennzahl ist Maßstab für die Leistung der Mitarbeiter. Der Umsatz kann dabei entweder auf die Anzahl der Mitarbeiter insgesamt oder nur auf die Anzahl der Mitarbeiter im Verkauf bezogen werden. Viele Einzelhandelsunternehmen legen Quoten für ihre Verkäufer fest, die vorgeben, welche Warenmenge sie während eines Jahres verkaufen sollten. Oft ist die Entlohnung an die Erfüllung dieser Quoten gekoppelt.

Umsatz je m^2 Verkaufsfläche

$$\text{Umsatz je } m^2 \text{ Verkaufsfläche} = \frac{\text{Umsatz}}{m^2 \text{ Verkaufsfläche}}$$

Diese Verkaufskennzahl zeigt, wie wirtschaftlich der Produktionsfaktor Raum im Einzelhandelsgeschäft eingesetzt wird.

Durchschnittlicher Umsatz je Kunde

$$\text{Durchschnittlicher Umsatz je Kunde}^{1} = \frac{\text{Umsatz (z. B. je Monat)}}{\text{Anzahl der Kunden (z. B. je Monat)}}$$

Diese Verkaufskennzahl besagt, welcher Umsatz im Durchschnitt je Kunde erwirtschaftet wurde. Indirekt wird durch diese Verkaufskennzahl auch die Leistung der Verkäufer beurteilt. Liegt etwa der Umsatz je Kunde im Modehaus A nachhaltig bei 94,50 EUR und bei einem vergleichbaren Modehaus B bei 105,00 EUR, so könnte man hieraus folgern, dass die Verkäufer im Textilhaus B bessere Arbeit leisten.

Beispiel: [2]

Ein Textileinzelhandelsgeschäft weist für das Jahr 04 folgende Daten aus:

Umsatz	Anzahl der Mitarbeiter	Anzahl der Verkäufer	Verkaufsfläche m^2	Anzahl der Kunden
1 624 848,00 EUR	12	9	462	12 036

Aufgaben:

Berechnen Sie folgende Verkaufskennzahlen:

1. durchschnittlicher Umsatz je Mitarbeiter,
2. durchschnittlicher Umsatz je Verkäufer,
3. Umsatz je m^2 Verkaufsfläche und
4. durchschnittlicher Umsatz je Kunde!

Lösungen:

Zu 1.: Durchschnittlicher Umsatz je Mitarbeiter $= \frac{1\,624\,848}{12} = \underline{\underline{135\,404{,}00 \text{ EUR}}}$

Zu 2.: Durchschnittlicher Umsatz je Verkäufer $= \frac{1\,624\,848}{9} = \underline{\underline{180\,538{,}67 \text{ EUR}}}$

Zu 3.: Umsatz je m^2 Verkaufsfläche $= \frac{1\,624\,848}{464} = \underline{\underline{3\,501{,}83 \text{ EUR}}}$

Zu 4.: Durchschnittlicher Umsatz je Kunde $= \frac{1\,624\,848}{12\,036} = \underline{\underline{135{,}00 \text{ EUR}}}$

Zusammenfassung

- Der **Umsatz** errechnet sich wie folgt:

  Umsatz = Menge der verkauften Ware · Verkaufspreis

- Vergleichsmaßstäbe zur Umsatzanalyse sind Zeitvergleiche, Soll-Ist-Vergleiche und Betriebsvergleiche.
  - Beim **Zeitvergleich** werden Umsatzzahlen des Einzelhandelsbetriebs aus verschiedenen Zeitperioden verglichen.

---

1 Man spricht in diesem Zusammenhang auch von Personalproduktivität.

2 Verkaufszahlen finden Sie z. B. unter der Internetadresse: www.bfe.de

- Beim **Soll-Ist-Vergleich** wird ein geplanter Umsatz (Sollwert) mit dem tatsächlich erreichten Wert (Istwert) verglichen.
- Beim **Betriebsvergleich** werden Umsatzzahlen des eigenen Einzelhandelsbetriebs denen vergleichbarer Einzelhandelsbetriebe oder den Durchschnittswerten der gesamten Branche gegenübergestellt.

→ Wichtige Kennzahlen des Verkaufs sind:
- Umsatzentwicklung
- Umsatz je m^2 Verkaufsfläche
- Durchschnittlicher Umsatz je Mitarbeiter
- Durchschnittlicher Umsatz je Kunde

Übungsaufgabe

88 1. Welchem Zweck dient eine Umsatzanalyse (zwei Gründe)?

2. Ein Einzelhandelsunternehmen hat im 1. Halbjahr folgende Umsätze in EUR erwirtschaftet:

	Januar	Februar	März	April	Mai	Juni
Umsatz	210400,00	225800,00	190500,00	220100,00	238700,00	215900,00

Aufgabe

Stellen Sie die Umsatzentwicklung in einem Koordinatensystem dar! Auf der x-Achse sind die Monate (1 cm entspricht einem Monat) und auf der y-Achse der Umsatz (1 cm entspricht 50000,00 EUR) einzutragen!

3. Welche Zielsetzungen werden mit einem Soll-Ist-Vergleich verfolgt?

4. Aus welchen Gründen ist ein Betriebsvergleich erforderlich (zwei Gründe)?

5. Der Jahresumsatz eines Einzelhandelsbetriebs betrug 2800000,00 EUR. Zwanzig Beschäftigte erwirtschafteten auf einer Verkaufsfläche von 1620 m^2 dieses Ergebnis. Im vergangenen Jahr wurden 60840 Kunden gezählt.

Aufgabe

Berechnen Sie folgende Verkaufskennzahlen: durchschnittlicher Umsatz je Mitarbeiter, Umsatz je m^2 Verkaufsfläche und den durchschnittlichen Umsatz je Kunde!

6. Ein Einzelhandelsgeschäft betreibt neben dem Haupthaus noch zwei Filialen. Der Gesamtumsatz des Einzelhandelsgeschäfts betrug im vergangenen Geschäftsjahr 3409900,00 EUR. Der Anteil der Filiale I am Gesamtumsatz beträgt 511485,00 EUR, der Anteil der Filiale II 852475,00 EUR. Die Anzahl der Mitarbeiter beträgt im Haupthaus 26 Verkäufer, in der Filiale I 6 Verkäufer und in der Filiale II 11 Verkäufer. Im vergangenen Geschäftsjahr wurden im Haupthaus 110592 Kunden gezählt. Die Verkaufsflächen betragen im Haupthaus 980 m^2, in der Filiale I 210 m^2 und in der Filiale II 390 m^2.

Aufgaben

Berechnen Sie mit den angegebenen Daten folgende Verkaufszahlen:

6.1 Umsatzanteil des Haupthauses und der Filialen,

6.2 durchschittlicher Umsatz je Verkäufer,

6.3 durchschnittlicher Umsatz je Kunde,

6.4 Umsatz je m^2 Verkaufsfläche,

6.5 Anzahl der Kunden je Verkäufer!

Lernfeld 9: Preispolitische Maßnahmen vorbereiten und durchführen

1 Preispolitik, Preisstrategie und preispolitische Zielsetzungen

1.1 Preispolitik

(1) Begriff Preispolitik

Wir merken uns:

Unter **Preispolitik** (Preisgestaltung) versteht man das Herab- und Heraufsetzen der Preise mit der Absicht, den Absatz zu beeinflussen.

Zur **Preispolitik** gehören auch die **Gestaltung der Preisnachlässe** (Rabatte, Boni und Skonti) und die **Einräumung von Kundenzielen** (Zahlungsbedingungen). Die Erhöhung (Senkung) der Preisnachlässe kommt einer Senkung (Erhöhung) der Absatzpreise gleich. Die Verlängerung der Kundenziele (Kundenkredit) entspricht, falls die Absatzpreise nicht erhöht werden, einer Preissenkung. Besonders im internationalen Handel spielt die Kreditgewährung als absatzpolitisches Mittel oft eine größere Rolle als die Höhe der Angebotspreise.

(2) Bedeutung von Preisentscheidungen

Der Preis ist im Gegensatz zur Qualität der Ware sofort sichtbar, und zwar sowohl für die Verbraucher wie auch für die Konkurrenten.[1] Er ist daher – neben der Sortimentspolitik – das wichtigste Instrument, die Entwicklung des Einzelhandelsgeschäfts zu beeinflussen. Der Zusammenhang zwischen Preisentscheidungen und anderen wichtigen Entscheidungen in einem Einzelhandelsunternehmen wird durch folgendes Schaubild verdeutlicht.

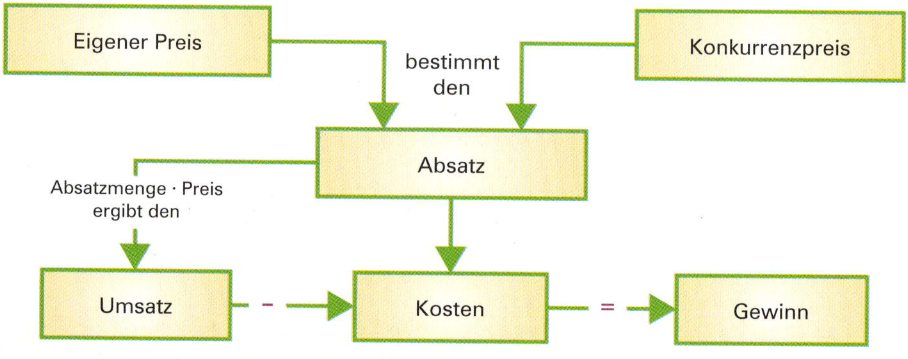

1 Der Einzelhandel ist nach der Preisangabenverordnung zur Preisauszeichnung verpflichtet. Die Preisangabenverordnung wird im Band 1, Lernfeld 4: Waren präsentieren, Kapitel 3, S. 34ff. behandelt.

Beispiel:

Ein Baumarkt verkauft eine Heckenschere zum Preis von 96,00 EUR. Die Selbstkosten betragen 90,00 EUR. Es fällt somit ein Gewinn von 6,00 EUR an. Das entspricht einem Gewinnsatz von $6^2/_3$ %.

Setzt der Baumarkt, bei gleichen Selbstkosten, den Preis auf 99,00 EUR herauf, so beträgt der Gewinn jetzt 9,00 EUR. Der Gewinnsatz beträgt damit 10 %.

Bei diesem Beispiel handelt es sich nur um eine theoretische Berechnung, denn in der Regel sind Preiserhöhungen eine Frage der Veränderung bei den Kosten. Preiserhöhungen können zu einer Gewinnerhöhung führen, sie können aber auch durch Absatzeinbußen zu einem Rückgang des Gewinns führen.

(3) Einflussgrößen für die Preisfindung

Für die Preisfindung sind insbesondere fünf Einflussgrößen von Bedeutung: das angestrebte Unternehmensziel, die Kosten, die Nachfragereaktion (die Abnehmer), die Konkurrenz sowie Vorgaben der Hersteller.

Angestrebtes Unternehmensziel

Grundlegend für jede Form der Preisfindung ist das angestrebte Unternehmensziel.

Beispiele:

- Strebt der Einzelhändler einen maximalen Gewinn an, wird er versuchen, einerseits die Verkaufspreise so hoch wie möglich anzusetzen und andererseits die Kosten zu minimieren, um eine möglichst hohe Gewinnspanne zu erzielen.
- Strebt der Einzelhändler eine Ausweitung seines Marktanteils an, wird er versuchen, mit niedrigen Preisen die Kunden in sein Geschäft zu ziehen und somit vorübergehend auf eine maximale Gewinnerzielung verzichten.

Kostenorientierte Preisfindung

Dem Einzelhandelsunternehmen entstehen von der Warenbeschaffung bis zum Verkauf Kosten. Eine kostenorientierte Preisfindung geht grundsätzlich davon aus, dass der Preis diese Kosten decken und das zusätzlich ein angemessener Gewinn erzielt werden sollte.

Die Berechnung des Verkaufspreises erfolgt mit Hilfe des Kalkulationsschemas. Ob sich dieser kalkulierte Preis am Markt tatsächlich durchsetzen lässt, hängt vor allem vom Verhalten der anderen anbietenden Einzelhandelsunternehmen und der Kunden ab.[1]

Abnehmerorientierte (nachfrageorientierte) Preisfindung

Diese Art der Preisfindung berücksichtigt die Preisvorstellungen der Abnehmer. In diesem Zusammenhang interessiert den Einzelhändler insbesondere die Frage, welchen Preis die Abnehmer beim Kauf einer bestimmten Ware noch bereit sind zu zahlen **(Frage der Preisobergrenze).** Daneben beschäftigt den Einzelhändler die Frage: Wie reagieren die Nachfrager auf Preisänderungen? Das Wissen um die voraussichtliche Reaktion der Kunden

---

1 In bestimmten Marktsituationen kann es sein, dass sich der Einzelhändler damit begnügt, dass nur ein Teil seiner Kosten durch den Verkaufspreis abgedeckt wird. Vgl. hierzu die Ausführungen zur Deckungsbeitragsrechnung im Band 3, Lernfeld 11: Geschäftsprozesse erfolgsorientiert steuern, Kapitel 6.

16 Speth – ISBN-13: 978-3-8120-0539-5

auf Preissenkungen bzw. Preiserhöhungen ist für den Einzelhändler von großer Bedeutung, um seinen Preisspielraum abschätzen zu können **(Frage der Reaktion der Nachfrager auf Preisänderungen).**

Beispiel:

Das Reinigungsmittel „Blankomat" kostet 1,80 EUR je Tube. Zu diesem Preis werden in einem Supermarkt 300 Tuben je Woche verkauft. Der Supermarktbesitzer senkt den Preis von „Blankomat" im Rahmen einer Sonderaktion um 20 % auf 1,44 EUR. Daraufhin nimmt der Absatz um 25 % oder 75 Stück zu.

Umsatz vor der Preissenkung:	300 Tuben · 1,80 EUR = 540,00 EUR
Umsatz nach der Preissenkung:	375 Tuben · 1,44 EUR = 540,00 EUR

Die Rechnung zeigt, dass sich die Sonderaktion für den Einzelhändler nicht gelohnt hat, denn obwohl der Absatz um 5 % höher ist als der Preisnachlass, bleibt der Umsatz gleich hoch.

Für Filialunternehmen stellt sich zudem noch die Frage, ob sie an den verschiedenen Standorten unterschiedlich hohe Preise für dieselbe Ware verlangen können **(Frage der Preisdifferenzierung).**

Beispiel:

Ein Textilhaus verlangt in seiner Filiale im Zentrum einer Großstadt für einen Anzug 189,00 EUR. Den gleichen Anzug verkauft das Textilhaus in einer Stadt mit einer hohen Arbeitslosigkeit in der dortigen Filiale für 159,00 EUR.

■ Wettbewerbsorientierte (konkurrenzorientierte) Preisfindung.

Bei dieser Art der Preisfindung richtet sich ein Unternehmen bei der Festlegung des eigenen Preises nach den Preisen der Konkurrenten, und zwar weitgehend unabhängig von der unternehmensindividuellen Kosten- und Nachfragesituation. Dabei eröffnen sich einem Unternehmen drei Möglichkeiten, nämlich die **Anpassung** an den Preis des Marktführers **(Leitpreis)**, eine konsequente **Preisunterbietung** oder aber eine **Preisüberbietung.**

Unter bestimmten Marktbedingungen kann es für den Anbieter sinnvoll sein, Lockvogelpreise bzw. „psychologische Preise" festzulegen.

- **Lockvogelpreise.** Im Einzelhandel werden gern allgemein bekannte Markenartikel, deren generelle Preisstruktur den Kunden bekannt ist, stark im Preis herabgesetzt. Dahinter steht die Absicht, Kunden in das Geschäft zu locken, in der Hoffnung, dass der Kunde auch andere, teurere Waren zusätzlich einkauft. Im Regelfall wehren sich die Hersteller von Markenartikeln dagegen, dass ihre Markenware als „Lockvogel" verwendet wird, da sie befürchten, dass der niedrige Preis das Markenimage schädigt. Lockvogel-angebote müssen so gekennzeichnet werden (z.B. als Sonderangebot), dass der Einzelfallcharakter dieses Angebotspreises für den Kunden erkennbar ist [§§ 3, 5 UWG]. Der Kunde soll aus dem Angebotspreis nicht schließen, dass das gesamte Warenangebot des Anbieters auf diesem Preisniveau angeboten wird.
- **Psychologische Preisfestsetzung.** Neben rationalen Gesichtspunkten spielen psychologische Elemente bei der Kaufentscheidung eine wichtige Rolle. Die Einzelhändler sind daher bestrebt, ihre Preisgestaltung den Eigenarten, Wünschen, Gewohnheiten oder Verhaltensweisen der Nachfrager anzupassen.

Beispiele:

Der Preis für bestimmte Produkte (z.B. Parfüm, Markenbekleidung, Nobelkarossen, Schmuck usw.) wird hoch angesetzt, um Haushalten mit hohem Einkommen einen Prestigewert anzubieten (Prestige- und Statuskonsum).

Die Preise werden optisch so festgelegt, dass sie als günstig empfunden werden. Ein Preis von 499,00 EUR wird als wesentlich günstiger empfunden, als ein Preis von 500,00 EUR.

Für ein Produkt wird ein hoher Listenverkaufspreis (Vergleichspreis) angegeben und das Produkt dann mit beträchtlichen Abschlägen zum Verkauf angeboten. So könnte auf dem Preisschild stehen „Wintermäntel" reduziert von 500,00 EUR auf 299,00 EUR. Künstlich überhöhte Preise („Mondpreise") sind als Vergleichsbasis bzw. als Ausgangsbasis für hohe Preisabschläge verboten [§ 3 UWG].

Vorgaben der Hersteller

Hersteller können dem Einzelhandel Empfehlungen vorgeben, zu welchem Preis er die Waren verkaufen soll. Solche Preisempfehlungen sind **unverbindlich** (empfohlener Verkaufspreis), d.h. rechtlich nicht bindend. Eine **verbindliche Preisbindung** durch den Hersteller erlaubt der Gesetzgeber z.B. für

- Bücher und Zeitschriften,
- rezeptpflichtige Medikamente und
- Zigaretten.

Die vom Gesetzgeber erlaubte verbindliche Preisbindung bezeichnet man auch als Preisbindung der zweiten Hand.

1.2 Preisstrategie

Wir merken uns:

Als **Preisstrategie**[1] bezeichnet man das Festlegen des Sortiments (bzw. Teile des Sortiments) auf ein bestimmtes Preisniveau. Die Preisstrategie ist eine Form der Preispolitik.

Grundsätzliche Preisstrategien sind die Hochpreisstrategie und die Niedrigpreisstrategie.

Hochpreisstrategie

Bei der **Hochpreisstrategie** versucht der Anbieter langfristig einen hohen Preis für seine Produkte zu erzielen, indem er die Produkte mit einer „Prämie" ausstattet, z.B. gleich bleibend hoher Qualitätsstandard, hohes Image, Distribution in Exklusivläden bzw. Bera-

1 Strategie (gr.-lat.): Genauer Plan des eigenen Vorgehens, um ein militärisches, politisches, wirtschaftliches oder ein anderes Ziel zu erreichen, indem man diejenigen Faktoren, die in die eigene Aktion hineinspielen könnten, von vornherein einzuplanen versucht. Strategische Ziele sind **langfristig** zu erreichende Ziele. Dementsprechend versteht man unter strategischer Planung eine langfristige Planung, die durch eine **taktische Planung** (mittelfristige Planung) und eine **operative Planung** (kurzfristige Planung) ergänzt werden muss. Taktik wurde früher vor allem im militärischen Bereich im Sinne von „geschickter Kampf- und Truppenführung" verwendet. Unter Operation (gr.-lat.) versteht man eine Handlung, ein Verfahren oder einen Denkvorgang (operativ: als konkrete Maßnahme unmittelbar wirkend).

tungszentren, langfristige Garantiezeiten für Ersatzteile, Reparaturservice innerhalb 24 Stunden u. Ä. Diese Art der Hochpreisstrategie bezeichnet man als **Prämienpreisstrategie.** Voraussetzung für diese Preisstrategie ist, dass das Produkt eine Alleinstellung hat und die Preiselastizität der Nachfrage zumindest sehr gering ist.

Beispiele:

Champagner, Hummer, Kaviar, Tafelsilber, Rolls-Royce, Porsche, Rolex-Uhren, Cartier-Schmuck, Bogner-Kleidung usw.

Eine Sonderart der Hochpreisstrategie stellt die **Skimming-Strategie**[1] dar. Diese Preisstrategie setzt, insbesondere bei Innovationsgütern, den Einführungspreis hoch an, um die Forschungs- und Entwicklungskosten schnell abzudecken. Das Unternehmen senkt den Preis aber jedesmal, wenn der Absatz zurückgeht, um jeweils die nächste Schicht preisbewusster Kunden für sich zu gewinnen. Ziel dieser Preisstrategie ist das Abschöpfen des Marktes.

Die Skimming-Strategie ist unter folgenden Bedingungen sinnvoll: (1) Es besteht eine ausreichend große Kundenzahl, die bereit ist, das Produkt zu einem hohen Preis zu erwerben. (2) Die kleine Absatzmenge bringt trotz hoher Stückkosten eine höhere Gewinnspanne. (3) Der hohe Einführungspreis lockt keine weiteren Konkurrenten auf den Markt. (4) Der hohe Preis unterstützt den Anspruch, dass die Ausstattungselemente des Produktes eine Alleinstellung einnehmen.

Niedrigpreisstrategie

Bei der **Niedrigpreisstrategie** strebt der Anbieter an, dass der geforderte Preis dauerhaft unter dem Preis vergleichbarer Produkte liegt. Ziele einer Niedrigpreisstrategie können sein: Verdrängung von Wettbewerbern, Verhinderung des Markteintritts neuer Anbieter, Auslastung der Kapazität, Aufbau eines Niedrigpreisimages. Die Niedrigpreisstrategie wird vor allem zur Verkaufsförderung (Promotion) von Massenwaren, die keinen hohen Serviceanspruch haben, herangezogen. Diese Art von Preisstrategie bezeichnet man als **Promotionspreispolitik.**[2]

Beispiele für Unternehmen, die eine Niedrigpreisstrategie betreiben sind:

Aldi, Norma, Lidl, OBI, Ratiopharm (Herstellung von Generika).[3]

Die **Penetrationspreispolitik,**[4] als eine Sonderart der Niedrigpreisstrategie, versucht mit kurzfristig niedrigen Preisen für neue Produkte schnell einen hohen Marktanteil zu erreichen. Nach der Markteinführung werden die Preise dann angehoben. Die Festsetzung eines niedrigen Preises ist zweckmäßig, (1) wenn die Preissensibilität[5] des Marktes hoch ist, (2) niedrige Preise ein Marktwachstum stimulieren und (3) ein niedriger Preis den Markteintritt von Konkurrenten verhindert.

1 To skim: abschöpfen, absahnen.

2 Promotion: Förderung.

3 Werden Medikamente, deren Schutzrechte abgelaufen sind, in der gleichen Zusammensetzung wie das Original hergestellt, so spricht man von Generikapräparaten.

4 Penetration (lat.): Durchdringung, Durchsetzung.

5 Sensibilität: Empfindlichkeit; sensibel: empfindsam, feinfühlig.

1.3 Preispolitische Zielsetzungen

Im Folgenden werden fünf **wesentliche Zielsetzungen** vorgestellt, denen die Preispolitik bzw. die Preisstrategie dienen kann.

Fortbestand des Einzelhandelsunternehmens

Um das Einzelhandelsgeschäft fortführen zu können, werden häufig die Preise gesenkt. Dann ist das „nackte Überleben" wichtiger als Gewinne. Der bloße Fortbestand des Unternehmens kann jedoch nur ein kurzfristiges Ziel sein.

Kurzfristige Gewinnmaximierung

In diesem Fall werden die voraussichtliche Nachfrage und die voraussichtlichen Kosten für jede Preisalternative abgeschätzt. Man entscheidet sich dann für den Preis, der den größtmöglichen kurzfristigen Gewinn verspricht.

Maximales Absatzwachstum

Hier wird unterstellt, dass eine Erhöhung des Absatzvolumens niedrigere Kosten je Wareneinheit und später höhere Gewinne zur Folge hat. Die Preise werden bei dieser Zielsetzung so niedrig wie möglich angesetzt **(Preispolitik der Marktpenetration)**.

Maximale Marktabschöpfung

Hierbei werden für eine (echte) Produktinnovation hohe Preise festgesetzt, um den Markt abzuschöpfen (Skimming-Strategie).[1] Jedesmal, wenn der Absatz rückläufig ist, senkt der Einzelhändler dann den Preis, um die nächste Schicht preisbewusster Kunden zu gewinnen.

Qualitätsführerschaft

Das Einzelhandelsunternehmen nimmt bei dieser Zielsetzung einen höheren Preis, um die Kosten für die hohe Warenqualität zu decken.

Zusammenfassung

- Unter der **Preispolitik** versteht man das Herab- oder Heraufsetzen der Absatzpreise mit der Absicht, den Absatz und/oder Gewinn zu beeinflussen.
- Wichtige **Einflussgrößen bei der Preisfindung** sind
  - das angestrebte Unternehmensziel,
  - die anfallenden Kosten,
  - die Preisvorstellungen der Abnehmer,
  - die Preispolitik der Wettbewerber,
  - Vorgaben der Hersteller.
- Als **Preisstrategie** bezeichnet man das Festlegen des Sortiments (Teilsortiments) auf ein bestimmtes Preisniveau.

1 Siehe hierzu die Ausführungen auf S. 244.

- Als **grundsätzliche Preisstrategien** können gewählt werden:
  - **Hochpreisstrategie (Prämienstrategie).** Sie versucht langfristig einen hohen Preis für die Produkte zu erzielen, indem die Produkte mit einer „Prämie" ausgestattet werden. Eine besondere Art der Hochpreisstrategie ist die **Skimming-Strategie.**
  - **Niedrigpreisstrategie (Promotionspreispolitik).** Hier versucht der Einzelhändler, dass der Preis für sein Produkt dauerhaft unter dem Preis vergleichbarer Produkte liegt. Eine besondere Art der Niedrigpreisstrategie ist die **Penetrationspreispolitik.**
- Wichtige **Zielsetzungen der Preispolitik** und der **Preisstrategie** sind:
  - Sicherung des Fortbestandes des Einzelhandelsunternehmens,
  - kurzfristige Gewinnmaximierung,
  - maximales Absatzwachstum,
  - maximale Marktabschöpfung,
  - Qualitätsführerschaft.

Übungsaufgabe

89

1. Von welchen betriebsinternen und betriebsexternen Einflüssen wird die Preispolitik eines Einzelhandelsunternehmens bestimmt?

2. Ein Einzelhandelsunternehmen steht vor der Entscheidung, eine Zahncreme unter neuer Marke einzuführen.

   Aufgaben

   2.1 Nach welchen Kriterien könnte der Einführungspreis bestimmt werden?

   2.2 Für welchen Weg der Preisbestimmung würden Sie sich einsetzen? Begründen Sie Ihre Meinung!

3. Ein Sportgeschäft beabsichtigt, eine neuartige elektronische Skibindung in ihr Sortiment aufzunehmen.

   Aufgaben

   3.1 3.1.1 In der Einführungsphase plant das Sportgeschäft, eine Abschöpfungsstrategie anzuwenden. Was versteht man unter diesem Begriff?

   3.1.2 Welche Gründe könnten das Sportgeschäft zur Wahl dieser preispolitischen Strategie veranlasst haben?

   3.2 Wodurch unterscheidet sich die Skimming-Strategie von der Prämienpreisstrategie?

   3.3 Wäre es Ihrer Meinung nach im vorliegenden Fall sinnvoll, dem Einzelhändler zu raten, eine Penetrationspreispolitik zu betreiben? Begründen Sie Ihre Meinung!

   3.4 Nennen Sie die Ziele, die mit einer Niedrigpreisstrategie verbunden sind!

   3.5 Bei der Preisfestsetzung kann es für ein Einzelhandelsunternehmen vorübergehend sinnvoll sein, die Preise unter die allgemein angekündigte und geforderte Preisfestsetzung abzusenken. Begründen Sie die Richtigkeit dieser Aussage anhand von zwei selbst gewählten Beispielen!

2 Kalkulation

2.1 Einführung

Ziel der Kalkulation ist es, für jeden Artikel den Bruttoverkaufspreis zu berechnen. Die Berechnung des Bruttoverkaufspreises kann in die drei Abschnitte

- Einkaufs- und Bezugskalkulation,
- Kalkulation der Selbstkosten und
- Verkaufskalkulation

gegliedert werden. Die Einkaufs- und Bezugskalkulation wurde bereits auf S. 75f. dargestellt. Aus Gründen der Übersicht wird dieser Teil der Kalkulation nochmals kurz wiederholt.

Beispiel:

Ein Einzelhändler erhält Ware zu folgenden Bedingungen: Listeneinkaufspreis 507,00 EUR zuzüglich 19 % Umsatzsteuer, 33 $^1/_3$ % Wiederverkäuferrabatt, 2 % Skonto, Kosten für Fracht, Anfuhrkosten und Transportversicherung pauschal 52,00 EUR zuzüglich 19 % Umsatzsteuer.

Aufgabe:

Wie viel EUR beträgt der Einstandspreis?

Lösung:

	100 %		Listeneinkaufspreis netto	507,00 EUR
	33 $^1/_3$ %	–	Liefererrabatt	169,00 EUR
100 %	←		Zieleinkaufspreis	338,00 EUR
2 %		–	Liefererskonto	6,76 EUR
			Bareinkaufspreis	331,24 EUR
		+	Bezugskosten	52,00 EUR
			Einstandspreis (Bezugspreis)	383,24 EUR

2.2 Kalkulation der Selbstkosten (Vorwärtskalkulation)

Das Ziel der Kalkulation besteht darin, die Kosten zu ermitteln, die nach der Einlagerung der Waren (nach dem Einstandspreis) anfallen. Von der Lagerung bis zum Verkauf entstehen dem Kaufmann nämlich noch weitere Kosten. Wir nennen sie **Handlungskosten**.

(1) Handlungskosten

Handlungskosten sind die Kosten, die aufgrund der **Betriebstätigkeit** anfallen. Hierzu rechnen beispielsweise

- **Lagerkosten** (Gehälter und Löhne des Lagerpersonals, Lagerzinsen, Reparaturen und Abschreibungen für die Lagergebäude, Kostenanteil für Licht und Heizung);
- **Verkaufskosten** (Ausgangsfrachten, Verpackungskosten, Werbekosten, Gehälter und Löhne des Verkaufspersonals, Kosten für Beförderungsmittel einschließlich Reparaturen und Abschreibungen);
- **Allgemeine Verwaltungskosten** (Rechts- und Beratungskosten, Steuern, Bürokosten, Gehälter und Löhne für Angestellte und Arbeiter, Abschreibungen).

In Ermangelung feststellbarer Einzelwerte werden die Handlungskosten pauschal mit einem Prozentsatz auf den Einstandspreis (Bezugspreis) aufgeschlagen. Der Bezugspreis ist dabei 100 %.

Einstandspreis + Handlungskosten = Selbstkosten[1]

(2) Handlungskostenzuschlagssatz

Den Prozentsatz, mit dem die Handlungskosten einkalkuliert werden, nennt man Handlungskostenzuschlagssatz. Er wird ermittelt, indem man den Prozentanteil der Handlungskosten einer abgelaufenen Geschäftsperiode an den Einstandspreisen (Wareneinsatz) dieser Geschäftsperiode errechnet.

Beispiel:

Das Fahrrad- und Motorradhaus Friedrich Flitzer e.Kfm. weist für das vergangene Geschäftsjahr folgende Kosten aus:

Wareneinsatz (Einstandspreis)	1 125 000,00 EUR
Handlungskosten	675 000,00 EUR

Aufgabe:

Berechnen Sie den Handlungskostenzuschlagssatz!

Lösung:

1 125 000,00 EUR Wareneinsatz ≙ 100 %
675 000,00 EUR Handlungskosten ≙ x %

$$\text{Handlungskostenzuschlagssatz} = \frac{675\,000 \cdot 100}{1\,125\,000} = \underline{\underline{60\,\%}}$$

Der Handlungskostenzuschlagssatz ist das Mittel, mit dem im Rahmen der Kalkulation die Handlungskosten erfasst werden.

Wir merken uns:

Unter **Handlungskostenzuschlagssatz** verstehen wir den prozentualen Anteil der Handlungskosten am Wareneinsatz

$$\text{Handlungskostenzuschlagssatz} = \frac{\text{Handlungskosten} \cdot 100}{\text{Wareneinsatz}}$$

1 Statt Selbstkosten wird häufig auch der Begriff Selbstkostenpreis verwendet. Beide Begriffe sind gleichwertig verwendbar.

(3) Selbstkosten

Beispiel:

Das Fahrrad- und Motorradhaus Friedrich Flitzer e. Kfm. bestellt bei der Fahrradfabrik ein Rennrad Marke „Spurt" zu folgenden Bedingungen: Listeneinkaufspreis 390,00 EUR zzgl. 19% Umsatzsteuer, $33\,^1/_3$ % Wiederverkäuferrabatt, 2 % Skonto, Kosten für Verpackung, Fracht, Anfuhrkosten und Transportversicherung pauschal 40,00 EUR zzgl. 19 % Umsatzsteuer. Das Fahrradhaus rechnet mit einem Handlungskostenzuschlagssatz von 60 %.

Aufgabe:

Wie viel EUR betragen die Selbstkosten?

Lösung:

	100 %		Listeneinkaufspreis netto	390,00 EUR
	$33^1/_3$ %	–	Liefererrabatt (vom Hundert)	130,00 EUR
100 %	←		Zieleinkaufspreis	260,00 EUR
2 %		–	Liefererskonto (vom Hundert)	5,20 EUR
			Bareinkaufspreis	254,80 EUR
		+	Bezugskosten	40,00 EUR
	100 %		Einstandspreis (Bezugspreis)	294,80 EUR
	60 %	+	Handlungskosten (vom Hundert)	176,88 EUR
	160 %		Selbstkosten	471,68 EUR

Die **Selbstkosten** decken alle Kosten ab, die mit dem Ein- und Verkauf des Rennrades „Spurt" zusammenhängen. In der Regel stellen die Selbstkosten die *unterste Grenze des Verkaufspreises* einer Ware im Konkurrenzkampf dar, denn nur bei diesem Preis lässt sich ein Verlust vermeiden.

Übungsaufgabe

90 1. Die Kostenrechnung eines Einzelhandelsgeschäftes weist für die vergangene Geschäftsperiode folgende Zahlen aus:
Wareneinsatz 250 000,00 EUR, Handlungskosten 75 000,00 EUR

1.1 Berechnen Sie den Handlungskostenzuschlagssatz!

1.2 Dem Einzelhändler wird eine Küchenmaschine zu einem Preis von 250,00 EUR angeboten. Bei einer Abnahme von 10 Stück erhält er einen Mengenrabatt von 15 % und bei Zahlung innerhalb von 14 Tagen 2 % Skonto. Die Bezugskosten betragen 137,50 EUR für 10 Stück.

Ermitteln Sie mit dem unter 1.1 berechneten Handlungskostenzuschlagssatz die Selbstkosten pro Stück bei der Abnahme von 10 Stück!

2. Die Buchhaltung eines Sportgeschäfts liefert der Abteilung Kalkulation folgende Daten:

Aufwendungen für Waren	320 600,00 EUR
Aufwendungen für Material und bezogene Leistungen (z. B. Verpackungsmaterial, Energiekosten, Reparaturmaterial, Abfallentsorgung, Reinigung)	10 216,00 EUR

Personalkosten (z. B. Löhne, Gehälter, Arbeitgeberanteil zur Sozialversicherung, Beiträge zur Berufsgenossenschaft)	42 720,00 EUR
Abschreibungen auf Sachanlagen	6 950,00 EUR
Aufwendungen für Kommunikation sowie Beiträge (z. B. Büromaterial, Telefonkosten, Postentgelte, Reisekosten, Werbung, Versicherungsbeiträge)	16 720,00 EUR
Betriebliche Steuern (z. B. Grundsteuer, Kfz-Steuer, Gewerbesteuer)	9 956,00 EUR

2.1 Berechnen Sie den Handlungskostenzuschlagssatz!

2.2 Das Sportgeschäft bezieht 8 Snowcycle zum Listeneinkaufspreis von 275,00 EUR je Stück. Einkaufsbedingungen: 12 % Rabatt, bei Zahlung innerhalb 20 Tagen 3 % Skonto. Die Frachtkosten für die Sendung betragen insgesamt 48,00 EUR.

Berechnen Sie die Selbstkosten für einen Snowcycle, indem Sie den in 2.1 errechneten Handlungskostenzuschlagssatz heranziehen!

3. Der Bezugspreis eines Artikels beträgt 35,20 EUR, die Handlungskosten 15,84 EUR.

   Wie viel Prozent beträgt der Handlungskostenzuschlagssatz?

2.3 Verkaufskalkulation (Vorwärtskalkulation)

2.3.1 Berechnung des Bruttoverkaufspreises (Auszeichnungs- bzw. Ladenpreis) ohne Kundenskonto und Kundenrabatt

(1) Gewinnaufschlag

Der Unternehmer kann sich nicht mit dem Erlös der Selbstkosten zufrieden geben, vielmehr ist er tätig, um einen Gewinn zu erzielen. Durch den **Gewinn** möchte der Unternehmer drei Leistungen erstattet haben:

- die **Kapitalverzinsung** für das im Einzelhandelsgeschäft investierte Kapital;
- die **Risikoprämie** als Vergütung für die Gefahr, dass das Unternehmen Verluste erleidet und dadurch das Kapital aufgezehrt wird;
- den **Unternehmerlohn** für seine Mitarbeit im Geschäft.

Einen absoluten EUR-Betrag für eine angemessene Gewinnhöhe kann man nicht festlegen, da die Einkaufspreise der verschiedenen Artikel unterschiedlich hoch sind. Man kann den Gewinnaufschlag nur als relative Größe, d. h. als prozentualen Aufschlag auf die Selbstkosten bestimmen. Hierbei kann der Unternehmer nicht nach Belieben entscheiden. Der Wettbewerb auf dem freien Markt führt häufig zu einem Druck auf die Preise und setzt so dem Gewinnstreben des Unternehmers Grenzen.

Wir merken uns:

Der Gewinn wird über einen prozentualen Aufschlag auf die Selbstkosten einkalkuliert (Gewinnsatz). Die Selbstkosten sind dabei 100 %.

$$\text{Gewinn} = \frac{\text{Selbstkosten} \cdot \text{Gewinnsatz}}{100}$$

$$\text{Selbstkosten} + \text{Gewinn} = \text{Nettoverkaufspreis}$$

(2) Berücksichtigung der Umsatzsteuer

Die bisher genannten Preise sind jeweils Nettopreise, d.h., die Preise enthalten keine Umsatzsteuer, da die Umsatzsteuer für den Einzelhändler keinen Kostenbestandteil darstellt.

Soll jedoch der vom Kunden tatsächlich zu zahlende Preis ermittelt werden, muss auf den zuletzt ermittelten Preis die Umsatzsteuer aufgeschlagen werden, die je nach Warenart mit 19 % oder 7 % anzusetzen ist.

Wir führen die Kalkulation bis zum Bruttoverkaufspreis durch, weil nach den Preisauszeichnungsvorschriften im Einzelhandel der Ladenverkaufspreis die Umsatzsteuer enthalten muss.

Beispiel:

Wir führen die Kalkulation des Rennrades „Spurt" fort. Der Selbstkostenpreis beträgt 471,68 EUR. Das Fahrradhaus Flitzer rechnet mit einem Gewinnsatz von 20 %. Die Umsatzsteuer beträgt 19 %.

Aufgabe:

Wie viel EUR beträgt der Bruttoverkaufspreis?

Lösung:

	100 %		Selbstkosten	471,68 EUR
	20 %	+	Gewinn	94,34 EUR
100 %	←		Nettoverkaufspreis	566,02 EUR
19 %		+	Umsatzsteuer	107,54 EUR
119 %			Bruttoverkaufspreis	673,56 EUR

Übungsaufgabe

91 1. Die Selbstkosten für einen Artikel betragen 851,60 EUR. Wir kalkulieren mit 8 % Gewinn und 19 % USt.
Wie viel EUR beträgt der Bruttoverkaufspreis?

2. Der Einstandspreis einer Ware beträgt 36,40 EUR. Wir kalkulieren mit einem Handlungskostenzuschlagssatz von 55 %, 8,5 % Gewinn und 19 % USt.
Wie viel EUR beträgt der Bruttoverkaufspreis?

3. Der Gewinn an einer Ware beträgt 59,50 EUR, das sind 8,5 % der Selbstkosten.
Wie viel EUR beträgt der Nettoverkaufspreis?

4.

Sportmoden
Franz Wölfle GmbH
Danziger Straße · 73730 Esslingen

Sportmoden Franz Wölfle GmbH, Postfach 321, 73730 Esslingen

Modehaus
Eva Busch e. Kfr.
Mozartstr. 14
83024 Rosenheim

Rechnungsdatum
19.09.20..

Rechnung Nr. 1709

Lief.-Datum	Artikelnummer	Artikel	Anzahl	Stückpreis	Gesamtpreis
15.09.20..	70 410-5 „Beauty"	Steppjacken	30	32,25	967,50 EUR
Frachtpauschale ups					27,18 EUR
+ 19 % Umsatzsteuer					188,99 EUR
Rechnungsbetrag					1 183,67 EUR

Zahlungsbedingungen: 2 % Skonto auf den reinen Warenpreis innerhalb von 7 Tagen ab Rechnungsdatum, sonst 21 Tage rein netto Kasse.

Sitz der Gesellschaft: Esslingen, RG Esslingen HRB 1465 · Steuer-Nr. 97140/515

4.1 Berechnen Sie den Überweisungsbetrag am 25.09.20..!

4.2 Berechnen Sie den Einstandspreis für diesen Artikel mit dem Kalkulationsschema!

4.3 Ein Wettbewerber bietet die Steppjacken zu einem Ladenpreis von 73,99 EUR an. Kann das Modehaus Eva Busch e. Kfr. diesen Preis unterbieten? (Rechnerischer Nachweis mit dem Kalkulationsschema!)

Berücksichtigen Sie folgende Kalkulationsdaten: Handlungskostenzuschlagssatz: 35 %, Gewinnzuschlag: 40 %, Umsatzsteuer: 19 %.

5. Für die Berechnung des Nettoverkaufspreises einer Ware liefert uns die Kalkulation die folgenden Daten:

Einstandspreis	12,15 EUR
Selbstkosten	16,20 EUR
Nettoverkaufspreis	18,80 EUR

Wie viel Prozent beträgt der Handlungskostenzuschlagssatz?

6. Ein Einzelhändler entnimmt seiner Kostenrechnung folgende Zahlen:

Wareneinsatz	340 000,00 EUR
Selbstkosten	415 000,00 EUR
Warenumsatz zu Nettoverkaufspreisen	472 270,00 EUR

Wie viel Prozent beträgt der Gewinn?

7. Aus der Kostenrechnung entnehmen wir folgende Zahlenwerte:

Wareneinsatz	560 000,00 EUR
Umsatzerlöse zu Nettoverkaufspreisen	870 400,00 EUR
Handlungskostenzuschlagssatz	30 %

Wie viel EUR betragen die Selbstkosten?

2.3.2 Berechnung des Bruttoverkaufspreises (Auszeichnungs- bzw. Ladenpreis) unter Berücksichtigung von Kundenskonto und Kundenrabatt

(1) Berechnung von Kundenskonto und Kundenrabatt

Wird dem Kunden Rabatt und Skonto gewährt, hat der Einzelhändler diese zuvor in den Preis einzurechnen, ansonsten gehen die Preisnachlässe zu Lasten seines Gewinns.

Für die Einrechnung der Preisnachlässe an den Kunden müssen wir uns in *die Lage des Kunden versetzen.* Der Kunde erhält zunächst vom Nettoverkaufspreis den Rabatt eingeräumt und kann dann erst (sofern er innerhalb der Skontofrist bezahlt) von dem gekürzten Betrag (Zielverkaufspreis) den angebotenen Skonto abziehen. Weil der Kunde die Nachlässe in dieser Reihenfolge abzieht, muss der Einzelhändler sie in umgekehrter Reihenfolge aufschlagen.

Rabatt und Skonto sind in der gleichen Höhe einzurechnen, in der sie der Kunde abzieht. Da der Kunde den Ladenverkaufspreis (Bruttoverkaufspreis) bzw. den Zielverkaufspreis zum Ausgangspunkt der Rechnung nimmt, sind diese Größen für ihn jeweils 100%, d.h., der Einzelhändler hat daher **Rabatt** und **Skonto** durch eine **Im-Hundert-Rechnung** einzurechnen.

(2) Berechnung der Umsatzsteuer

Lieferungen im Inland unterliegen der Umsatzsteuer, d.h., zum Nettoverkaufspreis sind noch 19 % bzw. 7 % USt hinzuzurechnen. Da der zuletzt berechnete Verkaufspreis das Entgelt des Einzelhändlers ausmacht, sind von diesem Preis (Nettoverkaufspreis entspricht 100%) 19% bzw. 7% USt zu berechnen. Es handelt sich also um eine **Vom-Hundert-Rechnung.** Obwohl die Umsatzsteuer für den Kaufmann keinen Kostenbestandteil darstellt, führen wir die Kalkulation bis zum Bruttoverkaufspreis durch, weil nach den Preisauszeichnungsvorschriften im Einzelhandel der Ladenverkaufspreis die Umsatzsteuer enthalten muss.

Beispiel:

Wir erweitern die Kalkulation des Rennrades „Spurt". Der Barverkaufspreis (bisher der Nettoverkaufspreis) beträgt 566,02 EUR. Das Fahrradhaus hat dem langjährigen Kunden bei der Bestellung 10 % Rabatt und 2 % Skonto bei Barzahlung zugesagt.

Aufgabe:

Wie viel EUR beträgt der Bruttoverkaufspreis, wenn 19 % Umsatzsteuer einzurechnen sind?

Lösung:

	98 % 2 %	Barverkaufspreis (bisher Nettoverkaufspreis) + Kundenskonto (im Hundert)	566,02 EUR 11,55 EUR
90 % 10 %	←	Zielverkaufspreis + Kundenrabatt (im Hundert)	577,57 EUR 64,17 EUR
→	100 % 19 %	Nettoverkaufspreis (Listenverkaufspreis netto) + Umsatzsteuer (vom Hundert)	641,74 EUR 121,93 EUR
	119 %	Bruttoverkaufspreis	763,67 EUR

Erläuterungen zum Rechenvorgang:

Für die Berechnung des Kundenskontos (i. H.):

Barverkaufspreis	98 %	≙	566,02 EUR
Kundenskonto	2 %	≙	x EUR

$$x = \frac{566{,}02 \cdot 2}{98} = \underline{\underline{11{,}55 \text{ EUR}}}$$

Für die Berechnung des Kundenrabatts (i. H.):

Zielverkaufspreis	90 %	≙	577,57 EUR
Kundenrabatt	10 %	≙	x EUR

$$x = \frac{577{,}57 \cdot 10}{90} = \underline{\underline{64{,}17 \text{ EUR}}}$$

Für die Berechnung der Umsatzsteuer (v. H.):

Nettoverkaufspreis	100 %	≙	641,74 EUR
Umsatzsteuer	19 %	≙	x EUR

$$x = \frac{641{,}74 \cdot 19}{100} = \underline{\underline{121{,}93 \text{ EUR}}}$$

(3) Zusammenhängende Darstellung des Kalkulationsschemas unter Einbeziehung von Kundenskonto und Kundenrabatt

Aus Gründen der Übersicht haben wir das Kalkulationsschema in einzelne Teilschritte zerlegt. Im Folgenden wird nun die **Gesamtkalkulation** des Rennrades „Spurt" im Überblick dargestellt.

Beispiel:

Das Fahrrad- und Motorradhaus Friedrich Flitzer e. Kfm. bestellt bei der Fahrradfabrik ein Rennrad Marke „Spurt" zu folgenden Bedingungen: Listeneinkaufspreis 390,00 EUR zuzüglich 19% Umsatzsteuer, $33^1/_3$ % Wiederverkäuferrabatt, 2% Skonto, Kosten für Verpackung, Fracht, Anfuhrkosten und Transportversicherung pauschal 40,00 EUR zuzüglich 19% Umsatzsteuer. Das Fahrradhaus rechnet mit einem Handlungskostenzuschlagssatz von 60% sowie mit einem Gewinnzuschlagssatz von 20%. Dem Kunden wurden bei der Bestellung 10% Rabatt und 2% Skonto zugesagt.

Aufgabe:

Wie viel EUR beträgt der Bruttoverkaufspreis, wenn 19% Umsatzsteuer einzurechnen sind?

Lösung:

	100 % $33^1/_3$ %	Listeneinkaufspreis netto – Liefererrabatt (vom Hundert)	390,00 EUR 130,00 EUR
100 % 2 %	←	Zieleinkaufspreis – Liefererskonto (vom Hundert)	260,00 EUR 5,20 EUR
		Bareinkaufspreis + Bezugskosten	254,80 EUR 40,00 EUR
→	100 % 60 %	Einstandspreis (Bezugspreis) + Handlungskosten (vom Hundert)	294,80 EUR 176,88 EUR
100 % 20 %	←	Selbstkosten + Gewinn (vom Hundert)	471,68 EUR 94,34 EUR
→	98 % 2 %	Barverkaufspreis + Kundenskonto (im Hundert)	566,02 EUR 11,55 EUR
90 % 10 %	←	Zielverkaufspreis + Kundenrabatt (im Hundert)	577,57 EUR 64,17 EUR
→	100 % 19 %	Nettoverkaufspreis + Umsatzsteuer (vom Hundert)	641,74 EUR 121,93 EUR
	119 %	Bruttoverkaufspreis	763,67 EUR

Übungsaufgabe

92 1.

Ein Kaufhaus bezieht 500 Herrenjacken zu je 180,00 EUR. Der Lieferer gewährt 10 % Rabatt und 2 % Skonto. Es fallen für die gesamte Sendung 480,00 EUR Frachtkosten an. Das Kaufhaus rechnet mit einem Handlungskostenzuschlagssatz von 25 % und will $11\,^1/_2$ % Gewinn erzielen. Dem Kunden werden 15 % Rabatt und 3 % Skonto gewährt. Der Umsatzsteuersatz beträgt 19 %.

Berechnen Sie den Bruttoverkaufspreis für eine Herrenjacke!

2. Herr Flott, Inhaber eines Fahrradfachgeschäftes, liest eine neu eingetroffene Preisliste. Der Lieferer bietet ein Mountain-Bike zum Preis von 680,00 EUR an. Bei Abnahme von mindestens 20 Stück dieser Spezialräder gewährt der Lieferer 12,5 % Rabatt sowie $2\,^1/_2$ % Skonto bei Bezahlung innerhalb von 10 Tagen nach Erhalt der Rechnung. Die Bezugskosten für 20 Fahrräder betragen 345,00 EUR.

   Kalkulieren Sie den Bruttoverkaufspreis je Fahrrad einschließlich 19 % USt, wenn Herr Flott von diesem Angebot Gebrauch machen will und er mit einem Handlungskostenzuschlagssatz von 22 % und 15 % Gewinn rechnet.

3.

SCHWERTER SOLARWERKE AG

Schwerter Solarwerke AG, 58239 Schwerte

Elektrogroßhandlung
Sauer GmbH
Eichendorffstr. 119
96050 Bamberg

Angebot

Lieferdatum	Angebot-Nr.	Kunden-Nr.	Telefon 02304 16865	58239 Schwerte
20..-04-06	25746	248312		20..-04-10

Artikelbezeichnung	Artikel-Nr.	Menge	Einzelpreis	Gesamtpreis
Solarleuchte „Dolma"	4008	50	75,80 EUR	3 790,00 EUR
+ 19 % Umsatzsteuer				720,10 EUR
				4 510,10 EUR

EINGEGANGEN
12. APRIL ....
Erl. ....

Liefer- und Zahlungsbedingungen:

Der Rabatt für Wiederverkäufer beträgt grundsätzlich 20 % des Listenverkaufspreises. Lieferung frei Haus. Bei Zahlungen innerhalb von 8 Tagen gewähren wir 2 % Skonto, 24 Tage netto Kasse. Umsatzsteuer 19 %.

Sitz der Gesellschaft: Schwerte, RG Schwerte HRB 1205 · Steuer-Nr.: 4578/252810

3.1 Wie viel EUR beträgt der Rechnungsbetrag aufgrund der Angebotsbedingungen?

3.2 Berechnen Sie den Überweisungsbetrag unter Ausnutzung von Skonto!

3.3 Kalkulieren Sie, unter Beachtung der Kalkulationsdaten, den Ladenpreis einer Solarleuchte!

Kalkulationsdaten:

Liefererrabatt:	vgl. Angebot	Kundenrabatt:	5 %
Liefererskonto:	vgl. Angebot	Kundenskonto:	2 %
Handlungskostenzuschlag:	42,5 %	Umsatzsteuer:	19 %
Gewinnzuschlag:	25 %		

4. Einem Elektrohaus wird ein Farbfernseher mit integriertem DVD-Player zu 273,50 EUR angeboten. Der Lieferer gewährt 20 % Rabatt und 3 % Skonto. Die Bezugskosten betragen 5,00 EUR.

Kann der Händler das Angebot annehmen, wenn er das Gerät zu 399,99 EUR verkaufen will? Er kalkuliert mit einem Handlungskostenzuschlagssatz von $16^2/_3$ %, 12 % Gewinnzuschlag, 15 % Kundenrabatt, 2 % Kundenskonto und 19 % Umsatzsteuer.

5. Ein Lebensmittelgeschäft bezieht 165 Gläser Erdbeerkonfitüre zum Preis von 1,32 EUR je Glas. Der Lieferer gewährt 15 % Rabatt und 3 % Skonto. An Bezugskosten fallen an: 3 % Bruchversicherung (vom Einkaufspreis), für Fracht und Anfuhrkosten 22,70 EUR. Das Lebensmittelgeschäft rechnet mit einem Handlungskostenzuschlagssatz von 35 % und will 15 % Gewinn erzielen. Dem Käufer werden 10 % Rabatt und 2 % Skonto angeboten. Die Umsatzsteuer beläuft sich auf 7 %.

Berechnen Sie den Verkaufspreis für ein Glas Erdbeerkonfitüre!

6. Die Kalkulation eines Artikels ergibt folgende Werte:

Listeneinkaufspreis	38,20 EUR	Einstandspreis	32,50 EUR
Zieleinkaufspreis	30,56 EUR	Selbstkosten	44,85 EUR
Bareinkaufspreis	29,64 EUR		

Wie viel Prozent beträgt der Handlungskostenzuschlagssatz?

7. Die Kalkulation liefert uns für einen Artikel folgende Daten:

Einstandspreis	85,90 EUR	Nettoverkaufspreis	135,00 EUR
Selbstkosten	115,40 EUR	Bruttoverkaufspreis	160,65 EUR
Barverkaufspreis	130,95 EUR		

Wie viel Prozent beträgt der Kundenskonto?

8. Das Elektrohaus Hell & Dunkel KG muss seinen Kunden aus Wettbewerbsgründen bei Haushaltsmaschinen Rabatt und Skonto einräumen.

Wie viel EUR beträgt der Bruttoverkaufspreis, wenn in den Barverkaufspreis von 580,00 EUR 12 % Rabatt, 2 % Skonto und 19 % Umsatzsteuer einzurechnen sind?

2.4 Verkürzte Verkaufskalkulation (Vorwärtskalkulation) mit Hilfe von Kalkulationszuschlag und Kalkulationsfaktor

2.4.1 Kalkulationszuschlag

Sofern eine Ware bzw. Warengruppe bei wechselnden Einstandspreisen mit den gleichen Prozentsätzen für die Handlungskosten, den Gewinn und die Verkaufsaufschläge (Kundenskonto, Kundenrabatt und Umsatzsteuer) kalkuliert wird, können diese Aufschläge in einem Prozentsatz zusammengefasst werden. Dieser einheitliche Prozentsatz wird als **Kalkulationszuschlag**[1] bezeichnet.

Da die Bezugsgrundlagen für die einzelnen Aufschläge unterschiedlich sind, ergibt sich dieser einheitliche Prozentsatz nicht durch einfache Addition der Prozentsätze, sondern dadurch, dass man bei einem ungekürzt berechneten Beispiel die Differenz zwischen dem Bruttoverkaufspreis und dem Einstandspreis bildet und diese dann in Prozenten zum Einstandspreis ausdrückt. Mit diesem einmal berechneten Prozentsatz können dann gleichartige Waren bzw. Warengruppen mit unterschiedlichen Einstandspreisen schnell kalkuliert werden.

Beispiel:

Wir greifen auf die Kalkulation des Rennrades „Spurt" von S. 254 zurück.

Aufgaben:

1. Berechnen Sie den Kalkulationszuschlag, der der Kalkulation des Rennrades „Spurt" zugrunde liegt!
2. Treten Sie den Beweis für die Richtigkeit der Rechnung an!

Lösungen:

Zu 1. Berechnung des Kalkulationszuschlags:[2]

	Einstandspreis	294,80 EUR
+	60 % Handlungskosten	176,88 EUR
	Selbstkosten	471,68 EUR
+	20 % Gewinn	94,34 EUR
	Barverkaufspreis	566,02 EUR
+	2 % Kundenskonto	11,55 EUR
	Zielverkaufspreis	577,57 EUR
+	10 % Kundenrabatt	64,17 EUR
	Nettoverkaufspreis	641,74 EUR
+	19 % Umsatzsteuer	121,93 EUR
	Bruttoverkaufspreis	763,67 EUR

Berechnung der Differenz in EUR zwischen dem Bruttoverkaufspreis und dem Einstandspreis:

Bruttoverkaufspreis	763,67 EUR
– Einstandspreis	294,80 EUR
Differenz	468,87 EUR

Berechnung der Differenz in Prozenten zum Einstandspreis:

Einstandspreis	294,80 EUR ≙	100 %
Differenz	468,87 EUR ≙	x %

$$x = \frac{468{,}87 \cdot 100}{294{,}80} = 159{,}0468\,\%$$[3]

Ergebnis: Der Kalkulationszuschlag beträgt 159,0468 %.

1 Der Begriff „Kalkulationszuschlag" kann sich sowohl auf den EUR-Betrag als auch auf den Prozentsatz beziehen. Im Allgemeinen wird darunter der Prozentsatz verstanden.

2 Sind nur die Prozentsätze für die einzelnen Aufschläge bekannt, kann der Kalkulationszuschlag dadurch berechnet werden, dass man von einem Bezugspreis von 100,00 EUR ausgeht.

3 In der Praxis genügt es, beim Kalkulationszuschlag mit zwei Stellen hinter dem Komma zu rechnen.

Speth – ISBN-13: 978-3-8120-0539-5

Erläuterungen zur Aufgabe:

- Da die Preisauszeichnung im Einzelhandel einschließlich Umsatzsteuer erfolgen muss, ist zur Berechnung des Kalkulationszuschlags die **Differenz** zwischen dem **Einstandspreis** und dem **Bruttoverkaufspreis** heranzuziehen.

  In unserem Beispiel: 763,67 EUR – 294,80 EUR = 468,87 EUR
- Die Differenz in Höhe von 468,87 EUR ist auf den Einstandspreis (100 %) zu beziehen.

Zu 2. Beweis für die Richtigkeit der Rechnung:

	Einstandspreis	294,80 EUR
+	159,04681 % Kalkulationszuschlag	468,87 EUR
	Bruttoverkaufspreis	763,67 EUR

Wir merken uns:

- Der **Kalkulationszuschlag** ergibt sich aus der Differenz zwischen Bruttoverkaufspreis und Einstandspreis ausgedrückt in Prozenten zum Einstandspreis.

$$\text{Kalkulationszuschlag} = \frac{(\text{Bruttoverkaufspreis} - \text{Einstandspreis}) \cdot 100}{\text{Einstandspreis}}$$

- Der Kalkulationszuschlag ist ein **prozentualer Aufschlag** auf den **Einstandspreis** zur Ermittlung des Bruttoverkaufspreises.

Hinweis:

Den Unterschied zwischen Bruttoverkaufspreis und Einstandspreis bezeichnet man auch als **Rohgewinn brutto** bzw. **Rohertrag brutto.** Folgerichtig nennt man den Kalkulationszuschlag in diesem Zusammenhang auch **Rohgewinnzuschlag.**

2.4.2 Kalkulationsfaktor

Eine weitere Vereinfachung der Kalkulation ergibt sich durch die Anwendung eines Kalkulationsfaktors. Diesen erhält man, indem man den einmal kalkulierten Bruttoverkaufspreis durch den Einstandspreis dividiert. Durch Multiplikation der verschiedenen Einstandspreise mit dem Kalkulationsfaktor erhält man den jeweiligen Bruttoverkaufspreis.

Beispiel:

Wir greifen auf die Kalkulation des Rennrades „Spurt" von S. 254 zurück.

Aufgaben:

1. Berechnen Sie den Kalkulationsfaktor, der der Kalkulation des Rennrades „Spurt" zugrunde liegt!
2. Treten Sie den Beweis für die Richtigkeit der Berechnung an!

Lösungen:

Zu 1. Berechnung des Kalkulationsfaktors:

$$\frac{763{,}67 \text{ EUR}}{294{,}80 \text{ EUR}} = \underline{\underline{2{,}590468}}$$

Ergebnis: Der Kalkulationsfaktor beträgt (gerundet) 2,5905.[1]

1 Im vorliegenden Beispiel ist es sinnvoll, mit vier Stellen hinter dem Komma zu rechnen, um ein genaues Ergebnis zu erzielen. In der Praxis begnügt man sich im Allgemeinen mit zwei Stellen hinter dem Komma.

Zu 2. Beweis für die Richtigkeit der Rechnung:

294,80 EUR · 2,590468 = <u>763,67 EUR</u>

Daraus folgt:

Einstandspreis · Kalkulationsfaktor = Bruttoverkaufspreis

Wir merken uns:

Der **Kalkulationsfaktor** ist eine Zahl, mit der man den Einstandspreis multiplizieren muss, um den Bruttoverkaufspreis zu erhalten. Diese Zahl erhält man durch folgende Rechnung:

$$\text{Kalkulationsfaktor} = \frac{\text{Bruttoverkaufspreis}}{\text{Einstandspreis}}$$

Übungsaufgabe

93 1. Berechnen Sie den Kalkulationszuschlag und den Kalkulationsfaktor bei folgenden Waren!

	Ware A	Ware B	Ware C
Einstandspreis	205,20 EUR	86,64 EUR	14,25 EUR
Bruttoverkaufspreis	285,90 EUR	132,80 EUR	25,90 EUR

2. Berechnen Sie den Kalkulationszuschlag und den Kalkulationsfaktor bei folgenden Kalkulationsdaten!

	Ware A	Ware B	Ware C
Handlungskostenzuschlagssatz	28 %	30 %	41 %
Gewinnzuschlag	20 %	15 %	19 %
Kundenskonto	2 %	–	3 %
Kundenrabatt	12 %	5 %	15 %
Umsatzsteuersatz	19 %	7 %	19 %

Hinweis: Gehen Sie der Einfachheit halber jeweils von einem Einstandspreis von 100,00 EUR aus!

3. Das Kinderfachgeschäft Susanne Schrag e.Kfr. bezieht 20 Kinderbuggys zum Listeneinkaufspreis von 85,00 EUR je Stück. Das Fachgeschäft hat mit dem Lieferer folgende Einkaufsbedingungen ausgehandelt: 10 % Mengenrabatt; bei Zahlung innerhalb 10 Tagen $2\,^1/_2$ % Skonto oder innerhalb 30 Tagen netto, Frachtkosten insgesamt 48,25 EUR.

3.1 Wie viel EUR beträgt der Einstandspreis für einen Buggy, wenn die Geschäftsinhaberin mit Skontoabzug bezahlt?

3.2 Zu welchem Preis kann sie einen Buggy anbieten, wenn folgendermaßen kalkuliert wird: $16\,^2/_3$ % Handlungskostenzuschlagssatz, 20 % Gewinn und 19 % Umsatzsteuer?

3.3 Berechnen Sie den Kalkulationszuschlag und den Kalkulationsfaktor!

3.4 Wie viel EUR beträgt der „Rohgewinn brutto“ je Buggy?

4. Das Medienhaus Media-Treff GmbH erhält folgende zwei Angebote über tragbare CD-Player:

Großhandel für Medien Franz Groß OHG, Stückpreis 32,50 EUR ab Werk, 10 % Mengenrabatt bei Abnahme von mindestens 150 Stück, Bezugskosten je 100 Stück 17,50 EUR, Zahlungsziel 30 Tage, bei Zahlung innerhalb von 10 Tagen 2 % Skonto.

Großhandel Edwin Loske KG, Stückpreis 31,00 EUR und 7,5 % Rabatt bei Abnahme von 250 Stück, Lieferung erfolgt frei Haus, 1,5 % Skonto in 8 Tagen oder 20 Tage Zahlungsziel.

Die Media-Treff GmbH möchte zunächst 200 CD-Player in einer Sonderaktion anbieten. Sie bezahlt immer mit Skontoabzug.

4.1 Erstellen Sie einen rechnerischen Angebotsvergleich unter Beachtung der benötigten Menge.

4.2 Zu welchem Preis kann die Media-Treff GmbH ihren Kunden einen CD-Player anbieten, wenn sie mit einem Kalkulationszuschlag von 60 % kalkuliert? (Die Media-Treff GmbH nimmt selbst jeweils das günstigste Angebot an.)

5. Der Bareinkaufspreis eines Artikels beträgt 196,20 EUR und die Bezugskosten betragen 12,40 EUR. Es wird mit einem Kalkulationszuschlag von 58 % gerechnet.

Wie viel EUR beträgt der Bruttoverkaufspreis?

6. Ein Artikel wird einschließlich 7 % USt mit 15,09 EUR angeboten. Das Einzelhandelsgeschäft rechnet mit einem Kalkulationsfaktor von 1,65.

Wie viel EUR beträgt der Einstandspreis?

7. Die Selbstkosten einer Ware betragen 488,56 EUR, der Bruttoverkaufspreis beträgt 614,64 EUR. Der Einzelhändler rechnet mit einem Kalkulationszuschlag von 56 %.

Wie viel Prozent beträgt der Handlungskostenzuschlagssatz?

2.5 Kalkulatorische Rückrechnung (retrograde Kalkulation) und die Differenzkalkulation

2.5.1 Kalkulatorische Rückrechnung (retrograde Kalkulation)

Liegt der Bruttoverkaufspreis aufgrund der gegebenen Markt- bzw. Konkurrenzsituation fest, so eignet sich das Kalkulationsschema in umgekehrter Richtung von *unten nach oben* zur Errechnung des aufwendbaren Einkaufspreises **(Rückwärtskalkulation oder retrograde Kalkulation).** Dabei wird der Einkaufspreis errechnet, der höchstens gezahlt werden darf, um den angestrebten Gewinn zu erreichen.

Beispiel:

Aufgrund der Marktsituation muss die Eisenhandlung Fritz Zeh e.Kfm. eine Schleifmaschine zum Bruttoverkaufspreis in Höhe von 284,41 EUR einschließlich 19% Umsatzsteuer anbieten. Den Handwerkern muss branchenüblich ein Rabatt von 10% und ein Skonto von 2% gewährt werden. Vom Lieferer erhält die Eisenhandlung lt. Angebot 20% Rabatt und 3% Skonto. Die Fracht- und Verpackungskosten werden von ihm pauschal mit 18,00 EUR berechnet. Der Handlungskostenzuschlagssatz beläuft sich auf 32%. Als Gewinn sollen 12% eingerechnet werden.

Aufgabe:

Welcher Listeneinkaufspreis kann höchstens bezahlt werden?

Lösung:

	100 %		Listeneinkaufspreis netto	160,55 EUR
	20 %	+	Liefererrabatt (im Hundert)	32,11 EUR
100 %	80 %		Zieleinkaufspreis	128,44 EUR
3 %		+	Liefererskonto (im Hundert)	3,85 EUR
97 %			Bareinkaufspreis	124,59 EUR
		–	Bezugskosten	18,00 EUR
	100 %		Einstandspreis (Bezugspreis)	142,59 EUR
	32 %	–	Handlungskosten (auf Hundert)	45,63 EUR
100 %	132 %		Selbstkosten	188,22 EUR
12 %		–	Gewinn (auf Hundert)	22,58 EUR
112 %	98 %		Barverkaufspreis	210,80 EUR
	2 %	–	Kundenskonto (vom Hundert)	4,30 EUR
90 %	100 %		Zielverkaufspreis	215,10 EUR
10 %		–	Kundenrabatt (vom Hundert)	23,90 EUR
100 %	100 %		Nettoverkaufspreis	239,00 EUR
	19 %	–	Umsatzsteuer (auf Hundert)	45,41 EUR
	119 %		Bruttoverkaufspreis	284,41 EUR

Rechenweg

Ergebnis: Es kann für die Schleifmaschine höchstens ein Listeneinkaufspreis von netto 160,55 EUR bezahlt werden.

Allgemeiner Rechenweg:

1. Stellen Sie zuerst das Kalkulationsschema *von oben nach unten* auf und tragen Sie die in der Aufgabe vorgegebenen Prozentsätze ein.
2. Setzen Sie den gegebenen Bruttoverkaufspreis ein und gehen Sie Schritt für Schritt rückwärts.
3. Überlegen Sie bei jedem Rechenschritt, ob es sich um eine Rechnung **vom Hundert** (Kundenrabatt, Kundenskonto), **auf Hundert** (Umsatzsteuer, Gewinn, Handlungskosten) oder **im Hundert** (Liefererskonto, Liefererrabatt) handelt.
4. Überprüfen Sie das Ergebnis durch eine Vorwärtskalkulation.

Übungsaufgabe

94 1. Ein Einzelhändler hat bei einem Artikel Selbstkosten von 115,30 EUR errechnet. Der Handlungskostenzuschlagssatz beträgt 42 % und an Bezugskosten fielen 11,12 EUR an. Der Lieferer gewährte uns 15 % Rabatt und 3 % Skonto.

Wie viel EUR betrug der Listeneinkaufspreis für diesen Artikel?

2. Eine Ware wird mit einem Bruttoverkaufspreis von 339,15 EUR ausgezeichnet. Wir haben mit folgenden Kalkulationsdaten gerechnet: USt 19 %, Kundenrabatt 15 %, Kundenskonto $2\frac{1}{2}$ %, Gewinn 20 %.

Wie viel EUR betrugen die Selbstkosten der Ware?

3. Ein Elektrohändler kann einen Kühlschrank der Marke „Frost“ aus Konkurrenzgründen zu 571,20 EUR einschließlich 19 % USt verkaufen. Er muss dem Kunden jedoch noch 15 % Rabatt und 2 % Skonto gewähren.

Zu welchem Preis kann der Elektrohändler den Kühlschrank höchstens einkaufen, wenn er von seinem Lieferer 30 % Rabatt und 3 % Skonto erhält? Er kalkuliert mit 11,00 EUR Bezugskosten, 22 % Handlungskostenzuschlagssatz und 14 % Gewinnzuschlag.

4. Im Rahmen einer Aktionswoche für Gartenmöbel veröffentlicht das Möbelhaus Wetzel GmbH nebenstehende Werbeanzeige:

Wir, das Möbelhaus Franz Nadig KG, wollen aus Konkurrenzgründen für den gleichen Klapp-Pavillon ein entsprechendes Angebot entgegensetzen. Unser Großhändler für Gartenmöbel bietet das Modell „Komfort“ für 69,14 EUR netto an, wobei der Großhändler erkennen lässt, dass bei der Rabattgewährung noch ein gewisser Spielraum vorhanden ist.

Das Möbelhaus Franz Nadig KG rechnet mit 19% Umsatzsteuer, einem Gewinnzuschlag von 15,5 %, einem Handlungskostenzuschlagssatz von 30 %, die Bezugskosten sind mit 6,50 EUR anzunehmen.

Wie hoch muss der noch auszuhandelnde Rabatt in EUR und Prozent mindestens sein, damit das Möbelhaus Franz Nadig KG konkurrenzfähig ist?

5. Wir können eine neue Waschmaschine, Marke „LAVOLUX“, aus Konkurrenzgründen höchstens für 974,61 EUR auf den Markt bringen. Unsere Kalkulationssätze sind: 12,5 % Handlungskostenzuschlagssatz, $16\frac{2}{3}$ % Gewinn und 19 % Umsatzsteuer. An Bezugskosten würden uns 8,80 EUR entstehen, wovon $\frac{1}{4}$ bei Rücksendung der Verpackung wieder gutgeschrieben werden.

Welchen Listeneinkaufspreis können wir höchstens beim Einkauf zugrunde legen, wenn der Lieferer noch bereit wäre, uns 2 % Skonto und 10 % Einführungsrabatt einzuräumen?

6. Der Bruttoverkaufspreis einer Ware beträgt 285,60 EUR, der Kalkulationsfaktor 1,7. Für Bezugskosten fallen 14,80 EUR an. Vom Lieferer erhalten wir 20 % Rabatt und $2^1/_2$ % Skonto.

   6.1 Wie viel EUR beträgt der Einstandspreis?

   6.2 Wie viel EUR beträgt der Listeneinkaufspreis?

7. Um den Marktanteil zu erhöhen, startet ein Mediengroßhändler eine Werbeaktion und empfiehlt allen Einzelhändlern, den Ladenpreis pro CD-Box auf 16,99 EUR festzusetzen.

   Welchen Listeneinkaufspreis kann ein Einzelhändler höchstens anlegen, wenn er mit einem Handlungskostenzuschlagssatz von 8 %, einem Gewinnzuschlag von 5 %, 2 % Kundenskonto und 12 % Kundenrabatt rechnet, vom Lieferer $33^1/_3$ % Händlerrabatt bei Barzahlung und Lieferung frei Haus erhält und 19 % Umsatzsteuer berücksichtigen muss?

8. Die Kalkulation liefert uns für eine Ware folgende Daten:

Einstandspreis	150,40 EUR	Nettoverkaufspreis	224,00 EUR
Selbstkosten	175,70 EUR	Bruttoverkaufspreis	266,56 EUR
Barverkaufspreis	190,40 EUR		

   Wie viel EUR gewähren wir unseren Kunden an Rabatt?

9. Ein Baumarkt erstellt ein Angebot für Bauhandwerker. Hierbei soll auf eine Schleifmaschine ein Sonderrabatt von 8 % und ein Skonto von 2 % gewährt werden. Der errechnete Barverkaufspreis beträgt für die Maschine 284,00 EUR. Es sind 19 % Umsatzsteuer einzurechnen.

   Errechnen Sie den Angebotspreis für die Schleifmaschine!

2.5.2 Differenzkalkulation

Unverbindliche Preisempfehlungen, aber häufig auch die „Marktlage", verhindern, dass der Einzelhändler seinen Bruttoverkaufspreis selbst bestimmen kann. Auch kann der Preis deshalb feststehen, weil z. B. die Einkaufsorganisation, der das Einzelhandelsunternehmen angehört, diesen vorgibt. Wenn man sich darüber hinaus einem nicht veränderbaren Einkaufspreis gegenübersieht, muss es das Ziel der Kalkulation sein, festzustellen, ob der so verbleibende Gewinn ausreichend ist.

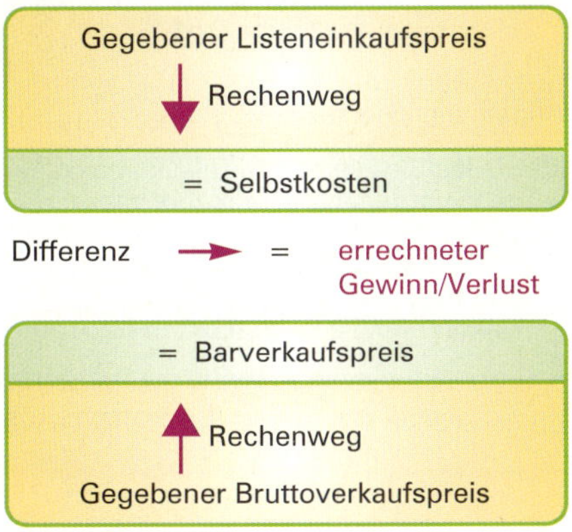

Wird der Gewinn aus der Differenz zwischen Selbstkosten und Barverkaufspreis berechnet, sprechen wir von **Differenzkalkulation**. Da sowohl der *Listeneinkaufspreis* als auch der *Bruttoverkaufspreis festliegen,* muss von **beiden** Werten aus mit dem Rechenweg begonnen werden, und zwar einmal als **Vorwärtskalkulation** (vom Listeneinkaufspreis bis zu den Selbstkosten) und zum anderen als **Rückwärtskalkulation** (vom Bruttoverkaufspreis bis zum Barverkaufspreis).

Beispiel:

Das Elektro- und Haushaltswarengeschäft Xaver Finke e. Kfm. prüft folgendes Angebot eines Markenartikelherstellers:

Der Hersteller empfiehlt für eine Geschirrspülmaschine einen Bruttoverkaufspreis (einschließlich 19 % Umsatzsteuer) von 714,00 EUR. Seine Lieferungs- und Zahlungsbedingungen lauten: 20 % Wiederverkäuferrabatt, 2 % Skonto, Frachtanteil pauschal 30,00 EUR. Der in Rechnung gestellte Listeneinkaufspreis beträgt 525,00 EUR. Das Elektrohaus rechnet mit einem Handlungskostenzuschlagssatz von 18 % und hat aufgrund der Konkurrenzsituation dem Kunden 2 % Skonto einzuräumen.

Aufgabe:

Welcher Gewinn in EUR und in Prozent bleibt dem Einzelhändler?

Lösung:

	100 %		Listeneinkaufspreis netto	525,00 EUR
	20 %	–	Liefererrabatt (vom Hundert)	105,00 EUR
100 %	←		Zieleinkaufspreis	420,00 EUR
2 %		–	Liefererskonto (vom Hundert)	8,40 EUR
			Bareinkaufspreis	411,60 EUR
		+	Bezugskosten	30,00 EUR
	100 %		Einstandspreis (Bezugspr.)	441,60 EUR
	18 %	+	Handlungskosten (vom Hundert)	79,49 EUR
100 %	←		Selbstkosten	521,09 EUR
12,84 %			Gewinn (vom Hundert)	66,91 EUR
			Barverkaufspreis	588,00 EUR
	2 %	–	Kundenskonto (vom Hundert)	12,00 EUR
→	100 %		Nettoverkaufspreis	600,00 EUR
19 %		–	Umsatzsteuer (auf Hundert)	114,00 EUR
119 %			Bruttoverkaufspreis	714,00 EUR

Vorwärtskalkulation (Listeneinkaufspreis ↓ Selbstkosten)

Rückwärtskalkulation (Bruttoverkaufspreis ↑ Barverkaufspreis)

Berechnung des Gewinnzuschlagssatzes:

521,09 EUR ≙ 100 %
66,91 EUR ≙ x %

$$x = \frac{66{,}91 \cdot 100}{521{,}09} = 12{,}84\ \%$$

Ergebnis: Dem Einzelhändler bleibt ein Gewinn in Höhe von 66,91 EUR. Das entspricht einem Prozentsatz von 12,84 %.

Allgemeiner Rechenweg:

1. Stellen Sie zuerst das Kalkulationsschema *von oben nach unten* auf und tragen Sie die in der Aufgabe vorgegebenen Prozentsätze ein.
2. Setzen Sie den gegebenen Bruttoverkaufspreis bzw. Listeneinkaufspreis ein.
3. Kennzeichnen Sie den Rechenweg durch Pfeile und errechnen Sie stufenweise durch **Vorwärtskalkulation** die **Selbstkosten** bzw. durch **Rückwärtskalkulation** den **Barverkaufspreis.**
4. Ermitteln Sie den **Gewinn** als **Differenz zwischen Barverkaufspreis und Selbstkosten.**
5. Berechnen Sie anschließend den **Gewinn in Prozent** zu den Selbstkosten (Gewinnzuschlagssatz).

Übungsaufgabe

95 1. Ein Medienhaus erhält von einem Hersteller ein Angebot über PDA-Organizer. Die Konkurrenz verkauft diese Organizer zum Bruttoverkaufspreis von 130,90 EUR. Der Hersteller gewährt einen Wiederverkäuferrabatt von 45 % und bei Barzahlung zusätzlich 2 % Skonto. Die Bezugskosten betragen 3,71 EUR je Organizer. Das Medienhaus rechnet mit einem Handlungskostenzuschlagssatz von $33\,^1/_3$ %. Den Kunden werden 3 % Skonto eingeräumt.

1.1 Mit welchem Gewinn in EUR und in Prozent kann das Medienhaus rechnen, wenn auch 130,90 EUR einschließlich 19 % USt verlangt werden?

1.2 Zu welchem Preis könnte das Medienhaus die Organizer als Sonderangebot anbieten, wenn es auf einen Gewinn verzichtet und keinen Preisnachlass gewährt?

2. Ein Kaufhaus kann aus Konkurrenzgründen die Digitalkamera EX-Z_4 einschließlich 19 % USt zu einem Verkaufspreis von höchstens 419,37 EUR anbieten. Der japanische Lieferer gewährt auf den Listeneinkaufspreis von 300,00 EUR $33\,^1/_3$ % Liefererrabatt und 3 % Liefererskonto. Die Bezugskosten für die Digitalkamera EX-Z_4 betragen 8,10 EUR. Das Kaufhaus kalkuliert mit einem Handlungskostensatz von 42 %. Es gewährt seinen Kunden 2 % Skonto.

   Welchen Gewinn in EUR und in Prozent erzielt das Kaufhaus für die Digitalkamera EX-Z_4?

3. Die Armbanduhr Axim X 30 wird zum empfohlenen Richtpreis von 297,50 EUR einschließlich 19 % USt angeboten. Der Lieferer empfiehlt diesen Preis. Der Einzelhändler Dieter Kleinert kalkuliert mit einem Handlungskostenzuschlagssatz von 20 % und 5 % Sonderrabatt.

   Anmerkung: Beim empfohlenen Richtpreis entspricht der Listeneinkaufspreis dem Bruttoverkaufspreis.

   Berechnen Sie den Gewinn in Euro und in Prozent, wenn der Lieferer $33\,^1/_3$ % Rabatt und 2 % Skonto gewährt! Die Bezugskosten betragen 5,70 EUR.

4. Der Einstandspreis einer Ware beträgt 14,20 EUR. Der Handlungskostenzuschlagssatz beträgt 56 %. Aus Konkurrenzgründen können wir das Produkt zu einem Bruttoverkaufspreis von 33,68 EUR verkaufen. Den Kunden wird ein Rabatt von 10 % eingeräumt. Es sind 19 % USt zu berücksichtigen.

   Wie viel EUR verbleiben dem Einzelhändler an Gewinn?

5. Die Handlungskosten für einen Artikel betragen 62,40 EUR. Das sind 30 %. Der Artikel wird einschließlich 16 % Rabatt und 19 % USt mit 406,86 EUR ausgezeichnet.

   Wie viel Prozent beträgt der Gewinnzuschlag?

6. Der Bruttoverkaufspreis beträgt einschließlich 7 % USt 227,91 EUR. Dem Kunden gewähren wir 2 % Skonto. An Selbstkosten fallen 194,06 EUR an.

   Mit welchem Gewinnsatz rechnet der Einzelhändler?

2.6 Verkürzte Rückrechnung mit Kalkulationsabschlag und Handelsspanne

Zur Vereinfachung der **Vorwärtskalkulation** bedienen sich die Einzelhandelsbetriebe des **Kalkulationszuschlags** bzw. des **Kalkulationsfaktors.** Die Vereinfachung der **Rückwärtskalkulation** erfolgt mit Hilfe des **Kalkulationsabschlags** bzw. der **Handelsspanne.**

2.6.1 Kalkulationsabschlag

Durch Anwendung des Kalkulationsabschlags gelangt man in einem Schritt vom Bruttoverkaufspreis zum Einstandspreis. Der Kalkulationsabschlag ergibt sich, indem man zwischen dem einmal berechneten Bruttoverkaufspreis und dem Einstandspreis die Differenz bildet und diese in Prozenten zum Bruttoverkaufspreis ausdrückt. Mit diesem einmal berechneten Kalkulationsabschlag können dann bei gleich bleibenden Prozentsätzen für die einzukalkulierenden Aufschläge und bekannten Bruttoverkaufspreisen die Einstandspreise gleichartiger Waren kalkuliert werden. Auf diese Weise kann der Einzelhandelskaufmann schnell feststellen, ob sich ein bestimmter Angebotspreis für diese Warenart für ihn noch lohnt.

Beispiel:

Wir greifen auf die Kalkulation des Rennrades „Spurt" von S. 254 zurück. Der Bruttoverkaufspreis beträgt 763,67 EUR, der Einstandspreis 294,80 EUR und die Differenz zwischen Bruttoverkaufspreis und Einstandspreis 468,87 EUR.

Aufgaben:

1. Berechnen Sie den Kalkulationsabschlag!
2. Treten Sie den Beweis für die Richtigkeit der Rechnung an!

Lösungen:

Zu 1. Berechnung des Kalkulationsabschlags:

Berechnung der Differenz in EUR zwischen dem Bruttoverkaufspreis und dem Einstandspreis:

Bruttoverkaufspreis	763,67 EUR
– Einstandspreis	294,80 EUR
Differenz	468,87 EUR

Berechnung der Differenz in Prozenten zum Bruttoverkaufspreis:

763,67 EUR ≙ 100 %
468,87 EUR ≙ x %

$$x = \frac{100 \cdot 468{,}87}{763{,}67} = 61{,}3969^{1}$$

Ergebnis: Der Kalkulationsabschlag beträgt 61,3969 %.

Zu 2. Beweis für die Richtigkeit der Rechnung:

Bruttoverkaufspreis	763,67 EUR
– 61,3969 % Kalkulationsabschlag	468,87 EUR
Einstandspreis	294,80 EUR

1 In der Praxis genügt es, bei dem Kalkulationsabschlag mit zwei Stellen hinter dem Komma zu rechnen.

Wir merken uns:

- Der **Kalkulationsabschlag** ergibt sich aus der Differenz zwischen dem Bruttoverkaufspreis und dem Einstandspreis ausgedrückt in Prozenten zum Bruttoverkaufspreis.

$$\text{Kalkulationsabschlag} = \frac{(\text{Bruttoverkaufspreis} - \text{Einstandspreis}) \cdot 100}{\text{Bruttoverkaufspreis}}$$

- Der Kalkulationsabschlag ist ein **prozentualer Abschlag** vom **Bruttoverkaufspreis** zur direkten Ermittlung des Einstandspreises.

2.6.2 Handelsspanne

In der Praxis ist es außerdem üblich, die Differenz zwischen Nettoverkaufspreis und Einstandspreis der Ware auf den **Nettoverkaufspreis** zu beziehen, z.B. bei Betriebsvergleichen in ERFA-Gruppen. Wir sprechen dann von **Handelsspanne.** In diesem Fall möchte der Einzelhändler wissen, wie viel Prozent er vom **Nettoverkaufspreis** abziehen muss, um den Einstandspreis zu erhalten.

Beispiel:

Wir greifen auf die Kalkulation des Rennrades „Spurt" auf S. 254 zurück. Der Nettoverkaufspreis beträgt 641,74 EUR, der Einstandspreis 294,80 EUR. Die Differenz zwischen Nettoverkaufspreis und Einstandspreis beträgt 346,94 EUR.

Aufgaben:

1. Berechnen Sie die Handelsspanne auf 4 Stellen hinter dem Komma!
2. Treten Sie den Beweis für die Richtigkeit der Rechnung an!

Lösungen:

Zu 1. Berechnung der Handelsspanne:

Berechnung der Differenz in EUR zwischen dem Nettoverkaufspreis und dem Einstandspreis:

Nettoverkaufspreis	641,74 EUR
– Einstandspreis	294,80 EUR
Differenz	346,94 EUR

Berechnung der Differenz in Prozenten zum Nettoverkaufspreis:

641,74 EUR ≙ 100 %
346,94 EUR ≙ x %

$$x = \frac{100 \cdot 346{,}94}{641{,}74} = 54{,}0624$$[1]

Ergebnis: Die Handelsspanne beträgt 54,0624 %.

Hinweis:

Den Unterschied zwischen Nettoverkaufspreis und Einstandspreis bezeichnet man auch als **Rohgewinn netto** bzw. **Rohertrag netto.**

1 In der Praxis genügt es, bei der Handelsspanne mit zwei Stellen hinter dem Komma zu rechnen.

Zu 2. Beweis für die Richtigkeit der Rechnung:

Nettoverkaufspreis	641,74 EUR
– 54,0624 % Handelsspanne	346,94 EUR
Einstandspreis	294,80 EUR

Wir merken uns:

- Die **Handelsspanne** ergibt sich aus der Differenz zwischen dem Nettoverkaufspreis und dem Einstandspreis ausgedrückt in Prozenten zum Nettoverkaufspreis.

$$\text{Handelsspanne} = \frac{(\text{Nettoverkaufspreis} - \text{Einstandspreis}) \cdot 100}{\text{Nettoverkaufspreis}}$$

- Die Handelsspanne ist ein **prozentualer Abschlag** vom **Nettoverkaufspreis** zur direkten Ermittlung des Einstandspreises.

Übungsaufgabe

96 1. Berechnen Sie den Kalkulationsabschlag und die Handelsspanne bei den folgenden Waren! Der Umsatzsteuersatz beträgt 19 %.

	Ware A	Ware B	Ware C
Einstandspreis	117,00 EUR	844,44 EUR	77,00 EUR
Nettoverkaufspreis	156,00 EUR	1 266,66 EUR	123,20 EUR

2. Wie viel Prozent betragen der Kalkulationsabschlag und die Handelsspanne bei den folgenden Kalkulationsdaten?

	Ware A	Ware B	Ware C
Handlungskostenzuschlagssatz	35 %	55 %	28 %
Gewinnzuschlag	12 %	15 %	9 %
Kundenskonto	3 %	2 %	$2^1/_2$ %
Kundenrabatt	8 %	–	–
Umsatzsteuersatz	19 %	7 %	19 %

3. Der Bareinkaufspreis eines Artikels beträgt 135,00 EUR. An Frachtkosten fallen 16,20 EUR an. Das Einzelhandelsgeschäft rechnet mit einer Handelsspanne von 65 %.

   Wie viel EUR beträgt der Nettoverkaufspreis?

4. Der Baumarkt Jumbo-Bau GmbH arbeitet mit folgenden Kalkulationsdaten:

Abteilung / **Zuschläge**	**Holz**	**Fliesen**	**Lampen**
Handlungskostenzuschlag	30,0 %	25,0 %	40,0 %
Gewinnzuschlag	10,0 %	12,5 %	15,0 %
Kundenskonto	3,0 %	2,0 %	2,0 %
Umsatzsteuer	19,0 %	19,0 %	19,0 %

4.1 Berechnen Sie den Kalkulationsfaktor für die Holzabteilung (auf zwei Stellen)!

4.2 Wie viel Prozent beträgt die Handelsspanne für diese Abteilung?

4.3 Der Einkaufsabteilung der Jumbo-Bau GmbH liegt folgendes Angebot eines Holzwerkes vor:

Gartenhaus: SEELAND

Listeneinkaufspreis: 4500,00 EUR
25 % Rabatt und 3 % Skonto
(bei Zahlung innerhalb von 10 Tagen)

Die Lieferung erfolgt frei Haus.

Ist es sinnvoll, dieses Angebot anzunehmen, wenn die Mitbewerber für ähnliche Gartenhäuser 5699,00 EUR verlangen? (Rechnerischer Nachweis!)

4.4 Die Jumbo-Bau GmbH beschließt, das Gartenhaus zu 5599,00 EUR anzubieten. Wie hoch ist die Gewinnreduzierung in Prozent und EUR?

5. Der Bruttoverkaufspreis einer Ware beträgt einschließlich 19 % Umsatzsteuer 147,46 EUR. Das Einzelhandelsgeschäft kalkuliert mit einer Handelsspanne von 35 %.

   Wie viel EUR beträgt der Einstandspreis?

6. Der Bruttoverkaufspreis einer Ware beträgt einschließlich 7 % USt 24,30 EUR. Es wird mit einer Handelsspanne von 30 % gerechnet.

   Wie viel EUR beträgt der Einstandspreis?

7. Die Kostenrechnung liefert dem Einzelhändler folgende Zahlen:

Wareneinsatz	616000,00 EUR	Reingewinn	23000,00 EUR
Kosten insgesamt	285000,00 EUR	Umsatzsteuer	19 %
Umsatzerlöse (netto)	924000,00 EUR		

   7.1 Berechnen Sie die Handelsspanne!

   7.2 Wie viel EUR beträgt der „Rohgewinn brutto"?

   7.3 Berechnen Sie den „Rohgewinn netto"!

8. Der Einstandspreis einer Ware beträgt 38,70 EUR. Der Einzelhändler kalkuliert mit einem Handlungskostenzuschlagssatz von 38 %, 9 % Gewinn und 19 % USt.

   Wie viel Prozent beträgt der Kalkulationsabschlag?

9. Der Nettoverkaufspreis eines Produkts beträgt 81,20 EUR, die Handlungskosten betragen 10,20 EUR.

   Wie viel EUR beträgt der Gewinn, wenn das Einzelhandelsunternehmen mit einer Handelsspanne von 25 % rechnet?

10. Ein Einzelhändler erzielt einen Warenumsatz einschließlich 19 % USt in Höhe von 892500,00 EUR.

    Wie viel EUR beträgt der Wareneinsatz, wenn der Einzelhändler mit einer Handelsspanne von 35 % rechnet?

2.7 Verschiedene Aufgaben zum Thema Kalkulation

97 1. Ein Einzelhandelsunternehmen rechnet mit einer Handelsspanne von 40 %. Der Wareneinsatz beträgt lt. Buchführung 678000,00 EUR.

Wie viel EUR beträgt der Warenumsatz zum Nettoverkaufspreis?

2. Ein Einzelhändler kalkuliert einen Artikel nach folgenden Daten:

Bruttoverkaufspreis	898,45	Liefererrabatt	20 %
Kalkulationsfaktor	1,65	USt	19 %

Wie viel Prozent beträgt die Handelsspanne?

3. Ein Einzelhändler verkauft eine Ware zum Bruttoverkaufspreis von 1475,60 EUR (USt-Satz 19 %). An Handlungskosten fallen 336,00 EUR an, was einem Handlungskostenzuschlagssatz von 60 % entspricht.

Wie viel EUR Gewinn bringt der Artikel?

4. Der Nettoverkaufspreis einer Ware beträgt 1980,00 EUR. Es wurden 546,00 EUR Handlungskosten und 85,50 EUR Gewinn eingerechnet. Umsatzsteuer 19 %.

Wie viel Prozent beträgt der Kalkulationszuschlag?

5. Ein Medienhaus hat folgende Kalkulation für ein Fernsehgerät erstellt:

	Listeneinkaufspreis netto	1328,75 EUR
–	Liefererrabatt	265,49 EUR
	Zieleinkaufspreis	1063,26 EUR
–	Liefererskonto	21,26 EUR
	Bareinkaufspreis	1042,00 EUR
+	Bezugskosten	38,00 EUR
	Einstandspreis	1080,00 EUR
+	Handlungskosten	648,00 EUR
	Selbstkosten	1728,00 EUR
+	Gewinn	345,60 EUR
	Barverkaufspreis	2073,60 EUR
+	Kundenskonto	42,32 EUR
	Zielverkaufspreis	2115,92 EUR
+	Kundenrabatt	235,10 EUR
	Nettoverkaufspreis	2351,02 EUR
+	Umsatzsteuer	446,69 EUR
	Bruttoverkaufspreis	2797,71 EUR

5.1 Mit welchen Zuschlägen in Prozenten kalkuliert das Medienhaus

5.1.1 bei den Handlungskosten?

5.1.2 beim Gewinn?

5.1.3 beim Kundenrabatt?

5.2 Berechnen Sie den Kalkulationszuschlagssatz und den Kalkulationsfaktor!

5.3 Berechnen Sie die Handelsspanne?

6. Der Nettoverkaufspreis einer Ware beträgt 1140,30 EUR. Einkalkuliert wurden 379,80 EUR Handlungskosten und 118,50 EUR Gewinn. Umsatzsteuersatz 19 %.

Wie viel Prozent beträgt der Kalkulationszuschlag?

7. Der Lagerbestand für einen Artikel zeigt folgende Bewegungen:

Datum	Barverkauf	Einkauf auf Rechnung	Bestand
01.03.			110 Stück
04.03.	28 Stück		
08.03.	50 Stück	140 Stück	
10.03.	82 Stück		
15.03.	49 Stück		
25.03.	54 Stück	175 Stück	

7.1 Wie viel EUR beträgt der buchmäßige Lagerbestand zum 31. März bei folgenden Daten:

Bezugspreis (Einstandspreis) je Stück	12,72 EUR
Bruttoverkaufspreis je Stück	31,54 EUR

7.2 Wie viel EUR betrug der Umsatz im März?

7.3 Wie viel Prozent beträgt die Handelsspanne bei einem Umsatzsteuersatz von 19 %?

8. Setzen Sie in der Tabelle die fehlenden Größen ein. Sofern Sie nicht Eigentümer des Buches sind, übertragen Sie die Tabelle in Ihr Heft!

Kalkulationszuschlag	30 %			12,5 %	
Kalkulationsfaktor		1,456			
Kalkulationsabschlag			25 %		$16^2/_3$ %

9. Um die Betriebsführung zu verbessern, tritt das Einzelhandelsgeschäft Luise Wilke e. Kfr. in eine Erfa-Gruppe ein.

Aufgaben

9.1 Erklären Sie, was unter einer Erfa-Gruppe zu verstehen ist!

9.2 Von der Erfa-Gruppe erhält das Einzelhandelsgeschäft Luise Wilke e. Kfr. folgende Auswertung:

	Kalkulationsabschlag			Ø Umsatz je Mitarbeiter in EUR		
	05	06	Abweichungen zum Vorjahr in %	05	06	Abweichungen zum Vorjahr in %
Luise Wilke e. Kfr.				69 081,00	59 688,00	– 13,6
Oskar Graf e. Kfm.	36,5 %	38,7 %	+ 2,2	163 405,00	169 606,00	+ 3,8
Hans Ritz e. Kfm.	49,0 %	49,9 %	+ 0,9	106 653,00	119 650,00	+ 12,2
Alfons Kempler e. Kfm.	47,1 %	48,2 %	+ 1,1	98 705,00	90 609,00	– 8,2
Mechthilde Frei e. Kfr.	42,8 %	44,3 %	+ 1,5	84 730,00	85 900,00	+ 1,4

Das Einzelhandelsgeschäft Luise Wilke e. Kfr. weist für die Jahre 05 und 06 folgende Zahlen aus:

	05	06
Bruttoumsatz in EUR	1 595 000,00	1 339 800,00
Wareneinsatz in EUR	933 075,00	850 773,00

9.2.1 Ermitteln Sie für das Einzelhandelsgeschäft Luise Wilke e. Kfr. den Kalkulationsabschlag für die Jahre 05 und 06!

9.2.2 Beurteilen Sie die Entwicklung des Kalkulationsabschlags des Einzelhandelsgeschäfts Luise Wilke e. Kfr. im Vergleich zu den Erfa-Mitgliedern!

9.2.3 Erklären Sie, wie der durchschnittliche Umsatz je Mitarbeiter berechnet wird!

9.2.4 Beurteilen Sie die Entwicklung des Umsatzes je Mitarbeiter beim Einzelhandelsgeschäft Luise Wilke e. Kfr. und den Erfa-Mitgliedern!

9.2.5 Erläutern Sie zwei mögliche Ursachen für die Gechäftslage des Einzelhandelsgeschäfts Luise Wilke e. Kfr.!

9.2.6 Schlagen Sie zwei Maßnahmen vor, die geeignet sind, die betriebliche Situation des Einzelhandelsgeschäfts Luise Wilke e. Kfr. zu verbessern!

10.

A&A KASSENSYSTEME ✧ FRANZ GUT OHG ✧ BIELEFELD

Franz Gut OHG, Landgrafenweg 3, 33617 Bielefeld

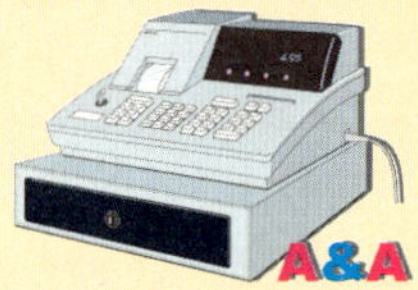

Systemhaus für Bürotechnik
Franz Bernhard
Ludwig-Erhard-Str. 20
84034 Landshut

Auftragsbestätigung und
Rechnung Nr. 1443
Lieferdatum: 10.05.20..
Rechnungsdatum: 14.05.20..

	Sie kaufen lt. unseren Lieferungsbedingungen	
1	Kassensystem ML 120	15850,00 EUR
	– 5 % Sonderrabatt	792,50 EUR
		15057,50 EUR
	+ 19 % USt	2860,93 EUR
		17918,43 EUR

Zahlung unter Abzug von 3 % Skonto bis 28. Mai 20..

Sitz der Gesellschaft: Bielefeld Registergericht: Bielefeld, HRA 545 St.-Nr.: 69509/5114

10.1 Berechnen Sie den Überweisungsbetrag am 27. Mai 20..!

10.2 Berechnen Sie den Ladenpreis, wenn das Systemhaus folgende Kalkulationsdaten zugrunde legt: Handlungskostenzuschlagssatz 38 %, Gewinnzuschlag 15 %, Kundenrabatt 12 %, Kundenskonto 2,5 %, Umsatzsteuer 19 %!

Lernfeld 10: Besondere Verkaufssituationen bewältigen

Ein Verkäufer behauptet:
Ich achte immer auf die Kleidung, weil sie keine zufällige Äußerlichkeit darstellt. Der Mensch kleidet sich meistens so, wie er beurteilt zu werden wünscht (z. B. einfach, auffallend, teure Designer-Mode, ungepflegt). Deshalb steht die Kleidung des Kunden in einem engen Zusammenhang mit seinem Wesen und gibt wichtige Anhaltspunkte über die Vorstellungen, die der Kunde bezüglich der gewünschten Ware hat.

Kleidung
=
Kundentyp
?

Diskutieren Sie in der Gruppe, inwieweit diese Aussage zutreffend ist, und präsentieren Sie Ihre Ergebnisse der Klasse.

1 Kundengruppen und Konsumententypen

1.1 Kundengruppen

1.1.1 Überblick

Die Kunden können nach dem Alter, ihrem Geschlecht oder nach der Bindung an ein bestimmtes Einzelhandelsgeschäft in Gruppen gegliedert werden.

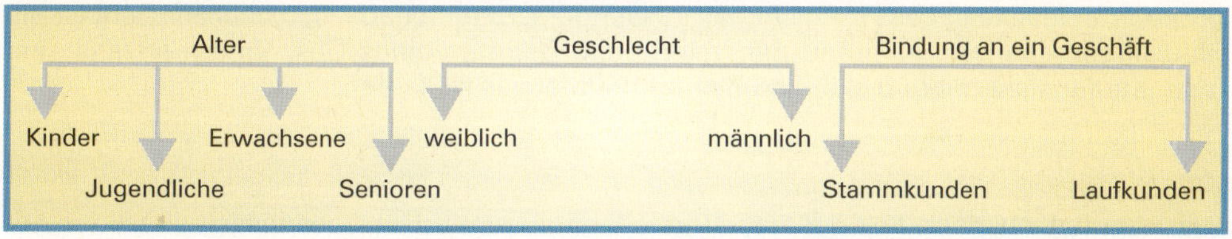

Die Kundengruppen zeigen oftmals ein gleichartiges Einkaufsverhalten. Der Verkäufer sollte das unterschiedliche gruppenspezifische Kaufverhalten kennen und es als Orientierungshilfe bei den Kundengesprächen einsetzen.

1.1.2 Wichtige Kundengruppen

1.1.2.1 Frau und Mann als Kunde

Eine wichtige Wesensverschiedenheit zwischen den Kunden hängt mit dem Geschlecht zusammen. Mann und Frau weichen in ihrem Denken, Fühlen und Handeln oft voneinander ab. Der Verkäufer soll die wichtigsten Unterschiede im Verhalten beim Einkauf möglichst berücksichtigen, aber er kann sich nicht ohne weiteres darauf verlassen, dass sie vorhanden sind.

18 Speth – ISBN-13: 978-3-8120-0539-5

Im Folgenden spiegeln wir das Einkaufsverhalten von Mann und Frau an den Kriterien Einkaufsfreudigkeit, Geschäftswahl, Kaufabsicht, Bedarfsermittlung, Sachverständnis, Ausgabefreudigkeit und Kaufentschluss. Die Ausführungen zu den jeweiligen Kriterien sind stichpunktartig und zugespitzt formuliert. Die getroffenen Aussagen können in Einzelfällen sehr wohl auch genau gegenteilig zutreffen.

(1) Einkaufsfreudigkeit

Die Frau kauft gerne ein (soweit es sich nicht um lästige Routineeinkäufe handelt) und tätigt über 80 % aller Einkäufe. Dem Mann dagegen macht das Einkaufen oft wenig Freude. Er betrachtet es wie ein notwendiges Übel und verwendet dafür im Allgemeinen nicht viel Zeit

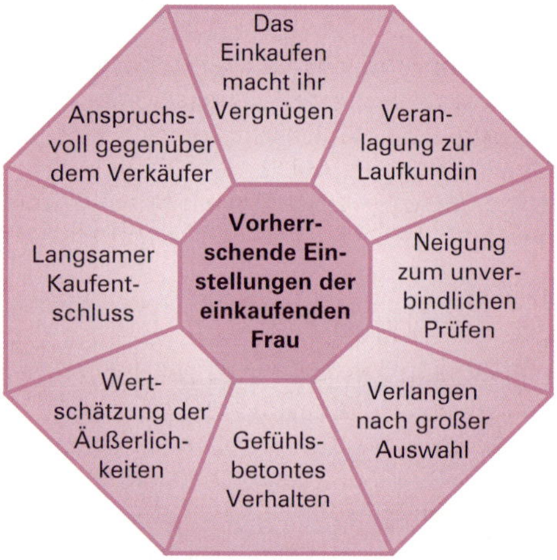

(2) Geschäftswahl

Die Frau vergleicht gern und sucht sich das scheinbar günstigste Angebot heraus. Deshalb kauft sie nicht immer im gleichen Geschäft ein. Dagegen ist der Mann nicht besonders gewillt, mehrere Geschäfte aufzusuchen, sofern es sich nicht um Kleidung oder Hobbybedarf handelt. Prospekte beeinflussen seine Kaufabsicht

(3) Kaufabsicht

Der Verkäufer soll sich nicht ärgern und keinesfalls empfindlich reagieren, wenn eine Frau nach vielen Fragen und langem Suchen unerwartet feststellt, dass sie nicht das Passende gefunden habe. In dieser Hinsicht ist die Frau unberechenbar, während der Mann beim Betreten eines Geschäfts meistens eine feste Kaufabsicht hat und sich verpflichtet fühlt, etwas zu kaufen.

(4) Bedarfsermittlung

Die Frau hat oft noch keine klaren Vorstellungen zumindest über Einzelheiten der gewünschten Ware. Der Verkäufer soll ihr deshalb eine große Auswahl vorlegen und sie nicht drängen. Jede ihrer häufig zahlreichen Fragen wünscht sie aufmerksam beantwortet zu bekommen. Die Bedarfsermittlung ist nicht einfach und dauert länger als beim Mann, den nichts so leicht ärgern kann wie langsame Bedienung. Der Mann weiß meistens was er will (Geschenkkauf ausgenommen), lässt sich nicht gerne ausfragen und erwartet, dass der Verkäufer schnell und ohne langatmige Erklärungen Ware vorlegt.

(5) Sachverständnis

Der Mann hat für technische Angelegenheiten meistens größeres Verständnis und Interesse als die Frau. Umgekehrt ist die Frau bei allen modischen und geschmacklichen Fragen sicherer. Modische Sachen kauft sie oft impulsiv. Farbiges gefällt ihr häufig besser als dem Mann. Bei den Waren ihres Wirkungskreises ist sie recht sachverständig. Der Mann lässt sich im Gegensatz zur Frau nur ungern beeinflussen und lehnt lange Warenbeschreibungen ab, wenn er selbst einschlägige Kenntnisse besitzt. Soweit er unkundig ist, sieht er besonders auf die Herkunft der Ware und bevorzugt möglichst Markenartikel. Der Mann ist beim Einkaufen meistens sachlicher eingestellt als die Frau, die mehr gefühlsbetont einkauft. Deshalb soll der Verkäufer bei der Frau nicht auf gefühlsbetonte Verkaufsanregungen verzichten, soweit sie angebracht sind. Die Frau denkt im Allgemeinen beim Einkauf von Kleidung nicht nur an die Qualität des Stoffes, sondern vor allem auch daran, ob sie vorteilhaft gekleidet wird. Beim Verkauf eines Haushaltsartikels soll der Verkäufer nicht in übertriebener Weise die angebotene Arbeitsersparnis betonen. Das hört eine Frau ungern, weil ihre Belastung sowieso meistens unterschätzt wird. Bei Waren des täglichen Bedarfs denken Frauen realistisch.

(6) Ausgabefreudigkeit

Die Frau ist im Allgemeinen sparsamer als der Mann und deshalb kritischer dem Preis gegenüber eingestellt. Preisvorteile (Sonderangebote u. dgl.) beachtet sie sehr. Beim Mann dagegen spielt der Preis zumindest keine entscheidende Rolle. Preiseinwendungen und Feilschen liegen ihm nicht.

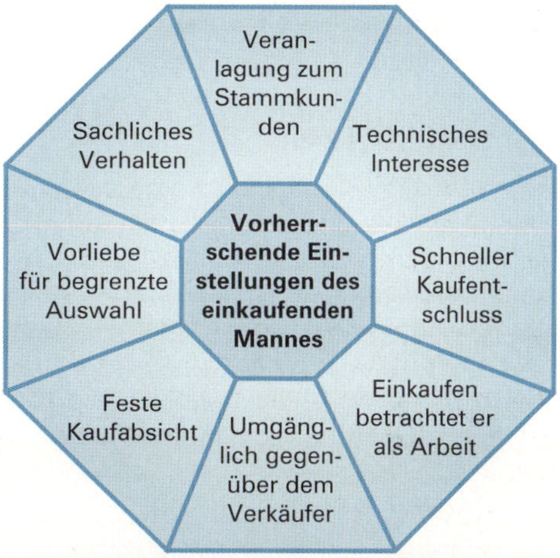

(7) Kaufentschluss

Die Frau entschließt sich meistens langsamer als der Mann und lässt sich auch beim Kaufentschluss leichter beeinflussen. Der Mann will selbst entscheiden und empfindet Überreden als sehr lästig.

Im Allgemeinen ist ein Mann leichter als eine Frau zu bedienen. Die Frau stellt höhere Anforderungen und will im Mittelpunkt stehen. Steht sie nicht im Mittelpunkt, wird aus einer kritischen Einstellung zur Ware leicht eine kritische Einstellung zum Verkäufer.

1.1.2.2 Stammkunden und Laufkunden

(1) Stammkunden

Kenntnisse über den Stammkunden	
unerlässliche	erwartete
Name und Titel (Beruf) Familienstand Persönliche Eigenarten Anschrift u. a.	Bevorzugte Gesprächsthemen Freizeitbeschäftigungen Besondere Abneigungen u. a.

Der Stammkunde erwartet, dass er bevorzugt bedient wird. Häufig möchte er nur von einem bestimmten Verkäufer bedient werden, dem er voll vertraut. Ein derartiges Vertrauen soll gerechtfertigt werden, indem die Kenntnisse über den Kunden, beispielsweise auch bezüglich seiner Eigenarten, genutzt werden. Damit die Kenntnisse behalten werden, sind Notizen nötig, die laufend ergänzt bzw. geändert werden müssen. Sie erleichtern nicht nur jedes Verkaufsgespräch mit dem Stammkunden, sondern ermöglichen darüber hinausgehende sinnvolle Bemühungen. (Beispiel: Der Verkäufer reserviert bei einem Aktionsverkauf für einen Stammkunden einen Artikel, von dem er aufgrund seiner Notizen weiß, dass der Stammkunde am Kauf interessiert sein dürfte. Er benachrichtigt ihn telefonisch oder durch einen Werbebrief vor dem Aktionsverkauf.) Jeder Verlust eines Stammkunden führt zu einer Umsatzeinbuße.

(2) Laufkunde

Der Laufkunde, den der Verkäufer gut und freundlich bedient, wird häufig als Stammkunde gewonnen. Deshalb sollte es ein wichtiger Grundsatz des Verkäufers sein, Stamm- und Laufkunden gleich zu bedienen. Die Auszeichnung des Stammkunden besteht lediglich in der Ausschöpfung aller zusätzlichen Möglichkeiten (z.B. Namensnennung usw.), durch die der Laufkunde aber nicht zurückgesetzt wird.

1.1.2.3 Kinder und Senioren

(1) Kinder als Kunde

Um Kinder als Kunde zu gewinnen, sind zwei Maßnahmen wichtig: Zum einen muss das Geschäft auf Kinder eingerichtet sein (z.B. Spiel- und Leseecke, eine Ecke mit Spielgeräten oder in großen Einzelhandelsgeschäften ein Kinderspielzimmer mit Betreuung) und zum anderen muss der Verkäufer dem Kind ein positives Einkaufserlebnis verschaffen. Das Kind merkt sich, in welchem Geschäft es entgegenkommend behandelt wird und geht gerne wieder dort hin. Außerdem hält es auch die Eltern dazu an.

Beim Umgang mit Kindern sollte der Verkäufer auf Folgendes achten:

- Kaufen die **Eltern in Begleitung eines Kindes** ein, so ist das Kind genauso freundlich zu begrüßen wie die Eltern. Der Verkäufer hat darauf zu achten, dass das Kind beschäftigt ist (z.B. mit Büchern, Spielzeug, Malstiften und Papier) und das Verkaufsgespräch möglichst wenig unterbrochen wird. Die Verkäufer sollten sich, im Rahmen ihrer zeitlichen Möglichkeiten, gegenseitig bei der Kinderbetreuung unterstützen. Die Sympathie der Eltern ist dem Verkäufer sicher, wenn er das Kind aufmerksam und freundlich behandelt.
- Macht das **Kind für die Eltern eine Besorgung,** so ist das Kind ebenso freundlich zu bedienen wie ein Erwachsener. Das Gefühl des Kindes ist schon so stark ausgeprägt, dass es Zurücksetzungen (z.B. bei der Reihenfolge der Bedienung) stark empfindet. Der Kaufwunsch der Eltern muss genau ausgeführt werden (keine minderwertige, fehlerhafte oder teure Ware mitgeben). Ist die gewünschte Ware nicht vorrätig, darf ohne Nachfrage bei den Eltern keine Alternativware verkauft werden.

  Die eingekaufte Ware wird so verpackt, dass sie ohne Beschädigung zu Hause ankommt. Der Kassenbon und das Wechselgeld werden dem Kind in einer Form mitgegeben, dass sie nicht verloren gehen können. Dem Kind wird vermittelt, dass wir von seiner Selbstständigkeit beeindruckt sind. Als Dankeschön für seinen Einkauf erhält das Kind ein kleines Geschenk, um ihm dadurch unsere Zuneigung und Anerkennung zu zeigen. Das Kind sollte vom Verkäufer mit Handschlag verabschiedet werden.

- Ist das **Kind im Beisein der Eltern Kunde,** so muss der Verkäufer zunächst die Ware anbieten, die sich das Kind wünscht (z.B. einen blauen Anorak mit gelben Sternen auf dem Rücken, wie im Schaufenster ausgestellt). Sind die Eltern mit dem Angebot nicht einverstanden, so muss der Verkäufer versuchen, zwischen Eltern und Kind zu vermitteln, indem er z.B. eine Alternativware vorschlägt. Keinesfalls darf sich der Verkäufer nur auf die Seite des Kindes schlagen und versuchen, den Wunsch des Kindes gegen den Willen der Eltern „durchzudrücken".

(2) Senioren als Kunde

Deutschland ist eine schnell alternde Gesellschaft. Kommen heute auf je 100 Bundesbürger im Erwerbsalter zwischen 20 und 59 Jahren 44 Menschen im Rentenalter (60 Jahre und älter), so werden es im Jahr 2050 75 bis 80 Ältere sein. Die Lebenserwartung nimmt weiterhin zu. Dies und die niedrige Geburtenrate führen dazu, dass dann 75 bis 80 Älteren nur 34 bis 35 Jüngere (unter 20 Jahren) gegenüberstehen werden. Heute ist das Verhältnis noch 44 zu 38.

Diese Entwicklung der Gesellschaft bedeutet, dass die Senioren für den Einzelhandel eine immer wichtiger werdende Kundengruppe darstellen. Der Einzelhandel muss sich hinsichtlich der Werbung, der Sortimentsgestaltung, der Verkaufsraumgestaltung und des Verkäuferverhaltens auf diese Kundengruppe einstellen.

Senioren sind **keine einheitliche (homogene) Kundengruppe.** Während eine Gruppe von Senioren sehr unternehmungslustig, der modernen Technik gegenüber aufgeschlossen und entscheidungsfreudig ist, gibt es eine andere Gruppe von Senioren, die durch abnehmendes Sehvermögen, Hörfähigkeit, körperliche Belastbarkeit und mangelnde Entscheidungsfreude behindert ist. Außerdem ist das Einkommen der Senioren höchst unterschiedlich. Es gibt eine Gruppe von Senioren, die über ein gutes Renteneinkommen und beachtliche Sparvermögen verfügen, es gibt aber auch Altersarmut.

Beim Umgang mit Senioren sollte der Verkäufer auf Folgendes achten:

- Senioren erwarten vom Verkäufer ein zuvorkommendes Verhalten mit viel Geduld, Zeit und Verständnis. Sie möchten namentlich angesprochen werden und rechnen häufig damit, dass der Verkäufer neben dem eigentlichen Verkaufsgespräch noch Zeit für ein kurzes persönliches Gespräch findet. Senioren legen Wert auf eine ausführliche Beratung, verlangen vom Verkäufer Verständnis für ihre Argumente und Hilfestellung bei der Kaufentscheidung.

- Die Einstellung der Senioren zur Ware ist vor allem durch den Wunsch nach Haltbarkeit, solider Ausführung, Sicherheit und Bequemlichkeit geprägt. Der Wunsch nach neuen Produkten, moderner Technik oder Prestigeware verliert bei Senioren an Bedeutung. Beim Warenangebot benötigt der Verkäufer viel Fingerspitzengefühl, denn die Senioren haben häufig feste Standpunkte und verzichten nur ungern auf lieb gewordene Gewohnheiten.

- Das Anbieten von Serviceleistungen – z.B. Bestellungsannahme per Telefon, Hauszustellung, Bereitstellung der Ware in kleinen Verkaufseinheiten, großzügige Umtauschmöglichkeiten, Anbieten eines Sitzplatzes und eventuell eines Getränkes beim Verkaufsgespräch – ist bei dieser Kundengruppe von hoher Bedeutung.

1.2 Konsumententypen

Die Angehörigen der großen Kundengruppen wie Kinder, Senioren, Stammkunden oder Laufkunden haben wesentliche Eigenschaften und Verhaltensweisen gemeinsam. Kenntnisse darüber erleichtern den Umgang mit diesen Kunden.

Kundengruppen können aber auch noch nach ihren Eigenschaften, Verhaltensweisen und Stimmungen, die sich beim Einkaufen besonders bemerkbar machen und individuell berücksichtigt werden sollen, in „typische Fälle" eingeteilt werden. Solche typischen Kundengruppen bezeichnet man als Konsumententypen.

Wir merken uns:

Konsumententypen sind Kundengruppen, die sich beim Einkaufen ähnlich verhalten.

Durch die Zuordnung zu einem bestimmten Konsumententyp wird der Kunde allerdings niemals voll, sondern nur in bestimmten Schwerpunkten erfasst. Deshalb muss jeder Kunde immer individuell bedient und beraten werden. Im Folgenden werden die wichtigsten Konsumententypen vorgestellt.

(1) Sachverständiger Kunde

Erkennungsmerkmale. Er hat einen klaren Kaufwunsch und äußert sich fachmännisch. Er verwendet Fachbegriffe, prüft die Ware sorgfältig und beurteilt sie treffend.

Bedienungsregeln. Der Verkäufer soll im Gespräch mit einem Fachmann Fachausdrücke bzw. die übliche Fachsprache verwenden und weitgehend die Ware für sich selbst sprechen lassen. Auf fachliche Hinweise soll er verzichten, soweit er annehmen muss, dass der Kunde unterrichtet ist. Umgekehrt schätzt der Fachmann eine gute Beratung bei für ihn vollkommen neuartigen Waren, weil er weiß, wie wichtig es ist, beispielsweise Gebrauchsanweisungen oder Behandlungsvorschriften gewissenhaft zu beachten. Er wünscht meistens eine große Auswahl. Ist die verlangte Ware nicht vorrätig, zieht der Fachmann die rasche Neubeschaffung einem Ersatzangebot vor. Er fühlt sich in seinem

Sachverständnis anerkannt, wenn der Verkäufer an passender Stelle eine geeigne merkung macht. (Beispiel: *„Sie wissen das ja viel besser als ich."*) Das fördert seine lust.

(2) Misstrauischer Kunde

Erkennungsmerkmale. Der Verkäufer erkennt Misstrauen vor allem am dafür gekennzeichneten Gesichtsausdruck (zusammengekniffene Augen, ausweichender Blick, geschlossene Lippen, spöttischer Zug). An der Ware bezweifelt er vieles. Kennzeichnend sind Äußerungen wie: „Das glaube ich Ihnen nicht so ohne weiteres." Der Verkäufer ist für den misstrauischen Kunden Vertreter eines vor allem auf hohen Gewinn bedachten Geschäftes. Beim Auswählen ist dieser Kunde sehr vorsichtig. Preisunterschiede will er genau erklärt bekommen. Die Worte des Verkäufers wägt er kleinlich ab. Er sucht nach Widersprüchen. Seine Entscheidung trifft er nur langsam. Jedes noch so vorsichtige Drängen hält er für einen Versuch, ihn zu übervorteilen. Er ist also in jeder Hinsicht misstrauisch.

Bedienungsregeln. Der Umgang mit ihm ist schwierig. Wichtig ist, dass seine Kritik scheinbar ernst genommen wird. Sein Vertrauen gewinnt der Verkäufer nur durch eine peinlich genaue Beratung und durch große Offenheit. Er benötigt deshalb gerade bei diesem Kunden sehr gute Warenkenntnisse, um auch Kleinigkeiten genau erklären zu können. Widerspruch ist zu vermeiden, die Verbesserung falscher Ansichten des Kunden nur dann ratsam, wenn es nötig ist und das Richtige bewiesen werden kann. Der misstrauische Kunde soll die Ware unbedingt durch eigene Handhabung selbst prüfen können. Auf jeden Fall ist es nötig, dass der Verkäufer alle Möglichkeiten ausschöpft, das Misstrauen des Kunden zu beseitigen. Ansonsten bleibt der Kunde unzugänglich und ein Erfolg versprechender Abschluss des Verkaufsgesprächs ist unwahrscheinlich.

(3) Arroganter (überheblicher) Kunde

Erkennungsmerkmale. Er überschätzt seine eigene Persönlichkeit und besitzt ein übersteigertes Geltungsbedürfnis. Deshalb will er gern im Mittelpunkt stehen. Die abweichenden Ansichten anderer beachtet er kaum. Widerspruch zu seiner eigenen Meinung duldet er, auch wenn sie offensichtlich falsch ist, nur widerwillig. Er hat immer Recht und weiß alles besser. Von seiner Warenkenntnis ist er fest überzeugt. Sein Verhalten gegenüber dem Verkäufer ist deshalb unhöflich und ungerecht, auch taktlos und beleidigend (so wenn er z.B. dem Verkäufer vorhandene Warenkenntnisse lautstark abspricht).

Bedienungsregeln. Erziehungsversuche sind zwecklos und enden hin und wieder damit, dass der Kunde auf den Kauf verzichtet. Das ist aber niemals Ziel eines Verkaufsgesprächs. Der Verkäufer bemüht sich erfolgreicher, wenn er dem Geltungsbedürfnis eines derartigen Kunden durch scheinbare Anerkennung *(„Ihr Sachverständnis ist verblüffend.")* und Schmeicheleien *(„Was halten Sie von ...?")* entgegenkommt. Für ein solches Vorgehen ist allerdings viel Geduld und Selbstbeherrschung notwendig, zumal auf Ironie verzichtet werden muss. Im Übrigen ist diesem Kunden gegenüber kluge Zurückhaltung und die übliche Höflichkeit angebracht. Wichtig ist dabei die Titelnennung. Wenn der Verkäufer dem arroganten Kunden das Gefühl vermittelt, dass sein übersteigertes Geltungsbedürfnis befriedigt wird, verhält er sich umgänglich.

(4) Unentschlossener Kunde

Erkennungsmerkmale. Meistens drückt schon sein gesamtes Auftreten Unentschlossenheit und Unsicherheit aus. So wirkt seine Gehweise träge und sein Gesichtsausdruck hilflos. Er sieht sich unschlüssig um und benötigt längere Zeit, bis er sich an einen Verkäufer wendet. Er weiß nicht genau was er will, und so äußert er auch seinen Kaufwunsch wenig überzeugend. Seine Vorstellungen über die gewünschte Ware sind noch unbestimmt. Er nimmt die Ware, die ihm gezeigt wird, gerne in die Hand und sieht sie unschlüssig an. Einem Entschluss geht langes Überlegen und Abwägen voraus.

Bedienungsregeln. Der Verkäufer soll dem unentschlossenen Kunden ausreichend Zeit zum Überlegen lassen und ihn mit Geduld führen und beeinflussen. Die Warenauswahl soll möglichst von Anfang an klein gehalten werden. Ohne weiteres erlaubt dieser Kunde, dass ein wartender Kunde zwischendurch bedient wird. Fragen des Verkäufers beantwortet er gerne mit einem Achselzucken. Sein Vertrauen in das eigene Urteilsvermögen ist mangelhaft. Deshalb benötigt er die Unterstützung des Verkäufers mehr als ein anderer Kunde. Er wünscht sogar, dass ihm der Verkäufer die Entscheidungen weitgehend abnimmt. Eine kennzeichnende Frage wie *„Wozu würden Sie mir raten?"* soll verantwortungsbewusst und entsprechend überlegt beantwortet werden. Dabei sollen vor allem die Kaufgründe des Kunden berücksichtigt werden. Falsch wäre es, auf die Rat suchende Frage des Kunden wie folgt oder ähnlich zu antworten: *„Das ist Geschmackssache!"* Guten Kunden kann eine Auswahlsendung, ein erweiterter Umtausch oder ein Kauf auf Probe[1] angeboten werden.

(5) Sparsamer Kunde

Erkennungsmerkmale. Der sparsame Kunde interessiert sich sehr für den Preis und prüft genau die Qualität des billigsten Angebots. Sie soll der Qualität der teuren Ausführungen nicht nachstehen. Deshalb findet er den Preis der ihn interessierenden Ware oft zu hoch und verlangt, dass er herabgesetzt wird. Durch Mode oder andere Gründe verteuerte Ware lehnt er zumeist ab. Dagegen achtet er sehr auf den Gebrauchswert. Von seinem Geld trennt er sich nur widerwillig.

Bedienungsregeln. Diesem Kunden sollen vor allem Waren gezeigt werden, die aus irgendeinem Grunde (z. B. wegen einer leichten Beschädigung) preisermäßigt angeboten werden. Ebenso eignen sich gerade für diesen Kunden Restposten und Einzelteile, wobei die unverminderte Qualität bei stark herabgesetztem Preis betont werden soll.

(6) Gesprächiger Kunde

Erkennungsmerkmal. Sein Mitteilungsbedürfnis ist groß. Die Gelegenheit, die das Verkaufsgespräch bietet, nimmt er wahr, um von allen möglichen Dingen zu sprechen. So berichtet er z. B. gerne über persönliche Angelegenheiten (Familiengeschichten, Urlaubserlebnisse usw.), aktuelle Ereignisse (vor allem aus dem Sport und der Politik) oder Klatsch.

1 Kauf auf Probe ist ein Kauf mit Rückgaberecht innerhalb einer vereinbarten Frist, falls der Gegenstand nicht den Erwartungen des Käufers entspricht [§§ 454, 455 BGB].

Bedienungsregeln. Der Verkäufer soll Interesse zeigen und aufmerksam zuhören. Das fördert die Kauflust des gesprächigen Kunden. Damit der Redefluss aber nicht zusätzlich gesteigert wird und vom eigentlichen Verkaufsgespräch allzu sehr abgeschweift wird, soll der Verkäufer selbst wenig dazu sagen. Soweit der Kunde Klatsch oder diskrete Angelegenheiten vorbringt, sollte der Verkäufer versuchen, das Thema zu wechseln. Während der redselige Kunde spricht, kann er gut beobachtet und seine Wesensart eingeschätzt werden. Der Verkäufer soll aber immer bestrebt sein, dass die Plauderei nicht allzu lange dauert und schließlich auf den Einkauf zurückkommt. Zur Überleitung kann eine Gesprächspause des Kunden genutzt werden. Auch eine zufällige oder eine geschickt absichtlich herbeigeführte Störung eignet sich dazu. Falls weitere Kunden auf Bedienung warten, ist es nötig, dass das Verkaufsgespräch unverzüglich mit einer geeigneten Bemerkung abgebrochen wird. (Beispiel: *„Das ist sehr interessant; vielleicht können Sie mir später einmal ausführlicher darüber berichten."*)

(7) Leichtgläubiger Kunde

Erkennungsmerkmale. Der leichtgläubige Kunde verlässt sich auf den Verkäufer mehr als ein anderer Kunde. Kennzeichnend sind sein offener Blick, sein oft leicht seitlich geneigter Kopf und sein Verzicht auf Einwände. Seine Unerfahrenheit mit der Ware und sein Zutrauen zum Verkäufer verheimlicht er nicht.

Bedienungsregeln. Ein vertrauensseliger Kunde ist meistens gutmütig. Den Verkäufer anerkennt er uneingeschränkt als sachverständig, und das Verkaufsgespräch ist deshalb besonders angenehm. Es wickelt sich rasch ab. Das bekundete Vertrauen darf aber nicht missbraucht werden. Es wäre charakterlos und recht kurzsichtig, diesen angenehmen Kunden mit minderwertiger Ware oder einem Ladenhüter zu übervorteilen.

Zusammenfassung

- **Kundengruppen** sind durch Gemeinsamkeiten in ihrem Auftreten und Verhalten gekennzeichnet.
- Kundengruppen können **untergliedert** werden:
  - nach dem **Alter**: Kinder, Jugendliche, Erwachsene, Senioren,
  - nach dem **Geschlecht**: weiblich, männlich,
  - nach der **Bindung an ein Geschäft**: Stammkunden, Laufkunden.
- **Konsumententypen** sind Kundengruppen, die während des Verkaufsgesprächs bestimmte gleichartige Eigenschaften, Verhaltensweisen und/oder Stimmungen aufweisen.
- **Wichtige Konsumententypen** sind der
  - sachverständige Kunde,
  - misstrauische Kunde,
  - arrogante Kunde,
  - unentschlossene Kunde,
  - sparsame Kunde,
  - gesprächige Kunde,
  - leichtgläubige Kunde.
- Durch die Zuordnung zu einem bestimmten Konsumententyp wird der Kunde jedoch niemals voll, sondern nur in **bestimmten Schwerpunkten** erfasst.

Übungsaufgaben

98

1. Erklären Sie den Begriff Kundengruppe!
2. Nennen Sie wichtige Unterschiede im Einkaufsverhalten von Mann und Frau!
3. Ein Verkäufer bedient ältere Kunden.

   Aufgaben

   3.1 Warum wird der „Seniorenmarkt" für den Einzelhandel immer wichtiger? (Zwei Gründe!)

   3.2 Was ist bei der Bedienung dieser Kundengruppe besonders zu beachten (drei Gesichtspunkte)?

   3.3 Für viele der über 50-jährigen Kunden gilt: „Sie haben viel Erfahrung und einen hohen Anspruch." Erläutern Sie anhand dieser Aussage das Kaufverhalten von Senioren an einem Beispiel aus Ihrer Branche!

   3.4 Nehmen Sie an, Sie führen ein Verkaufsgespräch mit einer älteren Dame, die Sie als Stammkundin kennen und von der Sie wissen, dass sie über ein gutes Renteneinkommen verfügen kann.

   3.4.1 Beschreiben Sie, worauf Sie bei der Warenauswahl achten würden! (Wählen Sie eine Ware aus Ihrer Branche.)

   3.4.2 Formulieren Sie in wörtlicher Rede eine Argumentationskette (Merkmal, Vorteil, Nutzen), die zu dem Anspruch dieser Kundengruppe passt!

   3.5 Worauf ist bei einer seniorenfreundlichen Ladengestaltung zu achten? (Zwei Vorschläge!)
4. Nennen Sie vier Grundregeln, die der Verkäufer beachten soll, wenn ein Kind einen Besorgungskauf tätigt!

99

1. Erläutern Sie, was man unter dem Begriff Konsumententyp versteht!
2. 2.1 Woran können Sie erkennen, dass Ihr Kunde fachkundig ist?

   2.2 Wie betreuen/beraten Sie einen fachkundigen Kunden?
3. Unentschlossene Kunden können zu Stammkunden werden. Wie erklärt sich dies?
4. Begründen Sie, warum man mit „arroganten Kunden" Umsatz machen kann!
5. Woran erkennen Sie, dass Ihr Kunde misstrauisch ist?

2 Spezielle Verkaufssituationen

Das Kaufhaus Hans Kluge OHG veranstaltet in der Schuhabteilung einen Aktionstag. Teilweise herrscht großer Kundenandrang, sodass einige Kunden ungeduldig auf ihre Bedienung warten. Es kommt zu folgendem Kunde-Verkäufer-Gespräch:

Kunde:	Haben Sie Lederstiefel mit spitzem Absatz in Größe 38?
Verkäufer:	Da müssen Sie einen Moment warten.
Kunde:	Wer könnte mir weiterhelfen?
Verkäufer:	Darüber weiß ich nicht Bescheid.
Kunde:	Irgendjemand muss doch Bescheid wissen.
Verkäufer:	Da müssen Sie selbst mit dem Chef sprechen.

Welche Schlüsse für Ihr Verkäuferverhalten ziehen Sie aus diesem Kunde-Verkäufer-Gespräch?

(Die Lösung dieser Frage finden Sie auf S. 289.)

2.1 Verkaufen bei Hochbetrieb

(1) Organisatorische Maßnahmen

Der Einzelhandel kann im Gegensatz zu manch anderem Dienstleistungsbetrieb (z.B. Steuerberater, Versicherungsvertreter, Friseur, Masseur) seine Kunden nicht zu bestimmten Terminen bestellen, um Wartezeiten zu vermeiden. Deshalb ist Kundengedränge zu bestimmten Tageszeiten, während eines Aktionsverkaufs sowie bei Sonderveranstaltungen nicht immer zu vermeiden. Gestresstes Verkaufspersonal, längere Wartezeiten, fehlende Ware trüben die Kaufstimmung ein und führen zu Umsatzeinbußen.

Um den Kunden lange Wartezeiten zu ersparen, kann der Einzelhändler z.B. folgende organisatorische Maßnahmen treffen:

- Einführung von flexiblen Arbeitszeiten für die Mitarbeiter, um jeweils genügend Verkaufspersonal bereitstellen zu können.
- Mitarbeiter für den Einsatz an mehreren Arbeitsplätzen befähigen, um kurzfristig einen Personalaustausch zwischen den Abteilungen zu ermöglichen (z.B. eine Verkäuferin aus der Drogerieabteilung hilft bei der Spielwarenabteilung aus).
- Den Anteil der Vollbedienung zugunsten von mehr Vorwahlmöglichkeiten und Selbstbedienung abbauen.
- Bereitstellen weiterer Kassen.
- Rechtzeitiges Auffüllen der Regale mit Ware.

(2) Verhalten des Verkäufers

Bedienung in der richtigen Reihenfolge.

Die Kunden sollen **in der Reihenfolge bedient werden,** in der sie den Verkaufsraum betreten haben bzw. an den Verkaufstisch herangetreten sind. Wenn der Verkäufer die Übersicht verloren hat, soll er in geeigneter Weise fragen, wer an der Reihe ist, aber auf keinen Fall einfach wahllos den nächstbesten Kunden drannehmen. (Verkäufer: *„Bitte wer ist jetzt der Reihe nach der nächste, den ich bedienen darf?"*)

Ausnahmen von der Bedienung in der richtigen Reihenfolge.

- Möglichst **bevorrechtigt bedient** werden nur sehr alte Personen, werdende Mütter und Mütter in Begleitung von Kleinstkindern. Falls es nötig erscheint, wird sich der Verkäufer an die Kunden, die zurückstehen sollen, wenden und um Erlaubnis bitten.
- Ein **Kunde, der es eilig hat,** darf nur dann vorzeitig bedient werden, wenn es die bevorrechtigten Kunden erlauben und sein Wunsch schnell erfüllbar ist.

Dagegen wird ein Kunde, der sich *rücksichtslos vorgedrängt hat,* nicht bevorrechtigt bedient. Das würde die zurückgedrängten Kunden verärgern, während der rücksichtslose Kunde für eine ungerechtfertigte Bevorzugung durchaus nicht dankbar ist.

- Ein **Kind als Kunde** darf nicht übersehen werden und der Verkäufer darf keinesfalls zulassen, dass es von Kunden zurückgedrängt wird.
- Ein **Stammkunde** soll nicht vorzeitig bedient werden. Er darf, falls nötig, bei passender Gelegenheit auch einmal auf günstigere Einkaufszeiten oder andere Möglichkeiten (z. B. telefonische Bestellung mit Zustellung) hingewiesen werden.

Oft unterbricht ein **neu hinzukommender Kunde** das Verkaufsgespräch mit einer **Bitte um Auskunft.** Der Verkäufer antwortet, ohne dass er dafür die Genehmigung des Kunden, den er gerade bedient, einholen muss. Wartet dagegen ein zweiter Kunde oder äußert dieser einen Kaufwunsch, gibt es für den Verkäufer zwei Möglichkeiten:

- Er bittet seinen Kunden, dass er mit dem **gleichzeitigen Bedienen eines zweiten Kunden** einverstanden ist. Der Verkäufer kann sich geschickt um diese Genehmigung bemühen, wenn er merkt, dass der bevorrechtigte Kunde offensichtlich sowieso gern allein sein möchte, um eine Weile unbeeinflusst überlegen und prüfen zu können. (Verkäufer: *„Erlauben Sie bitte, dass ich mich inzwischen einmal kurz um den wartenden Kunden bemühe?“*) Lehnt der bevorrechtigte Kunde die gleichzeitige Bedienung eines zweiten Kunden ab, darf er nicht betont schnell oder gar verärgert weiterbedient werden. Hat der bevorrechtigte Kunde die gleichzeitige Bedienung eines zweiten Kunden erlaubt, bleibt er trotzdem bevorrechtigt. Deshalb muss sich der Verkäufer wieder um ihn kümmern, sobald er offensichtlich auf Weiterbedienung wartet. Das ist auch nötig, wenn das Verkaufsgespräch mit dem zweiten Kunden noch nicht abgeschlossen ist und deshalb ebenfalls unterbrochen werden muss.

  Doppelbedienung ist bei einem Kundenandrang erlaubt.

- Der Verkäufer bittet seinen **Kunden um etwas Geduld.** In diesem Fall soll der zweite Kunde in geeigneter Weise „beschäftigt“ werden (z. B. Übergabe von Prospekten, Kunde soll die CDs schon einmal anhören, Kundin soll das Kleid in der Zwischenzeit anprobieren). Später soll dem Kunden für sein Verständnis gedankt werden.

  Auf die gleichzeitige Bedienung von mehr als zwei Kunden sollte allerdings möglichst immer verzichtet werden, damit sich der Verkäufer ausreichend auf die Beratung konzentrieren kann. Es besteht auch die Gefahr, dass er bei der Bedienung von mehr als zwei Kunden die Übersicht verliert und die Weiterbedienung eines Kunden vergisst. Zudem haben es Diebe leichter, wenn der Verkäufer überfordert ist.

Der **Verkäufer** bewahrt auch bei einem Kundengedränge seine Ruhe und **berät/bedient konzentriert und korrekt.** Der Kunde darf sich nicht zu einem schnelleren Entschluss gedrängt fühlen.

Verkäufer bewahrt Ruhe.

Der Verkäufer führt mit dem Kunden oder mit Kollegen keine langatmigen Gespräche. Er unterbricht einen gesprächigen Kunden freundlich und bietet ihm an, das interessante Gespräch zu einem anderen Zeitpunkt fortzuführen. Der Verkäufer lässt seine Kunden nicht unnötig lange warten.

2.2 Verkaufen kurz vor Ladenschluss

(1) Ursachen für Kauf kurz vor Ladenschluss

Gleichgültig zu welchem Zeitpunkt ein Einzelhandelsgeschäft schließt, es wird immer Kunden geben, die erst kurz vor Ladenschluss einkaufen. So gibt es viele Berufstätige, die nach der Arbeit von Geschäft zu Geschäft eilen und dabei gelegentlich in Zeitnot geraten. Es kann auch sein, dass ein Kunde etwas vergessen hat, was er am Abend dringend benötigt oder es kommen überraschend Gäste, für die es noch Essen und Trinken zu besorgen gilt. Leider gibt es aber auch Kunden, die aus reiner Nachlässigkeit immer erst kurz vor Geschäftsschluss einkaufen.

(2) Verhalten des Verkäufers

Freundlich bedienen und Verkaufschancen nutzen.

Der Verkäufer soll auch dem Spätkunden freundlich und dienstbereit gegenübertreten. Er darf keinen Unwillen zeigen. Jeder Beruf hat kleine Schattenseiten. Dem Kunden ist es meist unangenehm, den Verkäufer noch in letzter Minute bemühen zu müssen, und er ist deshalb auch für alle Empfehlungen des Verkäufers entsprechend empfänglich. Eine zielstrebige Beratung führt häufig zu einem schnellen Kaufentschluss des Spätkunden. Vorteilhaft kann sein, dass der Spätkunde die Preishöhe der Ware weniger beachtet. Unhöflich sind betonte Aufräumungsarbeiten oder ein „Plauderstündchen" mit Kollegen. Ein Stammkunde, der ausnahmsweise einen Einkauf kurz vor Geschäftsschluss tätigt, bringt kaum Verständnis dafür auf, dass ihn der Verkäufer ungern bedient.

Begonnene Verkaufsgespräche werden nach Ladenschluss fortgesetzt.

Erfordert ein Verkaufsgespräch, das bereits längere Zeit vor Ladenschluss begonnen wurde, noch Zeit über den Ladenschluss hinaus, so wird das Verkaufsgespräch selbstverständlich fortgesetzt. Muss der Verkäufer unbedingt pünktlich gehen (z.B. eine Verkäuferin muss ihr Kind von der Betreuungsstelle abholen, weil diese schließt), so bittet er den Kollegen die Beratung fortzuführen. Dieser Service stellt für das Geschäft eine kostenlose Werbung dar.

Gerade beim Verkauf kurz vor Geschäftsschluss zeigt es sich, inwieweit der Verkäufer für den Verkäuferberuf geeignet ist. Der gute Verkäufer bemüht sich nämlich um den Spätkunden, während sich der schlechte Verkäufer gehen lässt und seinen Missmut offen zeigt.

Ein Kunde, der aus Nachlässigkeit häufig kurz vor Geschäftsschluss einkauft, darf bei einer günstigen Gelegenheit durchaus auf die für beide Seiten günstigeren Verkaufszeiten aufmerksam gemacht werden. Auch ein Hinweis auf die mögliche telefonische Vorbestellung oder andere Einkaufserleichterungen kann angebracht sein. Gegenüber einem Kunden, der regelmäßig zu spät kommt, verhält sich der Verkäufer durchaus richtig, wenn er das Verkaufsgespräch abbricht (*„Bitte haben Sie Verständnis, wir schließen jetzt. Ich bediene Sie gerne morgen wieder. Unser Geschäft ist morgen wieder von 08:00 bis 19:00 Uhr geöffnet."*) Diese Maßnahme darf jedoch nur ausnahmsweise und nicht ohne Genehmigung der Verkaufsaufsicht erfolgen.

Häufige Spätkunden dürfen auf den bevorstehenden Ladenschluss hingewiesen werden.

2.3 Verkaufen an Kunden in Begleitung

(1) Überblick über mögliche Rollen der Begleiter

Häufig kommt ein Kunde in Begleitung. Nach der *Einflussnahme, die von Begleitpersonen ausgeht,* gibt es verschiedene Gruppen von Begleitpersonen.

- Unbeteiligte Begleitperson
- Beratende Begleitung
  - mit Fachkenntnissen
  - fachunkundig

Nach der *Kundengruppe, der der Kunde bzw. sein Begleiter angehört,* unterscheidet man:

- Einkauf für einen Jugendlichen in Begleitung eines Erwachsenen
- Gemeinsamer Einkauf von Mann und Frau

Um den Umfang und die Wirkung der Einflussnahme festzustellen und beachten zu können, muss der Verkäufer die Begleitperson aufmerksam beobachten. Die Begleitperson kann dem Verkäufer helfen, den Kaufabschluss wie gewünscht zu erreichen, sie kann ihn aber auch verhindern, wenn sich der Verkäufer ihr gegenüber ungeschickt verhält.

(2) Verhalten des Verkäufers gegenüber dem Begleiter

Unbeteiligte Begleitperson

Eine **erwachsene Begleitperson,** die offensichtlich unbeteiligt (passiv) bleiben will und nur auf den Kunden wartet, soll der Verkäufer trotzdem freundlich beachten, indem er eine Sitzgelegenheit anbietet, auf Zeitschriften aufmerksam macht u. dgl.

Die unbeteiligte Begleitperson beobachtet die Verkaufshandlung oft aufmerksam. Wenn sie angenehm berührt wird, kommt sie vielleicht später selbst einmal zum Einkaufen. Wird sie dagegen von dem Verkäufer nicht oder nur unfreundlich beachtet, beginnt sie zuweilen bei einer längeren Verkaufshandlung einen kaufhemmenden Einfluss auszuüben, beispielsweise durch nervöse Unruhe.

Handelt es sich bei der **Begleitperson** um ein **Kind,** so muss der Verkäufer darauf achten, dass das Kind beschäftigt ist.[1] Schenkt der Verkäufer dem Kind nicht die erwartete Aufmerksamkeit, kann dessen unruhiges Verhalten dazu beitragen, dass das Verkaufsgespräch durch die Eltern abgebrochen wird.

1 Vgl. hierzu S. 276f.

Beratende Begleitperson mit Fachkenntnissen

Der **fachkundige** Berater wird in das Verkaufsgespräch einbezogen.

Der Kunde bringt einen Berater mit, wenn es ihm an den nötigen Kenntnissen und am Vertrauen zum Verkäufer mangelt. Sachverständnis verrät sich vor allem durch Fachausdrücke. Es wäre falsch, wenn der Verkäufer das Verkaufsgespräch fast ausschließlich mit der fachkundigen Begleitperson führte. Der Kunde könnte sich übergangen fühlen und aus Protest seine Kaufabsicht aufgeben. Der Verkäufer soll deshalb mit Geschick sowohl den Kunden als auch dessen Berater in das Verkaufsgespräch einbeziehen, indem er die Ware weitgehend durch die sachverständige Begleitperson erläutern und anempfehlen lässt, um schließlich den Kunden entscheiden zu lassen. Den fachkundigen Begleiter soll der Verkäufer niemals als Rivalen betrachten, sondern sein Wissen respektieren, ihn vielleicht sogar um Rat fragen und damit seiner Eitelkeit schmeicheln und ihn als Kunden gewinnen. Es gilt beide, Kunde und Begleiter, zufrieden zu stellen.

Beratende Begleitperson ohne Fachkenntnisse

Der **fachunkundige** Berater darf nicht bloßgestellt werden.

Die Verkaufshandlung ist schwierig, wenn eine fachunkundige Begleitperson beim Kunden offensichtlich großen Einfluss hat. Ein Fehlverkauf ist dann nur zu vermeiden, wenn der Verkäufer kraft seiner Kenntnisse und seines Geschicks beim Argumentieren überzeugender als die Begleitperson wirkt. Taktlos und für den Kaufabschluss ungünstig wäre es allerdings, wenn der Verkäufer den „Sachverständigen" vor dem Kunden bloßstellte. Der Kunde fühlte sich unangenehm berührt.

Sind Kunde und Begleiter unterschiedlicher Meinung, muss der Verkäufer zwischen den beiden vermitteln. Er macht auf Gemeinsamkeiten aufmerksam und legt gegebenenfalls ein Alternativangebot vor, das beiden Interessen gerecht wird.

Einkauf eines Jugendlichen in Begleitung eines Erwachsenen

Möglicher Konflikt. Wegen des Altersunterschieds herrscht beim Einkauf oft Uneinigkeit zwischen Jung und Alt. Der Jugendliche wünscht meistens das Modische und Wirkungsvolle, während die Eltern mehr auf die Haltbarkeit, den Preis u.Ä. achten. Diese Meinungsverschiedenheiten können den Verkaufserfolg gefährden.

Verhalten des Verkäufers. Der Verkäufer muss sich bemühen, klug auszugleichen, vor allem wenn es sich um Kleidung handelt. Er kommt meistens weiter, wenn er von der Ware Ausführungen zeigt und geschickt empfiehlt, die ungefähr die „Mitte" der verschiedenen Ansichten treffen. Stellt er sich zu sehr auf die Seite des Jugendlichen, ist der Verkaufserfolg gefährdet, denn oft sind es die Eltern, die bezahlen. Gegebenenfalls müssen die Argumente besonders überzeugen und bekräftigen, dass die Ware modern und trotzdem gut verarbeitet, strapazierfähig usw. sein kann.

Beispiel:

Mutter und Tochter kaufen gemeinsam ein. Die Tochter will ein Kleid in modischen Farben kaufen. Die Mutter legt Wert auf einen Stoff, der waschbar ist, sich leicht bügeln lässt, haltbar ist usw.

Um zwischen Mutter und Tochter zu vermitteln, könnte der Verkäufer folgende Argumente anführen:

- Bedenken Sie, grau in grau ist nicht nur beim Wetter unfreundlich.
- Lesen Sie bitte die Pflegeanleitung. Der Stoff ist fast knitterfrei und kann bei 40 °C in der Waschmaschine gewaschen werden.
- Farben regen die Fantasie an, beleben den tristen Alltag.
- Das Kleid trägt sich angenehm, was an der ausgezeichneten Stoffqualität liegt.

Der Jugendliche – selbstständiger Kunde von morgen – wird dem Verkäufer dankbar sein. Unter Umständen muss der Verkäufer aber auch den Eltern beistehen und seinen Einfluss geltend machen. Bei erregten Auseinandersetzungen zwischen Jung und Alt soll der Verkäufer sich allerdings zurückhalten und sich nur auf Verlangen vermittelnd und geschickt taktierend einschalten.

Gemeinsamer Einkauf von Mann und Frau[1]

Geschlechtsunterschiede. Manchmal nimmt der Mann, seltener die Frau, keine Anteilnahme am Verkaufsgespräch. Beteiligen sich jedoch beide, dann offenbaren sich eventuell schnell die grundverschiedenen Einstellungen und die oft weit auseinander liegenden Ansichten.

Verhalten des Verkäufers. Aus den beiderseitigen Äußerungen kann der Verkäufer leicht die voneinander abweichenden Wünsche feststellen. Gegebenenfalls soll er einen Mittelweg einschlagen, indem er Vorschläge macht, mit denen beide weitgehend zufrieden sein müssten. Durch geschicktes Zeigen und kluge Beratung wird er dabei unmerklich vor allem die Partei beachten und unterstützen, die ausschlaggebender erscheint bzw. die finanzielle Entscheidung trifft. Das kann sehr oft die Frau sein. Bei Streit darf er keinesfalls offen für den ihm sympathischeren Teil eintreten. Vermittelnd wirkt jede sachliche Auskunft. Manchmal ist es angebracht, dass sich der Verkäufer etwas zurückzieht, damit sich die gemeinsam Einkaufenden allein besprechen können.

Der Verkäufer unterstützt geschickt den Partner, der die Entscheidung trifft.

1 Vgl. hierzu auch die Ausführungen auf S. 273 f.

✔ Lösung der einführenden Fragestellung

Ich muss lernen, mit meinen eigenen Ohren die eigenen Aussagen zu kontrollieren. Ich muss daran denken, dass eine unbedachte Aussage nicht wieder zurückgenommen werden kann! Ich zwinge mich dazu: Erst denken, dann sprechen.

Zusammenfassung

→ Der Einzelhandel kann seine Kunden nicht zu bestimmten Terminen bestellen, deshalb kommt es bei verschiedenen Anlässen (z. B. bei einem Aktionsverkauf, bei Sonderveranstaltungen, über Mittag, kurz vor Ladenschluss, vor Festtagen) zu einem **Kundenandrang.**

→ Der Einzelhändler bereitet sich durch **organisatorische Maßnahmen** (z. B. Bereitstellen von mehr Personal, Bereitstellen weiterer Kassen, Personalaustausch zwischen verschiedenen Abteilungen) auf einen Kundenandrang vor.

→ Das **Verhalten der Verkäufer während des Hochbetriebs** ist durch folgendes Vorgehen gekennzeichnet:

- Bedienung in der **richtigen Reihenfolge,** wobei Ausnahmen (z. B. werdende Mütter, sehr alte Menschen) nach Rücksprache mit dem bevorrechtigten Kunden zulässig sind.
- Der Verkäufer **bedient gleichzeitig zwei Kunden** mit deren Einverständnis (Doppelbedienung).
- Verkäufer **bewahrt Ruhe.**

→ Es gibt vielerlei Gründe, warum Kunden **kurz vor Ladenschluss** einkaufen. Der Verkäufer bedient den Spätkunden freundlich und zeigt Verständnis.

→ Eine **zielstrebige Beratung** führt häufig zu einem schnellen Kaufabschluss des Spätkunden. Die Preishöhe der Ware wird dabei vom Kunden weniger beachtet.

→ Bereits **begonnene Verkaufsgespräche** werden **nach Ladenschluss fortgesetzt.** Ist der Verkäufer selbst in Eile, so bittet er einen Kollegen, die Beratung fortzuführen.

→ Kauft ein Kunde mit einer **Begleitperson** ein, so ist es wichtig, die Rolle der Begleitperson richtig einzuschätzen.

- Die **unbeteiligte (passive) Begleitperson** wird freundlich behandelt und es wird ihr ein angenehmer Aufenthalt im Laden ermöglicht.
- Der **fachkundige Berater** wird in die Verkaufsgespräche einbezogen und sein positiver Einfluss auf den Kunden genutzt.
- Der **fachunkundige Berater** darf nicht bloßgestellt werden.
- Beim Einkauf eines **Jugendlichen** in **Begleitung eines Erwachsenen** muss der Verkäufer mögliche unterschiedliche Interessen (z. B. hochmodisch die Meinung des Jugendlichen, praktische Gebrauchseigenschaften die Meinung des Erwachsenen) ausgleichen.
- Kaufen **Mann und Frau gemeinsam** ein, so unterstützt der Verkäufer geschickt den Partner, der die Entscheidung trifft.

19 Speth – ISBN-13: 978-3-8120-0539-5

Übungsaufgabe

100 1. Sie sind als Auszubildender in einem Fachgeschäft beschäftigt.

Aufgaben

1.1 Beurteilen Sie folgende Aussagen von Kollegen und machen Sie jeweils einen Verbesserungsvorschlag:

1.1.1 „Wir schließen in 10 Minuten. In dieser kurzen Zeit kann ich Ihnen keinen Fernseher mehr zeigen."

1.1.2 „Sie kommen schon allein zurecht?"

1.1.3 „Sie sehen doch, dass ich alle Hände voll zu tun habe."

1.1.4 „Bitte sagen Sie mir, ob Sie den Artikel kaufen wollen. Sie sehen doch, es warten noch zwei Kunden, die auch bedient werden wollen."

1.2 In der Elektroabteilung kommt es beim Kauf einer Kaffeemaschine zwischen einem Ehepaar zu Meinungsverschiedenheiten.

Wie verhalten Sie sich in dieser Situation? (Zwei Verhaltensregeln!)

1.3 Trotz großer Anstrengungen der Geschäfte und des Verkaufspersonals entsteht kurz vor Ladenschluss, vor Sonn- und Feiertagen oder auch bei Sonderveranstaltungen immer wieder verstärkter Kundenandrang.

Nennen Sie zwei Möglichkeiten eines Verkäufers, ein Verkaufsgespräch zu beschleunigen, ohne dass der Kunde sich abgefertigt fühlt.

1.4 Ein Kunde ruft bei Ihnen in der Spielwarenabteilung an. Sie nehmen das Telefon ab. Er verlangt nach einem Kollegen, der gerade einen Kunden berät.

Wie reagieren Sie? (Begründung!)

2. Nennen Sie drei organisatorische Maßnahmen, die ein Einzelhändler ergreifen kann, um den Kunden lange Wartezeiten zu ersparen!

3. Während eines Verkaufsgesprächs haben weitere Kunden die Abteilung betreten.

Aufgaben

3.1 Ihre Kollegen sind beschäftigt. Wie können Sie verhindern, dass wartende Kunden ungeduldig werden?

3.2 Formulieren Sie in wörtlicher Rede einen entsprechenden Hinweis an eine wartende Kundin!

3.3 Sie beraten gerade einen Kunden, der sich für einen Anzug interessiert. Ein weiterer Kunde wartet bereits ungeduldig. Wie reagieren Sie kundengerecht? (Mit Begründung!)

4. Wie verhalten Sie sich, wenn sich ein Verkaufsgespräch über die Ladenschlusszeit hinaus erstreckt und sie pünktlich zum Bus gehen müssen?

5. Sie bedienen einen Kunden, der ein Haushaltsgerät kaufen möchte. Der Kunde hat eine Begleitperson mitgebracht.

Aufgaben

5.1 Woran können Sie erkennen, welchen Einfluss die Begleitperson auf Ihren Kunden ausübt?

5.2 Wie verhalten Sie sich bei der Beratung, wenn die Begleitperson Fachkenntnisse besitzt?

5.3 Wie verhalten Sie sich, wenn die Begleitperson vom Kauf des Artikels abrät, dem Kunden der Artikel jedoch gefällt?

6. Aufgrund von Werbemaßnahmen rechnet ihr Betrieb am Wochenende mit starkem Kundenandrang.

Aufgabe

Welche Maßnahmen sind bei Hochbetrieb besonders wichtig? (Drei verschiedene Maßnahmen!)

2.4 Geschenk- und Besorgungskauf

(1) Überblick

Wer ein **Geschenk** kauft, möchte anderen eine Freude bereiten. Der Empfänger wird sich allerdings nur dann über das Geschenk freuen, wenn es seinen Wünschen und Vorstellungen entspricht. Das „richtige" Geschenk zu finden, ist daher schwierig. Nicht umsonst sagt ein Sprichwort „Schenken ist eine Kunst, die nicht jeder beherrscht".

Wenn ein Verkäufer mit Geschenkartikeln befasst ist, sollte er vom Schenken entsprechend viel verstehen. Der Geschenkkäufer, sofern er noch keine Geschenkidee hat, gibt dem Verkäufer eine besondere Gelegenheit, sich als Berater zu bewähren und Fehlkäufe zu verhindern. Weiß der Käufer genau, was er schenken will, ist die Bedienung leicht.

Der Geschenkkauf ist vom Besorgungskauf zu unterscheiden. Beim **Besorgungskauf** kauft ein Kunde für andere Personen ein. In der Regel weiß der Kunde genau, welchen Artikel er einkaufen soll und ist bemüht, den Einkauf zur Zufriedenheit seines Auftraggebers zu erledigen. Der Verkäufer sollte ihn hierbei unterstützen.

(2) Verhalten des Verkäufers beim Geschenkkauf

Kunde möchte ein bestimmtes Geschenk kaufen

Wenn der Geschenkkäufer einen bestimmten Kaufwunsch hat und z.B. an ein Fotoalbum denkt, ist es für den Verkäufer nicht schwierig, zu bedienen. Ist die Ware im Moment nicht vorrätig, unterbreitet der Verkäufer dem Kunden Gegenvorschläge, die seiner Geschenkidee nahe kommen oder bietet, sofern das Geschenk nicht eilig ist, eine Sonderbestellung an.

Kunde sucht noch nach einem Geschenk

Bildquelle: visum

Viele Kunden sind beim Einkauf von Geschenken noch ratlos. Sie schieben den Einkauf bis zuletzt hinaus und wissen nur, dass sie „irgendetwas" schenken wollen. Der Verkäufer muss das entgegengebrachte Vertrauen rechtfertigen und mit Fingerspitzengefühl und Einfühlungsvermögen entsprechende Vorschläge machen. Die Kunst des Geschenkaussuchens kann nicht in festen Regeln ausgedrückt werden. Es gibt hierfür aber zumindest Gepflogenheiten, die dem Verkäufer weiterhelfen. Er soll beim Aussuchen vor allem an den Empfänger des Geschenks denken und sich ein Bild über ihn machen. Das kann er aber nur, wenn er weiß, **für wen** das Geschenk ist (Alter, Geschlecht, Beruf, Lieblingsbeschäftigungen, Gewohnheiten, Geschmack, Verwandtschafts- bzw. Bekanntschaftsgrad usw.), aus welchem **Anlass** geschenkt wird und ausnahmsweise auch, wie viel der Kunde **auszugeben** bereit ist. Dazu ist eine rücksichtsvolle Erkundung ohne Kreuzverhör nötig.

Wenn es dem Verkäufer gelingt, einen Geschenkartikel vorzuschlagen und zu verkaufen, der dem Empfänger Freude bereitet und dem Schenker Dank bringt, wird der Geschenkkäufer beim nächsten Geschenkkauf bestimmt wiederkommen. Der Geschenkverkauf eignet sich also sehr, Stammkunden zu gewinnen.

■ **Besonderen Geschenkservice anbieten**

Es gibt zahlreiche Gründe dafür, dass dem Beschenkten das Geschenk unvorhersehbar nicht gefällt oder dass er den ausgesuchten Artikel schon besitzt. Deshalb sollte dem Kunden ein **Umtauschrecht**[1] zugesichert bzw. (soweit der Kunde bekannt ist) eine **Auswahl** mitgegeben werden. Dadurch wird die Kaufentscheidung des Kunden erleichtert.

Kann sich der Kunde nicht zu einem Kauf entscheiden, sollte er auf die Möglichkeit hingewiesen werden, einen **Geschenkgutschein** zu verschenken. Der Empfänger hat dann die Möglichkeit, eine Ware nach seinem Wunsch und Geschmack auszusuchen.

Selbstverständlich ist, dass der gekaufte Artikel, sofern es der Kunde wünscht, als Geschenk verpackt wird. Vor dem Verpacken ist das Preisetikett zu entfernen. Um einen Umtausch reibungslos abwickeln zu können, wird der Kunde gebeten, den Kassenzettel sorgfältig aufzubewahren. Auf Wunsch des Kunden wird die Zustellung des Geschenks übernommen.

2.5 Finanzierungskauf (Teilzahlungskauf)

(1) Begriff und Inhalt

Wir merken uns:

Ein **Teilzahlungskauf**[2] ist ein Kaufvertrag, der die Lieferung einer bestimmten Sache gegen Teilzahlung zum Gegenstand hat [§ 499 II BGB].

Der Einzelhändler (Verkäufer) ist verpflichtet, dem Verbraucher (Käufer) in dem von ihm unterzeichneten Kaufvertrag hinreichende Informationen zu geben, damit dieser die auf ihn zukommende Belastung richtig einschätzen und das ihm unterbreitete Angebot sachkundig mit anderen Angeboten vergleichen kann. Die vom Käufer zu unterzeichnende Vertragserklärung (die Urkunde) muss z.B. den Barzahlungspreis, den Teilzahlungspreis einschließlich Zinsen und sonstiger Kosten, Betrag, Zahl und Fälligkeit der einzelnen Teilzahlungen, den effektiven Jahreszins und die Vereinbarung eines Eigentumsvorbehalts oder einer anderen zu bestellenden Sicherheit enthalten [§ 502 I BGB].

(2) Form und Nichtigkeit

Wenn bei einem Teilzahlungskauf die **Schriftform** des § 492 I, S. 1 bis 4 BGB nicht eingehalten ist oder wenn die vorgeschriebenen Angaben fehlen, ist das Teilzahlungsgeschäft grundsätzlich nichtig.

---

1 Zum Begriff Umtausch siehe S. 299 f.

2 Vgl. auch die Ausführungen zum Ratenkauf im Band 1, Lernfeld 3: Kunden im Servicebereich Kasse betreuen, Kapitel 1.4.4.2, S. 259.

(3) Widerrufs- bzw. Rückgaberecht bei Teilzahlungsgeschäften

Bei einem Teilzahlungsgeschäft steht dem Verbraucher grundsätzlich ein **Widerrufsrecht** zu [§§ 501, S. 1, 495 I, 355 BGB]. Stattdessen kann der Unternehmer dem Verbraucher auch ein **uneingeschränktes Rückgaberecht** einräumen [§§ 503 I, 356 BGB]. Das Rückgaberecht kann nur innerhalb einer zweiwöchigen Widerrufsfrist ausgeübt werden. Die Frist beginnt nicht vor Erhalt der Sache. Der Verbraucher hat die Sache grundsätzlich auf Kosten und Gefahr des Unternehmers zurückzusenden.

Der Verbraucher ist über sein Widerrufs- bzw. Rückgaberecht ausdrücklich zu belehren. Das hat auf einem gesonderten Schriftstück oder auf einem dauerhaften Datenträger mit eigener Unterschrift zu erfolgen [§§ 355, 492 BGB].

(4) Zahlungsverzug des Verbrauchers

Befindet sich der Verbraucher z. B. mit mindestens zwei aufeinander folgenden Teilzahlungen in Verzug und ist die ihm vom Unternehmer gesetzte Frist erfolglos verstrichen, so kann der Unternehmer unter weiteren gesetzlichen Voraussetzungen den **Vertrag kündigen** und die gesamte abgezinste Restschuld verlangen [§§ 501, S. 1, 498 BGB]. Daneben hat der Unternehmer unter bestimmten Voraussetzungen das Recht, statt zu kündigen, vom **Kaufvertrag zurückzutreten.**

(5) Vorzeitige Zahlung durch den Verbraucher

Der Verbraucher hat ein **unabdingbares Recht,** seine Verbindlichkeiten aus dem Teilzahlungskauf vorzeitig zu erfüllen [§§ 504, S. 1, 506 BGB]. Vereinbarungen, die dieses Recht an zusätzliche Bedingungen knüpfen, sind unzulässig. Macht der Verbraucher von seinem Recht Gebrauch, so **vermindert sich die Restschuld** um die Zinsen und sonstigen laufzeitabhängigen Kosten des Darlehens [§ 498 II BGB].

Zusammenfassung

- **Geschenkverkäufe** sind, sofern der Geschenkkäufer keine Geschenkidee hat, **anspruchsvolle Beratungsverkäufe.**
- Der Verkäufer muss sich, um einen Geschenkartikel vorschlagen zu können, vom Kunden **Informationen über den Empfänger** des Geschenks einholen (z. B. Alter, Hobbys, Gewohnheiten, Geschmack, Anlass für das Geschenk).
- Der Geschenkverkauf bietet **zahlreiche Verkaufschancen** und eignet sich dazu, **Stammkunden** zu **gewinnen.**
- Die Kaufentscheidung des Kunden wird erleichtert, wenn der Einzelhändler einen **Geschenkservice** anbietet (z. B. Umtauschrecht einräumt, Geschenkgutschein anbietet, Ware verpackt, Ware zustellt).
- Der **Teilzahlungskauf** ist ein Kaufvertrag, der die Lieferung einer bestimmten Sache gegen Teilzahlung zum Gegenstand hat.
- Zum Schutz des Verbrauchers ist der **Inhalt** des Teilzahlungskaufs **gesetzlich festgelegt.**
- Dem Verbraucher steht ein **Widerrufsrecht** oder ein **Rückgaberecht** (innerhalb zwei Wochen) zu.
- Befindet sich der Verbraucher in **Zahlungsverzug** (z. B. Käufer hat zwei aufeinander folgende Teilzahlungen nicht bezahlt), so kann der Verkäufer den Vertrag kündigen bzw. unter bestimmten Voraussetzungen vom Kaufvertrag zurücktreten.
- Der Verbraucher kann seine Verbindlichkeiten aus dem Teilzahlungsgeschäft **vorzeitig tilgen.** Dadurch verringert sich die Restschuld um die Zinsen und die laufzeitabhängigen Kosten.

Übungsaufgaben

101 1. In einem Spielwarengeschäft spricht Sie eine ältere Dame an und äußert folgenden Kaufwunsch: *„Ich suche für meinen 14-jährigen Enkel ein Geburtstagsgeschenk. Es darf schon etwas Besonderes sein."*

Aufgaben

1.1 Wie verhalten Sie sich? (Zwei Vorschläge!)

1.2 Warum ist es für den Verkäufer wichtig, die Kaufmotive des Kunden zu kennen? (Zwei Gesichtspunkte!)

1.3 Leiten Sie aus der Aussage der Kundin zwei mögliche Kaufmotive ab!

1.4 Die Kundin entscheidet sich für zwei ferngesteuerte Autos, weiß aber noch nicht, ob ihrem Enkel eines gefallen wird. Finden Sie eine Lösung!

1.5 Was sollten Sie beim Verpacken eines Geschenkes beachten? (Zwei Gesichtspunkte!)

1.6 Was ist bei der Bedienung von Senioren besonders zu beachten? (Vier Gesichtspunkte!)

2. Ein Kunde, Herr Groß, äußert folgenden Kaufwunsch: *„Ich suche ein Geschenk."*

Aufgaben

2.1 Nennen Sie einen Artikel aus Ihrer Branche als Geschenkvorschlag. Formulieren Sie zu dem von Ihnen genannten Artikel in wörtlicher Rede

2.1.1 eine warenbezogene Frage,

2.1.2 eine personenbezogene Frage,

2.1.3 eine bedarfsbezogene Frage!

2.2 Herr Groß kann sich nicht entscheiden, denn ihm gefällt ein anderer Artikel ebenfalls sehr gut. Ihre Antwort lautet: *„Sie können gerne beide Artikel zur Auswahl mitnehmen!"*

2.2.1 Worauf müssen Sie achten, wenn Sie Herrn Groß eine Auswahl mitgeben?

2.2.2 Welche Arten des Kundendienstes könnten Sie stattdessen Herrn Groß anbieten? (Drei Vorschläge!)

3. 3.1 Erläutern Sie den Begriff Teilzahlungsgeschäft!

3.2 Herr Fritz Sacher kauft einen Flachbildfernseher zum Preis von 2490,00 EUR und vereinbart Teilzahlung.

Aufgaben

3.2.1 Welche Angaben muss der Teilzahlungsvertrag mindestens enthalten?

3.2.2 Zu Hause angekommen überlegt sich Herr Fritz Sacher, dass der Kaufpreis überhöht ist. Kann Herr Fritz Sacher das Teilzahlungsgeschäft rückgängig machen? Begründen Sie Ihre Entscheidung!

3.3 Was kann ein Einzelhändler unternehmen, wenn der Käufer mit seinen Ratenzahlungen in Verzug ist?

3.4 Kann der Käufer die Raten vorzeitig zurückzahlen? Vermindert sich dadurch die Restschuld? Begründen Sie Ihre Entscheidung!

102 **Sachverhalt**

Eine Frau betritt ein Haushaltswaren- und Geschenkartikelgeschäft.

V: *„Guten Tag, wie kann ich Ihnen helfen?“*
K: *„Tja, das weiß ich selbst noch nicht.*
Ich suche ein Geschenk für eine Freundin.“
V: *„Da finden wir bestimmt etwas Schönes!*
Soll es eher etwas Dekoratives oder etwas Praktisches für den Haushalt sein?“
K: *„Das kommt darauf an. Haben Sie eine Idee?“*
V: *„Wie wär's denn mit einer schönen Vase?“*
K: *„Ach nein, die hat sie im Überfluss.“*
V: *„... oder einer Tischdecke?“*
K: *„Ich weiß nicht so recht.“*

Aufgaben

1. 1.1 Beurteilen Sie die Äußerung der Verkäuferin in Zeile 4!

   1.2 Mit welcher Art der Frage versucht die Verkäuferin den Bedarf einzugrenzen? (Zeile 5)

   1.3 Beurteilen Sie den Verlauf der Bedarfsermittlung! (Zeile 5 – Zeile 9)

   1.4 Formulieren Sie zwei bedarfsermittelnde Fragen in wörtlicher Rede!

2. Schließlich hat die Verkäuferin herausgefunden, dass die Freundin der Kundin eine Liebhaberin von Kaffee in allen Varianten ist. Sie bietet der Kundin einen kleinen, aber sehr effektiven Aufschäumer für Milch an. Er ist durch den Batteriebetrieb netzunabhängig und somit auch für den Campingurlaub ideal.

   K: *„Das hört sich gut an. Aber schäumt die Milch auch wirklich auf? Ich habe schon verschiedene Aufschäumer getestet und war mit keinem richtig zufrieden.“*

   Wie würden Sie in dieser Situation reagieren? Geben Sie zwei Möglichkeiten an!

3. Nennen Sie zwei Serviceleistungen, die beim Geschenkkauf sinnvoll sind!

4. Die Verkäuferin möchte als Zusatzangebot zwei passende Cappuccinotassen anbieten. Zu welchem Zeitpunkt des Verkaufsgesprächs sollte dieses Zusatzangebot hier gemacht werden? Begründen Sie Ihre Entscheidung!

5. Während des Beratungsgesprächs kommt ein Pärchen herein und stellt sich wartend neben die Verkäuferin.

   Geben Sie zwei Möglichkeiten an, wie die Verkäuferin reagieren könnte!

6. Der Kundin selbst gefällt eine Espressomaschine zum Preis von 1480,00 EUR. Sie entscheidet sich für einen Ratenkauf. Der Kaufvertrag wird mündlich abgeschlossen. Die Verkäuferin weist die Kundin ausdrücklich darauf hin, dass ein Rücktritt nicht in Frage kommt.

   6.1 Fünf Tage nach Vertragsabschluss kommen der Kundin Bedenken. Sie will vom Kaufvertrag zurücktreten. Die Verkäuferin lehnt ab. Die Espressomaschine ist noch unbenutzt.

   Wie ist die Rechtslage?

   6.2 Wäre die Rechtslage anders, wenn der Kaufvertrag schriftlich abgeschlossen worden wäre? Begründen Sie Ihre Antwort!

103 1. Bei einem Verkaufstraining wird empfohlen, wenn Kunden nach dem Preis fragen, diesen immer in Nutzen zu „verpacken“ (Sandwich-Methode).

Aufgaben

1.1 Nennen Sie drei Argumente, die für diese Methode sprechen!

1.2 Zeigen Sie in wörtlicher Rede an einem Beispiel aus Ihrem Sortiment, wie Sie diesen Vorschlag umsetzen können!

2. Eine Kundin interessiert sich in einem Haushaltswarengeschäft für den Kochtopf Helix 2000, auf den der Hersteller zehn Jahre Garantie gewährt. Als die Kundin jedoch erfährt, dass der Helix 2000 160,00 EUR kostet und als sie daneben einen anderen Topf für 50,00 EUR sieht, sagt sie: *„Für den Kochtopf sind mir 160,00 EUR zu viel.“*

Aufgaben

2.1 Zeigen Sie in wörtlicher Rede, wie Sie diesen Einwand mit der Ja-aber-Methode (Ja-wenn-Methode) beantworten können!

2.2 Erklären Sie, was das besondere an dieser Methode ist!

3. Sie hören folgendes Gespräch:

Kundin: *„Vor einer Woche habe ich diese Halbschuhe bei Ihnen gekauft. Als ich sie das erste Mal längere Zeit getragen habe, bekam ich eine schmerzende Druckstelle oberhalb der großen Zehe.“*

Verkäuferin: *„Das tut mir leid, aber ich kann Schuhe nicht auf Probe[1] verkaufen. Außerdem stellt diese Firma tausende von Schuhen her. Wenn sie keine gute Passform hätten, wäre diese Firma schon lange pleite.“*

Aufgaben

3.1 Begründen Sie, ob sich die Kundin durch diese Verkäuferreaktion verstanden fühlt!

3.2 Formulieren Sie in wörtlicher Rede eine Verkäuferantwort, die der Kundin zeigt, dass der Verkäufer versucht, sie zu verstehen!

3.3 Beschreiben Sie drei Verhaltensregeln, die ein Verkäufer bei Kundenreklamationen berücksichtigen sollte!

4. *„Umtausch ist Werbung“* steht auf einem Plakat im Aufenthaltsraum der Mitarbeiter eines Kaufhauses.

Aufgaben

4.1 Was halten Sie von dieser Aussage? Begründen Sie Ihre Antwort!

4.2 Erklären Sie, was in diesem Zusammenhang Umtausch aus Kulanz[2] bedeutet!

---

1 **Kauf auf Probe** ist ein Kauf mit Rückgaberecht innerhalb einer vereinbarten Frist, falls der Gegenstand nicht den Erwartungen des Käufers entspricht.

2 Siehe S. 299.

3 Produkthaftung

Bei einem Pkw, der auf einer abschüssigen Straße geparkt war, lösen sich aufgrund eines Konstruktionsfehlers die Bremsen. Der Pkw rollt die Straße hinunter und stößt mit einem Motorradfahrer zusammen. Beim Motorrad entsteht ein Sachschaden von 1600,00 EUR. Der Motorradfahrer wird verletzt. Seine Krankenkosten und sein Verdienstausfall betragen 840,00 EUR.

Wer haftet für die Schäden?

(Die Lösung des Rechtsfalls finden Sie auf S. 298.)

(1) Zielsetzungen

Das „Gesetz über die Haftung für fehlerhafte Produkte" dient in erster Linie dem Verbraucherschutz. Die Bestimmungen dieses Gesetzes beziehen sich ausschließlich auf den **Ersatz für Folgeschäden,** die durch den Ver- bzw. Gebrauch eines Produkts an anderen Sachen oder Personen entstehen. Bei Fehlern am Produkt selbst gelten weiterhin z.B. die kaufvertraglichen Gewährleistungsrechte für Sachmängel (vgl. § 437 BGB). Das Produkthaftungsgesetz ergänzt die bestehenden gesetzlichen Regelungen des BGB zum Verbraucherschutz.

(2) Begriff fehlerhaftes Produkt

Wir merken uns:

Produkt im Sinne des Gesetzes ist **jede bewegliche Sache** (z.B. Fertigprodukte, Reparaturmaterialien), auch wenn sie einen Teil einer anderen beweglichen oder unbeweglichen Sache bildet, sowie **Elektrizität**. Ausgenommen sind land- und fischwirtschaftliche Naturprodukte sowie Jagderzeugnisse [§ 2 ProdHaftG].

Fehlerhaft ist ein Produkt dann, wenn es nicht die Sicherheit bietet, die vom Käufer erwartet werden kann [§ 3 ProdHaftG).[1] Dies ist insbesondere dann der Fall, wenn das Produkt bei der Auslieferung nicht dem Stand der Wissenschaft und Technik entspricht [§ 1 II, Nr. 5 ProdHaftG].

Beispiele:

Max Dreier kauft eine Flasche Sekt. Noch bevor er die Flasche öffnet, zerplatzt diese in seiner Hand. Glassplitter verletzen seine rechte Hand.

Beate Freund stürzt, als ein fehlerhaft konstruiertes Fahrrad unter ihr zusammenbricht. Beate Freund bricht sich das rechte Bein.

Beide Geschädigten können ihre Schadensersatzansprüche auf das ProdHaftG stützen.

Für den Fehler, den Schaden und den ursächlichen Zusammenhang zwischen Fehler und Schaden trägt der Geschädigte die Beweislast [§ 1 IV ProdHaftG].

1 Als Fehler kommen z.B. Konstruktions-, Fabrikations- und Instruktionsfehler (mangelhafte Gebrauchsanweisung und/oder nicht ausreichende Warnung vor gefahrbringenden Eigenschaften) eines Produkts in Betracht.

(3) Begriff Hersteller

Hersteller im Sinne des ProdHaftG ist, wer

- das Produkt hergestellt hat,
- sich z. B. durch das Anbringen seines Namens als Hersteller ausgibt,
- das Produkt in den Europäischen Wirtschaftsraum einführt (importiert).

Kann der Hersteller des Produkts nicht festgestellt werden, so gilt jeder Lieferer als dessen Hersteller.

(4) Haftung des Herstellers

Wird durch den Fehler eines Produkts jemand getötet, sein Körper oder seine Gesundheit verletzt oder eine Sache beschädigt, ist der **Hersteller** verpflichtet, dem Geschädigten den daraus entstehenden Schaden zu ersetzen.[1] Im Fall der **Sachbeschädigung** gilt dies nur, wenn eine andere Sache als das fehlerhafte Produkt beschädigt wird und diese andere Sache für den **privaten Ge- oder Verbrauch** bestimmt ist [§ 1 I ProdHaftG]. Die Produkthaftung ist **verschuldensunabhängig** (Prinzip der **Gefährdungshaftung**).

- Der **Schadensersatz bei Sachbeschädigung** wird vom Gesetz nicht begrenzt. Allerdings hat der Geschädigte einen Schaden bis zu einer Höhe von 500,00 EUR selbst zu tragen [§ 11 ProdHaftG]. Es wird nur für einen Schaden des **privaten Endverbrauchers** gehaftet, nicht aber für einen solchen im gewerblichen oder beruflichen Bereich (also z. B. nicht für einen von einem Kaufmann in seinem Büro benutzten PC). Der Schutz erstreckt sich nur auf andere Sachen als das fehlerhafte Produkt [§ 1 I ProdHaftG].
- Der **Schadensersatz bei Personenschäden** beträgt höchstens 85 Mio. EUR [§ 10 ProdHaftG].

Bei Schäden an Produkten aus den EU-Staaten kann der Verbraucher den Hersteller unmittelbar verklagen. Bei Waren, die in die EU importiert wurden, ist der Importeur zu verklagen. Dabei gilt das Tatortprinzip, d. h., die Klage kann an dem Ort erhoben werden, an welchem der Schaden entstanden ist. Die Schadensersatzansprüche erlöschen in 10 Jahren nach dem Zeitpunkt, in dem der Hersteller das Produkt, das den Schaden verursacht hat, in den Verkehr gebracht hat [§ 13 I ProdHaftG].

Die Ersatzpflicht des Herstellers nach dem ProdHaftG darf im Voraus weder ausgeschlossen noch beschränkt werden. Eine solche Vereinbarung ist nichtig [§ 14 ProdHaftG].

✔ Lösung des einführenden Rechtsfalls

Der Hersteller bzw. Zulieferer haftet für den Produktfehler, und zwar unabhängig von einem Verschulden. Die Krankenkosten und der Verdienstausfall muss der Hersteller bzw. Zulieferer voll übernehmen [§ 10 ProdHaftG]. Vom Sachschaden muss der Geschädigte 500,00 EUR selbst tragen. Er erhält somit einen Betrag von 340,00 EUR erstattet.

---

1 Sind für einen Schaden mehrere Hersteller nebeneinander schadensersatzpflichtig, haften diese als Gesamtschuldner [§ 5 ProdHaftG; § 42 I BGB]. Der Geschädigte kann also denjenigen in Anspruch nehmen, von dem er am leichtesten und schnellsten vollen Schadensersatz erwarten kann.

4 Kulanz

Herr Bohner kauft seiner Frau zum Geburtstag goldene Ohrringe. Frau Bohner gefällt die Form der Ohrringe nicht. „Kein Problem“ sagt Herr Bohner, „ich tausche morgen die Ohrringe um.“

Hat Herr Bohner Recht mit dieser Aussage?

(Die Lösung für diesen Rechtsfall finden Sie auf S. 301.)

(1) Begriff Kulanz

Nicht jede Beschwerde und Beanstandung der Kunden ist berechtigt. Die Ursache für einen Mangel kann auch darauf beruhen, dass der Kunde die Ware falsch behandelt bzw. angewandt hat. Die Frage für den Einzelhändler besteht nun darin, ob er auch ohne gesetzliche oder vertragliche Verpflichtung auf die Forderungen des Kunden eingehen soll. Geht der Einzelhändler auf die Forderungen des Kunden ein, liegt Kulanz vor.

Wir merken uns:

Kulanz bedeutet eine **Leistung** des Einzelhändlers, **ohne** dass hierzu eine **rechtliche Verpflichtung** besteht.

Sie ist vor allem angebracht bei kleineren Reklamationen, die Stammkunden vorbringen. In der Regel ist ein einmaliger Verlust für den Einzelhändler eher hinzunehmen als der Verlust des Kunden.

Beispiele:

Übernahme von Reparaturkosten, obwohl die Garantiezeit abgelaufen ist; Umtausch bei Fehlkäufen (ein verschenktes Buch ist bereits vorhanden; der Pullover, der für eine andere Person besorgt wurde, ist zu groß); Umtausch bei Nichtgefallen einer gekauften Ware (Gardinen passen nicht zur farblichen Gestaltung des Wohnraums).

(2) Umtausch als Kulanz- und Serviceleistung

■ Begriff Umtausch[1]

Vom Kunden wird nicht selten der Wunsch an den Einzelhändler herangetragen, **mangelfreie Ware** umtauschen zu können. Die Gründe für einen Umtauschwunsch können vielfältig sein (z. B. Ware gefällt nicht mehr, Ware ist schon vorhanden, Ware passt nicht von der Größe, Umgebung usw.).

Wurde beim Kauf **nichts vereinbart,** so besteht für den Einzelhändler **keine rechtliche Verpflichtung,** mangelfreie Ware umzutauschen.

Kommt der Einzelhändler seinem Kunden entgegen und tauscht die Ware um, obwohl er rechtlich hierzu nicht verpflichtet ist, so tut er dies aus Kulanz und bedeutet Service.

Räumt der Einzelhändler seinem Kunden beim Kaufabschluss freiwillig die Möglichkeit ein, die Ware umzutauschen, so hat dieser ein **Umtauschrecht.** Ein gesetzliches Umtauschrecht gibt es nicht.

1 Der Begriff Umtausch ist vom Begriff Reklamation zu trennen. Bei der Reklamation ist die Ware fehlerhaft (Mangel), beim Umtausch (Kulanz) ist die Ware fehlerfrei.

Wird dem Kunden ein **Umtauschrecht zugesichert,** so erwirbt der Käufer einen **Rechtsanspruch auf Rückgabe der Ware** innerhalb einer bestimmten Frist. Es ist sinnvoll, dass der Verkäufer die Umtauschfrist auf dem Kassenzettel vermerkt.

Beispiele:

Typische Umtauschwaren sind Geschenkartikel, Waren, die den individuellen Geschmack betreffen (z. B. Schmuck, Kleidung, Lederwaren), Waren, die zueinander passen müssen (z. B. Teppiche, Bilder, Lampen).

Umtauschvoraussetzungen

Die Voraussetzungen für einen Warenumtausch sind von Einzelhandelsunternehmen zu Einzelhandelsunternehmen verschieden. Die wichtigsten Umtauschvoraussetzungen sind:

- Die Ware muss unbeschädigt, nicht getragen, nicht benutzt und fehlerfrei sein,
- der Umtausch muss innerhalb der vereinbarten Umtauschfrist stattfinden,
- der Kassenbon oder -zettel ist vorzulegen.

Bestimmte Waren sind vom Umtausch ausgeschlossen, etwa offene Lebensmittel, Schnittwaren (z. B. Stoffe, Schnittblumen), hygienische Artikel (z. B. Wäsche, kosmetische Artikel, preisreduzierte Waren aus Sonderverkaufsveranstaltungen).

Verhalten des Verkäufers

Der Verkäufer weiß aus Erfahrung, dass ein unzufriedener Kunde viele andere Kunden negativ beeinflussen kann. Jeder Verkäufer sollte deshalb Umtauschwünsche ernst nehmen. Am schlimmsten ist die Situation, in der sich ein Kunde ärgert und sich sagen muss: „Das merke ich mir!"

Bei der **Umtauschbehandlung** sollte der Verkäufer **folgende Schritte** beachten:

Dem Kunden aktiv zuhören.

Dadurch, dass wir gut zuhören und gezielte Fragen stellen, erfahren wir den Grund für den Umtausch.

Dem Kunden positiv gegenübertreten.

Dem Kunden freundlich gegenübertreten und sagen: *„Es tut mir leid, dass sie verärgert sind."*

Den Kunden möglichst „aus dem Verkehr ziehen" und dessen Wünsche in einem ruhigen Bereich des Verkaufsraums vortragen lassen.

Nach einer Lösung suchen.

Wir bieten dem Kunden Hilfe an. Sagen Sie dem Kunden: *„Wir wollen gemeinsam überlegen, wie wir dieses Problem am besten und schnellsten für Sie lösen können."* Dabei bleibt der Verkäufer stets freundlich und höflich.

Lösung anbieten.

Hat der Kunde kein Umtauschrecht, liegt es im Ermessen der Verkaufsaufsicht zu entscheiden, inwieweit sie dem Umtauschwunsch zustimmt. Stimmt die Verkaufsaufsicht zu, kann der Verkäufer prinzipiell drei Lösungen anbieten:

- Alternativprodukte mit ähnlichen Eigenschaften vorschlagen. Ist der neu ausgewählte Artikel teurer, kann zugezahlt werden, ist er preisgünstiger, sollte die Restsumme ausgezahlt oder ein Gutschein ausgestellt werden.
- Gutschrift zum späteren Einlösen ausstellen.
- Geldbetrag erstatten.

Handelt es sich um eine vom **Umtausch ausgeschlossene** Ware, so muss der Verkäufer den Umtausch freundlich aber bestimmt ablehnen. Wichtig ist, dass dem Kunden ein zwingender Grund genannt wird. *„Wir sind immer sehr großzügig und wollen unsere Kunden stets zufriedenstellen. Aus hygienischen Gründen können wir jedoch, im Interesse anderer Kunden, offene Lebensmittel nicht umtauschen. Bitte haben Sie hierfür Verständnis."*

✔ Lösung des einführenden Rechtsfalls

Da Herr Bohner mit dem Verkäufer kein Umtauschrecht vereinbart hat, ist der Verkäufer zum Umtausch nicht verpflichtet. Kommt der Verkäufer Herrn Bohner entgegen und tauscht die Ware um, so tut er dies aus Kulanz.

5 Garantie

(1) Garantieerklärungen

Die Garantie ist in zweifacher Weise geregelt: Zum einen gibt es Regelungen zur Beschaffenheits- und Haltbarkeitsgarantie, die für alle Kaufverträge gelten [§ 443 BGB], und zum anderen gibt es darüber hinaus noch Regelungen, die spezifisch auf Verbrauchsgüterkaufverträge ausgerichtet sind [§ 477 BGB].

■ Beschaffenheits- und Haltbarkeitsgarantie [§ 443 BGB]

Bei einer Beschaffenheits- und/oder Haltbarkeitsgarantie übernimmt der Verkäufer oder ein Dritter[1] – unabhängig davon, ob beim Gefahrübergang ein Mangel besteht oder nicht besteht – die **Garantie** (Gewähr) für die **zugesicherte Beschaffenheit** der Sache **(Beschaffenheitsgarantie)** oder dafür, dass die Sache für eine **bestimmte Dauer** eine **bestimmte Beschaffenheit behält (Haltbarkeitsgarantie).**

Beispiele:

Die Kölner Lack und Farben GmbH bezeichnet ihre Produkte als garantiert hitze- und säurebeständig. Die Baustoffhandel Baumeister OHG garantiert die Frostsicherheit ihrer verkauften Spanplatten (**Beschaffenheitsgarantien** aufgrund einer **Garantieurkunde**).

Die Münchner Kesselbau AG gibt eine Garantie dafür, dass ihre Dampfkessel innerhalb der nächsten fünf Jahre nicht durchrosten. Die Leipziger Werkzeugbau KG garantiert, dass ihre hergestellten Stahlfedern innerhalb der nächsten 8 Jahre (auch bei hoher, dauernder Belastung) nicht brechen werden **(Haltbarkeitsgarantien).**

Tritt der Garantiefall ein, dann kann der Käufer – **neben** seinen **gesetzlichen Ansprüchen aus der Sachmängelhaftung** – seine **Garantierechte** zu den in der Garantieerklärung und den in der betreffenden Werbung[2] angegebenen Bedingungen gegenüber dem Verkäufer oder Dritten geltend machen.

1 Dritte sind meistens die Hersteller der Sachen (Industrie- und Handwerksbetriebe).

2 Der Käufer kann seine Garantieansprüche somit auch mit den in der einschlägigen Werbung angegebenen Bedingungen begründen, nicht nur mit der Garantieurkunde selbst.

■ **Zusätzliche Bestimmungen für Garantien beim Verbrauchsgüterkauf** [§ 477 BGB]

Beim Verbrauchsgüterkauf werden durch die Vorschriften im § 477 BGB (i. V. m. 443 BGB) besondere, dem Schutz der Verbraucher dienende Anforderungen an die Garantieerklärungen des Verkäufers (Unternehmers) gestellt. Im Einzelnen sind vom Verkäufer folgende **verbraucherschützende Vorschriften (Anforderungen)** zu beachten [§ 477 I, II BGB]:

- einfache und verständliche Abfassung der Garantieerklärung,
- Hinweis auf die gesetzlichen Rechte des Verbrauchers und deren uneingeschränkte Geltung,
- Mindestinhalt der Garantieerklärung (Angaben über die Geltendmachung der Garantie, insbesondere Dauer und räumlicher Geltungsbereich des Garantieschutzes, Name und Anschrift des Garantiegebers),
- das Recht des Verbrauchers auf Aushändigung der Garantieerklärung (zumindest) in Textform sowie
- die Wirksamkeit der Garantieverpflichtung auch im Falle der Nichteinhaltung der genannten Anforderungen.

(2) Abweichende Vereinbarungen

Abweichende Vereinbarungen, die vor Mitteilung eines Mangels getroffen werden und das Recht des Verbrauchers auf Nacherfüllung, das Rücktrittsrecht, die Beweislastumkehr sowie das Recht auf Minderung einschränken, sind rechtlich bedeutungslos [§ 475 I BGB]. Ein Haftungsausschluss in „Allgemeinen Geschäftsbedingungen" ist somit nicht möglich. Aus Gründen des Verbraucherschutzes ist insoweit die Vertragsfreiheit eingeschränkt.

Dagegen ist der Ausschluss oder die Beschränkung des Schadensersatzanspruchs des Verbrauchers möglich.

6 Ladendiebstahl[1]

(1) Problematik

Nach jüngsten Schätzungen beträgt der Schaden, der durch Ladendiebstahl verursacht wird, rund vier Milliarden Euro. Die Täter finden sich nicht nur unter den Kunden. Diebstähle durch Kunden und Mitarbeiter machen jeweils etwa 40 % aus, Diebstähle durch Servicepersonal und Lieferanten ca. 8 %. Die restlichen 12 % erklären sich durch andere Schwachstellen in der Organisation, so z. B. nicht erfasste Preisänderungen, natürlicher Schwund oder Fehler beim Wareneingang.

1 Das Kapitel lehnt sich an die Broschüre „Ladendiebstahl, ein Ratgeber zur wirksamen Abwehr", herausgegeben vom Deutschen Industrie- und Handelskammertag (DIHK), an.

„Diebstahlrenner" sind seit Jahren die Produktgruppen Textil (16,5 %), Elektro (13,6 %), Kosmetik (12,5 %) und Drogerieartikel (9,3 %). Zur Diebstahlbekämpfung bringt der Einzelhandel jährlich mehr als 0,75 Mrd. EUR auf, das sind 0,2 % vom Umsatz. Trotz der Abwehrmaßnahmen gehen Schätzungen davon aus, dass nur jeder zehnte Ladendieb entdeckt und angezeigt wird. Mit anderen Worten, etwa 90 % der Ladendiebe bleiben unerkannt und damit straffrei.

(2) Begriff Ladendiebstahl

Wir merken uns:

Ein **Ladendiebstahl** liegt vor, wenn jemand in einem Ladengeschäft Waren wegnimmt (bzw. umetikettiert), um sich diese Ware oder den entsprechenden Geldbetrag unberechtigt anzueignen.

Beispiele:

Das Preisetikett einer Ware wird entfernt und gegen ein anderes – günstigeres – Etikett ausgetauscht (Umetikettieren).

Der Täter kauft ein Produkt, bezahlt es und verlässt das Geschäft. Meist am gleichen Tag kommt er ohne Ware in das Geschäft zurück, nimmt ein identisches Produkt aus dem Regal und tauscht es an der Kasse gegen Bargeld um – gegen Vorlage des Belegs, der vom vorherigen Kauf noch vorhanden ist.

(3) Verhaltensweisen der Ladendiebe

Ladendiebe kommen aus allen Gruppen der Gesellschaft. Es stehlen Kinder, Jugendliche, Hausfrauen, Arbeitslose, Rechtsanwälte, Rentner, Polizisten, Ärzte. Wegen dieser unterschiedlichen Tätergruppen macht es keinen Sinn, Ladendiebe aufgrund ihres Äußeren erkennen zu wollen. Stattdessen ist es wichtig, auf Verhaltensweisen zu achten, die typisch sind für Ladendiebe.

Folgende Verhaltensweisen sind typisch:

- Blicke sind nicht auf die Ware gerichtet, sondern schweifen unruhig umher, um eine „günstige Gelegenheit" für den Diebstahl abzuwarten.
- Das Hantieren mit Taschen, Rucksack oder Tragetaschen sowie der eigenen Kleidung in engem Kontakt mit der Ware. Dabei wird in die Runde geschaut, um die Lage zu „prüfen".
- Der Kunde nimmt einen vollkommen falschen Artikel in die Hand (z. B. er beschäftigt sich bei der Kleidung mit falschen Größen). Dadurch soll Zeit gewonnen werden, bis der günstigste Moment da ist, etwas anderes verschwinden zu lassen.
- Bewusstes Meiden (aus dem Weg gehen) von Beratungs- und Verkaufsmitarbeitern, um in Ruhe vorgehen zu können.
- Ware dicht an den Körper oder in die Nähe von Taschen nehmen, um den Weg gering zu halten, wenn der Artikel eingesteckt werden soll.
- „In Deckung gehen" hinter Warenträgern, Säulen, Raumteilern oder „Abtauchen", um aus dem Blickfeld der Verkäufer zu verschwinden.

- Rasches Aufsuchen von Anprobekabinen mit einer größeren Anzahl von Kleidung, sodass die Verkäufer nicht erkennen können, wie viele Teile mitgenommen wurden.
- Längeres Hantieren mit der Ware (das Entfernen von Sicherungen dauert stets eine gewisse Zeit).
- Bewusstes Ablenken oder Abziehen von Verkäufern, um einer anderen Person Freiraum zu schaffen. Vor allem dann erkennbar, wenn die Personen vorher als Paar oder Gruppe erschienen sind und sich erst im Geschäft trennen.
- Hochhalten von Ware (z.B. Tischdecken, Bettwäsche, Kleidungsstücke), um eine andere Person den Blicken von Beobachtern zu entziehen.

(4) Verhalten des Verkäufers beim Stellen eines Ladendiebs

Einschreiten zum richtigen Zeitpunkt

Erst wenn der Ladendiebstahl zweifelsfrei feststeht (z.B. nach Verlassen der Kasse, der Abteilung, des Geschäfts), sollte eingeschritten werden. Davor hat der Kunde ja immer noch die Chance, die Ware zu bezahlen.

Ruhig eine Entscheidung treffen

Der Verkäufer kann sich für folgende Vorgehensweisen entscheiden: Mitarbeiter oder Detektiv einbeziehen, Polizei rufen, den Täter ansprechen (z.B. *„Bitte kommen Sie in unser Büro. Es gibt eine Unstimmigkeit zu klären.“*) Niemals sollte der Ladendieb vor der Kundschaft bloßgestellt werden. Die Praxis zeigt, dass die überwiegende Anzahl der Ladendiebe dieser Aufforderung Folge leistet. Folgt er dieser Aufforderung nicht und ist die Identität nicht bekannt, so darf der Dieb festgehalten werden [§ 127 I, S. 1 StPO] (z.B. Festhalten des Täters am Handgelenk, Wegdrängen vom Ausgang, Einsperren im Büro, bis die Polizei eintrifft).

Beweise vor Zeugen sichern

Auf dem Weg zum Büro sollte darauf geachtet werden, dass der Ladendieb die Ware unterwegs nicht ablegt oder wegwirft. Das Gespräch mit einem überführten Ladendieb sollte möglichst nur im Beisein eines Zeugen geführt werden. Durchsuchungen (ohne Einverständnis des Täters) sollten unterlassen werden. Das ist Aufgabe der Polizei.

Anzeige erstatten und Hausverbot erlassen

Jeder Ladendiebstahl sollte angezeigt, d.h. der Polizei gemeldet werden. Diese Anzeige ist wichtig, denn nur so wird der Ladendieb aktenkundig. Auch wenn das gerichtliche Verfahren beim ersten Mal wegen Geringfügigkeit eingestellt wird, so wird der Dieb im Wiederholungsfall verurteilt. Außerdem kann durch eine schnelle Hausdurchsuchung vielleicht noch mehr Diebesgut festgestellt werden.

Für eine befristete Zeit sollte dem Ladendieb Hausverbot erteilt werden.

Behandlung von Kindern

Im Falle eines minderjährigen Ladendiebs sollten die Eltern und gegebenenfalls die Polizei benachrichtigt werden.

(5) Maßnahmen zur Vermeidung von Ladendiebstählen

Vorbeugung (Prävention) ist die beste Strategie – am besten, es kommt gar nicht erst zum Ladendiebstahl. Vorbeugende Maßnahmen führen dazu, dass der Täter ein hohes Risiko eingeht. Er überlegt länger, er muss sich mehr vergewissern, ob sein Vorhaben gelingen kann, sein Spielraum wird geringer.

Um Ladendiebstähle zu bekämpfen, sind neben personellen, organisatorischen und technischen Maßnahmen auch psychologische Vorgehensweisen erfolgreich.

Personelle, organisatorische und technische Maßnahmen

Einen Überblick über die personellen, organisatorischen und technischen Maßnahmen zur Ladendiebstahlvermeidung gibt die nachfolgende Tabelle:

Personelle Maßnahmen	Organisatorische Maßnahmen	Technische Maßnahmen
z. B. ■ Mitarbeiter schulen, dass sie – aufmerksam sind, – nicht zu viel Ware auf einmal vorlegen, – nicht zulassen, dass die Kunden Taschen und Waren in den Verkaufsraum mitnehmen, – Ware erst einpacken, wenn der Kunde sie bezahlt hat, – Absprachen über die Kundenüberwachung treffen, – die Vorgaben über das Verhalten bei Ladendiebstählen einhalten, ■ Anzahl der Mitarbeiter erhöhen, ■ Detektive und uniformierte Wachleute („Doormen") anstellen.	z. B. ■ Verkaufsräume übersichtlich gestalten (Ladendieben die „Deckung" nehmen). ■ Besonders diebstahlgefährdete Ware für Verkäufer einsehbar platzieren. ■ Anprobekabinen sollten sich an einer gut einsehbaren Stelle befinden und durch Verkäufer „aktiv" betreut werden. ■ Warenträger (Regale, Tische, Präsentationsblöcke, Gondeln) nicht zu hoch mit Ware bestücken. ■ Lockere Möblierung erhöht die Übersichtlichkeit des Verkaufsraums. ■ Spiegel für schwer einsehbare Bereiche anbringen. ■ Kostenlose Schließfächer für die Taschen der Kunden anbieten.	z. B. ■ Mechanische Sicherung – Drahtseile, abschließbare Bügel für wertvolle Artikel. – Abschließbare Schränke/Vitrinen (für Uhren, Schmuck, Kameras, Porzellanfiguren). ■ Elektronische Artikelsicherung (EAS) – Radio-Frequenz-Technik (Schwerpunkt: Leder- und Textilbereich). – Elektromagnetische Technik (Schwerpunkt: EDV, Tonträger, Videos, Bücher, Schuhe). – Akustische Technik (Schwerpunkt: Bekleidungsbereich). – Elektronische Leinensicherung. – Video-Überwachung.

20 Speth – ISBN-13: 978-3-8120-0539-5

Psychologische Maßnahmen[1]

Wirksame Mittel, um Ladendiebe durch psychologische Maßnahmen zu verunsichern und abzuschrecken, sind beispielsweise:

Freundliche Begrüßung. Eine freundliche Begrüßung signalisiert dem Kunden, dass er ein gern gesehener Gast ist. Ein Ladendieb möchte nicht registriert werden, seine Hemmschwelle steigt.

Blickkontakt zum Kunden. Häufiger Blickkontakt hilft dem Verkäufer zu erkennen, wo jemand Hilfe benötigt. Ladendiebe registrieren diese Blicke und fühlen sich beobachtet.

Kundennähe des Verkäufers. Für Kunden ist das ein freundliches Angebot (*„Wenn Sie Hilfe benötigen, ich bin in Ihrer Nähe"*), für Ladendiebe klingt das wie eine Warnung (*„Ich achte auf dich"*).

Maßnahmen zur Warensicherung. Zusammen mit Beobachtungseinrichtungen (z.B. Spiegel, Video) erhöhen alle Maßnahmen zur Warensicherung die Hemmschwelle von Ladendieben. Sie müssen mehr tun, um ihr Ziel zu erreichen.

Hinweisschilder auf Warensicherung/Videoüberwachung. Sie erhöhen die Hemmschwelle bei Ladendieben. Auch die Ankündigung von Konsequenzen (Folgen) spielen für Ladendiebe eine Rolle.

Hausdurchsagen. Das Sicherheitspersonal wird durch eine Durchsage in eine bestimmte Abteilung gerufen, in der verdächtige Personen beobachtet wurden (z.B. *„Der Hausdetektiv bitte in die EDV-Abteilung"*). Der vermutliche Ladendieb wird dies auf sich beziehen und sich entdeckt fühlen.

Auslobung einer Fangprämie (Ergreifungsprämie). Sie ist zulässig, wenn das Geschäft durch Hinweisschilder auf die Fangprämie hinweist. Dies kann z.B. durch folgenden Text geschehen:

„Für die Entdeckung oder für Hinweise, die zur Ergreifung des Täters führen, erhalten Sie eine Belohnung von 25,00 EUR brutto".

Hinweis:
Die **allgemeinen Geschäftsbedingungen** werden im Band 1, Lernfeld 3: Kunden im Servicebereich Kasse betreuen, Kapitel 1.5.2, S. 263ff., dargestellt.

1 Psychologie: Seelenkunde.

Zusammenfassung

- Das **Produkthaftungsgesetz** dient dem **Verbraucherschutz.** Es deckt **Folgeschäden** ab, die durch den Ver- bzw. Gebrauch eines Produkts an anderen Sachen oder Personen entstehen.
- **Produkt** im Sinne des Gesetzes ist **jede bewegliche Sache** sowie **Elektrizität.**
- **Fehlerhaft** ist ein Produkt dann, wenn es nicht die Sicherheit bietet, die vom Käufer erwartet werden kann.
- Die **Haftung des Herstellers** ist unabhängig von einem Verschulden (Prinzip der **Gefährdungshaftung**) und umfasst sowohl **Sachschäden** als auch **Personenschäden.**
- **Kulanz** bedeutet eine Leistung des Einzelhändlers, ohne dass eine rechtliche Verpflichtung besteht.
- Ein **Umtauschrecht** hat der Kunde nur dann, wenn das Umtauschrecht beim Kaufabschluss vereinbart wurde.
- Die **Grundregeln** für die Verhaltensweisen des Verkäufers beim Umtausch sind:
  - dem Kunden aktiv zuhören,
  - dem Kunden positiv gegenübertreten,
  - nach einer Lösung suchen,
  - eine Lösung anbieten.
- Vom **Umtausch ausgeschlossen** sind insbesondere hygienische Artikel, offene Lebensmittel, Schnittwaren, preisreduzierte Ware.
- Im Falle der **Garantie** übernimmt der Verkäufer oder ein Dritter (z.B. der Hersteller) unabhängig vom Bestehen oder Nichtbestehen eines Mangels bei Gefahrübergang die Gewähr für die Beschaffenheit **(Beschaffenheitsgarantie)** oder dafür, dass die Sache für eine bestimmte Dauer eine bestimmte Beschaffenheit behält **(Haltbarkeitsgarantie).**
- Ein **Ladendiebstahl** liegt vor, wenn jemand in einem Ladengeschäft Waren wegnimmt (umetikettiert), um sich diese Ware oder den entsprechenden Geldbetrag unberechtigt anzueignen.
- Ladendiebe kommen aus **allen Bevölkerungsschichten.**
- Wichtige **Verhaltensweisen des Verkäufers** beim Stellen eines Ladendiebs sind:
  - Erst einschreiten, wenn der Ladendiebstahl einwandfrei feststeht.
  - Entscheiden, ob er einen Mitarbeiter/Detektiv einbezieht, den Täter anspricht oder die Polizei ruft.
  - Beweise vor Zeugen sichern.
  - Anzeige erstatten und Hausverbot erlassen.
  - Bei Kindern sind die Eltern und gegebenenfalls die Polizei zu rufen.
- Um **Ladendiebstähle zu vermeiden,** können personelle, organisatorische, technische und psychologische Maßnahmen eingesetzt werden.

Übungsaufgaben

104 1. 1.1 Erläutern Sie die Zielsetzung des Produkthaftungsgesetzes!

1.2 Frau Doris Kühne hat eine Hausleiter aus Leichtmetall gekauft. Bei der Benutzung der Leiter bricht eine Sprosse ab. Frau Doris Kühne stürzt und bricht sich die rechte Hand. Aufgrund des Unfalls hat Frau Doris Kühne Kosten und Verdienstausfälle in Höhe von 2800,00 EUR. Der Farbeimer, den Frau Doris Kühne in der Hand hatte, kippt um und ergießt sich auf Schrank und Teppich. Dadurch entsteht ein Sachschaden in Höhe von 1500,00 EUR.

Aufgaben

1.2.1 Wer haftet für die Schäden?

1.2.2 Wer trägt die Beweislast?

1.3 Kann der Hersteller des Produkts die Haftung ausschließen bzw. einschränken?

1.4 Wann erlischt der Anspruch auf Schadensersatz gegenüber dem Hersteller?

1.5 Wer Produkte herstellt oder vertreibt, unterliegt Haftungspflichten.

Aufgabe

Erläutern Sie die Unterschiede zwischen der Gewährleistungspflicht für mangelhafte Waren und der Produkthaftung! (Zwei Unterschiede!)

2. In der Modeabteilung will eine Kundin fehlerfreie Ware umtauschen.

Aufgaben

2.1 Zählen Sie zwei Gründe auf, die in diesem Fall zum Umtausch führen können!

2.2 Was sollte der Verkäufer bei der Bearbeitung eines Umtauschwunsches beachten? (Zwei Verhaltensregeln!)

2.3 Eine Stammkundin kommt auf Sie zu und sagt verärgert:

„Diesen Staubsauger habe ich vorgestern bei Ihnen gekauft. Beim Auspacken stellte ich fest, dass am Gehäuse der Lack stark zerkratzt ist."

Formulieren Sie in wörtlicher Rede, wie Sie auf die verärgerte Stammkundin reagieren!

3. Kunde: *„Die Ware, die Sie mir verkauft haben, möchte ich gerne umtauschen. Das ist das Schlechteste, was ich je gekauft habe."*

Aufgaben

3.1 Beschreiben Sie, wie Sie sich als Verkäufer in diesem Fall verhalten sollen!

3.2 Angenommen, es handelt sich um eine berechtigte Reklamation. Dieser Artikel ist allerdings nicht mehr vorrätig und kann auch nicht mehr nachbestellt werden. Beschreiben Sie zwei Möglichkeiten, um den Kunden zufrieden zu stellen!

105 1. Eine ältere Dame möchte bei einem Verkäufer ein Puzzle umtauschen, das sie für ihren Enkel zum Geburtstag gekauft hatte. Statt eines Puzzles hätte der Junge lieber eine Lok für seine Eisenbahn. Deshalb möchte die Kundin das Puzzle zurückgeben.

Aufgaben

1.1 Welche Möglichkeiten bieten Sie der Kundin an?

1.2 Beschreiben Sie die Vorgehensweise des Verkäufers bei einem Umtausch!

2. Eine Kundin nimmt aus dem Vorwahl-Regal ein teures Parfüm, schaut sich um und steckt das Parfüm in ihre offene Umhängetasche. Eine Verkäuferin hat dies gesehen und spricht die Kundin an: *„Hallo Sie, jetzt habe ich Sie auf frischer Tat ertappt, Sie haben gerade ein Parfüm geklaut. Kommen Sie bitte mit ins Büro."*

Aufgaben

2.1 Beurteilen Sie das Verhalten der Verkäuferin!

2.2 Beschreiben Sie, wie sich die Verkäuferin im geschilderten Fall richtig verhalten soll!

2.3 Nennen Sie zwei vorbeugende Maßnahmen gegen Ladendiebstahl!

2.4 Nachdem der Kunde bezahlt hat, bemerken Sie den Ladendiebstahl. Wie verhalten Sie sich? (Zwei Verhaltensweisen!)

3. Stellen Sie zwei Möglichkeiten vor, wie ein Verkäufer im Verkaufsgespräch einem späteren Umtauschwunsch des Kunden entgegenwirken kann!

4. Mit der Abwicklung eines Umtausches fallen für die Mitarbeiter zusätzliche Arbeiten an.

Aufgaben

4.1 Zählen Sie zwei solcher Tätigkeiten auf!

4.2 Weshalb ist ein Umtausch aus der Sicht eines Einzelhandelsbetriebes trotz des damit verbundenen Aufwandes als sinnvoll anzusehen? Nennen Sie drei Gründe!

5. Viele Kunden kaufen immer im gleichen Bekleidungsgeschäft ein, weil es bei Reklamationen kulant ist.

Aufgaben

5.1 Was bedeutet Kulanz?

5.2 Wodurch unterscheidet sich die Kulanz von der Reklamation?

5.3 Beschreiben Sie drei Verhaltensregeln, die Sie bei Reklamationen beachten sollten!

6. Viele Hersteller verpflichten sich gegenüber ihren Kunden zu Garantieleistungen.

Aufgaben

6.1 Wie kommt eine Garantie rechtlich zustande?

6.2 Welche Rechtswirkungen können mit einer Garantieleistung verbunden sein?

6.3 Aus welchen Motiven heraus übernimmt ein Hersteller Garantieleistungen?

106 Eine kleine Modeboutique verzichtet auf die elektronischen Artikelsicherungssysteme, da diese sehr kostenaufwendig sind. Die Inhaberin setzt deshalb vor allem auf die Wachsamkeit des Personals und auf die Abschreckung von Ladendieben.

Aufgaben

1. Wie machen sich Ladendiebe häufig verdächtig? Beschreiben Sie drei Verdachtsmomente!
2. Aufgrund des bloßen Verdachts darf kein Kunde beschuldigt werden. Beschreiben Sie, wie Sie sich einem vermeintlichen Dieb gegenüber verhalten würden!
3. Sie sind absolut sicher, dass ein Ladendiebstahl vorliegt, weil Sie das Wegstecken der Ware beobachtet haben und der Kunde den Kassenbereich verlässt. Wie verhalten Sie sich richtig?
4. Gemäß eines BGH-Urteils ist eine Fangprämie nur zulässig, wenn das Geschäft durch Hinweisschilder auf die Ergreifungsprämie hinweist. Entwerfen Sie skizzenhaft ein Plakat zur Abschreckung von potenziellen Ladendieben!
5. Ein Alternativangebot ist ein Artikel, der die Wünsche und Vorstellungen des Kunden genauso erfüllt wie der zuerst verlangte.

   5.1 Nennen Sie je zwei Vorteile von Alternativangeboten für den Kunden, den Verkäufer, das Geschäft!

   5.2 Warum ist es besser, dem Kunden Alternativangebote zu zeigen, als ihm lange zu erläutern, welche Artikel statt des verlangten in Frage kommen?

Abkürzungen wichtiger Gesetze

AO	Abgabenordnung
ArbStättV	Arbeitsstättenverordnung
BBiG	Berufsbildungsgesetz
BetrVG	Betriebsverfassungsgesetz
BGB	Bürgerliches Gesetzbuch
EStG	Einkommensteuergesetz
GenG	Gesetz betreffend die Erwerbs- und Wirtschaftsgenossenschaften (Genossenschaftsgesetz)
GG	Grundgesetz für die Bundesrepublik Deutschland
HGB	Handelsgesetzbuch
KrW-/AbfG	Gesetz zur Förderung der Kreislaufwirtschaft und Sicherung der umweltverträglichen Beseitigung von Abfällen (Kreislaufwirtschafts- und Abfallgesetz)
MarkenG	Gesetz über den Schutz von Marken und sonstigen Kennzeichen (Markengesetz)
ProdHaftG	Gesetz über die Haftung für fehlerhafte Produkte (Produkthaftungsgesetz)
SGB III	Sozialgesetzbuch (Drittes Buch)
UWG	Gesetz gegen den unlauteren Wettbewerb

Stichwortverzeichnis